## geboren

du wirst geboren – da ist das licht
dein erster tag – versau das nicht
dein letzter tag – du hast´s versaut
und du wirst geboren und das weißt du auch

und du wirst geboren, was machste draus
pflanzt 'nen baum, baust 'n haus
ziehst da rein, schaust da raus
atmest ein und atmest aus

und du wirst geboren – blaues blut
abitur – nicht so gut
dank deinem titel aber schick gelebt
dick geworden und nix bewegt

und du wirst geboren – kerngesund
siehst zum sterben keinen grund
deine erben warten vergebens
denn du wirst geboren und du bleibst am leben

wo gehen wir hin? wo kommen wir her
was ist der sinn? ist da noch mehr
gibt's da nen tunnel? ist da ein licht
ey mann was fragste mich? ich weiss es nicht

...

du wirst geboren – a...gesicht
vater sagt – war ich nicht
mutter sagt – pech gehabt
fechtet's an und rechnet ab

und du wirst geboren – mittelstand
zwanzig jahre: philly blunt
dreißig jahre: titelblatt
vierzig jahre: nippelst ab

und du wirst geboren – unterwasser
künstlerkind – hundertwasser
hängst in der bude – atemnot
hängst im louvre – nach dem tod

und du wirst geboren – religion
sohn vom sohn vom sohn vom sohn
sohn vom sohn vom sohn vom sohn
vom sohn vom sohn vom sohn

wo gehen wir hin? wo kommen wir her
was ist der sinn? ist da noch mehr
gibt's da nen tunnel? ist da ein licht
ey mann was fragste mich? ich weiss es nicht

...

**Die Fantastischen Vier**

## 1 Lebensweg und Lebensformen



## 2 Was ist der Mensch? – Anthropologische Grundlagen



## 3 An den Grenzen des Lebens



## 4 Werte und Normen

## 5 Gewissen und Verantwortung



## 6 Eine Ethik für alle



## 7 Religionen in Asien



## 8 Mythen, Religionen in der Gegenwart, Utopien

# So arbeitest du mit dem Buch

**Auftaktseite**

Das Buch umfasst acht Kapitel. Jedes beginnt mit einer Auftaktseite. Hier siehst du ein Foto, das eine Verbindung zum Hauptthema zeigt. Darunter sind die Einzelthemen aufgelistet – worum geht es in diesem Kapitel? Welche Methoden werden trainiert?

**Themendoppelseite**

Jedes Kapitel umfasst eine unterschiedliche Anzahl von Einzelthemen, die alle mit dem Hauptthema verknüpft sind. Jedes **Thema** wird auf einer Doppelseite behandelt und steht in der **Überschrift**.

Zur besseren Orientierung haben alle **Materialien eine Nummer und eine eigene Überschrift**. Diese Überschrift zeigt an, was der Text oder das Bild mit dem Thema zu tun hat. Die **Nummern** tauchen in den **Aufgaben** wieder auf – diese stehen immer unten, meist auf der rechten Seite. Dein Lehrer/deine Lehrerin wird die für eure Klasse geeigneten davon auswählen. In jeder ist **ausführlich** erklärt, wie du vorgehen musst, ob du allein oder mit einem Partner bzw. einer Gruppe von Mitschülern arbeiten solltest.

In der **Randspalte** sind schwierige **Begriffe** erklärt, die du brauchst, um einige Texte zu verstehen. Handelt es sich um den Text eines **bedeutenden Philosophen oder Schriftstellers**, kannst du hier Informationen zur Person finden.

Die Quellenangabe unter dem Text zeigt dir, wo du weiterlesen kannst, wenn es dich interessiert.

Wichtige **Begriffe**, die zum Thema gehören und auch an anderer Stelle gebraucht werden, findest du in einem grünen Kasten.
Arbeitstechniken und Begriffe sind im Anhang noch einmal alphabetisch geordnet aufgeführt.

8

**Religion(en) in der Gegenwart – zwischen Supermarkt und Fußballplatz?**

**1/ Im Supermarkt der Religionen – Patchwork-Religiosität**

Die religiöse Landschaft hat sich in den letzten Jahrzehnten verändert: Neben den großen christlichen Kirchen …, neben den Synagogengemeinden des Judentums und den Moscheen des Islam, haben sich hinduistische Bewegungen und buddhistisch ausgerichtete Gruppen … ausgebreitet. Aber auch zahlreiche neue religiöse Bewegungen werben um Mitglieder. Es hat sich eine freie religiöse Szene entwickelt: die Esoterik in ihren vielfältigen Erscheinungsformen und mit breit gefächerten Angeboten … Veränderungen gibt es auch im religiösen Verhalten der Menschen, besonders bei jüngeren. Viele übernehmen nicht mehr die religiösen Vorstellungen und Praktiken ihrer Eltern, sondern wählen auf dem Markt der Möglichkeiten aus. So wie ich mir meine Schuhe oder meinen Jogurt unter vielen Angeboten aussuche, halte ich es auch mit der Religion: Ich fahre mit meinem Einkaufswagen am Regal der religiösen Angebote vorbei und lade ein, was mich anspricht und was ich im Augenblick brauche: etwas fernöstliche Meditation, eine Besinnung aus den Naturreligionen, einen Edelstein gegen Krankheit, ein Wochenende bei einem Schamanen und zu Weihnachten eine Christmette bei den Katholiken. Es gibt genügend Sinn im Angebot. Viele Menschen sehen es als einen Vorteil an, Religiöses wählen zu können; sie brauchen sich langfristig nicht zu binden, suchen sich ihre Religion bei Bedarf und mischen aus mehreren Angeboten ihren Mix zusammen. … Aber es gibt auch Einwände und Bedenken gegen ein solches Verhalten im Umgang mit Sinnfindung und Religiosität. Religion bedeutet ursprünglich Bindung, Verankerung und fordert eine personale Beziehung, die nicht nach Belieben gewechselt werden kann. Alle großen Religionen der Welt lehren, dass ohne eine feste Verankerung der geistige und spirituelle Reichtum der jeweiligen Religion nicht ausgeschöpft werden kann.

Georg Bienemann/Werner Höbsch: Im Supermarkt der Religionen. Ein Jugendlexikon. Düsseldorf: Patmos-Verlag, 2001, S. 93–94

**Esoterik:** bezeichnet ursprünglich Geheimlehren, die nur einem bestimmten Kreis von Personen („Eingeweihten") zugänglich sein sollten. Heute ist Esoterik ein Sammelbegriff für weltanschauliche Strömungen, die sich z. B. mit Okkultismus oder Astrologie beschäftigen.

Im Supermarkt der Religionen kann sich jeder seine eigene Religion zusammenstellen.

**Patchwork-Religiosität**

Patchwork ist eine Technik zur Herstellung von Kleiderstoffen oder Decken, bei der Stoffflicken in den verschiedensten Formen, Farben und Mustern harmonisch zusammengesetzt werden. Der Begriff wird aber auch im Zusammenhang mit Religionen (Patchwork-Religiosität) oder Gesellschaft (Patchwork-Familie) benutzt.

218

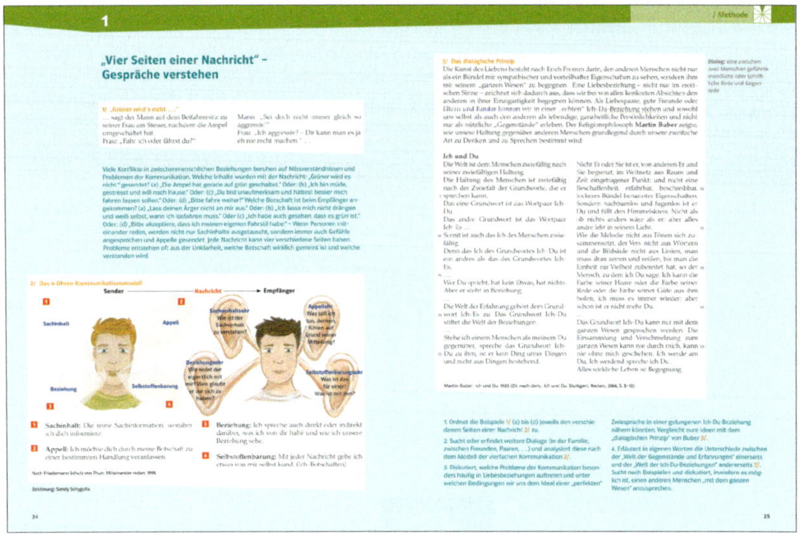
1

/ Methode

„Vier Seiten einer Nachricht“ – Gespräche verstehen

**Methodenseiten**
Im Ethikunterricht geht es bei den meisten Themen darum, selbst herauszufinden, was das Problem an einer Sache ist und welche Lösungsmöglichkeiten es dafür geben kann. Hier lernt ihr **Schritt für Schritt**, wie ihr dazu vorgeht. Und ihr könnt gleich an einem **Beispiel** üben.

/ Religionen in der Gegenwart

igion und Religionsersatz: Wir wissen mehr über
in als wir denken

on und religiöse Bezüge begleiten uns ständig, wenn sich heute viele Menschen dessen nicht bewusst sind und Religion sogar ausdrücklich nen. Häufig sind es aber unbewusste Gedanken- üpfungen, die uns mit unserem religiösen Erbe iden. Häufig finden sich religiöse Bezüge (be oder unbewusst eingesetzt) in alltäglichen Situ- n, z.B. in der Umgangssprache, in den Medien, in usik, in der Werbung oder im Sport.

**Poster/Plakat erstellen**

Man erstellt großformatige Poster bzw. Plakate, um für alle sichtbar wichtige Informationen zu präsentieren. Dabei können sowohl Bilder, Überschriften, als auch kurz und knapp gehaltene Sätze verwendet werden.

pfball, Flanke, Tor!“ – Fußball: eine Ersatzreligion?

„Götter und Helden spielen nicht nur in antiken Mythen eine Rolle. Sie stehen auch auf der Besetzungsliste des modernen Fußballdramas. Im Zusammenspiel von Sportlern, Fans und Reportern wird das Fußballspiel zur quasireligiösen Inszenierung, der Sport zur Religion“, sagt Professorin Johanna Haberer. Jedes Wochenende pilgern unzählige von Fußballfans in die Stadien, um die Spiele ihrer Lieblingsmannschaften zu sehen: es wird gejubelt, gebetet und geweint. Der Spieler wird zum „Fußballgott“, die Spielfläche zum „heiligen Rasen“ und das Stadion zum „Fußballtempel“. Für manche Fans ist ihr Verein wichtigster Lebensinhalt. „Ich finde, es gibt noch mehr Dinge, an denen man merkt, dass Fußball für manche eine Art neuzeitliche Religion ist. Es gibt bestimmte Rituale, die zu einem Spiel gehören. Es wird voller Leidenschaft gesungen und es ist für alle klar, wer die Guten (die eigene Mannschaft) und wer die Bösen (natürlich die anderen) sind. Wenn es gelingt, ein Trikot des Lieblingsspielers zu ergattern, wird das wie ein Heiligtum verehrt“, sagt Uwe Wiegand, Leiter einer evangelischen Gemeinde.

fans feiern ausgelassen den Sieg ihrer Mannschaft.

Online-Link:
695220 0219

Meinung der Autoren leben wir in einem Super- der Religionen 1/. Aus den zahlreichen Sinnange kann sich heute jeder etwas aussuchen und seine hreligion zusammenstellen.
che Bedenken haben die Autoren dabei? Was du dazu? Begründe.
et mehrere Gruppen und geht gedanklich im markt der Religionen einkaufen. Was würdet ihr und warum? Erstellt ein Poster, um eure Ergebnisse sse zu präsentieren.

2. a) Überlegt in Partnerarbeit, in welchen Zusammenhängen euch religiöse Motive im Alltag begegnen 2/.
b) Sucht in Zeitungen und Zeitschriften nach religiösen Begriffen/Motiven/Symbolen.
c) Wann und warum werden eurer Meinung nach religiöse Motive eingesetzt? Welche Aussagen und Wirkungen sollen damit erreicht werden?

3. a) Überlegt gemeinsam, was ein Fußballspiel ausmacht und was daran quasireligiös ist 3/.
b) Nennt Gründe dafür, dass Fußball eine Art neuzeitlicher Religion ist.

219

**Arbeitstechniken**, die du für die Lösung mancher Aufgaben brauchst, sind in den blauen Kästen erklärt. Manches davon kennst du schon aus anderen Unterrichtsstunden? Gut so, dann hast du den Kasten zum Wiederholen wie es geht.

Aus den **Aufgaben** wird dein Lehrer/deine Lehrerin die für eure Klasse geeigneten auswählen. In jeder ist **ausführlich** erklärt, wie du vorgehen musst, ob du allein oder mit einem Partner bzw. einer Gruppe von Mitschülern arbeiten solltest.

**Schlussseite**
Wie könnt ihr herausfinden, was ihr bei der Beschäftigung mit dem Kapitel gelernt habt? Die Spiele, Erkundungsaufträge oder Gestaltungsaufgaben sind ein guter Test dafür. **Projektanregungen** helfen euch, sich ausführlicher mit einem Thema auseinanderzusetzen – folgt dazu den Anleitungen.

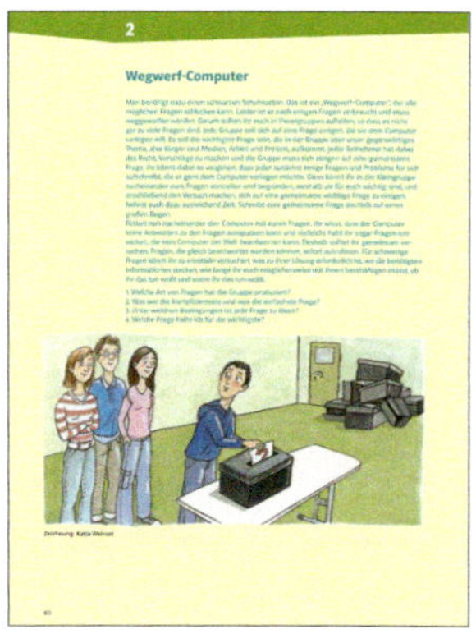
2

Wegwerf-Computer

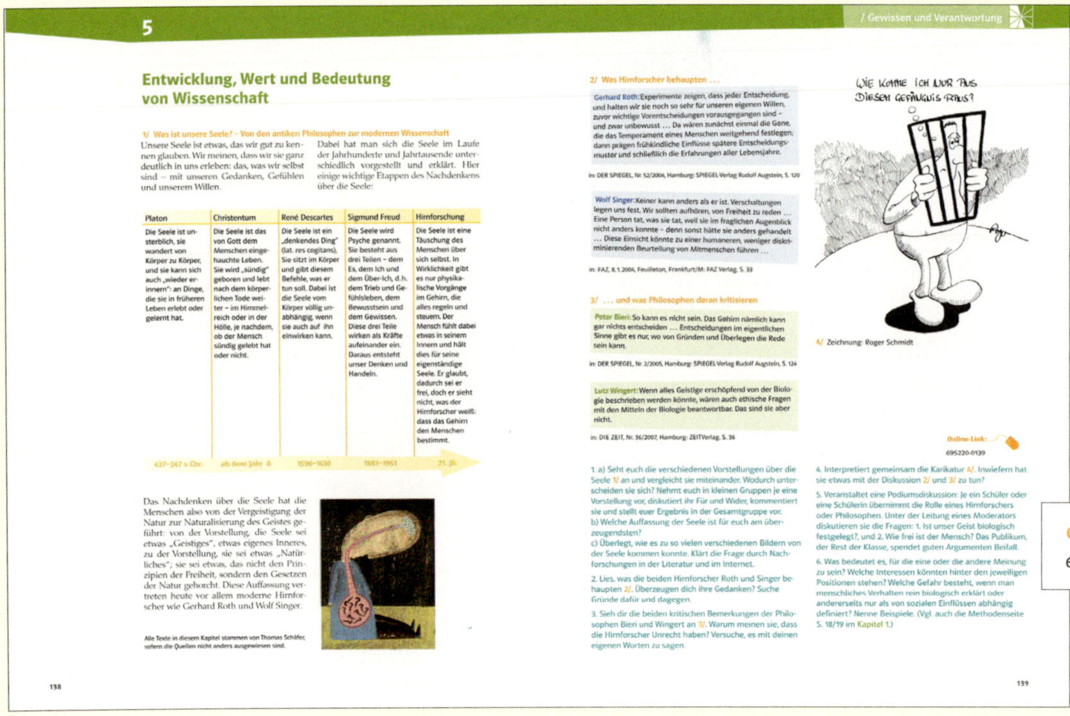

5

## Entwicklung, Wert und Bedeutung von Wissenschaft

**1/ Was ist unsere Seele? – Von den antiken Philosophen zur modernen Wissenschaft**

Unsere Seele ist etwas, das wir gut zu kennen glauben. Wir meinen, dass wir sie ganz deutlich in uns erleben: das, was wir selbst sind – mit unseren Gedanken, Gefühlen und unserem Willen.

Dabei hat man sich die Seele im Laufe der Jahrhunderte und Jahrtausende unterschiedlich vorgestellt und erklärt. Hier einige wichtige Etappen des Nachdenkens über die Seele:

| Platon | Christentum | René Descartes | Sigmund Freud | Hirnforschung |
|---|---|---|---|---|
| Die Seele ist unsterblich, sie wandert von Körper zu Körper, und sie kann sich auch „wieder erinnern": an Dinge, die sie in früheren Leben erlebt oder gelernt hat. | Die Seele ist das von Gott dem Menschen eingehauchte Leben. Sie wird „sündig" geboren und lebt nach dem körperlichen Tode weiter – im Himmelreich oder in der Hölle, je nachdem, ob der Mensch sündig gelebt hat oder nicht. | Die Seele ist ein „denkendes Ding" (lat. res cogitans). Sie sitzt im Körper und gibt diesem Befehle, was er tun soll. Dabei ist die Seele vom Körper völlig unabhängig, wenn sie auch auf ihn einwirken kann. | Die Seele wird Psyche genannt. Sie besteht aus drei Teilen – dem Es, dem Ich und dem Über-Ich, d.h. dem Trieb und Gefühlsleben, dem Bewusstsein und dem Gewissen. Diese drei Teile wirken als Kräfte aufeinander ein. Daraus entsteht unser Denken und Handeln. | Die Seele ist eine Täuschung des Menschen über sich selbst. In Wirklichkeit gibt es nur physikalische Vorgänge im Gehirn, die alles regeln und steuern. Der Mensch fühlt dabei etwas in seinem Innern und hält dies für seine eigenständige Seele. Er glaubt, dadurch sei er frei, doch er sieht nicht, was der Hirnforscher weiß: dass das Gehirn den Menschen bestimmt. |

Das Nachdenken über die Seele hat die Menschen also von der Vergeistigung der Natur zur Naturalisierung des Geistes geführt: von der Vorstellung, die Seele sei etwas „Geistiges", etwas eigenes Inneres, zu der Vorstellung, sie sei etwas „Natürliches"; sie sei etwas, das nicht den Prinzipien der Freiheit, sondern den Gesetzen der Natur gehorcht. Diese Auffassung vertreten heute vor allem moderne Hirnforscher wie Gerhard Roth und Wolf Singer.

Alle Texte in diesem Kapitel stammen von Thomas Schäfer, sofern die Quellen nicht anders ausgewiesen sind.

138

/ Gewissen und Verantwortung

**2/ Was Hirnforscher behaupten …**

Gerhard Roth: Experimente zeigen, dass jeder Entscheidung, und halten wir sie noch so sehr für unseren eigenen Willen, zuvor wichtige Vorentscheidungen vorausgegangen sind – und zwar unbewusst … Da wären zunächst einmal die Gene, die das Temperament eines Menschen weitgehend festlegen; dann prägen frühkindliche Einflüsse spätere Entscheidungsmuster und schließlich die Erfahrungen aller Lebensjahre.

in: DER SPIEGEL, Nr. 52/2004, Hamburg: SPIEGEL-Verlag Rudolf Augstein, S. 120

Wolf Singer: Keiner kann anders als er ist. Verschaltungen legen uns fest. Wir sollten aufhören, von Freiheit zu reden … Eine Person tat, was sie tat, weil sie im fraglichen Augenblick nicht anders konnte – denn sonst hätte sie anders gehandelt … Diese Einsicht könnte zu einer humaneren, weniger diskriminierenden Beurteilung von Mitmenschen führen …

in: FAZ, 8.1.2004, Feuilleton, Frankfurt/M: FAZ Verlag, S. 33

**3/ … und was Philosophen daran kritisieren**

Peter Bieri: So kann es nicht sein. Das Gehirn nämlich kann gar nichts entscheiden … Entscheidungen im eigentlichen Sinne gibt es nur, wo von Gründen und Überlegen die Rede sein kann.

in: DER SPIEGEL, Nr. 2/2005, Hamburg: SPIEGEL-Verlag Rudolf Augstein, S. 124

Lutz Wingert: Wenn alles Geistige erschöpfend von der Biologie beschrieben werden könnte, wären auch ethische Fragen mit den Mitteln der Biologie beantwortbar. Das sind sie aber nicht.

in: DIE ZEIT, Nr. 36/2007, Hamburg: ZEITVerlag, S. 36



4/ Zeichnung: Roger Schmidt

Online-Link: 695220-0139

1. a) Seht euch die verschiedenen Vorstellungen über die Seele 1/ an und vergleicht sie miteinander. Wodurch unterscheiden sie sich? Nehmt euch in kleinen Gruppen je eine Vorstellung vor, diskutiert ihr Für und Wider, kommentiert sie und stellt euer Ergebnis in der Gesamtgruppe vor.
b) Welche Auffassung der Seele ist für euch am überzeugendsten?
c) Überlegt, wie es zu so vielen verschiedenen Bildern von der Seele kommen konnte. Klärt die Frage durch Nachforschungen in der Literatur und im Internet.

2. Lies, was die beiden Hirnforscher Roth und Singer behaupten 2/. Überzeugen dich ihre Gedanken? Suche Gründe dafür und dagegen.

3. Sieh dir die beiden kritischen Bemerkungen der Philosophen Bieri und Wingert an 3/. Warum meinen sie, dass die Hirnforscher Unrecht haben? Versuche, es mit deinen eigenen Worten zu sagen.

4. Interpretiert gemeinsam die Karikatur 4/. Inwiefern hat sie etwas mit der Diskussion 2/ und 3/ zu tun?

5. Veranstaltet eine Podiumsdiskussion: Je ein Schüler oder eine Schülerin übernimmt die Rolle eines Hirnforschers oder Philosophen. Unter der Leitung eines Moderators diskutieren sie die Fragen: 1. Ist unser Geist biologisch festgelegt?, und 2. Wie frei ist der Mensch? Das Publikum, der Rest der Klasse, spendet guten Argumenten Beifall.

6. Was bedeutet es, für die eine oder die andere Meinung zu sein? Welche Interessen könnten hinter den jeweiligen Positionen stehen? Welche Gefahr besteht, wenn man menschliches Verhalten rein biologisch erklärt oder andererseits nur als von sozialen Einflüssen abhängig definiert? Nenne Beispiele. (Vgl. auch die Methodenseite S. 18/19 im Kapitel 1.)

139

**Online-Link:**
695220-0139

Der **Online-Link** führt euch zu den passenden Internetseiten, um die nötigen weiteren Informationen zu erlangen. Ihr findet sie im Downloadbereich unter **www.klett.de/online**. Wir halten diese Links immer für euch auf dem aktuellen Stand.
Auch das **Leben leben-Lexikon der Philosophen und Denker** kannst du dort unter dem Online-Link **695220-0000** finden. Hier stehen zu ausgewählten Philosophen und Denkern Infoblätter mit interessanten Angaben über deren Leben und Werke.

**Philosophen und Denker**

**Das Lexikon der Philosophen und Denker** bietet interessante Informationen über deren Leben und Werke.
▸ Zum Lexikon

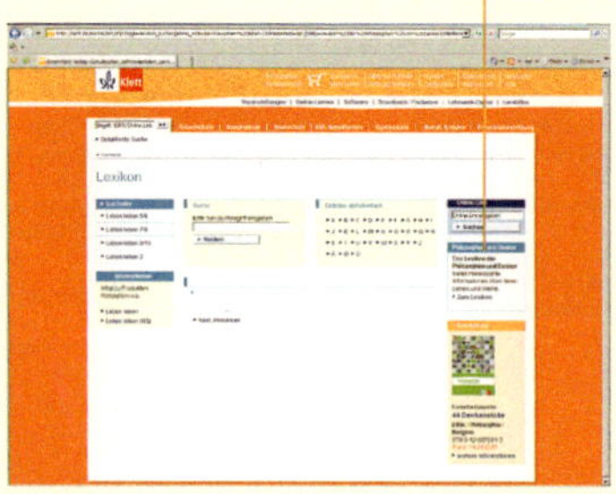

# 1 Lebensweg und Lebensformen

# Lebenszeit

## 1/ Lebenswege

(a) Ich wünsche mir vor allem, dass ich meine Ausbildung schaffe und meine Freundin das Abitur – und dass wir uns beide gegenseitig unterstützen. Ich möchte mit ihr zusammen eine gute Zukunft haben. Das heißt auch, dass wir beide im Beruf die gleichen Chancen haben. ... Mein Traum ist es, dass ich später trotz eines guten Berufes noch viel Zeit für meine Familie haben werde, denn die Familie ist das Wichtigste überhaupt. ... Mein Vater ist Rechtsanwalt, den sehe ich unter der Woche gar nicht. Ich möchte später mehr Zeit haben und mich nicht kaputt arbeiten. Ich bin sicher: Man kann auch ohne viel Geld gut leben.

(b) Seit Wochen haben sich meine Gedanken um Gewerbesteuern und Kredite, um Businesspläne und Geschäftsideen gedreht. An meinen freien Nachmittagen hatte ich Dates mit Steuerberatern und präsentierte meine Ergebnisse Mitarbeitern der Deutschen Bank. ... Ich hatte mich bei einem Wirtschaftsplanspiel von Boston Consulting, der Unternehmensberatung, angemeldet – um zu gewinnen. ... Ich habe mich fürs Anstrengen entschieden. Ich kann nicht chillen. Den Gedanken, unproduktiv zu sein, finde ich furchtbar. Jeder versteht sofort, dass man im Sport gewinnen will. Ich freue mich auch über gute Noten. ... Ich will gerne gewinnen, nicht nur im Sport. Ich will Erfolg. Ist das so schlimm? Ist Konkurrenz immer böse? Bin ich ein schlechter Mensch, weil ich später einen Job will?

(c) Ich hoffe, dass wir, auch wenn wir vielleicht irgendwann richtig erfolgreich sind, immer noch gute Musik machen und nicht nur noch über das schöne Leben reden. Es gibt nichts Schlimmeres als Leute, die irgendwann reich sind und Champagner und Nutten um sich haben und ohne Bezug zur Realität leben. ... Ich glaube nicht, dass ich mich irgendwann einmal dafür schämen werde, was ich heute mache und denke. Ich will nie sagen: Ach, ich war damals noch jung, jetzt bin ich erwachsen und abgeklärt und habe alle meine Ansichten aufgegeben. Das wäre für mich kein erfülltes Leben.

(d) Meine Mutter ist Griechin. Ich bin katholisch. Bevor ich schlafen gehe, bete ich. Eigentlich immer für das Gleiche: für Gesundheit, Liebe und Glück. Mein Kindheitstraum ist wahr geworden. Ich wollte immer Sängerin werden. Was ich mir immer noch erträume, ist mehr Respekt. Von meinen Fans kriege ich total liebe Briefe. Aber es gibt auch viele, die mich nicht mögen. ... Manchmal ärgere ich mich über die Leute, die mich ausbuhen. Ich wünschte, die würden mal an meiner Stelle stehen und merken, wie sich das anfühlt, wenn man alleine auf der Bühne steht.

(e) Vor kurzem sind meine beiden großen Schwestern ausgezogen. Zwar kommen sie noch oft zu Besuch, aber irgendwie führen sie halt schon ihr eigenes Leben. Wenn man jünger ist, weiß man die Zeit mit der Familie gar nicht zu schätzen. ... Mein Traum ist, dass wir immer zusammenhalten und uns niemals aus den Augen verlieren. ... Ich rappe in einer Band und bisher läuft das ganz gut. Wäre cool, wenn das irgendwann mal richtig lukrativ würde. Da würde ich direkt meiner Familie alle Träume erfüllen.

(f) Mein Traum ist, dass ich am Ende eines jeden Tages nach Hause komme und dort jemand auf mich wartet, der für mich da ist. Im Moment sind das noch meine Eltern, die sorgen für mich. Irgendwann, so mit 26 oder 27, will ich eine eigene Familie haben, eine Frau und mindestens zwei Kinder.

(g) Ich gehe bald für ein halbes Jahr nach Neuseeland, besuche dort die Schule und lebe in einer Gastfamilie. Ich habe es mir immer schon ausgemalt, wie es ist, mal für einige Zeit im Ausland zu sein, ... Sehr wichtig ist für mich, später einen Beruf zu haben, den ich wirklich gern mache und nicht nur wegen des Geldes. Was das sein soll, weiß ich noch nicht genau: Journalistin könnte es sein, Schriftstellerin, Schauspielerin oder ein Job im Auswärtigen Amt.

(h) Mir gefällt es, mich mit meinen Freundinnen zu treffen, wir sind eine Clique aus sieben Mädchen. Wir lachen über dieselben Sachen, reden über Jungs und übers Fernsehen, über unsere Geschwister und über die Lehrer. ... Wir wollen nach der Schule alle zusammen in eine WG ziehen. Hoffentlich klappt das.

(i) Es ist ein komisches Gefühl, bei Verwandten zu Besuch zu sein, deren Sprache man nicht spricht. Ich wache morgens auf, nebenan in der Küche höre ich meine Familie reden, aber ich verstehe sie nicht. Mein Vater ist Indonesier und ein Großteil seiner Familie lebt noch auf Java. Ich war zweimal dort, ... Früher habe ich immer gedacht, ich bin genauso wie meine Freundinnen, deren Eltern aus Deutschland stammen. Ich habe geglaubt, dass man die Kultur annimmt, in der man lebt. Aber das ist nicht so, das weiß ich inzwischen. Ich sehe nicht nur anders aus, ich bin auch anders als die anderen: Ich liebe die Ruhe und Gemächlichkeit, ich liebe die Sonne, das Meer. Mein Traum ist es, Indonesisch zu können. Ich will meine zweite Seite richtig kennen lernen.

## 2/ Biografische Notizen

Timm Lo, 19, Schüler aus Meschede
Leslie Schraut, 12, Schülerin aus Köln
Ira Indrakusuma, 20, Biologiestudentin in Bonn
Maxim, 22, Mitglied der Berliner Rap-Band K.I.Z.
Larissa Turner, 16, Schülerin aus Berlin
Johannes Halbig, 17, Leadsänger der Band Killerpilze
Felix Große, 17, Azubi in Berlin
Lafee, 16, Sängerin aus Stolberg im Rheinland
Nora Fritzsche, 18, Schülerin aus Köln

## 3/ Alles nur geträumt ...?

(1)

(2)

(3)

(4)

(5)

(6)

(7)

(8)

(9)

„Wir haben einen Traum 2007". In: ZEITmagazin Leben: Jugend 2007, 5.7.2007, Hamburg: ZEIT Verlag, S. 26 f. und 38–43

**Auflösung der Zuordnungen:**
Timm: (7), (e);
Leslie: (8), (h);
Ira: (9), (i);
Maxim: (1), (c);
Larissa: (6), (g);
Johannes: (2), (f);
Felix: (5), (a);
Lafee: (4), (d);
Nora: (3), (b)

1. a) Wähle spontan eines der Porträts 3/ und stelle Vermutungen über die Lebenswege (Familie, Tätigkeit, Interessen, Zukunftspläne, ...) der abgebildeten Personen an.
b) Versuche, die Lebenswege 1/ und die biografischen Notizen 2/ den dazugehörigen Bildern 3/ zuzuordnen.
c) Wähle die beiden Personen, mit deren Zielen und Träumen du dich am ehesten identifizieren könntest. Begründe deine Auswahl.

2. „Ich habe einen Traum – Lebenswege 2020": Schreibt einen anonymen Text (am besten mit dem Computer) über euren persönlichen Traum, eure Wünsche oder Pläne für die nächsten fünf bis 15 Jahre. Sammelt die Schriftstücke ein und zieht per Zufall jeweils einen Text eurer Mitschüler. Lauft durch die Klasse und versucht, durch kurze, gezielte Fragen den jeweiligen Verfasser zu finden.

3. Diskutiert die Umsetzbarkeit eurer Zukunftspläne und Wünsche. Überlegt, von welchen Faktoren deren Verwirklichung abhängt.
a) Welche Chancen stehen euch im Vergleich zu anderen Jugendlichen offen?
b) Welche Voraussetzungen wurden dafür bereits in eurer Kindheit geschaffen?
c) Was hättet ihr euch möglicherweise anders gewünscht?

# Woher – Wohin?

**Amerikanischer Traum:** Im „Land der unbegrenzten Möglichkeiten" sollte jeder Bürger die Chance haben, durch harte Arbeit, Anstrengung und etwas Glück „vom Tellerwäscher zum Millionär" oder wenigstens von der Unterschicht ins gutbürgerliche Leben aufsteigen zu können.

**Richard Sennett:** amerikanischer Soziologe und Sohn russischer Einwanderer (geb. 1.1.1943)

## 1/ Ein linearer Lebensweg?

Vor kurzem traf ich jemanden auf dem Flughafen, den ich seit fünfzehn Jahren nicht gesehen hatte. Ich hatte den Vater von Rico … vor einem Vierteljahrhundert für mein Buch über amerikanische Arbeiter, **The Hidden Injuries of Class,** interviewt. Enrico arbeitete damals als Hausmeister und setzte große Hoffnungen in seinen Sohn, einen aufgeweckten, sportlichen Jungen, der gerade in die Pubertät kam. Als mein Kontakt zu seinem Vater zehn Jahre später abbrach, hatte Rico gerade das Studium abgeschlossen. In der Flughafenlounge sah Rico aus, als habe er die Träume seines Vaters verwirklicht. Er hatte einen Computer in einem eleganten Lederköfferchen dabei, trug einen Anzug, den ich mir nicht hätte leisten können, und an seinem Finger steckte ein dicker Siegelring mit Wappen.

Bei unserer ersten Begegnung hatte Enrico seit zwanzig Jahren in einem innerstädtischen Bürogebäude Toiletten geputzt und Fußböden gewischt. Er tat es ohne Murren, aber er machte sich auch keine Illusionen, den Amerikanischen Traum auszuleben. Seine Arbeit hatte ein einziges und dauerhaftes Ziel, den Dienst an seiner Familie. Er hatte fünfzehn Jahre gebraucht, um das Geld für ein Haus zusammenzusparen, das er in einem Vorort von Boston kaufte, und löste dadurch die Bindungen an seine alte italienische Umgebung, denn ein Haus in den Vororten war besser für die Kinder. Dann nahm seine Frau Flavia eine Stelle in einer chemischen Reinigung an; als ich Enrico 1970 begegnete, sparten beide für das Studium ihrer zwei Söhne. Am stärksten war mir an Enrico und seiner Generation aufgefallen, wie linear die Zeit in ihrem Leben verlief: Jahr um Jahr gingen sie Arbeiten nach, die sich von Tag zu Tag kaum unterschieden. …

Obwohl ein Snob Enrico als uninteressant abtun könnte, erlebte dieser die Jahre als dramatische Geschichte, die von Reparatur zu Reparatur, von Ratenzahlung zu Ratenzahlung verlief. Der Hausmeister hatte das Gefühl, zum Autor seines Lebens zu werden, und obwohl er der Unterschicht angehörte, gab ihm dieser Erzählrahmen eine hohe Selbstachtung.

Richard Sennett: Der flexible Mensch. Die Kultur des neuen Kapitalismus. Berlin: Berlin Verlag, 1998, S. 15 f. (Übers. M. Richter)

*Wenn nicht bald eine Weiche kommt, sind wir verloren …*

Zeichnung: Alfred Taubenberger

## 2/ Viele Wege – Keine Weiche?

Nach Auffassung der Konstruktivisten konstruiert jeder Mensch seine eigene Wirklichkeit. Im Lauf seiner Geschichte entwickelt er ein Bild der Realität, seiner Realität, in der er sich bewegt. Diese „innere Wanderkarte" seines Lebens bestimmt, welche Wege er wählt: ob er sich treiben lässt – von Schwelle zu Schwelle Halt sucht – oder ob er sich viele Möglichkeiten rechts und links der Schienen vorstellen kann.

Ulrike Schlegel in: Ethik und Unterricht 4/2002, Friedrich Verlag Seelze 2002, S. 32

**Sozialisation und Lebenschancen**

Sozialisation beschreibt den Prozess des Hineinwachsens eines Kindes und Jugendlichen in die Gesellschaft. Durch die Übernahme von bestimmten Werten und Rollen gewinnt der Einzelne seine Identität(en). Seine Entwicklung und zukünftigen Lebenschancen werden dabei nachhaltig von den Bedingungen und Faktoren der frühkindlichen Umwelt, wie Familie, kulturell-religiöse Bindungen, Schule, Medien, Peergroups, … beeinflusst.

### 3/ Weichen stellen

„Nehmen wir Abschied von gradlinigen Lebensläufen. Beginnen wir eher an einen Lebenspfad zu denken, … uns ständig neu orientierend, ständig neue Fähigkeiten entwickelnd."

Die ersten 5 Jahre ihres Lebens lebte Laura zusammen mit ihren Eltern in einer Wohnung des Studentenwohnheims in G. In der Kindergruppe des Studentenheims fand sie Freunde: Moritz, Stella und Kaya. Als Laura 5 Jahre alt war, trennten sich die Eltern. Ihre Mutter zog mit ihr in eine Wohngemeinschaft in G. Hier wohnen noch zwei weitere Erwachsene: Henrik und Silke. Jeder der 4 Bewohner – Laura, ihre Mutter Barbara, Henrik und Silke – hat ein eigenes Zimmer. Barbara fand inzwischen wieder einen Partner (er lebt derzeit in Rom).

Lauras Vater lebt inzwischen mit einer anderen Frau zusammen und wechselte in eine benachbarte Stadt. Etwa jedes zweite Wochenende ist Laura dort, wo sie in einem Zimmer einen Teil ihrer Habe deponiert hat. Dort hat sie keine Spielkameraden, aber die volle Aufmerksamkeit der Erwachsenen.

Stabil in Lauras Leben ist die Beziehung zu ihrer Clique: Moritz, Stella, Kaya, Laura. „Wir machen fast alles zusammen", sagt Laura. Sie treffen sich reihum in den Familien von Moritz, Stella und Kaya.

Momentan ist Lauras Mutter arbeitslos. Sie sucht eine Stelle, in der sie sich als Fachärztin qualifizieren kann. Der mögliche Ortswechsel ist für die Beteiligten ein ganz heißes Eisen: Wo bleibt Laura?

Ulrike Schlegel in: Ethik und Unterricht 4/2002, Friedrich Verlag Seelze 2002, S. 33; nach: Ulf Ziegler, Biographische Portraits, in: U. Beck/W. Vossenkuhl/ U. Ziegler, eigenes Leben, Verlag C. H. Beck, München 1995, S. 16

A Laura zieht mit ihrer Mutter nach B. Anfangs ist sie oft alleine, findet aber in der neuen Schule allmählich neue Freunde. In den Schulferien wohnt sie bei ihrem Vater und besucht ihre alte Clique.

B Laura lebt während der zwei Jahre beim Vater und dessen Lebensgefährtin. Sie muss zwar die Schule wechseln, kann aber häufig mit den drei Freunden der Clique zusammen sein. Ihre Schulferien verbringt sie bei der Mutter in B.

C Um Laura nicht aus ihrer Clique und aus der Schulklasse herausreißen zu müssen, verzichtet ihre Mutter auf die Stelle in B. und bleibt vorerst arbeitslos.

D Laura versteht sich gut mit Stellas Eltern und kann während der zwei Jahre in Stellas Familie leben. Sie kann dadurch in ihrer Klasse bleiben und jedes Wochenende bei ihrem Vater verbringen. In den Schulferien ist sie bei ihrer Mutter in B.

1. Vergleicht die Familien und die Lebenswege von Rico 1/ und Laura 3/:
a) Wie könnte ihr Leben weiter verlaufen? Ergänzt die bisherigen Lebensläufe durch weitere Angaben.
b) Diskutiert, worin sich die beiden Biografien am deutlichsten voneinander unterscheiden.
c) Sucht nach möglichen Gründen und Ursachen für diese Unterschiede.

2. Die heutige Gesellschaft wird oft als eine „Multioptionsgesellschaft" beschrieben, in der es eine Vielzahl von Angeboten und Möglichkeiten gibt, das eigene Leben zu gestalten. Junge Menschen müssen ihr Lebenskonzept selbst „zusammenbasteln" oder „konstruieren".
a) Interpretiert die Karikatur 2/: Überlegt, warum viele Menschen trotz der zahlreichen Wege oft keinen Ausweg oder keine „Weiche" sehen.
b) Untersucht, ob Rico, sein Vater Enrico 1/ sowie Laura und ihre Mutter 3/ ihre Lebenswege selbst konstruiert haben. Inwiefern sind sie „zu Autoren ihres Lebens" geworden?

3. a) Wodurch werden die Lebenschancen eines Menschen positiv oder negativ beeinflusst? Denkt dabei an die Fallbeispiele von Rico und Laura und ergänzt anhand der Lebenswege auf den vorherigen Seiten. Bezieht auch eure eigenen Erfahrungen mit ein.
b) Inwieweit könnt ihr selbst diese Faktoren beeinflussen, abändern oder weiter entwickeln? Wo seid ihr frei, euer Leben zu gestalten, wodurch werden eure Chancen eingeschränkt?

# Grenzenlos?

### 1/ Lukrativer Vandalismus?

Mit der Sprühdose kann man es weit bringen. Das beweist der junge Graffiti-Künstler mit dem Pseudonym Banksy: Vor wenigen Jahren wurde der Brite noch festgenommen, als er, auf Besuch in Berlin, Wände mit seiner Schablonenkunst verschönerte. Jetzt wurden seine Sprühereien hoch gehandelt. Ein kleiner Gruß an die Polizei (Der Schriftzug „Fuck the Police" neben einem gesprayten Polizisten mit Schlagstock) wurde bei Sotheby's in London für 232 000 Euro versteigert.

Nach: ZEITmagazin Leben: Jugend 2007, 5.7.2007, Hamburg: ZEIT Verlag, S. 57

### 2/ Gewollt, gekonnt

Nergiz Öztas sollte nur zur Realschule. Nun hat sie das beste Abitur an ihrem Gymnasium gemacht. …

In der neuen Grundschule lernten die Kinder in Nergiz' Klasse gerade, worauf Fußgänger und Radfahrer im Straßenverkehr achten müssen. Sie bereiteten sich auf die Verkehrsprüfung für Schüler vor. Nergiz wollte mitmachen. Die Lehrerin sagte ihr, dass kein Lehrbuch übrig sei. Zu Nergiz' Mutter sagte sie: Ihre Tochter schafft das sowieso nicht. „Meine Mutter hat mir das Buch in Farbe kopiert", sagt Nergiz Öztas. Sie hat diese Prüfung bestanden und danach viele andere. …

Wiebke Hollersen: Gewollt, gekonnt. in: Berliner Zeitung, 10.7.2007, Berlin: Berliner Verlag, S. 19

### 3/ 13-jähriger Serientäter stiehlt erneut Fahrzeug

Ein 13-jähriger Berliner Serientäter ist am Freitag erneut mit einem gestohlenen Moped erwischt worden. Innerhalb von zwei Wochen hatte der Junge mehrere Fahrzeuge entwendet, darunter einen Kleintransporter. Ein Richter hatte ihn darauf in ein Heim eingewiesen, von wo er ausriss. Bislang fiel der Junge bei den Sicherheitsbehörden über 60 Mal auf.

in: Berliner Zeitung, 14./15.7.2007, Berlin: Berliner Verlag, S. 1

### 4/ Warmtrinken an der Bushaltestelle

„Zum Saufen" seien sie hier, „zum Saufen bis zum Umfallen." Nur Pepe will später auch noch eine „Nummer abziehen": einmal splitternackt um das Gelände rennen und schauen, ob ihn die Polizei erwischt. … 100 Euro hat jeder in der Tasche für Getränke. Nach den Scheunenfestpreisen wären das 65 Bier oder 8 Flaschen Sekt oder 50 „Mischungen" oder 100 Kurze. … Fünf Kilometer weiter, dort, wo der Kreis endet und die Hansestadt Lübeck beginnt, setzten die Beamten Robert an einer lichtlosen, einsamen Landstraße wieder aus. Auf eigenen Wunsch, wie es später vor Gericht hieß, als verhandelt wurde gegen die beiden Beamten. Was in jener Dezembernacht geschah, nachdem sich der Polizeiwagen entfernte und Robert orientierungslos und frierend zurückblieb, weiß niemand. … Der nächste Mensch, der Robert sah, aber zu spät, viel zu spät, war die 22-jährige Johanna, die in den frühen Morgenstunden über den auf der Straße hockenden Jungen fuhr.

aus: Andrea Jeska: Samstagnacht auf dem Land. in: Die ZEIT, 5.7.2007, Hamburg: ZEIT Verlag, S. 28

## 5/ Das Drama des modernen Kindes

Der Psychologe Wolfgang Bergmann über Narzissmus, Gewalt und Computerheroen

**Die Zeit:** Das soziale Umfeld pubertierender Kinder hat sich völlig verändert. Sehen Sie Zusammenhänge zwischen Konflikten in Familien, Gewaltbereitschaft der Kinder, Fernsehkonsum und Videospielen?

**Bergmann:** Kinder wachsen heute in einem hoch verdichteten Medienumfeld auf. Der Computer ist dabei die Intensivierung und Fortentwicklung der Fernseherfahrung. Computerspiele befriedigen in ihrer inhaltlichen, ästhetischen und technologischen Perfektion sehr viele ganz frühe narzisstische Bedürfnisse dieser Kinder: Sie kommen wieder an ihre frühen Größenselbstträume heran, wo sich ihr „Ich-Ideal" entwickelt. Wenn sich das Kind in dieser Phase mit dem Computerheroen, dem Terminator etwa, identifiziert, muss es nicht mehr interagieren, sondern nur noch schnell reagieren. Das ist immer die Identifikation mit einer restlos dissozialen Figur. …

**Die Zeit:** Das Kind als Spieler ist ein kleiner Gott vor dem Monitor.

**Bergmann:** … Über die Identifikation mit Computerheroen bin ich als Spieler allgewaltig und erliege der Verlockung, zu zerstören. Gesellschaftliche Regeln interessieren nicht mehr. Die Dissozialität, die Auflösung des sozialen Prinzips, ist der entscheidende Punkt. Etwas Vergleichbares lässt sich an den Essstörungen der Mädchen ablesen. Insofern spiegeln sich die hyperaktiven, aggressiven und omnipotenten Verhaltensweisen der Jungen in den perfekt in Erscheinung tretenden und selbstzerstörerischen der Mädchen. Wir beobachten allerdings zunehmend, dass kleine Mädchen gewalttätiger werden – auf eine ähnliche Art wie Jungen, mit Messern und Fäusten. Umgekehrt werden Essstörungen und die gegen den eigenen Körper gewendete Destruktivität bei Jungen auffälliger. Die Unterschiede verwischen allmählich. Es ist nicht geklärt, woher das kommt. Die Psychiatrie ist hilflos angesichts der vielen Selbstverletzungen: Ritzen, Schneiden und zunehmend auch Brennen, wenn sich die Kinder Zigaretten in den Arm drücken.

**Die Zeit:** Was halten Sie von der Theorie, dass die medialen Scheinerfahrungen die realen Lebenserfahrungen der Kinder überlagern und dadurch das Ich-Ideal und ihren Ehrgeiz ausschalten?

**Bergmann:** Aus der Dissozialität und dem verdichteten Medienumfeld entwickelt sich ein hoch schwebendes Ich-Ideal, dem gleichzukommen niemand gelingen kann. Also sucht man permanent Entlastung: Ich schlage zu oder wende mich gegen den eigenen Körper und bin doch permanent auf der Suche nach jemandem, der mich aus alldem erlöst. …

**Die Zeit:** Ist die Sehnsucht nach sozialer Anerkennung der Schlüssel?

**Bergmann:** Das Kind strebt einer Perfektion nach, die durch Fernsehbilder und Computerspiele geprägt ist. Es orientiert sich an Idealen, die nicht erreichbar sind. Das ist das Drama des modernen Kindes.

nach Das Drama des modernen Kindes. Der Psychologe Wolfgang Bergmann über Narzissmus, Gewalt und Computerheroen, in: Die ZEIT, 8.8.2002, Hamburg: ZEIT Verlag, S. 9

**Narzissmus:** verliebt sein in die eigene Person; übersteigerte, egoistische Selbstbezogenheit

**interagieren/Interaktion:** zwischenmenschliches Handeln

**dissozial/Dissozialität:** wenn die sozialen Prinzipien (z. B. Achtung, Rücksicht, Verständigung) nicht mehr beachtet werden

1. Untersucht in den Beispielen 1/–4/, welche Grenzen dem Verhalten und der freien Lebensgestaltung von Kindern und Jugendlichen gesetzt werden:
a) Unter welchen Bedingungen werden diese Grenzen eingehalten oder überschritten?
b) Stellt zwei Listen mit eurer Meinung nach „positiv-sinnvollen Grenzen" und „negativ-überflüssigen Grenzen" zusammen.
c) Vergleicht eure Aufstellungen. Wo habt ihr unterschiedlich zugeordnet? Diskutiert die Ergebnisse.

2. Projektarbeit: „Jugendzeit: Die Suche nach der eigenen Identität". Bearbeitet in Kleingruppen ein selbst gewähltes Thema. Beachtet dabei folgende Fragen: Welche Probleme und Konflikte erfahren Jugendliche bei der Entwicklung einer eigenverantwortlichen Persönlichkeit? Wie versuchen sie diese zu lösen? Welche Hilfestellungen erwarten und bekommen sie dabei von ihren Eltern, von Lehrern, Beraterinnen oder anderen Personen? Themenvorschläge: (1) Jugendkulturen (Punks, Gothics, Rapper, Skins, …); (2) Drogen und Jugendkriminalität; (3) Gewalt unter Jugendlichen (oder: in der Familie); (4) Gewalt gegen sich selbst (Selbstverletzungen, Essstörungen, …) (5) Chancen(un)gleichheit für Minderheiten; (6) Politisches, soziales Engagement (Globalisierungskritiker, Umweltgruppen, …); (7) Jugendreligionen, Sekten, Okkultismus, …

3. Lest das Interview 5/ zweimal und klärt zunächst alle Fremdwörter.
a) Worin besteht das „Drama des modernen Kindes" aus psychologischer Sicht?
b) Beurteilt die Aussagen Bergmanns anhand eurer eigenen Erfahrungen.

4. Einige Pädagogen und Politiker/innen fordern, dass Eltern und Lehrer/innen heute mehr und strenger erziehen sollen (deutlichere Grenzen setzen, Achtung und Disziplin einfordern, …). Was könnte ein möglicher Gegenentwurf sein? Nehmt Stellung dazu.

# Frauen und Karriere – Junge Männer bleiben auf der Strecke?

## 1/ Schulabschlüsse und beruflicher Aufstieg von Frauen und Männern

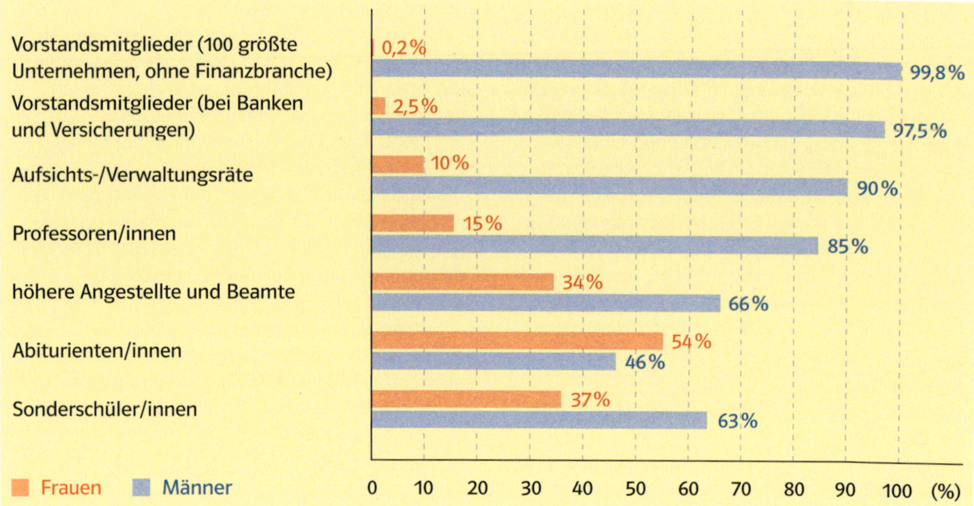


nach Statistisches Bundesamt und Deutsches Institut für Wirtschaftsforschung (DIW) Berlin 2007

## 2/ Aufbruch Ost – Die Jugend kehrt dem Land den Rücken, vor allem Frauen ziehen fort

… Herzberg [wird] als typischer Ort mit den typischen Problemen in den Randregionen der neuen Bundesländer genannt. Die Stadt sei geprägt durch Arbeitslosigkeit und Überalterung, … es entstünde eine neue Unterschicht, weil vor allem hoch qualifizierte weibliche Fachkräfte in den Westen ziehen. Der Mangel an Frauen im Alter zwischen 18 und 29 Jahren beträgt in Herzberg laut Studie 13 Prozent. „Not am Mann“ wurde die Untersuchung genannt. …

Die Arbeitslosigkeit beträgt mittlerweile mehr als 18 Prozent.

Svenja macht eine Ausbildung zur Gestaltungstechnikerin am Oberstufenzentrum. Später wollen noch ein paar Freunde bei ihr vorbeikommen. … Am Wochenende treffen sie sich auf der Straße, hängen gemeinsam rum, trinken Bier. „Ich kann niemandem empfehlen, hierherzukommen“, sagt Svenja, „hier ist nichts los.“ Sobald sie ihre Ausbildung beendet hat, will sie so schnell wie möglich weg. „Einen Job finde ich hier sowieso nicht.“ Hamburg, München, Düsseldorf, da will sie sich bewerben. Schon allein, weil man dort auch mehr Geld verdienen kann als im Osten.

Einen Job hat Anne Spiegel, 19, in Herzberg zwar auch nicht gefunden, dafür kann sie hier aber ihre Fachhochschulreife nachholen. Ursprünglich kommt sie aus Torgau, das ist 30 Kilometer von Herzberg entfernt. Nach der 10. Klasse hat sie in Dresden eine Ausbildung zur gestaltungstechnischen Assistentin gemacht, sich danach erfolglos beworben. Um nicht tatenlos zu bleiben, will sie sich nun weiterqualifizieren. Vom Bafög kann sie sich eine kleine Wohnung leisten. Die Selbstständigkeit sei ein gutes Gefühl, besser noch als die Sicherheit, die sie bei den Eltern hätte haben können. Dass die Welt schon wieder in Herzberg enden soll, damit will sich Anne nicht abfinden. Derzeit schreibt sie Prüfungen und nebenbei schon Bewerbungen. Einige Absagen hat sie bereits bekommen, und wenn es wieder nicht klappen sollte, dann überlegt sie, noch ein Studium dranzuhängen. „Aber eigentlich will ich zeigen, was ich gelernt habe und endlich mein eigenes Geld verdienen“, sagt Anne. „Diese Perspektivlosigkeit regt einen auf.“ …

nach: Nana Heymann: Aufbruch Ost. Der Tagesspiegel, 24.6.2007, Berlin: Urban Media, S. 13

## 3/ Junge Männer bleiben auf der Strecke – Leserbriefe

### (1) Die ersaufen ihr Selbstmitleid in Bier

„Junge Frauen verlassen den Osten" – Man kann den jungen Frauen aus dem Osten zu ihrer Bildungs- und Ausbildungsbereitschaft und zu ihrer Entschlossenheit, ihr Leben zu gestalten, ja nur gratulieren. Worauf sollen sie denn warten? Auf ihre schwachköpfigen männlichen Altersgenossen, die nicht mal einen Hauptschulabschluss hinbekommen und ihr Selbstmitleid in Bier ersaufen? …

Matthias Schreyer

### (2) Nehmt die Hintern hoch und haut einfach ab

„Zu verfestigt hat sich bei ihnen über Jahre das Grundgefühl, nicht gewollt und nicht gebraucht zu werden", heißt es in dem Leitartikel. Wieso „Grundgefühl"? Unterstellt die Verfasserin den jungen Leuten eine falsche subjektive Wahrnehmung? Wie ich aus eigener, leidvoller Erfahrung bestätigen kann, handelt es sich nicht bloß um ein Gefühl, sondern um die Wirklichkeit des permanenten Ausgegrenztwerdens. Wer sich in Deutschland einmal in beruflichen Schwierigkeiten befindet, ist praktisch für den Rest seines Lebens (sozial) erledigt. Er/sie bleibt die Fußmatte, an der sich andere die Schuhe abwischen. Das ist die Realität.
Betreuungs- und Qualifizierungsprogramme? – Unfug, weil pure Augenwischerei. Junge Menschen brauchen Herausforderungen und Erfolge, keine Seelsorger. Jungs/Mädels, nehmt die Hintern hoch und haut einfach ab – ins Ausland, bevor ihr völlig ausgebrannt seid. Es lohnt sich – zögert nicht!

Rolf Joachim Siegen

### (3) Es werden immer nur die Mädchen gefördert

Endlich wird in einer offiziellen Studie das Problem benannt: die Benachteiligung von Jungen. Für Mädchen werden allerlei Klimmzüge unternommen, um sie zu fördern. Es gibt „Girl's day" und „Mädchentreff". Es scheint zu einer fixen Idee geworden zu sein, nur Mädchen und junge Frauen zu fördern. Nun versucht man in Brandenburg mit Modellprojekten, junge Frauen zum Bleiben zu motivieren. Gut und schön, aber den jungen Männern ist damit noch lange nicht geholfen. Davon haben sie noch keine Perspektive, damit wird ihnen nicht signalisiert, dass sie gebraucht werden. Kurz: Man versucht die strukturell bedingte schulische und berufliche Benachteiligung von jungen Männern mit Projekten für junge Frauen auszugleichen – toll.

Andreas Zech

Leserbriefe: Junge Männer bleiben auf der Strecke. in: Berliner Zeitung, 9./10.6.2007, Berlin: Berliner Verlag, S. 17

1. a) Beschreibt die in der Grafik 1/ dargestellten Unterschiede zwischen Frauen und Männern.
b) Erläutert die möglichen Ursachen und Gründe für die bestehenden Unterschiede.
c) Beurteilt, inwiefern Mädchen und Jungen bzw. Männer und Frauen in Deutschland die gleichen Bildungs- und Aufstiegschancen haben.

2. a) Beschreibt die Strategien der jungen Frauen in Text 2/, die sie angesichts des wirtschaftlichen Wandels in den neuen Bundesländern ergreifen.
b) Erläutert die Situation vieler junger Männer, die in den Leserbriefen 3/ angesprochen wird.
c) Setzt euch kritisch mit den Schlagzeilen beider Materialien 2/ und 3/ auseinander. Haltet ihr die verallgemeinerte Darstellung für angemessen? Sucht mögliche Gegenbeispiele und Argumente und stellt diese in einem eigenen Leserbrief dar.

3. Führt eine Podiumsdiskussion zur Frage durch: „Wer wird mehr benachteiligt: Frauen oder Männer?". Bereitet euch auf eine Expertenrolle gründlich vor: z.B. Schülersprecher/in, Ausbilder/in eines Industriebetriebes, Hochschullehrer/in, Bildungspolitiker/in, … Ein Moderator leitet das Gespräch durch gezielte Fragestellungen.

4. Entwickelt in getrennten Jungen- und Mädchengruppen ein Programm zur besseren Gleichstellung von Jungen oder Mädchen bzw. Frauen und Männern in der Gesellschaft.
a) Wählt einen Schwerpunkt (z.B. frühkindliche Erziehung, Schule, Beruf, Sport, Politik, …).
b) Formuliert Förderziele. Überlegt euch konkrete Methoden und Projekte zu deren Umsetzung.
c) Präsentiert eure Förderprogramme und diskutiert deren Realisierbarkeit.

# „Wenn ich ein Junge wär ...“ – Gedankenexperiment und Gender-Analyse

Die „typischen“ Rollen, die Frauen und Männer oft übernehmen, sind nicht unabänderlich festgelegt, sondern vor allem durch Erziehung und Kultur geprägt. In der englischen Sprache ist es einfacher, zwischen zwei verschiedenen Bedeutungen von „Geschlecht“ zu unterscheiden: *sex* bezeichnet das „biologische“ oder „natürliche Geschlecht“ und *gender* die Geschlechter*rollen*, die Jungen und Mädchen durch die Gesellschaft zugewiesen werden. Das Verhältnis von „natürlichem“ und „sozialem“ Geschlecht (*sex* und *gender*) sowie das Problem der Chancengleichheit von Frauen und Männern werden in der Fachdisziplin *Gender studies* wissenschaftlich erforscht. In der Politik und in öffentlichen Einrichtungen müssen durch das so genannte *Gender Mainstreaming* Entscheidungen und Gesetze danach geprüft werden, ob sie besondere Auswirkungen auf Frauen und Männer haben und inwiefern deren spezifische Bedürfnisse berücksichtigt werden können. – Eine **Methode**, soziale Phänomene und Konflikte aus verschiedenen, interessenspezifischen Perspektiven betrachten und beurteilen zu können, ist das **Gedankenexperiment**: Was wäre, wenn es doch ganz anders wäre ...?

### 1/ Wenn ich ein Junge wär ...

1. Wenn ich ein Junge wär',
das wäre wunderschön,
dann könnt' ich jeden Tag
in langen Hosen gehn,
und käm' ich abends spät nach Haus,
macht mir kein Schwanz ein Drama
daraus.
Das wäre halb so schwer,
wenn ich ein Junge wär'.

Ref.:
Nur wenn Tino, Tino, Tino mich küsst,
und wenn Tino, Tino lieb zu mir ist,
fällt bei Tino, Tino, Tino mir ein:
Eine kleine Piccolina, Bambina, Signorina
zu sein, ist wunderbar.

2. Wenn ich ein Junge wär',
mit einem Motorrad,
dann wäre ich bekannt
bald in der ganzen Stadt.
Ich trau mir zu im Fußballverein
ein guter Mittelstürmer zu sein.
So wär' das ungefähr,
wenn ich ein Junge wär'.

3. Wenn ich ein Junge wär'
dann wüsste ich so gut,
was so ein junger Boy
aus lauter Liebe tut,
ich würde in die Schwulen-Scene gehn
und sexy Boys den Kopf verdrehn
ich hätt genug Verkehr,
wenn ich ein Junge wär'.

Nina Hagen Band: Unbehagen. Text: Rudolph Günter Loose
© Edition Record Rolf Budde KG, Berlin 1979

## 2/ Erbe und Erziehung

Was ist angeboren, wo verstärkt die Umwelt die Unterschiede zwischen Jungen und Mädchen, Männern und Frauen?

… Männer haben allein durch ihre Körpergröße ein im Durchschnitt um elf Prozent größeres Gehirn. Darüber hinaus besitzen sie auch mehr Nervenzellen in der Großhirnrinde als Frauen. Auch im Detail findet man anatomische Unterschiede zwischen Männer- und Frauenhirnen. Unbestritten ist bei Männern die „präoptische Region", zuständig für den Sexualtrieb, größer als bei Frauen. Nach Untersuchungen der Psychiaterin Jill Goldstein von der Harvard Medical School sind bei Frauen bestimmte Bereiche des vorderen Großhirns stärker ausgeprägt, ebenso wie der für Gedächtnisfunktionen zuständige Hippocampus. Dafür haben Männer laut Goldstein aber einen größeren Scheitellappen, der für das räumliche Sehen taugen soll, und eine größere Amygdala, der Sitz von Angst, Aggression und Erregung.

In der Hirnanatomie werden immer wieder „typische" Unterschiede zwischen männlichen und weiblichen Gehirnen gefunden – oft sind solche Befunde aber umstritten. Oder die Variationen sind so klein, dass man sie überhaupt nur als statistische Größe bei sehr vielen Messungen nachweisen kann. „Für den Einzelfall ist das dann unerheblich", sagt der Zürcher Neuropsychologe Lutz Jäncke. Zudem sagen anatomische Unterschiede noch nichts über die Funktion aus. Nicht einmal die Frage, ob sie angeboren sind, ist leicht zu beantworten. „Das menschliche Gehirn zeichnet sich vor allem durch seine unglaubliche Anpassungsfähigkeit aus", sagt Jäncke. „Es ist im Wesentlichen eine Lernmaschine, die sich über Jahre hinweg entsprechend den äußeren Einflüssen entwickelt und die unterschiedlichsten Aufgaben meistern kann. Das gilt für Jungen wie für Mädchen."

Birgit Herden, in: DIE ZEIT, 28.6.2007, Hamburg: ZEIT Verlag, S. 31

1. Hört/seht euch das Lied 1/ an und diskutiert folgende Fragen:
a) Was durften Mädchen vor 20 oder 30 Jahren noch nicht tun, was heute kein Problem mehr ist? Gab es solche Verbote oder Empfehlungen auch für Jungen?
b) Welche Dinge tun heute vor allem Jungen oder Mädchen bzw. Frauen oder Männer? Welchen Verhaltensweisen, Tätigkeiten, Berufen oder Hobbys solltet ihr „als Mädchen" oder „als Junge" (z. B. aus der Sicht der Eltern, Verwandten oder Freunde) besser nicht nachgehen?
c) Stehen heute beiden Geschlechtern alle Wege offen? Begründe deine Meinung.

Online-Link: 695220-0019

2. Wünscht ihr euch auch manchmal, lieber ein Junge oder ein Mädchen zu sein?
a) Welche Eigenschaften sind für euch „typisch weiblich" oder „typisch männlich"?
b) Überlegt, wann und warum ihr gern einmal „untypisch" sein wollt.
c) Schreibt dazu ein Gedicht, eine Geschichte oder zeichnet einen Comic mit dem Titel: „Wenn ich ein Junge/Mädchen wäre …". Denkt dabei auch an eure Zukunftspläne und Träume: In welcher Rolle könntet ihr diese am besten verwirklichen?

3. a) Vergleicht eure Gedankenexperimente und diskutiert, in welchen Bereichen Männer und Frauen unterschiedliche Interessen, Bedürfnisse und Ziele haben. Trifft dies auf alle Männer bzw. Frauen zu?
b) Überlegt, welche Möglichkeiten die Politik hat, durch Gesetze (z. B. „Quoten" für Frauen und Männer) oder andere Projekte (z. B. Berufsberatung, Ausbildung) die Chancengleichheit zwischen den Geschlechtern zu befördern. Oder ist die volle Gleichberechtigung nur durch private und erzieherische Maßnahmen (z. B. in der Familie, in der Schule) zu erreichen? Nehmt dazu Stellung.

4. a) Warum sind die statistisch feststellbaren Unterschiede zwischen den Hirnfunktionen bei Frauen und Männern laut Jäncke unerheblich 2/?
b) Was bedeuten die Ergebnisse der Gehirnforschung für das Geschlechterverhältnis?
c) Worin besteht die Gefahr, wenn man Geschlecht als Untersuchungsmerkmal für Gehirnforschungen wählt?

# Zur Freiheit verurteilt?

## 1/ Wenn der Prinz zum Frosch wird – „Es herrscht ein traditionelles Rollenverständnis"

Ein Gespräch mit dem Bamberger Soziologen Hans-Peter Blossfeld über die Partnerwahl im Web:

**Sie untersuchen in Ihrem Forschungsprojekt den Ablauf der Entstehung einer Partnerschaft im Internet. Stimmt es, dass sich die Menschen über das Internet ganz frei verlieben, unabhängig von der Herkunft?**
Das kann ich nicht bestätigen. Unsere bisherigen Ergebnisse weisen eher in die andere Richtung. Durch die Beschreibungen für das eigene Profil treten auf Dating-Plattformen soziale Merkmale wie Beruf, Schulabschluss oder Einkommen in den Vordergrund. Diese Kriterien prägen dann auch die Kontaktaufnahme. Die Partnersuche wird also nicht egalitärer. Die Trennung der sozialen Schichten wird sogar noch verstärkt, weil viele weniger gut Verdienende keinen Internetanschluss haben. Aber auch wenn sich das angleichen sollte, werden unterschiedliche soziale Gruppen unterschiedliche Portale aufsuchen.

**Gibt es auch Unterschiede, im Verhalten von Männern und Frauen?**
Ja, und die entsprechen im Wesentlichen dem traditionellen Rollenbild: Der Mann ist der Ernährer der Familie, und die Frau ist an einem gutverdienenden Mann interessiert. Demnach sind Frauen bei der Partnerwahl rationaler, das heißt, ihnen sind Kriterien wie Einkommen und Bildungsabschluss wichtig. Für Männer dagegen spielt das Aussehen der Frau eine große Rolle. …

**Woran liegt es, dass die Emanzipation in dieser Hinsicht nicht weiter ist?**
Das könnte daran liegen, dass geschlechtsspezifische Muster viel tiefer eingegraben sind, als man denkt. Zwar sind die Studienanfängerinnen inzwischen in der Überzahl, und in Zukunft wird es mehr Frauen mit einem Studienabschluss geben als Männer. Das heißt, dass sich die traditionellen Vorstellungen hinsichtlich Berufstätigkeit und Einkommen eigentlich auflösen müssten. Danach sieht es aber nicht aus. Wenn aber die Frauen immer noch nach oben heiraten wollen, also an einem gut gebildeten und verdienenden Mann interessiert sind, dann fehlen hoch qualifizierte Männer auf dem Heiratsmarkt.

**Zufälle oder Liebe auf den ersten Blick spielen bei der Partnerwahl keine Rolle?**
Das mit den Zufällen ist eine Illusion. Bestimmte Leute gehen an bestimmte Orte und treffen bestimmte Menschen. Studenten beispielsweise gehen in spezielle Diskotheken für Studenten. Diese Vorauswahl steuert den vermeintlichen Zufallsprozess der Partnerwahl. Diesen Prozess der Vorauswahl kann man bei der Partnersuche im Internet detailliert anhand der Selbstbeschreibung und der Suchkriterien untersuchen.

Anna Lissel, Wenn der Prinz zum Frosch wird, in: FAZ Sonntagszeitung, 3.6.2007, Nr. 22, S. 62

## 2/ Erbe und Erziehung

Der Mensch, wie ihn der Existentialist versteht, ist nicht definierbar, weil er zunächst nichts ist. Er wird erst dann, und er wird so sein, wie er sich geschaffen haben wird. Folglich gibt es keine menschliche Natur, da es keinen Gott gibt, sie zu ersinnen. … **Der Mensch ist nichts anderes als das, wozu er sich macht.** …

Dostojewski schrieb: **„Wenn Gott nicht existiert, ist alles erlaubt."** Das ist der Ausgangspunkt des Existentialismus. In der Tat ist alles erlaubt, wenn Gott nicht existiert, und folglich ist der Mensch verlassen, denn er findet weder in sich noch außer sich einen Halt. Zunächst einmal findet er keine Entschuldigungen. Wenn tatsächlich die Existenz dem Wesen vorausgeht, ist nichts durch Verweis auf eine gegebene und unwandelbare menschliche Natur erklärbar; anders gesagt, es gibt keinen Determinismus, der Mensch ist frei, der Mensch ist die Freiheit. Wenn zum anderen Gott nicht existiert, haben wir keine Werte oder Anweisungen vor uns, die unser Verhalten rechtfertigen könnten. So finden wir weder hinter noch vor uns im Lichtreich der Werte Rechtfertigungen oder Entschuldigungen. Wir sind allein, ohne Entschuldigungen. Das möchte ich mit den Worten ausdrücken: **Der Mensch ist dazu verurteilt, frei zu sein.** Verurteilt, weil er sich nicht selbst erschaffen hat, und dennoch frei, weil er, einmal in die Welt geworfen, für all das verantwortlich ist, was er tut. Der Existentialist glaubt nicht an die Macht der Leidenschaft. Er wird nie meinen, eine schöne Leidenschaft sei eine alles mitreißende Flut, die den Menschen schicksalhaft zu bestimmten Taten zwingt und daher eine Entschuldigung ist. Er meint, der Mensch ist für seine Leidenschaft verantwortlich. …

Wir wollen die Freiheit um der Freiheit willen und unter jedem Umstand. Und die Freiheit wollend, entdecken wir, dass sie ganz von der Freiheit der anderen, und dass die der anderen von unserer Freiheit abhängt. Gewiss hängt die Freiheit als Definition des Menschen nicht von anderswem ab, aber sobald ein Engagement vorliegt, bin ich gezwungen, gleichzeitig mit meiner Freiheit die der anderen zu wollen, ich kann meine Freiheit nur zum Ziel machen, indem ich auch die der anderen zum Ziel mache.

Jean-Paul Sartre: Der Existentialismus ist ein Humanismus. in: Gesammelte Werke, Philosophische Schriften I, Bd. 4., Reinbek: Rowohlt, 1994, S. 120 f., 124 f., 138 (Übers. V. v. Wroblewsky)

**Determinismus:** Nach dieser Auffassung treten Ereignisse zwangsläufig ein, da ihre Ursachen und Bedingungen bereits vorher festgelegt sind. Was passiert, ist also „vorherbestimmt".

**Jean-Paul Sartre:** französischer Philosoph, Gymnasiallehrer und Schriftsteller (1905–1980), entwickelt unter dem Eindruck der nationalsozialistischen Besatzung Frankreichs im Zweiten Weltkrieg eine radikale Theorie der Freiheit.

**Existentialismus:** Eine Form der Existenzphilosophie. Im Mittelpunkt steht die Frage nach der Seinsweise (Existenz) des Menschen, die für Sartre zu allererst durch Freiheit bestimmt ist.

### Existenz und Wesen (Essenz)

Das Nachdenken über die Welt, das Leben und „**das Sein** an sich" steht im Mittelpunkt vieler philosophischer Arbeiten. Wenn das Verb „sein" im Sinne von „existieren", d. h. „da-sein" verwendet wird, sprechen wir von **Existenz.** Wenn wir einem Gegenstand oder einem Lebewesen grundlegende Eigenschaften zusprechen, z. B. „ein Tier *ist* empfindsam", „ein Stein *ist* hart" oder „Menschen *sind* intelligent", sprechen wir vom „So-sein", „der Natur" oder dem **Wesen** (Essenz) dieser Gegenstände oder Lebewesen.

1. Lest das Interview 1/ mit verteilten Rollen und erläutert die soziologische Studie:
a) Welche unterschiedlichen Motive haben junge Menschen, im Internet auf Partnersuche zu gehen? Welchen überzogenen Erwartungen widerspricht die Studie?
b) Sucht nach Gründen für die „tief eingegrabenen", traditionellen Rollenbilder, die auch bei „modernen" Jugendlichen offenbar noch vorherrschen.

2. Lest den Text 2/ mehrmals und diskutiert folgende Fragen:
a) Welche Schlüsse zieht Sartre aus der Annahme, dass Gott nicht existiere? Was bedeutet das für die Lebensführung des einzelnen Menschen?
b) Ist der Mensch laut Sartre frei, alles zu tun, was ihm gefällt? Warum (nicht)?

3. Führt ein Streitgespräch zum Thema: „Wie viele Zufälle und wie viel Freiheit gibt es bei der Partnerwahl? – Führen wir selbstbestimmt oder fremdgesteuert unser Leben?" Berücksichtigt dabei auch den Einfluss von Familie, Erziehung, sozialer Herkunft, Medien und religiös-kulturellen Traditionen.

# The Art of Loving

## 1/ Ist Lieben eine Kunst?

Ist Lieben eine Kunst? Wenn es das ist, dann wird von dem, der diese Kunst beherrschen will, verlangt, dass er etwas weiß und dass er keine Mühe scheut. Oder ist die Liebe nur eine angenehme Empfindung, die man rein zufällig erfährt, etwas, was einem sozusagen „in den Schoß fällt", wenn man Glück hat? …

Die meisten Menschen sehen das Problem der Liebe in erster Linie als das Problem, **selbst geliebt zu werden,** statt **zu lieben** und lieben zu können. Daher geht es für sie nur darum, wie man es erreicht, geliebt zu werden, wie man liebenswert wird. Um zu diesem Ziel zu gelangen, schlagen sie verschiedene Wege ein. Der eine, besonders von Männern verfolgte Weg ist der, so erfolgreich, so mächtig und reich zu sein, wie es die eigene gesellschaftliche Stellung möglich macht. Ein anderer, besonders von Frauen bevorzugte Weg ist der, durch Kosmetik, schöne Kleider und dergleichen möglichst attraktiv zu sein. …

Hinter der Einstellung, dass man nichts lernen müsse, um lieben zu können, steckt … die Annahme, es gehe bei dem Problem der Liebe um ein **Objekt** und nicht um eine **Fähigkeit.** Viele Menschen meinen, zu lieben sei ganz einfach, schwierig sei es dagegen, den richtigen Partner zu finden, den man selbst lieben könne und von dem man geliebt werde. …

Unsere gesamte Kultur gründet sich auf die Lust am Kaufen, auf die Idee des für beide Seiten günstigen Tauschgeschäfts. Schaufenster anzusehen und sich alles, was man sich leisten kann, gegen bares Geld oder auf Raten kaufen zu können – in diesem Nervenkitzel liegt das Glück des modernen Menschen. Er (oder sie) sieht die Mitmenschen auf ähnliche Weise an. Der Mann ist hinter einem attraktiven jungen Mädchen und die Frau ist hinter einem attraktiven Mann her. Dabei wird unter „attraktiv" ein Bündel netter Eigenschaften verstanden, die gerade beliebt und auf dem Personenmarkt gefragt sind. … So verlieben sich zwei Menschen ineinander, wenn sie das Gefühl haben, das beste Objekt gefunden zu haben, das für sie in Anbetracht des eigenen Tauschwerts auf dem Markt erschwinglich ist. …

**Liebe ist eine aktive Kraft im Menschen.** Sie ist eine Kraft, welche die Wände niederreißt, die den Menschen von seinem Mitmenschen trennen, eine Kraft, die ihn mit anderen vereinigt. Die Liebe lässt ihn das Gefühl der Isolation und Abgetrenntheit überwinden und erlaubt ihm, trotzdem er selbst zu sein und seine Integrität zu behalten. In der Liebe kommt es zu dem Paradoxon, dass zwei Wesen eins werden und trotzdem zwei bleiben. …

Liebe ist eine Aktivität und kein passiver Affekt. Sie ist etwas, das man in sich selbst entwickelt, nicht etwas, dem man verfällt. Ganz allgemein kann man den aktiven Charakter der Liebe so beschreiben, dass man sagt, sie ist in erster Linie ein **Geben** und nicht ein Empfangen. … Die Liebe ist aber nicht nur ein Geben, ihr „aktiver" Charakter zeigt sich auch darin, dass sie in allen ihren Formen stets folgende Grundelemente enthält: Fürsorge, Verantwortungsgefühl, Achtung vor dem anderen und Erkenntnis.

Erich Fromm: Die Kunst des Liebens (im Original: „The Art of Loving", 1956). Berlin: Ullstein, 1998, S. 11–14 und 39–46 (Übers. Liselotte und Ernst Mickel)

**Affekt:** ein Zustand starker emotionaler Erregung, der das Verhalten leitet

**Erich Fromm:** Philosoph und Psychoanalytiker (1900–1980), gehörte dem bedeutenden sozialwissenschaftlichen Forscherkreis der „Frankfurter Schule" an, deren Mitglieder als deutsche Juden in den 1930er-Jahren in die USA emigrierten.

## 2/ Peter Behrens: Der Kuss

### 3/ Die heile Welt

Mit dir zusammen sein, das bedeutet heile Welt,
doch nun bist du weg und es ist sie, die als Erstes zerfällt.
Das sind Schmerzen ganz tief aus meinem Herzen,
das sind Tränen, für die will ich mich nicht schämen.
Warum zerfällt die heile Welt?
Warum kann nicht alles so bleiben wie es ist?
Nein sie ist weg,
ich bin wieder in meinem dunklen Versteck.
Ich warte darauf, dass du mich findest und befreist,
aus dieser Welt voller Tränen und Leid,
mich wieder entführst in die Welt voller Liebe und Geborgenheit.

Ann-Kathrin Reinhardt; Schülerin, 15 Jahre
Freie Eisenacher Theaterjugend (Hrsg.): Wenn aus Träumen. Ein Gedichtband, nach dem gleichnamigen Theaterstück. Eisenach, 2005 (handkopiert)

### 4/ Ein Jüngling liebt ein Mädchen

Ein Jüngling liebt ein Mädchen,
Die hat einen andern gewählt;
Der andere liebt eine andre
Und hat sich mit dieser vermählt.

Das Mädchen heiratet aus Ärger
Den ersten besten Mann,
Der ihr in den Weg gelaufen;
Der Jüngling ist übel dran.

Es ist eine alte Geschichte,
Doch bleibt sie immer neu;
Und wem sie just passieret,
Dem bricht das Herz entzwei.

Heinrich Heine

### 5/ Das Hohelied Salomos

Wie eine Lilie unter den Dornen, so ist meine Freundin unter den Mädchen.
Wie ein Apfelbaum unter den wilden Bäumen, so ist mein Freund unter den Jünglingen.
Unter seinem Schatten zu sitzen, begehre ich, und seine Frucht ist meinem Gaumen süß.
Er führt mich in den Weinkeller, und die Liebe ist sein Zeichen über mir.
Er erquickt mich mit Traubenkuchen und labt mich mit Äpfeln; denn ich bin krank vor Liebe.
Seine Linke liegt unter meinem Haupte,
und seine Rechte herzt mich. (2, 2–6)
Wie schön und wie lieblich du bist,
du Liebe voller Wonne!
Dein Wuchs ist hoch wie ein Palmbaum,
deine Brüste gleichen den Weintrauben.
Ich sprach: Ich will auf den Palmbaum steigen und seine Zweige ergreifen.
Lass deine Brüste sein wie Trauben am Weinstock
und den Duft deines Atems wie Äpfel;
lass deinen Mund sein wie guten Wein, der meinem Gaumen glatt eingeht und Lippen und Zähne mir netzt.
Meinem Freund gehöre ich, und nach mir steht sein Verlangen.
Komm, mein Freund, lass uns aufs Feld hinausgehen und unter Zyperblumen die Nacht verbringen,
dass wir früh aufbrechen zu den Weinbergen und sehen, ob der Weinstock sprosst und seine Blüten aufgehen,
ob die Grantbäume blühen.
Da will ich dir meine Liebe schenken.

Hoheslied (7, 7–13)

1. a) Beschreibt die Stimmung, die in den Gedichten 3/ und 4/ jeweils zum Ausdruck kommt. Welche konkreten Anlässe oder Ursachen könnten diese Stimmungen hervorgebracht haben?
b) Tauscht euch über eure eigenen Vorstellungen von einer „heilen Welt" und von einer „perfekten Liebesbeziehung" aus.
c) Versucht, eure eigenen Ideen oder Erfahrungen in einem Gedicht oder einer kurzen Geschichte festzuhalten.

2. Das „Hohelied" 5/ als „schönstes Lied" greift orientalische Traditionen der gegenseitigen Verehrung eines Brautpaares auf und beschreibt die Sehnsucht nach erotischer Vereinigung.
a) Vergleicht dieses Lied mit dem für euch persönlich „schönsten Liebeslied".
b) Auf welche Weise kommen Achtung, Bewunderung, Begehren und Sehnsucht zum Ausdruck?
c) Welche anderen Gefühle spielen eine Rolle? Welche Bilder werden dabei verwendet?

3. a) Was sind eurer Meinung nach die häufigsten Gründe dafür, dass Liebesbeziehungen oft mit Enttäuschungen und Verletzungen verbunden sind und wieder auseinandergehen?
b) Erarbeitet aus dem Text 1/ die Irrtümer heraus, die Fromm als Hauptursache für unglückliche Liebesbeziehungen sieht.
c) Diskutiert, inwieweit die Gesellschaftskritik, die Fromm in den 1950er-Jahren in den USA formulierte, auch heute noch ihre Gültigkeit hat.
d) Erläutert den Unterschied in der Bedeutung von Liebe als „Objekt", als „Fähigkeit" und als eine „Kunst". Welche Bedingungen knüpft Fromm an die Erlernbarkeit der Liebe als eine Kunst?

# „Vier Seiten einer Nachricht" – Gespräche verstehen

**1/ „Grüner wird´s nicht ..."**

... sagt der Mann auf dem Beifahrersitz zu seiner Frau am Steuer, nachdem die Ampel umgeschaltet hat.
Frau: „Fahr ich oder fährst du?"
Mann: „Sei doch nicht immer gleich so aggressiv!"
Frau: „Ich aggressiv? – Dir kann man es ja eh nie recht machen." ...

Viele Konflikte in zwischenmenschlichen Beziehungen beruhen auf Missverständnissen und Problemen der Kommunikation. Welche Inhalte wurden mit der Nachricht: „Grüner wird es nicht." gesendet? (a) „Die Ampel hat gerade auf grün geschaltet." Oder: (b) „Ich bin müde, gestresst und will nach Hause." Oder: (c) „Du bist unaufmerksam und hättest besser mich fahren lassen sollen." Oder: (d) „Bitte fahre weiter!" Welche Botschaft ist beim Empfänger angekommen? (a) „Lass deinen Ärger nicht an mir aus." Oder: (b) „Ich lasse mich nicht drängen und weiß selbst, wann ich losfahren muss." Oder (c) „Ich habe auch gesehen, dass es grün ist." Oder: (d) „Bitte akzeptiere, dass ich meinen eigenen Fahrstil habe." – Wenn Personen miteinander reden, werden nicht nur Sachinhalte ausgetauscht, sondern immer auch Gefühle angesprochen und Appelle gesendet. Jede Nachricht kann vier verschiedene Seiten haben. Probleme entstehen oft aus der Unklarheit, welche Botschaft wirklich gemeint ist und welche verstanden wird.

**2/ Das 4-Ohren-Kommunikationsmodell**

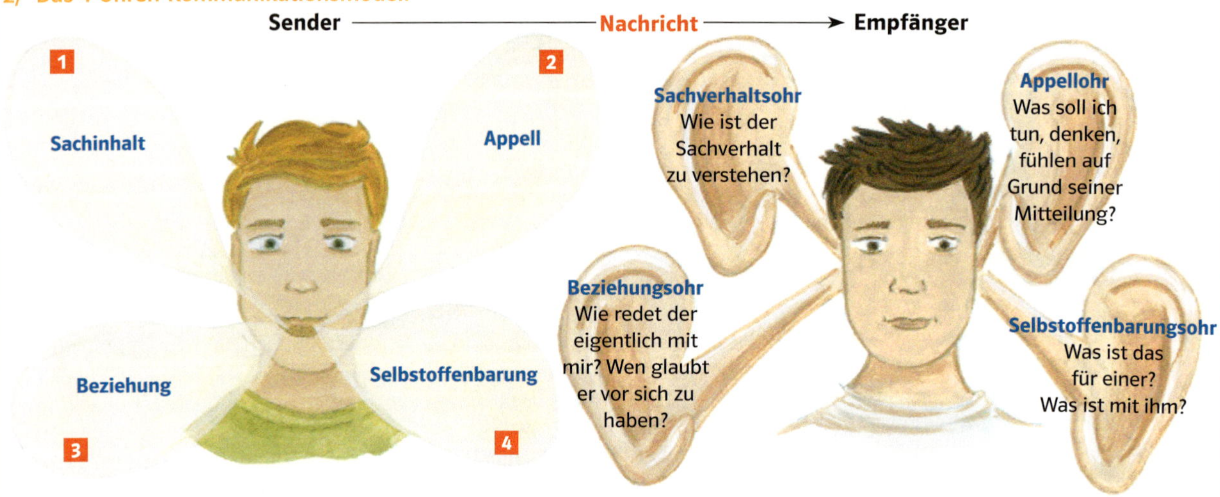


1 **Sachinhalt:** Die reine Sachinformation, worüber ich dich informiere.

2 **Appell:** Ich möchte dich durch meine Botschaft zu einer bestimmten Handlung veranlassen.

3 **Beziehung:** Ich spreche auch direkt oder indirekt darüber, was ich von dir halte und wie ich unsere Beziehung sehe.

4 **Selbstoffenbarung:** Mit jeder Nachricht gebe ich etwas von mir selbst kund. (Ich-Botschaften)

Nach Friedemann Schulz von Thun: Miteinander reden. 1998

Zeichnung: Sandy Schygulla

### 3/ Das dialogische Prinzip

Die Kunst des Liebens besteht nach Erich Fromm darin, den anderen Menschen nicht nur als ein Bündel mir sympathischer und vorteilhafter Eigenschaften zu sehen, sondern ihm mit seinem „ganzen Wesen" zu begegnen. Eine Liebesbeziehung – nicht nur im erotischen Sinne – zeichnet sich dadurch aus, dass wir frei von allen konkreten Absichten den anderen in ihrer Einzigartigkeit begegnen können. Als Liebespaare, gute Freunde oder Eltern und Kinder können wir in einer „echten" Ich-Du-Beziehung stehen und sowohl uns selbst als auch den anderen als lebendige, ganzheitliche Persönlichkeiten und nicht nur als nützliche „Gegenstände" erleben. Der Religionsphilosoph **Martin Buber** zeigte, wie unsere Haltung gegenüber anderen Menschen grundlegend durch unsere zweifache Art zu Denken und zu Sprechen bestimmt wird:

**Dialog:** eine zwischen zwei Menschen geführte mündliche oder schriftliche Rede und Gegenrede

**Ich und Du**

Die Welt ist dem Menschen zwiefältig nach seiner zwiefältigen Haltung.

Die Haltung des Menschen ist zwiefältig nach der Zwiefalt der Grundworte, die er sprechen kann.

Das eine Grundwort ist das Wortpaar Ich-Du.

Das andre Grundwort ist das Wortpaar Ich-Es …

Somit ist auch das Ich des Menschen zwiefältig.

Denn das Ich des Grundwortes Ich-Du ist ein andres als das des Grundwortes Ich-Es.

…

Wer Du spricht, hat kein Etwas, hat nichts. Aber er steht in Beziehung.

…

Die Welt der Erfahrung gehört dem Grundwort Ich-Es zu. Das Grundwort Ich-Du stiftet die Welt der Beziehungen.

…

Stehe ich einem Menschen als meinem Du gegenüber, spreche das Grundwort Ich-Du zu ihm, ist er kein Ding unter Dingen und nicht aus Dingen bestehend.

Nicht Er oder Sie ist er, von anderen Er und Sie begrenzt, im Weltnetz aus Raum und Zeit eingetragener Punkt; und nicht eine Beschaffenheit, erfahrbar, beschreibbar, lockeres Bündel benannter Eigenschaften. Sondern nachbarnlos und fugenlos ist er Du und füllt den Himmelskreis. Nicht als ob nichts andres wäre als er: aber alles andre lebt in seinem Licht.

Wie die Melodie nicht aus Tönen sich zusammensetzt, der Vers nicht aus Wörtern und die Bildsäule nicht aus Linien, man muss dran zerren und reißen, bis man die Einheit zur Vielheit zubereitet hat, so der Mensch, zu dem ich Du sage. Ich kann die Farbe seiner Haare oder die Farbe seiner Rede oder die Farbe seiner Güte aus ihm holen, ich muss es immer wieder; aber schon ist er nicht mehr Du.

…

Das Grundwort Ich-Du kann nur mit dem ganzen Wesen gesprochen werden. Die Einsammlung und Verschmelzung zum ganzen Wesen kann nie durch mich, kann nie ohne mich geschehen. Ich werde am Du; Ich werdend spreche ich Du.

Alles wirkliche Leben ist Begegnung.

Martin Buber: Ich und Du. 1923 (Zit. nach ders.: Ich und Du. Stuttgart: Reclam, 2006, S. 3–12)

1. Ordnet die Beispiele 1/ (a) bis (d) jeweils den verschiedenen Seiten einer Nachricht 2/ zu.

2. Sucht oder erfindet weitere Dialoge (in der Familie, zwischen Freunden, Paaren, …) und analysiert diese nach dem Modell der vierfachen Kommunikation 2/.

3. Diskutiert, welche Probleme der Kommunikation besonders häufig in Liebesbeziehungen auftreten und unter welchen Bedingungen wir uns dem Ideal einer „perfekten" Zwiesprache in einer gelungenen Ich-Du-Beziehung nähern könnten. Vergleicht eure Ideen mit dem „dialogischen Prinzip" von Buber 3/.

4. Erläutert in eigenen Worten die Unterschiede zwischen der „Welt der Gegenstände und Erfahrungen" einerseits und der „Welt der Ich-Du-Beziehungen" andererseits 3/. Sucht nach Beispielen und diskutiert, inwiefern es möglich ist, einen anderen Menschen „mit dem ganzen Wesen" anzusprechen.

# Das Recht auf sexuelle Selbstbestimmung

## 1/ Prototyp

Zeichnungen: Ralf König

## 2/ Urlaubsflirt oder sexueller Missbrauch?

Auch nach einem knappen halben Jahr in einem türkischen Gefängnis bleibt der 17-jährige Uelzener Schüler Marco W. weiter in Untersuchungshaft. … Ihm wird sexueller Missbrauch seiner 13-jährigen Urlaubsbekanntschaft vorgeworfen. Der Schüler hatte stets erklärt, er habe nur einvernehmliche Kontakte mit [seiner britischen Urlaubsbekanntschaft] Charlotte gehabt und die 13-Jährige für wesentlich älter gehalten. … Das türkische Strafrecht, das sexuellen Missbrauch und Vergewaltigung ahndet, ist vor zwei Jahren den Rechtsentwicklungen in Europa angepasst worden. Auch deutsche Politiker hatten damals bei der türkischen Regierung darauf gedrängt, Mädchen stärker vor Übergriffen zu schützen. Bei Kindesmissbrauch, dessen Marco W. angeklagt ist, sieht der Paragraf 103 des türkischen Strafgesetzbuches zwischen drei und acht Jahren Haft vor. Bei Minderjährigen kann die Strafe reduziert werden.

Sigrid Averesch. Berliner Zeitung, 29./30. 9. 2007, Berlin: Berliner Verlag, S. 6

## 4/ Vaterschaftsverhütung – im eigenen Interesse

Vaterschaftsverhütung bedeutet, nicht nur die ungeplante Mutterschaft eines Mädchens oder einer Frau zu vermeiden, sondern auch die eigene ungewollte Vaterschaft. Damit Eizelle und Samenzelle sich nicht vereinigen können, muss eben nicht nur die Empfängnis, sondern auch die Zeugung verhütet werden. …

Das Kondom ist das einzige Verhütungsmittel, mit dem es der Junge oder der Mann allein in der Hand hat, eine Zeugung zu verhindern. … Das gilt besonders dann, wenn es zu einem flüchtigen sexuellen Kontakt kommt, denn es ist keineswegs selbstverständlich, dass die Partnerin für die Verhütung sorgt. …

Vielen fällt es am Anfang gar nicht so leicht, mit Kondomen zu verhüten. Es gehört Mut und auch Disziplin dazu, das Liebesspiel jedes Mal zur rechten Zeit für einen Moment zu unterbrechen. … Am besten, man übt vorher ein paar Mal allein. Das gibt Sicherheit.

Bundeszentrale für gesundheitliche Aufklärung (BZgA): Wie geht's – wie steht's. Wissenswertes für Jungen und Männer. S. 73–77; November 2002, Köln, Bestell-Nr. 13030000

## 3/ Das Sexualstrafrecht im deutschen Strafgesetzbuch (StGB)

| Straftaten gegen die sexuelle Selbstbestimmung | |
|---|---|
| § 174 | Sexueller Missbrauch von Schutzbefohlenen |
| § 176 | Sexueller Missbrauch von Kindern |
| § 177 | Sexuelle Nötigung; Vergewaltigung |
| § 180 | Förderung sexueller Handlungen Minderjähriger |
| § 180a | Förderung der Prostitution |
| § 182 | Sexueller Missbrauch von Jugendlichen |
| § 184 | Verbreitung pornografischer Schriften |

vollständig: www.sexualstrafrecht.de/gesetz/strafgesetzbuch

## 5/ Soll ich … oder soll ich nicht?

Jedes Mal wurden wir vertrauter miteinander und wussten immer besser, was wir mochten und was nicht. Nur ein Problem gab es da: Dennis drängte unheimlich, dass ich endlich mit ihm schlafen sollte. Aber ich wollte noch nicht … und habe versucht, mit Dennis darüber zu reden: „Komm, stell dich nicht so an!“, meinte er. „Das ist schön! Das macht doch Spaß!“ „Ja, aber ich will noch nicht …“ Aber er hatte überhaupt kein Verständnis für mich. Ständig drängte er mich, endlich mit ihm ins Bett zu gehen. … Und Gloria und ihre Freundinnen machten sich ständig wichtig mit irgendwelchen Erfahrungen, die sie angeblich schon mit Typen hatten. Man kam sich richtig bescheuert vor, dass man es nicht auch schon getan hatte. Was sollte ich nur machen? „Lass die doch quatschen!“, meinte Derya zu Lena und mir. … „Ich weiß genau, was ich will. Sex vor der Ehe ist bei mir nicht drin. Und ich warte auf den Mann, den ich wirklich liebe. Und der mich liebt. Fertig. … Da kann so jemand wie Gloria noch so mit ihren Typen angeben. Das hat mit Liebe doch wirklich nichts zu tun. Für so was bin ich mir zu schade.“

Uschi Flacke: Aufregende Jahre. Jules Tagebuch, S. 56–60 (Bundeszentrale für gesundheitliche Aufklärung (BZgA), www.bzga.de, Köln, April 2004)

**Online-Link:**
695220-0027

1. Lest die Geschichte des „Sündenfalls“ im Paradies (1. Buch Mose/Genesis, Kapitel 2 und 3) und vergleicht sie mit dem Comic von König 1/:
a) Wie kam es laut biblischem Schöpfungsbericht zur Scham zwischen Mann und Frau?
b) Wie interpretiert König diese Geschichte? Kommentiert die Aussprüche des Herrn.
c) Welche religiösen Gebote und Regeln werden zur Sexualität aufgestellt? Müssen diese notwendigerweise im Widerspruch zu Lust und „Spaß“ stehen? Begründe.

2. Analysiert den Fall Marco W. 2/ und 3/:
a) Klärt die Begriffe: „sexuelle Selbstbestimmung“, „Minderjährige/r“, „Nötigung“, „Missbrauch“ und „Vergewaltigung“.
b) Stellt Kriterien dafür auf, nach denen beurteilt werden kann, wann ein „Flirt“ zum „sexuellen Missbrauch“ wird.
c) Informiert euch über den Ausgang des Verfahrens gegen Marco W. und nehmt dazu Stellung.

3. Bearbeitet in getrennten Jungen- und Mädchengruppen die Texte 3/, 4/ und 5/. Diskutiert, inwiefern die gesetzlichen Regelungen 3/ und die Ratschläge 4/ und 5/ sinnvoll, hilfreich und ausreichend sind. Ergänzt oder ändert sie entsprechend eurer Einschätzung.

# Familie ist da, wo Kinder sind?

## 1/ Die Emanzipation des Mannes in der Familie?

Zeichnung: Johann Mayr

## 2/ Ein neues Familienmodell?

„Das Ernährer-Modell, Mann arbeitet und die Frau kümmert sich um Kinder und Haushalt, das im Westen vorherrschend war, löst sich allmählich auf. Es wird vom Doppelverdiener-Modell abgelöst: Mann arbeitet voll, Frau Teilzeit. Selten umgekehrt. Diese Form liegt im Trend und ist neues Leitmodell", erläutert Julia Lepperhoff, Mitglied des wissenschaftlichen Teams des GenderKompetenzZentrums. Doch dieses neue Modell hat auch seine Tücken. Barbara Pritsch (42 Jahre), Mutter zweier Kleinkinder, die vormittags an ihrer Promotion schreibt und einen Tag in der Woche in einem Verlag arbeitet, erfährt das täglich: „Die Gefahr, in alte Rollenmuster zu rutschen, ist ständig da. Die Vollzeitstelle meines Freundes ist für mich eine Notlösung. Und ohne die Unterstützung der Großeltern wären wir aufgeschmissen. Eigentlich schwebt mir ein Modell mit mehreren Familien vor. Aber um so etwas zu organisieren, fehlt die Zeit." …

**Promotion:** Erlangung der Doktorwürde

Der Familieneinsatz von Vätern hinsichtlich der Kinder oder der Pflege von Familienangehörigen nahm in den vergangenen Jahren kaum zu. Der Väteranteil an der Elternzeit ist seit 2001 von knapp zwei Prozent auf gerade mal fünf Prozent gestiegen. Damit erweist sich Flexibilisierung der Elternzeit, die auch Väter eine Berufspause ermöglicht, als wenig attraktiv. Meist geben finanzielle Erwägungen den Ausschlag, wer in die Elternzeit geht. Um einen Einkommensverlust zu vermeiden, arbeitet dann meist der Mann weiter, da er in der Regel mehr verdient. Die Frau pausiert, startet dann in Teilzeit, kommt noch ein Kind, findet sie kaum wieder einen adäquaten Berufseinstieg. …

„Familie ist da, wo Kinder sind", lautet eine Neudefinition. Alleinerziehende mit Kind sind demnach eine Kleinfamilie. Etwa 20 Prozent der Menschen mit Kind leben alleine, in der Mehrzahl Frauen, davon sind über 60 Prozent erwerbstätig. „Besonders schwer war es, als mein Kind noch klein war", berichtet Susanne Adler (38 Jahre), alleinerziehende Erzieherin. Sie lebt mit ihrer 14-jährigen Tochter auf dem Land. „Der einzig erreichbare Kindergarten betreute sie nur von 8 bis 12 Uhr, folglich fand ich keine Arbeit. Betreute Grundschule – Fehlanzeige. Hinzu kommt die Isolation, in der das Kind und ich notgedrungen leben. Was hab ich mir gewünscht, Kind und Beruf besser unter einen Hut zu bringen!"

Silke Häußler, www.dieGesellschafter.de/information/dossiers/dossier.php?sid=3072a7e13de2f63809 (22.10.2007)

3/ Jerome Graff, 14 Jahre, hat zwei Zimmer. Unter der Woche wohnt er bei seiner Mutter, jedes dritte Wochenende bei seinem Vater. Wo ist er zu Hause?

### 4/ Gleiches Recht für Lesben und Schwule?

**Sabine Leutheusser-Schnarrenberger, FDP:**
Familien, in denen Kinder von zwei Männern oder zwei Frauen aufgezogen werden, sind heute nichts Besonderes mehr. Insbesondere nachdem für eingetragene Lebenspartner die Möglichkeit der Stiefkindadoption besteht, ist es an der Zeit, den Familienbegriff den Entwicklungen der letzten Jahre anzupassen.
Aufgabe der Politik ist es, die unterschiedlichen Formen von Familien, von Verantwortungsgemeinschaften zu akzeptieren und dafür geeignete Rahmenbedingungen zu schaffen. Ziel von verantwortungsbewusster Politik ist es, dafür zu sorgen, dass jeder Mensch seinen eigenen Lebensentwurf frei und unabhängig leben kann.
Die FDP setzt sich seit vielen Jahren für die rechtliche Gleichstellung von Lesben und Schwulen ein. … Wir haben immer zum Ausdruck gebracht, dass der jetzige Rechtszustand – das gilt bis heute – alles andere als befriedigend ist. Für Lebenspartner gibt es nach wie vor ein Ungleichgewicht zwischen Pflichten und Rechten: mehr Pflichten als Rechte. Es bedarf Änderungen im Einkommensteuerrecht, Erbschaftsteuerrecht, Beamtenrecht und Adoptionsrecht. …

**Georg Fahrenschon, CDU/CSU:**
… Die Forderung, gleichgeschlechtliche Lebenspartner erbschaftsrechtlich genauso zu behandeln wie Ehegatten, ist zu kurz gesprungen. Mit der Union, der CDU/CSU ist das nicht zu machen. Denn für die Union haben Ehe und Familie einen besonderen Rang, der sich auch in einer besonderen rechtlichen und steuerrechtlichen Privilegierung niederschlägt.
Durch das Inkrafttreten des Gesetzes über die eingetragene Lebenspartnerschaft im Jahr 2001 ist in Deutschland ein rechtlicher Rahmen für gleichgeschlechtliche Beziehungen geschaffen worden. Auf Wunsch kann ein gemeinsamer Familienname bestimmt werden. Im Sozialrecht – dazu zählen unter anderem die gesetzliche Renten-, Kranken- und Pflegeversicherung – sowie im Ausländerrecht werden Lebenspartner genauso behandelt wie Eheleute. … Wir als Union akzeptieren diese Entscheidung, obwohl wir damals mit guten Gründen dagegengestimmt haben.
Aber im Kern bleibt die CDU/CSU dabei: Ehe und Familie stehen unter dem besonderen Schutz des Grundgesetzes und sind mit nichts vergleichbar. …

Aus der Debatte des Bundestages über das Lebenspartnerschaftsrecht am 21.6.2007 (Zit. nach: Das Parlament, 25.6./2.7.2007, Debattendokumentation, Deutscher Bundestag (Hrsg.), Berlin 2007, S. 11)

1. a) Tauscht euch zunächst über die euch bekannten Familienformen sowie deren besondere Merkmale aus und findet dafür eigene Begriffe.
b) Diskutiert darüber, welche Formen des Zusammenlebens mehrerer Menschen für euch keine Familie sind. Notiert die strittigen Fälle.

2. a) Interpretiert die Karikatur 1/ und tauscht eure Erfahrungen darüber aus, inwiefern Väter oder Mütter die besseren Erzieher/innen sind.
b) Sammelt besondere Qualitäten, die Mütter und Väter jeweils im Umgang mit ihren Kindern einbringen. Teilen alle Schüler/innen diese Erfahrungen?
c) Diskutiert, was Eltern auch von Kindern lernen können.

3. Erarbeitet anhand der Materialien 1/–3/ die wichtigsten Veränderungen in der heutigen Familienstruktur.

4. a) Erläutert den Familienbegriff, der sich in den Aussagen der beiden Bundestagsabgeordneten 4/ widerspiegelt.
b) Auf welche Werte, Traditionen und rechtliche Grundlagen wird jeweils verwiesen?
c) Fertigt arbeitsteilig Stellungnahmen der politischen Parteien sowie von Vertretern verschiedener Religionsgemeinschaften zur Gleichberechtigung von gleichgeschlechtlichen Lebenspartnerschaften an. Tragt diese auf einer nachgestellten Podiumsdiskussion vor.

# Alt – und mitten im Leben?

## 1/ Rentner, Senioren, Greise, Weise, Oldies, ...

**Martha Osterloh***, 97 Jahre, ehemalige Landwirtin, 5 Kinder, 10 Enkel, 11 Urenkel, lebt bei ihrem Sohn in Nordhausen und wird von dessen Familie gepflegt. Bis vor drei Jahren half sie bei der Gartenarbeit und im Haushalt. Sie erzählt Geschichten von ihrem bewegten Leben, das von zwei Weltkriegen, Enteignung in der DDR und einem unerschütterlichen Gottvertrauen geprägt ist.

**Doris Werner***, 65 Jahre, frühere Grundschullehrerin, hat sich von ihrem Mann getrennt. Er ist 85 und dement – mit Anfällen von Geiz, Panik, Streitsucht, Wut. „Da muss man sich schützen", sagt die Rentnerin. Aus ihrem Reihenhaus am Stadtrand zieht sie in Berlins quirlige Stadtmitte. Und doch zerreißt es ihr das Herz: „Ich baue mir eine Zukunft auf, und er – er geht ins betreute Wohnen."

**Hans-Georg Gadamer,** 1900–2002, bedeutender Philosoph, befasste sich mit den Bedingungen der Verständlichkeit von Sprache und des Verstehens von Texten. Noch im Alter von 101 Jahren hielt Gadamer wissenschaftliche Vorträge.

**Herbert Marius***, 58 Jahre, gelernter Dreher in Mannheim, seit 18 Jahren arbeitslos, geschieden, Alkoholprobleme, Altersdiabetes. Seine beiden Kinder haben den Kontakt zum Vater abgebrochen, er lebt isoliert in einer Sozialwohnung.

* Namen geändert

## 2/ Alt. Und mitten im Leben

### 3/ Jetzt schon ans Alter denken?

Am Telefon ist eine 80-Jährige, sie lebt allein in einem großen Haus mit Garten: „Ich dachte, ich schaff das schon. Aber jetzt geht es doch nicht mehr – wo kann ich einziehen?" Die Beraterin vom „Forum Gemeinschaftliches Wohnen", Gerda Helbig, schüttelt den Kopf: „Keine Chance. Für diese Wohnform ist es zu spät für Sie." Jetzt bleibt nur noch Seniorenresidenz oder betreutes Wohnen. Da wird es ganz still am anderen Ende.

In einem Wohnprojekt kann man nicht einchecken wie im Hotel und erwarten, dass einen die Jüngeren dann schon pflegen werden. Um solch eine Gemeinschaft muss man sich frühzeitig kümmern, am besten zwischen 55 und 65. Wer wartet bis zum Oberschenkelhalsbruch und dann ganz schnell was braucht, landet im Pflegeheim.

Doch es fällt schwer, an Hinfälligkeit zu denken und an Angewiesensein, wenn man gerade eine Nepalreise plant oder eine Jakobswegwanderung. Dabei sitzt man auf einer schmelzenden Eisscholle: Freunde und

Bekannte werden sterben, die Kinder haben mit Beruf und Familie genug um die Ohren, die Wege, die man immer rennt, werden irgendwann zu weit …

Es ist eine Minderheit, die diesen nüchternen Blick in die Zukunft wagt, doch sie wächst. „Die ganze Atmosphäre im Pflegeheim – ich würde kaputtgehen", sagen diese Mitt- und Endfünfziger im Chor. Aber sie wollen auch nicht wie die Eltern leben – zwar in der eigenen Wohnung, aber abgeschnitten vom Leben, mal abgesehen vom halbstündigen Besuch des Sozialdienstes jeden Tag. Sie wollen auch nicht die Kinder bitten müssen, bloß weil sie mal was unternehmen möchten. Oder den Lebensabend am Telefon verbringen, weil die Freundinnen über die ganze Republik verstreut leben. Oder auch nur am anderen Ende der Großstadt. Aber was dann?

Christine Holch: Bloß nicht ins Heim! in: Chrismon. Das evangelische Magazin, 9/2007, Frankfurt/M: Hansisches Druck- und Verlagshaus, S. 14

1. a) Beschreibe die Lebenssituationen verschiedener Menschen im Alter 1/.
b) Sucht nach weiteren Beispielen und diskutiert, welche Begriffe für alte Menschen in unterschiedlichen Lebensformen eurer Meinung nach am besten passen.
c) Erstelle eine Liste von Bedingungen, die das Wohlergehen im Alter befördern oder behindern, und ordne sie nach ihrer Wichtigkeit.

2. a) Charakterisiere die Personen auf dem Plakat 2/.
b) Diskutiert, inwieweit die Überschrift auf die Personen zutrifft oder nicht.
c) Was bedeutet es für Jugendliche und was für ältere und sehr alte Menschen, „mitten im Leben" zu stehen? Vergleiche dazu auch die Bilder unter 3/ und die Beispiele in 1/.

3. a) Nenne und beschreibe die im Text 3/ erwähnten Lebensformen im Alter.
b) Erläutere die Vor- und Nachteile der verschiedenen Lebens- und Wohnformen.
c) Führt Interviews mit euren Eltern oder anderen Erwachsenen über deren Vorstellungen, Wünsche und Ängste hinsichtlich ihrer Wohn- und Lebenssituation im Alter.
d) Erstelle eine Collage oder schreibe eine Geschichte, in der du deine eigenen Vorstellungen über die für dich beste Lebensform im Alter darstellst.

Online-Link: 695220-0031

# Sex sells? – Gestaltung einer Kampagne

Aus den großen alten religiösen und ethischen Traditionen der Menschheit aber vernehmen wir die Weisung: **Du sollst die Sexualität nicht missbrauchen!** Oder positiv: **Achtet und liebet einander!**
Besinnen wir uns also wieder neu auf die Konsequenzen dieser uralten Weisung: Kein Mensch hat das Recht, einen anderen zum bloßen Objekt seiner Sexualität zu erniedrigen, ihn in sexueller Abhängigkeit zu bringen oder zu halten.
**Niemand täusche sich: Es gibt keine wahre Menschlichkeit ohne partnerschaftliches Zusammenleben!**
Deshalb sollten schon junge Menschen in Familie und Schule lernen, dass Sexualität grundsätzlich keine negativ-zerstörende oder ausbeuterische, sondern eine schöpferisch-gestaltende Kraft ist.
Die Beziehung zwischen Mann und Frau sollte nicht durch Bevormundung oder Ausbeutung bestimmt sein, sondern durch Liebe, Partnerschaftlichkeit und Verlässlichkeit.
Aus der „Erklärung zum Weltethos" des Parlaments der Weltreligionen, Chicago 1993

**Online-Link:** 695220-0032

Männer erster Qualität im Frischeregal eines Supermarktes in Venedig, hübsch verpackt, ganz natürlich und aus der Region – Italien liebt die Selbstironie.

**Hinweis:** Das Verändern und Beschädigen von öffentlichen Werbeflächen ist eine Straftat und sollte nicht Bestandteil des Unterrichts sein.

**Ad-busting**

(= Verfremdung von Werbung, engl. *advertising*), vorhandene Plakate werden durch Überkleben oder eigene Zusätze in ihrer Gestaltung und in ihrem Sinn so verändert, dass eine völlig neue Aussage entsteht.

1. Sucht nach Beispielen für den erniedrigenden Umgang mit Sexualität, z. B. durch diskriminierende Darstellungen für Werbe- und Unterhaltungszwecke (Produktwerbung, Filmplakate, Kontaktanzeigen, …).

2. Entwickelt in Teams eine Kampagne zum Thema „Sex sells?".
a) Erfindet einen eigenen Slogan und gestaltet ein kreatives Plakat, ein Flugblatt, eine eigene Website, Theater- oder Filmszenen.
b) Versucht dabei, den Gedanken der „Erklärung zum Weltethos" aufzugreifen und der „negativ-zerstörerischen" Entwürdigung der Sexualität eine „schöpferisch-gestaltende Kraft" entgegenzusetzen.
c) Ihr könnt dazu auch vorhandene Werbeprodukte nach der Arbeitstechnik „Ad-busting" verfremden. Die Ergebnisse könnt ihr in der Schülerzeitung oder im Internet veröffentlichen, soweit dabei keine Urheberrechte an Bildern o. a. verletzt werden.

# 2 Was ist der Mensch? – Anthropologische Grundlagen

# Die Sinne und ihre Tätigkeiten

1/

Zeichnung: Sandy Schygulla

**sensus communis:** Gemeinsinn, allgemeiner (umfassender Sinn); heute: gesunder Menschenverstand

## 2/ Einige Übungen zum Gebrauch der Sinne

**Konzentrationsspiel:** Die eine Hand klopft rhythmisch auf den Tisch, die andere Hand beschreibt gleichzeitig eine Kreisform. – Beide Hände „zeichnen" im Uhrzeigersinn ein gleichseitiges Dreieck auf den Tisch. Die linke Hand beginnt jedoch in der linken, die rechte Hand in der rechten Ecke des Dreiecks. – Die rechte Hand klopft rhythmisch auf die vier Ecken eines gedachten Quadrats, gleichzeitig klopft die linke Hand auf die drei Ecken eines Dreiecks. – Beide Hände klatschen gleichzeitig auf die Oberschenkel, dann fasst die rechte Hand an die Nase, die linke ans rechte Ohr, klatschen, linke Hand an die Nase, rechte Hand ans linke Ohr. Das Ganze mehrmals wiederholen, rhythmisieren und Tempo stei-gern.

**Marionettenfinger:** Spieler A sitzt als gedachte Marionette auf einem Stuhl oder auf dem Boden. An imaginären Fäden bewegt Spielerin B nun die Hände oder einzelne Finger ihrer Marionette.

**Handschrift:** Ein Spieler schreibt oder zeichnet seinem Partner etwas auf die Handfläche, den Handrücken. Dieser errät das Geschriebene, Gezeichnete.

**Tennisbälle:** Die Spielerin steht aufrecht da, unter einem Fuß einen Tennisball. Nach

→

einer Weile beginnt sie, mit der Fußsohle den Tennisball „in den Boden" zu kneten. Dazu braucht sie abwechselnd die Ferse, die Fußhöhlung, den Fußballen und die Zehen (Vorstellungshilfe: Teigkugel kneten). Dann stellt sie sich, nun ohne Tennisball, aufrecht hin, schließt die Augen und vergleicht die Empfindungen in ihren beiden Körperhälften.

**Situationen raten:** Partner- oder gruppenweise suchen die Spieler Körper- und Stimmklänge, die zu einer bestimmten Situation passen. Die eingeübte Komposition wird dem „blinden" Publikum vorgeführt. Die Zuhörenden versuchen über das Gehör, das Thema zu erraten. Beispiel „Auf dem Bahnhof": Ein- und Ausfahrt des Zuges, Pfiffe, Schritte, Gemurmel, Ansage durch den Lautsprecher (Stimmklang ohne Worte!).

**Geräusche-Memory:** Einige Filmdosen werden mit verschiedenen Materialien gefüllt: mit Sand, Steinen, Reis, Erbsen, Flüssigkeiten. Jeweils zwei Dosen enthalten die gleiche Menge desselben Materials. Durch Schütteln und Lauschen versucht die Spielerin, die einander entsprechenden Dosen zu finden. – Variante: Jede Spielerin erhält eine der Dosen. Auf ein Zeichen werden alle Dosen geschüttelt. So schnell wie möglich muss nun die Partnerin gefunden werden, die mit ihrer Dose dasselbe Geräusch erzeugt. Glaubt eine Spielerin, die richtige Partnerin gefunden zu haben, können die Dosen geöffnet und die Inhalte geprüft werden.

**Tönende Umwelt:** Alle schließen die Augen und konzentrieren sich eine Minute lang auf all die Geräusche und Töne, die an ihr Ohr dringen. Anschließend zählen oder schreiben sie das Gehörte auf und vergleichen in der Gruppe ihre Ergebnisse.

**Gefrorene Alltagsbilder:** Eine Spielerin stellt eine Tätigkeit aus dem Alltag in einer bewegungslosen Pose dar. Die anderen versuchen zu erraten, welche Tätigkeit in diesem Bild vorgestellt wird. Wer es errät, darf das nächste Alltagsbild stellen.

**Maskenwerfen:** Es wird ein Sitzkreis gebildet. Ein Spieler setzt sich mimisch eine „Maske" auf und zeigt sie einen Moment der Runde. Dann nimmt er sie wieder ab, indem er mit der Handfläche von oben nach unten über das Gesicht fährt. Er „wirft'"nun die „Maske" einem Mitspieler in der Runde zu. Dieser setzt sie sich auf, indem er von unten nach oben über das Gesicht fährt und dabei gleichzeitig den Gesichtsausdruck verändert. Diese „Maske" wirft er wiederum einem anderen Spieler zu usw.

**Bildbetrachtung:** Die Spielleiterin zeigt ein Bild, auf dem es möglichst viel zu sehen gibt. Die Spieler betrachten es eingehend. Nach einer Weile stellt eine Spielerin mit ihrem Körper ein Element aus dem Bild dar. Die anderen versuchen herauszufinden, um welches Bildelement es sich handelt.

Liselotte Ackermann, Renate Urfer, Bernhard Müller: Sinn-Salabim. Tasten – Hören – Sehen: Erfahrungsspiele für Kinder. Dominik Jost (Hrsg. ) Mülheim a.d. Ruhr, 1993, S. 14 ff., 102 ff., 164 ff., 185 ff.

**Die Sinne ausprobieren**

Was man täglich immer schon tut, muss man sich bewusst machen, um verstehen zu können, was den Menschen ausmacht. Wir benutzen die Sinne als Werkzeuge und schaffen uns damit eine Welt. Probiert die Übungen aus, um festzustellen, was die Sinne können.

Arbeitet zu den Aufgaben 1–5 zunächst einzeln, besprecht eure Ergebnisse danach in kleinen Gruppen und schließlich im Plenum.

1. Welche fünf Sinne sind hier bildlich dargestellt? Gibt es noch mehr? (z. B.: Wodurch nehmen wir klimatische Atmosphären und ihre Veränderungen wahr? Wie ist es möglich, etwas vorauszuahnen und dabei zu spüren, dass „etwas in der Luft liegt"?)

2. Stelle die Sinne nach eigenen Ideen dar: durch Zeichnen, Malen, eine Collage oder pantomimisch. Überlege, was typisch ist für jeden Sinn.

3. Welche Tätigkeiten verrichten die Sinne jeweils? Wozu sind die Sinne jeweils fähig? Schreibe möglichst viele Beispiele auf.

4. Zählt eure Schulfächer auf. Ordnet ihnen jeweils den Sinn zu, der durch sie am meisten beansprucht wird. Fügt dann hinzu, welche Sinne noch in Gebrauch kommen.

5. In welchem Schulfach und bei welchen Tätigkeiten kommt der Leib als das umfassendste Sinnesorgan (früher als „sensus communis" = „Gemeinsinn" bezeichnet) insgesamt zum Einsatz? Beschreibe genau: Was muss er tun, leisten; welche Teile muss er benutzen; wie wird er müde?

6. Führt die Übungen durch. Welche Erfahrungen macht ihr? Achtet dabei auf die Sinne, die ihr verwendet. Beschreibt, welche Organe (einschließlich der Hand) jeweils ins Spiel kommen und was sie tun. – Ihr könnt diese Übungen selber variieren und weitere Übungen zum Sehen, Hören, Tasten und auch zum Schmecken sowie Riechen erfinden.

# Leiberfahrung und Selbstwahrnehmung – der Körper als Medium (1)

Die Sinne wollen in Gebrauch genommen und kultiviert werden. In der Geschichte der menschlichen Kulturen haben sich Formen entwickelt, in welchen man die Schulung der Sinne zu hoher Kunst gebracht hat: Malen und Zeichnen, Musik, Mathematik, Theaterspiel, Sport und vieles mehr. Dies geschieht zum einen auf spielerische Weise und dennoch ernsthaft, denn wer das Spiel nicht ernst nimmt, schlägt nur die Zeit tot. Zum anderen ist es die Arbeit, in der der Mensch seine Sinnesorgane und den ganzen Körper einsetzen muss, zum Zwecke der Selbsterhaltung und zur Befriedigung seiner elementaren Bedürfnisse. Sogar die Arbeit ist von künstlichen und künstlerischen Formen geprägt: Sie wird rhythmisiert, in Takte eingeteilt, von gemeinschaftlichem Singen begleitet, durch allerlei Techniken erleichtert, bis sie schließlich automatisiert, von Maschinen übernommen und von Computern gesteuert wird.

Mit folgenden Übungen kann man die Bedeutung der Sinne und des Leibes für das Verhältnis des Menschen zu sich und seiner Welt erfahren. Sie bilden die Grundlage dafür, unser Selbstverständnis als ein Lebewesen, das sich bewegen, spielen, arbeiten, denken kann und muss, zu vertiefen. Die vier Elemente Feuer, Wasser, Erde, Luft dienen hier als Möglichkeit, den Körper, die Sinne und den gesamten Leib, der alles umfasst einschließlich des Denkapparats, so einzusetzen, dass wir uns ihrer Fähigkeiten und Leistungen bewusst werden. Der Körper wird zum Medium (Mittel) unseres Tuns und zugleich unseres Verstehens.

**Medium:** Mitte, Mittel, Mittler im Sinne eines Trägers von (z. B. chemischen) Vorgängen; heute besonders im Sinne der Vermittlung von Informationen, Kommunikationsmittel

### 1/ Das Element Erde

Wenn ein Mensch **mit beiden Beinen auf der Erde steht,** wenn er sich als standfest erweist, so nennen wir ihn in der Umgangssprache einen **gestandenen Menschen.**

Die beiden Beine ruhen wie Säulen auf dem Boden, darüber das Becken, mit den Beinen ein Gewölbe bildend, das vom Oberkörper als Gewölbeschlussstein vollendet wird. Der Körper steht ruhig wie ein Block, nicht starr und unbeweglich, sondern seine Kraft aus der Erde ziehend. Der Atemschwerpunkt ist das Ausatmen, dadurch wird auch die Stimme fest und ruhig. Nur der ausatmende Körper ist stark: Dies können wir uns selbst beim Heben eines Gewichtes beweisen. Wie der Riese aus der griechischen Sage, der unbesiegbar war, solange er Kontakt mit seiner Mutter, der Erde, hatte, steht der Darsteller, der sich diese Körperschwerpunkte bewusst gemacht hat, auf der Bühne.

Herbert Giffei (Hrgs.): Theater machen. Ein Handbuch für die Amateur- und Schulbühne. Ravensburg: Otto Maier Verlag, 1982, S. 77–81

Körperschwerpunkt „Erde“

Ich stehe mit beiden Beinen fest auf der Erde …
Ich bin verwurzelt …
(schwerfällige Bewegung)

### 2/ Das Element Wasser

Ausgehend von der Grundhaltung Erde, stellen wir uns vor, vom Strand aus in immer tiefer werdendes Wasser zu gehen. Wir versuchen dabei, stets mit den Füßen den Grund zu berühren. Dies wird uns, wenn uns das Wasser bis zum Hals steht, nicht mehr gelingen: wir fühlen uns schwerelos durch den Auftrieb ähnlich wie im Element Luft – wir sprechen ja sowohl vom Luftstrom als auch vom Wasserstrom –, jedoch nicht einfach emporgehoben, sondern schwimmend. Die Wellenbewegungen des Wassers übertragen sich auf unseren Körper, er bewegt sich im Rhythmus von Auf und Ab, von Zunehmend und Abnehmend und kann im Ausdruck von der leichten kräuselnden Welle bis zur Brandung und Springflut reichen. Der Atemschwerpunkt ist nun das Ein- und Ausatmen im bewussten Wechsel, die Stimme wird dadurch wellenhaft anschwellend und verebbend.

ebenda

Körperschwerpunkt „Wasser"

Ich fühle mich schwerelos …
Leichte Wellen bewegen mich …
(flüssige Bewegung)

### 3/ Das Element Feuer

Wiederum stehen wir ruhig in der Grundhaltung Erde. Wir konzentrieren uns auf unseren Körpermittelpunkt, den Solarplexus. Von dort aus beginnen wir zu atmen. Der Rhythmus wechselt, dem Flackern einer Kerze ähnlich. Die Bauchdecke und das Zwerchfell schwingen in diesem Rhythmus mit, und diese Schwingungen breiten sich nun in die Gliedmaßen, auf den ganzen Körper aus. Sie reißen uns mit, wir können nicht mehr ruhig stehen. Die Bewegungen des Körpers können einschmeichelnd zart und intensiv leise glimmend sein, aber auch hektisch, besitzergreifend und verzehrend. Auch hier haben wir im Sprachgebrauch Bezeichnungen, wie feuriger Liebhaber, der hat Feuer im Blut, und möchten gerne einem langweiligen Zeitgenossen Feuer unter das Hinterteil legen. Der Körper des Feuer-Menschen ist unruhig, von Spannung getragen, die zwar stets und oft wechselt, jedoch nie ganz zur Entspannung wird, es sei denn beim Erlöschen.

ebenda

Körperschwerpunkt „Feuer"

In meinem Zentrum brennt ein Feuer, das sich in die Gliedmaßen ausbreitet …
(hektische Bewegung)

# Leiberfahrung und Selbstwahrnehmung – der Körper als Medium (2)

## 4/ Das Element Luft

Wir gehen von der Grundhaltung Erde aus und stellen uns nun vor, ein Kragen aus Leichtmetall sei um unseren Hals und Nacken gelegt. Unter diesen Kragen wird nun Gas, z.B. Helium, gepumpt: Unser Körper wird vom Nacken her gehoben, unsere Füße verlieren den festen Kontakt zum Boden. Wir werden leicht, wir heben ab, schweben wie auf Wolken, sind high, wir sind mit den Beinen nicht mehr auf dem Boden. Auch hier weist uns der Sprachgebrauch den Schwerpunkt des Körpers.

Der Atemschwerpunkt ist das Einatmen, dadurch wird die Stimme hell, kichernd und schwebend. Wir kennen alle das kichernde, gicksende Sprechen eines Beschwipsten. Er hat – durch den Alkohol bedingt – abgehoben und sagt in diesem Zustand auch seinem Chef die längst fälligen Wahrheiten; im Gegensatz zu dem schwer Betrunkenen, der schon längst zur Erde zurückgekehrt ist und dort stammelnd und lallend sein Gleichgewicht sucht.

ebenda

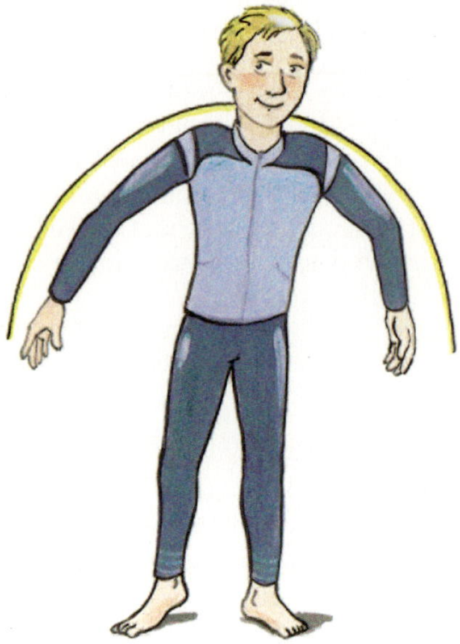

Körperschwerpunkt „Luft"

Ich hebe ab …
Ich fühle mich leicht …
Ich wohne im Wolkenkuckucksheim …
(schwerelose Bewegung)

**nonverbal:** körpersprachlich, nicht in Worten ausgedrückt

## 5/ Nonverbale Übungen

**Erde:** Man geht durch eine Höhle, die wechselnde Gestalt der Höhle zwingt uns zum Kriechen. Die Wände sind rau und rissig, dann werden sie glitschig und feucht.

Wir sind Maulwürfe, graben Gänge, legen Vorräte an, werden vom Licht geblendet.

**Luft:** Wir sind Bäume an der Küste. Wir stehen im Raum und lassen uns vom Wind bewegen: vom sanften Wind, der uns streichelt, bis zum Sturm, der uns beugt.

Wir sind Blätter, die der Herbstwind von den Bäumen riss, der nun sein Spiel mit ihnen treibt.

Wir sind Vögel, die hoch in der Luft schweben …

Hier darf das Fliegen nicht nur von der Armbewegung hergestellt werden. Das Gefühl zu fliegen kommt vom Atem her, der Atem erfüllt die Arme und den Rumpf. In dieser Übung geht es nicht um die Darstellung eines Vogels, sondern um das Gefühl zu fliegen.

**Wasser:** Wir stellen uns vor, am Strand zu stehen, und nehmen mit dem Atem den Rhythmus der Brandung auf.

Wir gehen langsam in einen ruhigen Teich. Das Wasser steigt zentimeterweise an unserem Körper empor. Wir spüren das Wasser am ganzen Körper, wir laufen gegen das Wasser.

Wir liegen am Boden und stellen uns vor, ein Blatt zu sein, das auf einem Fluss schwimmt.

**Feuer:** Mehrere Darsteller bilden zusammen einen Vulkan, der zunächst ruht, im

→

Inneren rumort und schließlich in einer Feuerexplosion auseinanderplatzt.

Jeder Spieler einer Trainingsgruppe ist zunächst eine kleine Flamme, die sich mit anderen zu kleinen Feuern vereinigt und schließlich zum Flächenbrand wächst, der langsam erlischt, wenn er keine Nahrung mehr findet.

**Kampf der Elemente**

Jeweils die Hälfte der Spieler einer Trainingsgruppe spielen ein Element, das nun auf ein anderes trifft:

Wasser umspült, bedrängt und bricht schließlich einen Damm aus Erde.

Ein Sturm entlaubt Bäume, beugt sie und entwurzelt sie.

Wind treibt ein Schiff mit vollen Segeln.

Wasser und Feuer treffen zusammen.

Ein Brand wird vom Wasser gelöscht.

Ein Lagerfeuer wird zunächst mit Erde bedeckt und fast gelöscht. Der Wind facht es wieder an.

Alle bisher beschriebenen nonverbalen Übungen können in einer Variation mit Tönen und Lauten erspielt werden. Der richtig eingesetzte Atem drängt geradezu nach dieser Lösung. Allerdings sollte bei diesen Übungen nie gesprochen werden!

ebenda

## 6/ Verbale Übungen

Obwohl es bei den nun folgenden Übungen einen improvisierten Text gibt, sollten die Darsteller nicht sofort mit Text in die Szene einsteigen, sondern diesen aus dem stummen Spiel, aus Körperhaltung und Körperschwerpunkten *kommen* lassen.

**Im Supermarkt**

Ein Verkäufer (Typ Erde) hockt wie angewurzelt in seinem Kassensitz und lässt sich durch nichts aus der Ruhe bringen.

Ein Lehrling (Typ Erde) klebt teilnahmslos Preisschilder auf Waren.

Ein Fischverkäufer (Typ Wasser) fängt Fische aus dem Bassin und verkauft sie.

Ein Kunde (Typ Luft) kauft Delikatessen für das trauliche Abendessen zu zweit ein.

Eine Kundin (Typ Feuer) stürzt sich auf Sonderangebote.

**Beim Fußballspiel**

Menschen, die durch die verschiedenen Elemente geprägt sind, sind Zuschauer bei einem Fußballspiel.

ebenda

1. Tauscht euch über eure Erfahrungen und Erlebnisse bei den Übungen 1/–6/ aus. Was habt ihr mit eurem Körper gemacht? Wie hat er sich angefühlt?
2. In diesen Übungen muss man den eigenen Körper als Werkzeug und Medium benutzen, und man selbst verändert sich je nachdem, welche der Haltungen man einnimmt. Wie hängt das zusammen?
3. Findet Beispiele aus dem Alltag: Wie benutze ich meinen Körper, Teile meines Körpers, zu welchen Zwecken? Die einfachsten Beispiele sind Gehen, Stehen, Liegen; denkt aber auch an Tätigkeiten, die ihr in der Schule, zuhause, bei bestimmten Arbeiten durchführt. Sammelt möglichst viele Beispiele. Ihr könnt auch versuchen, sie zu ordnen, zunächst in kleinen Gruppen, dann im Plenum.
4. Jede/r wählt eine solche Tätigkeit aus, führt sie vor, einmal schnell, ein andermal langsam, dann in normaler Geschwindigkeit. Wie verändert das jeweils die eigene Haltung? Wer oder was ist es eigentlich, das den Körper als Werkzeug bzw. Medium (Mittel) benutzt; und wessen Haltung ändert sich jeweils?
5. Welche Rolle spielt das Denken bei solchen Übungen? Wie kommt die Reflexion ins Spiel?
6. Erfindet weitere verbale Übungen 6/ zu: „In der Schule", „Im Restaurant", „In der Disco", oder bei der Arbeit „Auf dem Bau", „Im Büro", „In der Werkstatt", „Im Friseursalon".

**Reflexion:** wörtlich zurückbeugen, -werfen, -strahlen, -spiegeln, im Sinne von Nachdenken, überlegen

# Körper und Leib – was Philosophen sagen

## 1/ Der Leib ist expressiv

„Nur dem Menschen … ist seine Lage als Körper zugleich gegenständlich und zuständlich gegeben. Er erfährt sich als Ding und in einem – Ding, das sich jedoch von allen Dingen absolut unterscheidet, weil er es selbst ist, weil es seinen Intentionen (Absichten) gehorcht oder jedenfalls auf sie anspricht. Getragen von ihm, umgeben von ihm, zur Wirksamkeit mit ihm und durch es entfaltet, bildet es zugleich einen nie restlos zu überwindenden Widerstand. … (Dem) Menschen … entdeckt sich ihm sein Körper (Leib) als Mittel, d. h. als etwas, dass er gebrauchen kann: zum Gehen, Tragen, Sitzen, Liegen, Greifen, Stoßen usw."

So kann man sagen, dass der Mensch „einen Leib bewohnt und zugleich ein Leib ist". Um mit dieser schwierigen Lage fertig zu werden, ist der Leib expressiv, d. h. bei allem, was er tut und wozu er verwendet wird, drückt er sich zugleich aus, er verkörpert etwas und sich selbst, er zeigt und stellt dar, man kann auch sagen: Er symbolisiert.

Helmuth Plessner: Lachen und Weinen. Eine Untersuchung der Grenzen menschlichen Verhaltens. In: Gesammelte Schriften VII: Ausdruck und menschliche Natur. Günter Dux, Odo Marquard, Elisabeth Ströker (Hrsg.). Frankfurt/M: Suhrkamp, 1982, S. 201–387; hier S. 246, 249

**Helmuth Plessner:** deutscher Philosoph (1892–1985), einer der Begründer der philosophischen Anthropologie, Hauptwerk „Die Stufen des Organischen und der Mensch"

## 2/ Der Leib ist Symbol

Mit dem Leib geben wir den Dingen, auch den von Menschen gemachten Dingen, wie Worte es sind, ihren Sinn. „Zeigt man jemandem ein aufgeschriebenes Wort für einen so kurzen Augenblick, dass er es nicht entziffern kann, so führt doch das Wort ‚warm' z. B. eine Art Wärmeerfahrung herbei, die es wie mit einem Bedeutungshof umgibt. Das Wort ‚hart' erregt eine Art Starre in Rücken und Hals", und erst dann nimmt es als Zeichen oder Vokabel Gestalt an. „Kurz, mein Leib ist nicht einfach ein Gegenstand unter all den anderen Gegenständen …, er ist ein für alle anderen Gegenstände **empfindlicher** Gegenstand, der allen Tönen ihre Resonanz gibt, mit allen Farben mitschwingt und allen Worten durch die Art und Weise, in der er sie aufnimmt, ihre ursprüngliche Bedeutung verleiht. … (So) ist der Leib jener seltsame Gegenstand, … durch den wir … einer Welt zu ‚begegnen', sie zu ‚verstehen' und ihr Bedeutung zu geben vermögen." Kurz: Der Leib ist Symbol.

Nach Maurice Merleau-Ponty: Phänomenologie der Wahrnehmung. Berlin: de Gruyter, 1974 [Photomechanischer Nachdruck von 1966], S. 275–277 (Übers. Rudolf Böhm)

**Resonanz:** Widerhall, Mitschwingen, Klang, im übertragenen Sinne: Verständnis, Wirkung

**Maurice Merleau-Ponty:** französischer Philosoph (1908–1961), schrieb die „Phänomenologie der Wahrnehmung"

### Symbole deuten

„Symbol" kommt aus dem griechischen *symbállein* = zusammenfügen. Ein Symbol ist ursprünglich ein aus Bruchstücken zusammenzufügendes Erkennungszeichen, z. B. ein Ring in zwei Teilen; man kann das Wort mit „Sinnbild" übersetzen: ein Bild, das einen Sinn, eine Bedeutung hat und zeigt. So deuten wir immer schon, was leiblich ausgedrückt wird. Das könnt ihr mit Wörtern oder mit mimischen und gestischen Zeichen ausprobieren.

1. Beschreibe zunächst die Unterscheidung Plessners 1/, im Folgenden A und B genannt:

A: Körper bzw. Leib als Ding und Mittel, B: Leib als Zentrum, als die Person selbst, die sich ausdrückt, indem sie ihren Körper zum Mittel macht. Schildere dazu Beispiele, wie sich beide, A und B, ineinander verschränken; z. B. im Tanz oder im Sport: da benutzen wir unseren Körper als Ding und Mittel, und wir und unser Leib sind zugleich das Zentrum, von dem die „Steuerung" ausgeht. Was kann dabei passieren? Betrachte dazu die Fotos: Wie muss hier der Körper jeweils zum Werkzeug gemacht werden? Wie gelingt das, und was kann schiefgehen dabei?

2. Schildere Erfahrungen mit der Expressivität des Leibes, also damit, dass er sich ausdrückt und ausdrücken muss. Zeige Beispiele in Mimik, Gestik und Sprache. – Betrachte auch hier die Fotos: Was drückt der Leib, die Körperhaltung jeweils aus? Was symbolisieren sie?

3. Hört euch ein Musikstück an, das ihr gemeinsam auswählt. Welche sinnlichen Eindrücke habt ihr außer den akustischen? Wer sieht die Töne oder fühlt und schmeckt sie? Wer fühlt sich dazu gedrängt, sich zur Musik zu bewegen? (Tut es einfach.)

**akustisch:** hörbar

4. Erläutere das sprachliche Beispiel von Merleau-Ponty 2/: „hart". Was wird hier mit dem Leib und im Leib ausgedrückt? Suche weitere Beispiele dafür, wie Sinn und Bedeutung leiblich und sprachlich gegeben werden (z. B. mimisch-gestisch: Betonung, Handbewegungen, Körperhaltungen beim Aussprechen bestimmter Wörter und Sätze; oder verbal: „Licht", „dunkel", „stark", „schwach").

# Was ist der Mensch?

## 1/ Was der Mensch ist – Antworten von Philosophen, Gelehrten, Wissenschaftlern

1 Der Mensch ist ein Werkzeug schaffendes Tier.
Benjamin Franklin, 1706–1790

2 Der Mensch ist das Tier, das sich durch Arbeit selbst reproduziert. Karl Marx, 1818–1883

3 Der Mensch ist eine in der Knechtschaft seiner Organe lebende Intelligenz.
Aldous Huxley, 1894–1963

4 Der Mensch ist das Organmängel kompensierende Tier.
Arnold Gehlen, 1904–1976

5 Der Mensch ist ein Prothesengott. Sigmund Freud, 1856–1939

6 Der Mensch ist ein kleiner Gott.
Gottfried Leibniz, 1646–1716

7 Der Mensch ist das Tier, das sich selbst vervollkommnen kann.
Immanuel Kant, 1724–1804

8 Der Mensch ist zur Freiheit verurteilt. Jean-Paul Sartre, 1905–1980

9 Alle Menschen streben von Natur aus nach Wissen.
Aristoteles, 384–322 v. Chr.

10 Der Mensch ist das Geschöpf, das sich langweilt.
Werner Sombart, 1863–1941

## 2/ Der Mensch spielt Theater

Theater ist die erste Erfindung des Menschen und zugleich die Erfindung, die den Weg zu allen weiteren menschlichen Erfindungen geebnet hat.

Theater entsteht, wenn der Mensch entdeckt, dass er sich selbst beobachten und sich in diesem Akt des Sehens selbst in situ [hier und jetzt] betrachten kann. Indem er sich selbst beobachtet, entdeckt der Mensch, was er nicht ist und stellt sich vor, was er hätte werden können. Er erfasst, wo er ist und wo er nicht ist und stellt sich vor, wohin er gehen könnte. … Der Mensch ist also in der Lage, sich im Akt des Sehens, Fühlens, Denkens und Handelns zu beobachten. Er kann sich selbst fühlend spüren und sein eigenes Denken wiederum reflektieren. … Kein Tier ist in der Lage, sich selbst bei der Jagd zu beobachten. Jagt der Mensch jedoch einen Bison, kann er sich selbst beim Jagen zusehen und ist deshalb in der Lage, ein Bild von sich als Bisonjäger zu entwerfen. Er kann das Malen erfinden, weil er das Theater erfunden hat: Er nimmt sich selbst im Akt des Sehens wahr.

Francisco Boal: Der Regenbogen der Wünsche. Methoden aus Theater und Therapie. Lingener Beiträge zur Theaterpädagogik Band III. Jürgen Weintz (Hrsg. u. Bearb.), Berlin, Milow, Strasburg: Schibri-Verlag, 2006, S. 28

**reproduzieren:** vervielfältigen, sich fortpflanzen

**kompensieren:** ersetzen

**Prothese:** Ersatz für ein fehlendes Körperglied

3/

### Einen Kommentar schreiben

Liest man einen Text, denkt man sich immer etwas dabei. Das kann man schriftlich niederlegen, um das Verständnis zu sichern und Zustimmung oder Ablehnung zu begründen.

1. Lies den Text des brasilianischen Theatermannes (Regisseurs, Schauspielers, Theaterpädagogen) Boal langsam für dich 2/. Schreibe den Hauptgedanken, den du darin entdeckst, in einem Satz auf. Schreibe dann einen zweiten Satz, in dem du diesen Gedanken kommentierst, d.h. dich selbst dazu äußerst (zustimmend, ablehnend, ergänzend). Versuche, die in diesem Kapitel bisher gemachten Erfahrungen einzubeziehen. (Schreibe möglichst groß, am besten auf Karton.)

2. Hängt alle eure Ergebnisse an die Wandtafel.

3. Lest nun den Text laut vor. Alle gehen nacheinander an die Wandtafel, wählen einen der Sätze plus Kommentar aus, der nicht der eigene ist und sagen nacheinander: „Ein Hauptgedanke in dem Text ist: … (Karte vorlesen) … Diesem Gedanken kann ich zustimmen/nicht zustimmen, weil …"

4. Lest den Satz von Schiller 3/. Was bedeutet er, wenn man ihn zu Boals Beschreibung hinzunimmt? Wie äußert sich hier das Spielerische des Menschen? Wie hat es sich in den Übungen dieses Kapitels geäußert (z.B. im Erfinden, im Darstellen, …)?

5. Schreibe nun die zehn Sätze über den Menschen auf je ein Kärtchen 1/. Sortiere sie danach, ob sie deiner Auffassung nach zu dem Text von Boal passen könnten (als Bestätigung oder Ergänzung) oder nicht. Bildet Vierergruppen und einigt euch auf eine Auswahl. Begründet diese Auswahl im Plenum.

6. Geht in Partnerarbeit die zehn Sätze durch und überlegt, ob und wie sie zu euren Erfahrungen mit den Übungen in diesem Kapitel passen oder nicht. Begründet eure Auswahl wiederum im Plenum.

7. Bezieht schließlich alle zehn Sätze auf Schillers Satz und auf die Abbildungen auf dieser Doppelseite. Was passt zusammen, was eher nicht? Wie kann man den Sinn von Schillers Satz verstehen, auch wenn man zugleich die anderen Sätze (über die Arbeit, das Wissen, …) nicht für ganz falsch hält?

8. Schreibt alle elf Sätze ab und liefert dazu eine Begründung. Etwa so: „Der Mensch ist …, weil …"

# Kreative Differenzierung – ein Beispiel für Arbeitsteilung im Unterricht

Für die Bearbeitung vieler Themen und Fragestellungen ist es von großem Vorteil, die Arbeit in Gruppen aufzuteilen. Jede der Gruppen übernimmt dabei eine andere Aufgabe bzw. Aufgabenreihe und stellt ihre Ergebnisse am Ende der Gruppenarbeit im Plenum vor. Eine solche Arbeitsteilung empfiehlt sich gerade dann, wenn ein Thema so viele verschiedene Facetten aufweist, dass die Beschäftigung damit nie zu einem Ende kommt; oder dann, wenn viel Kreativität gefragt ist und die Resultate des eigenen Schaffens (in Schrift, Bild, Ton, …) gut vorgestellt oder (in Szenen, Dialogen, Geschichten, …) dargestellt werden können. Schließlich kann man die Erfahrung machen, wie eine geschickte Arbeitsteilung zu einer Zusammenarbeit führt, die am Ende mehr und bessere Ergebnisse hervorbringen kann. Das ist zugleich ein Beispiel für die Art von Arbeitsteilung, wie sie sich in menschlichen Gesellschaften vollzogen hat.

**1/ Der Tagesablauf eines Gärtners und seines Herrn**

Zeichnung:
William Augustus Sillince

### 2/ Das Fließband

Das fließband rollt und zieht vorbei
und frisst und zehrt die nerven.
das fließband bringt uns einerlei,
wir stehen da in langer reih
und werfen … und werfen …
und werfen trotz der müdigkeit,
denn eine Uhr diktiert die zeit,
aufs fließband unsere nerven.

Ulrike Finke, Reinhard Hübner, Fritz Rohrer: Spielstücke für Gruppen. Eine Praxis der Spielpädagogik. München: Kaiser, 1977, S. 51. Text: Dieter Kaiser nach Info 28 – Baufirma Meißel & Co.

### 3/ Am Montag fängt die Woche an
### Am Montag hört der Sonntag auf
### Am Montag haben die Geräusche einen anderen Klang

Am Montag sieht die Welt ganz anders aus, da ist nichts mehr von Ruhe, Beschaulichkeit und Sonntagslangeweile übriggeblieben. Schon beim Aufstehen merkt man: Die Geräusche haben einen anderen, härteren Klang, und dem von der Straße heraufdringenden Motorenlärm ist ein aufreizender Unterton beigemischt. Ich trete ans Fenster: Da fahren sie, einer hinter dem andern, als würden sie alle von einem Riesenmagneten angezogen. Montag! Eine neue Woche beginnt mit Frühaufstehen und immer demselben Weg zur Arbeitsstätte, wo man dann für den ganzen Tag verschwunden bleibt. Erst am Abend taucht man zu Hause wieder auf, müde und abgespannt. Doch wie sieht solch eine Arbeitsstätte aus, was treibt man dort den ganzen Tag?

Helmut Ballot: Am Montag fängt die Woche an. in: Hans-J. Gelberg (Hrsg.): Am Montag fängt die Woche an. 2. Jahrbuch der Kinderliteratur. Weinheim und Basel: Beltz Verlag, 1973 und 1990 (Gulliver Taschenbücher Nr. 95). S. 52f.

### 4/ Verschiedenes Bedürfen

Man erzählt, ein Hund und ein Pferd waren befreundet. Der Hund sparte dem Pferd die besten Knochen auf, und das Pferd legte dem Hund die duftigsten Heubündel vor, und so wollte jeder dem anderen das Liebste tun, und so wurde keiner von beiden satt.

Ernst Bloch: Spuren. Frankfurt/M: Suhrkamp, 1970. in: Ulrike Finke, Reinhard Hübner, Fritz Rohrer: Spielstücke für Gruppen. Eine Praxis der Spielpädagogik. München: Kaiser, 1977, S. 54

Jede der folgenden **Aufgabenreihen** wird von einer je anderen (Zweier- bis Vierer-)Gruppe bearbeitet und dann dem Plenum vorgestellt. Leitfragen: Worum geht es? Was stellen wir vor oder dar? Was haben wir herausgefunden? – Versucht am Ende, gemeinsam Gründe dafür zu finden, dass die Arbeit geteilt wurde. Wie wird sie heute geteilt? Wie sieht die Arbeitsteilung weltweit aus (Stichwort Globalisierung)?

1. a) Seht euch die Bilder 1/ an und schreibt zu jedem Bild dazu, welchen der Typen ihr zuordnen würdet: Feuer, Wasser, Erde, Luft. Klärt dann gemeinsam durch Nachahmen der gezeigten Bewegungen und Haltungen, welcher Typ jeweils der passendste ist.
b) Vertauscht nun parallel zu den Bilderreihen die Typen. Also: Wie würde der Gärtner sich verhalten, wenn er z. B. als Feuertyp agiert, wie der Herr als Erdtyp usw.?
c) Ordnet jedem Typus mindestens eine Arbeits- bzw. Berufstätigkeit zu, die dazu passt, ebenso eine Freizeittätigkeit (vgl. letztes Bilderpaar).

2. a) Spielvorschläge zum „fließband" 2/: Wenn das Wort „Fließband" gelesen wird, könnt ihr versuchen, es mit Geräuschen, die von der Gruppe erzeugt werden, zu unterlegen. – Jede/r versucht für sich den Text, wenn er gelesen wird, mit Geräuschen zu unterlegen. – Versucht nun, bestimmte Worte in Bewegung umzusetzen. Als Einstieg könnte das Wort Fließband dienen. – Versucht schließlich, den ganzen Text in Bewegung umzusetzen. – Was sind die Vor- und Nachteile von Fließbandarbeit?
b) Führt das Gleiche zu anderen automatisierten, mechanisierten oder routinierten Abläufen und Tätigkeiten durch, z. B.: Schleifen, Feilen, Fensterputzen, Büroarbeit, Haare schneiden, …

3. a) Klärt, was das Thema der Darstellung 3/ ist. Warum sieht die Welt am Montag anders aus? Was könnte der aufreizende Unterton des Lärms bedeuten? Was könnte der Riesenmagnet sein, von dem alle angezogen werden?
b) Mit welchen Arbeitsstätten und Tagesabläufen hast du bereits Erfahrungen machen können? Erzähle deinem Partner davon. Welche Arbeiten und Berufe sind eurer Auffassung nach besonders anstrengend? (Einigt euch auf drei.) Worin besteht die Anstrengung jeweils?
c) Überlegt: Warum macht Arbeit müde? Wie könnte man sich einen Ausgleich verschaffen? – Viele Menschen schimpfen über ihre Arbeit. Trotzdem leiden sie, wenn sie arbeitslos sind. Nennt Gründe dafür. – Was meinen Menschen, insbesondere Arbeitslose, wenn sie sagen, dass ihnen „die Decke auf den Kopf fällt"? Welche Funktionen erfüllt regelmäßige Berufsarbeit über das Geldverdienen hinaus?

4. Schreibt auf, was euch nach dieser Geschichte 4/ einfällt. Alle äußern ihre Einfälle nacheinander. Überlegt dabei: Welche Bedürfnisse habe ich, welche hast du? Was wäre für mich das Heubündel, was wäre für dich der Knochen? Entwerft daraus und spielt unterschiedliche Szenen, in der der Inhalt dieser Geschichte verarbeitet wird. – Was hat die Geschichte von den Bedürfnissen mit Arbeit und Arbeitsteilung zu tun? Welche Bedürfnisse werden durch welche Arbeit erfüllt? Zählt mindestens zehn auf. Wie ergänzen die verschiedenen Arbeiten einander, um möglichst alle Bedürfnisse zu erfüllen?

# Was ist Arbeit?

**Ideal:** etwas Vollkommenes, ein höchst erstrebenswertes Ziel, eine zu verwirklichende Idee, höchstes Gut

**Idol:** eigentlich Gestalt, Bild; in übertragenem Sinne Trugbild, falsches Ideal, Götterbild bzw. Götzenbild in Menschengestalt, Gegenstand der (falschen) Anbetung; für viele ein Vorbild zur Nachahmung

### 1/ Lexikon-Artikel Arbeit

„Arbeit, jede auf ein wirtschaftliches Ziel gerichtete, planmäßige Tätigkeit des Menschen, gleichgültig ob geistige oder körperliche Kräfte eingesetzt werden. Das Ziel kann reine Bedarfsdeckung oder Gewinn – bzw. Einkommensmaximierung – sein."

Meyers Großes Taschenlexikon in 24 Bänden. Mannheim: Bibliographisches Institut & F.A. Brockhaus, 1990. Bd. 2, S. 9

### 2/ Etwas zur Geschichte der Arbeit

„Gegen Ende des 19. Jahrhunderts begann die industrielle Umwälzung mit ihrer stets steigenden technischen Auswirkung ..." eine bereits vorhandene Tendenz zu verstärken: „Arbeit und Produktion wurden zum Ideal und bald zum Idol."

Johan Huizinga: Homo Ludens. Vom Ursprung der Kultur im Spiel. Hamburg: Rowohlt Verlag, 1956 (Rowohlts Deutsche Enzyklopädie, Bd. 21), S. 208

### 3/ Sieben Aussagen von Dichtern und Denkern

1 Je mehr jemand seine Kräfte durch Arbeiten erschöpft, je stärker fliegen sie ihm zu. Es ist damit geradeso wie mit der fabelhaften Hydra, der für jeden abgehauenen Kopf immer zwei neue wachsen.
Lukian

3 Die Arbeit ist ... eine von allen Gesellschaftsformen unabhängige Existenzbedingung des Menschen, ewige Naturnotwendigkeit, um den Stoffwechsel zwischen Mensch und Natur, also das menschliche Leben zu vermitteln.
Karl Marx

2 Der größte Sinnengenuss, der gar keine Beimischung von Ekel bei sich führt, ist, in gesundem Zustande, Ruhe nach der Arbeit.
Immanuel Kant

4 Durch Arbeit macht sich der Mensch frei; durch Arbeit wird er Herr der Natur; durch Arbeit zeigt er, dass er mehr ist als Natur.
Sören Kierkegaard

5 Die einzige Wahrheit liegt in der Arbeit: Die Welt wird eines Tages das sein, wozu die Arbeit sie gemacht haben wird.
Emile Zola

6 Ich glaube, dass in der Welt zu viel gearbeitet wird, dass die Überzeugung, arbeiten sei an sich schon vortrefflich und eine Tugend, ungeheuren Schaden anrichtet, und dass es not täte, den modernen Industrieländern etwas ganz anderes zu predigen, als man ihnen bisher immer gepredigt hat.
Bertrand Russell

7 Die Frage ist nicht mehr die, wie man die Früchte der Arbeit gerecht verteilt, sondern wie man die Konsequenzen der Nichtarbeit erträglich macht.
Günter Anders

Die Zitate sind entnommen aus folgender Literatur: Nr. 1, 2, 4, 5, 6: Alfred Grunow (Hrsg.): Weisheiten der Welt (4 Bde.). Augsburg: Weltbild Verlag, 1994 (Originalausgabe © Haude & Spener, Berlin) – Nr. 1: Altertum und Jüdische Geisteswelt. S. 139 – Nr. 2: Deutsche Dichter und Denker. S. 55 – Nr. 4, 5, 6: Europa und Neue Welt. S. 183, 227, 278 – Nr. 3: Karl Marx: Das Kapital. Erster Bd. (MEGA, Bd. 23). Berlin: Dietz Verlag, 1979, S. 57 – Nr. 7: Günter Anders: Die Antiquiertheit des Menschen. Bd. 2. München: C.H. Beck'sche Verlagsbuchhandlung, 4. Aufl. 1992 (Beck'sche Reihe, Bd. 320), S. 98

### 4/ Sprichwörter

Arbeit ist das halbe Leben.

Müßiggang ist aller Laster Anfang.

Wer rastet, der rostet.

**Einen Spruch finden**

Ein Spruch dient dazu, einen Sachverhalt zugespitzt auf den Punkt zu bringen. Dabei soll das Wesentliche sichtbar werden.

## 5/ Der traurige Lebenslauf des Karl Meyer

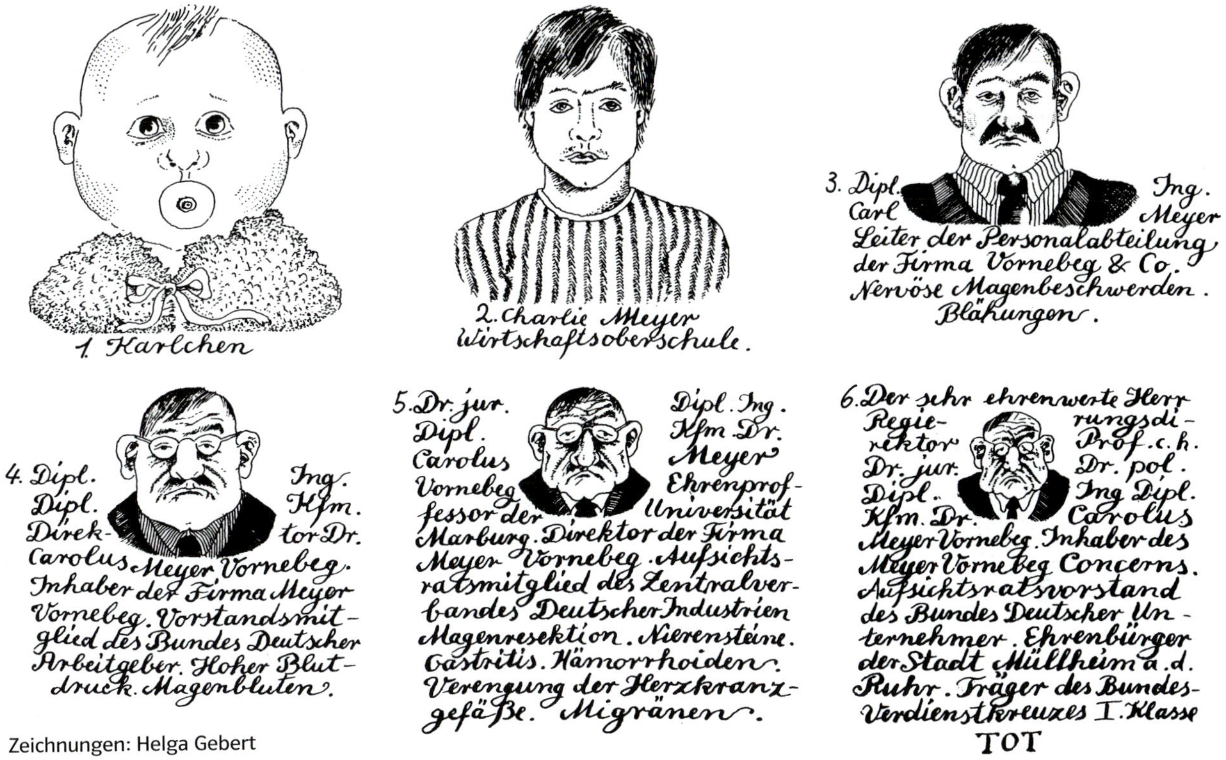


Zeichnungen: Helga Gebert

Einzelarbeit (wähle dir aus den Aufgaben 1 bis 5 eine aus; Aufgabe 6 gilt für alle):

1. Beziehe die Definition 1/ auf folgende Tätigkeiten: LKW-Fahren, Tennisspielen, Backen, Dachdecken, Fensterputzen, Kochen, Unterrichten, Verkaufen, Schreiben, Reisen, Häuser bauen.
a) Findest du die Definition ausreichend, um die Tätigkeiten als Arbeit zu definieren? Mache Vorschläge, wie man sie noch genauer und zutreffender formulieren könnte.
b) Beantworte folgenden Fragebogen und tausche dich dann mit einem/r Partner/in darüber aus: Welche Erfahrungen mit Arbeit hast du bereits gemacht? Welches sind deine liebsten Freizeitbeschäftigungen? Was weißt du über die Arbeit deiner Verwandten und Bekannten? Was zählst du zur Hausarbeit? Über welche Berufe hast du dich bereits informiert? Welchen Berufsweg würdest du z. Zt. am liebsten einschlagen – warum? Inwiefern bedeuten Schule und Unterricht für dich Arbeit? Was bedeutet das Wort vom lebenslangen Lernen? Was sind Beispiele für unentgeltliche und für ehrenamtliche Arbeit?

2. In den Sätzen 3/ werden ganz verschiedene Aspekte der Arbeit angesprochen und auf unterschiedliche Lebensbereiche bezogen. Nenne diese Aspekte und Lebensbereiche sowie die damit verbundenen Probleme und finde Beispiele. Oder stelle Fragen wie: Inwiefern ist Arbeit notwendig oder überflüssig? Ist es erfreulich, arbeiten zu können/zu dürfen, oder ist es bedauerlich, dass der Mensch arbeiten muss? – Welchen der Sätze kannst du zustimmen, welchen nicht? Warum?

3. Sammle weitere Sprichwörter 4/ und deute ihren (Wahrheits-)Gehalt.

4. Welche Gefahren könnten mit der Verherrlichung der Arbeit (als Ideal des Lebens oder als Idol, das man „anbetet") 2/ verbunden sein? Wie kann man diesen Gefahren begegnen?

5. Beziehe die Aussagen aus 1/–4/ auf die Geschichte von Karl Meyer 5/: Was trifft hier zu, was nicht? Überlege auch: Was könnte Karl Meyer falsch gemacht haben? Was ist traurig an seiner Lebensgeschichte? Was scheint er versäumt zu haben? Welche Bedeutung hat hier die Zeit? Wie hängen Arbeit und Gesundheit, Arbeit und Lebensqualität zusammen?

6. Wenn du selbst einen Spruch über die Arbeit erfinden müsstest, der das auf den Punkt bringt, was du über Arbeit denkst: Wie würde er lauten? Fertige dazu eine Zeichnung oder eine Collage an (so, als ob du Werbung für Arbeit in deinem Sinne machen müsstest).

# Berufsreportage

1/

Zeichnung: Jutta Bauer

## 2/ Berufsreportage

Berufsbezeichnung

______________________________

Was wird hauptsächlich gemacht? Nenne die wichtigsten Tätigkeiten.

______________________________

Womit wird gearbeitet? (Nenne z. B. Material, Werkzeuge, Maschinen.)

______________________________

Wo wird gearbeitet?
(z. B. Werkstatt, Büro, im Freien)

______________________________

Welche körperlichen Voraussetzungen sind erforderlich? (z. B. Handgeschick, gutes Sehvermögen, Schwindelfreiheit)

______________________________

Welche anderen Eigenschaften sind günstig? (z. B. technisches Verständnis, räumliches Denken, Kontaktfähigkeit, Geduld)

______________________________

Welche Schulfächer sind wichtig?

______________________________

Welcher Schulabschluss wird mindestens verlangt?
- ☐ Hauptschulabschluss
- ☐ Mittlerer Bildungsabschluss
- ☐ Fachhochschule
- ☐ Abitur

Wie lange dauert die Ausbildung?
____ Jahre/____ Monate

Ist ein Praktikum erforderlich?
☐ ja ☐ nein

Wenn ja, Dauer Monate? ______________

Wo findet die Ausbildung statt?
- ☐ Betrieb
- ☐ Verwaltung/Behörde
- ☐ Berufsfachschule
- ☐ Fachschule
- ☐ Fachhochschule/Hochschule

Ist ein Mindestalter vorgeschrieben?
☐ ja ☐ nein

Wenn ja, welches? ______________

Welche anderen Berufe sind ähnlich?

______________________________

Gibt es Ausbildungsplätze in der näheren Umgebung?
☐ ja ☐ nein

Wenn ja, wo? ______________

Wenn nicht in der näheren Umgebung, wo dann?

______________________________

### 3/ Wozu arbeite ich?

Ich arbeite,

**1. – um den Respekt anderer zu gewinnen.** Ich möchte, dass sie meine Tüchtigkeit und meine Arbeitsergebnisse anerkennen.

**2. – um die Bewunderung anderer zu erringen.** Ich möchte, dass sich andere über meine Arbeit freuen, staunen und mich „toll" finden.

**3. – um auf mich stolz sein zu können.** Ich möchte sagen können: „Das ist mein Werk. Das habe ich getan."

**4. – um Ärger und Aggression ausdrücken zu können.** Wenn ich eine Arbeit beendet habe, will ich sagen können: „Damit bin ich fertig geworden. Diese Schwierigkeit habe ich gemeistert."

**5. – um mich selbst zu bestrafen.** Ich sage innerlich zu mir: „Wenn ich hart genug arbeite und mich schinde, dann muss ich mich nicht schuldig fühlen."

**6. – um die Kameradschaft mit den Kollegen zu genießen.** Ich komme dann von zu Hause weg und kann unter meinesgleichen sein.

**7. – um mich vor dem unaufhaltsamen Ablauf der Zeit und der Vergänglichkeit zu schützen.** Von dieser Arbeit, die ich vollbracht habe, wird man noch lange sprechen. Hier habe ich „Spuren hinterlassen".

**8. – um einen bestimmten Lebensstandard zu erreichen.** Mit diesem Einkommen kann ich mir bestimmte Dinge leisten, die mir wichtig sind.

**9. – um meinen Lebensunterhalt zu verdienen.** Ich möchte mit meiner Arbeit sicherstellen, dass ich genug zu essen und ein Dach über dem Kopf habe.

**10. – um einen Sieg zu erringen.** Mit meinem Arbeitsergebnis will ich besser dastehen als andere und meine Konkurrenten überflügeln.

**11. – um mich in eine feste Struktur und vorgegebene Ordnung einzufügen.** Ohne den festen Rahmen vorgegebener Arbeitsziele und -abläufe würde ich mich unsicher fühlen und hilflos.

**12. – um meine Neugier und meine Lust an Abwechslung zu befriedigen.** Mir liegt es, Ideen und Projekte anzukurbeln. Sie können dann ruhig von anderen zu Ende geführt werden.

**13. – um Ruhm zu erringen.** Ich bin derjenige, der arbeitet und Projekte zu Ende führt. Meine Stärke ist es, die Dinge konstruktiv abzuschließen, auch wenn sie von anderen in Gang gesetzt wurden.

**14. – um mich zu konzentrieren.** Wenn ich intensiv arbeite und meinen Geist anstrenge, kann ich mich gegen störende und unangenehme Gefühle abschirmen, vor allem auch gegen Kummer und Leid.

**15. – um mich geborgen zu fühlen.** Ich habe es gern, wenn anerkannte Autoritäten mir sagen, was ich zu tun habe. Ich übernehme ungern die volle Verantwortung für eine selbst gestellte Aufgabe.

**16. – um Macht zu haben.** Ich will anderen sagen, was sie zu tun haben, und kontrollieren, wie sie die Dinge erledigen.

**17. – um mich für eine Sache einzusetzen.** Ich möchte einer Aufgabe nachgehen, die meinem Leben Sinn verleiht.

Leicht verändert nach Klaus W. Vopel: Interaktionsspiele für Jugendliche Teil 1, Salzhausen: iskopress, 1994

**Mit einem Fragebogen arbeiten**

Stellt konkrete und genaue Fragen. Ein Fragebogen, den man beantwortet oder selber entwickelt, hilft dabei, sich der eigenen Zielsetzungen, Bedürfnisse, Interessen und Einstellungen bewusst zu werden, um konsequent an ihrer Umsetzung zu arbeiten.

1. Wie kommen die Berufswünsche des Kindes 1/ zustande? Woraus ergeben sich deine eigenen Berufswünsche? Erfinde eigene Bilder zum Thema „Wenn ich groß bin …" aus der Sicht eines Kindes oder einer/eines Jugendlichen. Fertige eine Zeichnung oder Collage an.

2. Welche Merkmale eines Berufs und welche Faktoren für die Berufswahl sind für dich wichtig, welche unwichtig? Versuche, das anhand der Berufsreportage 2/ herauszufinden. Sie kann zur Grundlage dienen für die Beurteilung eines Berufs und für die Berufswahl. Erarbeite für einen Beruf deiner Wahl eine solche Reportage. Beantworte dazu auch folgende Fragen: Wie wird gearbeitet? (Allein, in der Gruppe, an der Maschine, im Freien, …) Was kann ich bei dieser Arbeit lernen? Was ist mir bei dieser Arbeit wichtig?

3. In 3/ sind einige wichtige Ziele und Zwecke angegeben, die Menschen mit ihrer Arbeit verfolgen können. Lies den Katalog in aller Ruhe durch und versuche dir klarzumachen, was gemeint ist. Schreibe dir dabei gleich die Nummern der Punkte heraus, die auch für dich bei der Auswahl deiner zukünftigen Arbeit eine Rolle spielen sollten. Überprüfe dann noch einmal die Wunschkriterien, die du herausgeschrieben hast. Bringe sie in eine Rangfolge: Gib der Einstellung, die für dich bei deiner zukünftigen Arbeit auf jeden Fall wichtig ist, die Nummer 1, der nächstwichtigen die Nummer 2 usw. – In welchem Beruf könntest du diese Ziele wohl am ehesten verwirklichen?

# Interaktionsspiele durchführen

Interaktionsspiele bieten die Gelegenheit, frei von akutem Handlungsdruck mit all den möglichen negativen Folgen, Erfahrungen zu machen. Man beschäftigt sich mit einer Fragestellung nicht bloß durch Reden über sie, sondern indem man sie in eine Aufgabe umwandelt, bei der man tätig wird und „interagiert“, d.h. die Teilnehmer/innen beziehen sich mit ihren Handlungen, Ergebnissen oder Lösungen aufeinander. Dann erfährt jeder die Reaktionen auf das eigene Tun und die eigene Reaktion auf das Tun der anderen. Am Ende erfolgt immer eine gemeinsame Auswertung.

Die beiden folgenden Interaktionsspiele dienen dazu, sich den eigenen Umgang mit der Zeit, der Arbeits- und Freizeit, bewusst zu machen, daraus Schlüsse zu ziehen, um gegebenenfalls etwas daran zu ändern.

### 1/ Zeiteinteilung

Das folgende Diagramm stellt den Zeitraum einer Woche dar. Wenn du diese Zeit gleichmäßig aufteilen würdest auf Lernen, Arbeit, Freizeit, Liebe und Freundschaft sowie lebenserhaltende Aktivitäten (Essen, Trinken, Schlafen, ...), dann würde sich folgende Aufteilung ergeben:

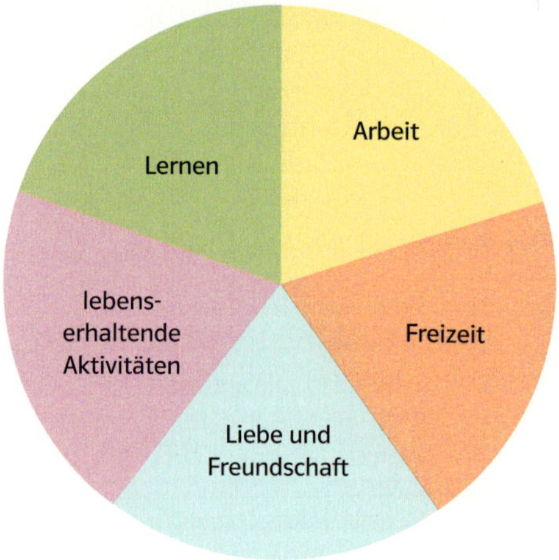


Beschreibe zunächst in Stichworten, was du in den einzelnen Bereichen tust:
- Lernen
- Arbeit und Haushaltspflichten
- Liebe und Freundschaft
- Freizeit
- lebenserhaltende Aktivitäten
- ehrenamtliche Tätigkeit (z.B. im Verein)

Wie viele Stunden einer durchschnittlichen Woche, die aus 168 Stunden besteht, verwendest du für die einzelnen Bereiche? Schreibe die geschätzte Stundenzahl jeweils dahinter:

| | |
|---|---|
| – Lernen | Stunden |
| – Arbeit | Stunden |
| – Liebe und Freundschaft | Stunden |
| – lebenserhaltende Aktivitäten | Stunden |
| – Freizeit | Stunden |
| – Ehrenamt | Stunden |
| | 168 Stunden |

Trage deine wöchentliche Zeitverteilung in einen leeren Kreis ein.

Betrachte jetzt in Ruhe das Diagramm, das du gezeichnet hast. Bist du zufrieden mit der Art und Weise, wie du deine Zeit aufteilst?
- Wofür möchte ich mehr Zeit haben?
- Wie kann ich das erreichen?
- Wofür möchte ich weniger Zeit aufwenden?
- Wie kann ich das erreichen?
- Welche Schwierigkeiten muss ich überwinden, um meine Zeit so zu gestalten, wie es meiner Entwicklung und meinen Wünschen entspricht?
- Wie viel Zeit „verbummle“ ich?
- Gönne ich mir in meiner Freizeit genügend Muße oder muss ich immer aktiv sein?
- Was tue ich für mich?
- Was tue ich für andere?

Leicht verändert nach Klaus W. Vopel: Interaktionsspiele für Jugendliche Teil 1, Salzhausen: iskopress, 1994

## 2/ Freizeit

Die folgende Übung kann jedem dazu verhelfen, sich einen Überblick über seine Freizeit zu verschaffen und sich darüber klar zu werden, ob man mit der Gestaltung der Freizeit zufrieden ist oder eher in manchen Bereichen etwas ändern möchte.
Betrachtet die verschiedenen Dinge, die ihr in eurer Freizeit tut und ordnet sie nach vier Gesichtspunkten.

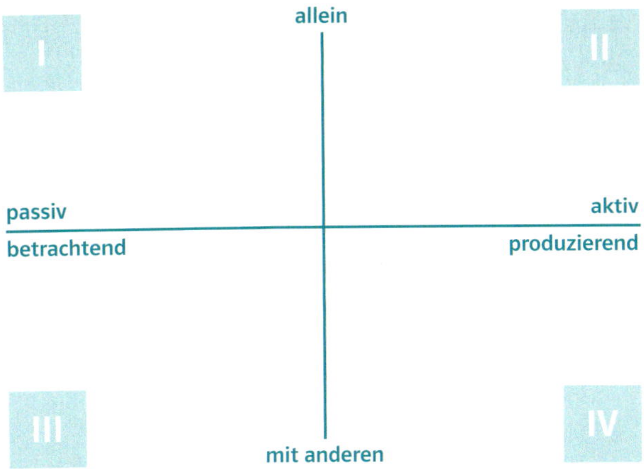


Übertragt dieses Koordinatenkreuz auf ein Blatt Papier. Die beiden oberen Quadranten sollen alle Freizeitbeschäftigungen enthalten, die ihr für euch allein tut. In die unteren Quadranten gehören alle Beschäftigungen, die ihr gemeinsam mit anderen tut. Zusätzlich gehören in die Quadranten auf der linken Seite Freizeitbeschäftigungen, die einen in erster Linie passiv betrachtenden Charakter haben, während die Quadranten auf der rechten Seite alle Freizeitbeschäftigungen aufnehmen sollen, die einen eher aktiv produzierenden Charakter haben. Wenn ich zum Beispiel in einer Mannschaft Volleyball spiele, dann gehört diese Beschäftigung in den Quadranten IV. Wenn ich allein auf einem See surfe, gehört diese Beschäftigung in den Quadranten II. Wenn ich allein Musik höre, schreibe ich das in den Quadranten I. Und wenn ich mit einem Freund in eine Gemäldeausstellung gehe, gehört das in den Quadranten III. Zählt die einzelnen Beschäftigungen in jedem Quadranten und schreibt die Zahl daneben.
Kommt nun in Vierergruppen zusammen und tauscht euch darüber aus, was ihr notiert habt.

Stellt euch dann die folgenden Fragen:
1. Wie zufrieden bin ich mit der Verteilung meiner Beschäftigungen in den vier Quadranten?
2. Was sind die Vor- und Nachteile meiner spezifischen Verteilung?
3. Wie weit sind meine Freizeitbeschäftigungen in den vier Quadranten ausbalanciert?
4. Welche Art der Freizeitbeschäftigung dominiert bei mir?
5. Was möchte ich ändern?

Diskutiert eure Ergebnisse abschließend mit der ganzen Gruppe/Klasse.

Nach Klaus W. Vopel: Interaktionsspiele für Jugendliche Teil 1, Salzhausen: iskopress, 1994

Zeichnung: Jutta Bauer

**Zusätzliche Metaphernübung:**

Ein Nachdenken in Bildern (Metaphern) kann den Unterschied zwischen Arbeitszeit und Freizeit verdeutlichen und die Gefühle klären, die jede/r dabei hat.
Beispiel: Arbeit ist wie ein Korsett, Freizeit ist wie Barfußlaufen.
Oder: Arbeit ist wie Honigsammeln, Freizeit ist wie Fliegen von Blüte zu Blüte.

1. Finde selber solche Metaphern. Achte dabei darauf, dass verschiedene Aspekte von Arbeit und Freizeit ausgedrückt werden.

2. Vergleiche nun deine Metaphern, d. h. die Vorstellungen, die du von Freizeit hast, mit der tatsächlichen Gestaltung deiner Freizeit. Stimmen deine Gefühle, die du bei dem Gedanken an Freizeit hast, mit der Wirklichkeit überein, oder gibt es zu große Unterschiede? Welche Schlüsse ziehst du daraus?

**Metaphernübung**

Sprachliche Bilder für einen Begriff, einen Gedanken finden. Wir denken und sprechen häufig in Bildern oder übertragen abstrakte Begriffe und Sachverhalte in Bilder (Metapher = Übertragung). Solche Übungen klären das Denken und präzisieren den Sachverhalt.

# Freiheit und Freizeit

1/

Zeichnung: Marie Marcks

**Trend:** Grundrichtung einer Entwicklung, Entwicklungstendenz

## 2/ Was Trend- und Freizeitforscher herausgefunden haben

1. Arbeit und Beruf haben in unserer Gesellschaft nicht mehr die hohe Bedeutung wie früher. Die zentralen Lebensziele haben sich vom Arbeitsbereich auf den Freizeitbereich verlagert, z. B. Selbstverwirklichung, Lebenslust usw. Die „Verzicht-kommt-vor-Genuss“-Moral hat sich zur „Erst-Genuss-dann-Verzicht“-Moral entwickelt. (Stichwort: Freizeitgesellschaft)

2. Jugendliche in der heutigen Wohlstandsgesellschaft leiden zum großen Teil nicht mehr unter Armut und Geldnot. Sie leiden vor allem unter der Hektik des Lebens und der Angst, etwas zu verpassen. (Stichwort: Konsumstress)

3. Jugendliche leben häufig über ihre Verhältnisse. Sie verschulden sich oder jobben für ihre Konsumbedürfnisse. Oft sind Spontankäufe und der Wunsch nach anspruchsvollem Genießen und teuren Erlebnissen die Ursache. (Stichwort: Konsumabhängigkeit)

4. Ihren Status und ihre Individualität versuchen Jugendliche mit Symbolen und Produkten der Konsumgesellschaft auszudrücken. Heutige Jugendliche sind modebewusst wie keine Generation vor ihnen. Outfit und Markenklamotten sind der Mittelpunkt ihres Lebens. (Stichwort: Modebewusstsein)

5. Jugendliche leiden unter Reizüberflutung und Rastlosigkeit. Es ist wie mit dem Tagespass beim Skifahren: Man macht unbedingt weiter, obwohl man eigentlich schon kaputt ist. Wer abschaltet und die Ruhe sucht, hat ein schlechtes Gewissen. (Stichwort: Erlebniszwang)

6. Pausenloses Aktivsein, dauerndes Spaßhaben und unablässiger Konsum führen häufig zu Leistungsdruck und Überforderung. Wer immer dabei sein will, hat Angst vor dem „Outsein“. Immer weniger Jugendliche schaffen es, sich dem Druck der Clique und den Zwängen der Nichtanerkennung zu entziehen. (Stichwort: Prestigedruck)

Franz Littmann

3/ Ernst Volland: Der Käfig

4/ Karl-Heinz Brecheis: „... und das ist das Kinderzimmer"

## 5/ Der König und der Weise

Der Philosoph Diogenes (ca. 410–320 v. Chr.) war der Überzeugung, dass Glück nicht von Äußerlichkeiten abhängt, sondern auch von den Wünschen und Einstellungen der Menschen. Wer übertriebene Wünsche hat, wird eher enttäuscht, als derjenige, der bedürfnislos ist. Der junge König Alexander von Makedonien wollte einst den weisen Diogenes am Strand von Korinth besuchen. Der wohnte in einer Tonne, und der König fand ihn so, wie er in der Sonne lag. Diogenes sah aber keinen Grund, seine Haltung während des Gesprächs mit dem König zu ändern.

Alexander gefiel, was Diogenes sagte. Darum bot er ihm an: „Erbitte dir eine Gunst, ich will sie dir gewähren." „So geh mir aus der Sonne", erwiderte Diogenes.

Das Gefolge des Königs brach in lautes Lachen aus. Alexander aber blieb ernst: „Wahrhaftig wäre ich nicht Alexander, so wollte ich Diogenes sein."

Karl Otto Frank u. a.: Klett-Lesebuch A7. Stuttgart: Ernst Klett Verlag, 1966, S. 77

### Mit Karikaturen, Comics und Zeichnungen arbeiten

Das kann dabei helfen, Erkenntnisse und Einsichten zu gewinnen, die man beim Lesen von Texten vielleicht gar nicht hat. Denn solche Zeichnungen machen auf einen Schlag sichtbar, was in dieser Kürze und Zuspitzung sprachlich kaum oder nur in vielen Worten ausgedrückt werden kann.

1. Welche verschiedenen Bedeutungen von „frei" werden in 1/ dargestellt? – Finde und zeichne weitere Beispiele für „frei". – Welche Bedeutung von „frei" steckt in „Freizeit"? Fertige eine Zeichnung an. – Ist Schule eher Freizeit oder Arbeit? Begründe deine Meinung. Und wie ist es mit ehrenamtlicher Arbeit, z. B. als Jugendbetreuer/in im Verein, bei der Feuerwehr, ...? – Lies die sechs Trendbeschreibungen 2/. Welche Vorstellungen von Freiheit stecken dahinter, und welcher neue Zwang entsteht jeweils?

2. Welche Gedanken fallen dir zu der Zeichnung „Der Käfig" 3/ ein? Warum wurde sie so betitelt? – Was macht die Situation zu einem Käfig? – Wer baut diesen Käfig? Und wie könnten die Insassen den Käfig verlassen? – Gilt diese Deutung der Lebenssituation in der Freizeit nur für die Fernseh„sucht"? Oder welche Arten von Gefangensein kennst du noch? Werte dazu die Sätze in 2/ aus. Ordne jedem Stichwort einen dir bekannten Werbespruch zu: Wie soll man (ein)gefangen werden?

3. Vergleiche die Trendbeobachtungen der Forscher 2/ mit deinen Erfahrungen. – Welchem Trend möchtest du nicht folgen, welchem folgst du gern? – Spielt selbst Trendforscher: Was ist morgen „cool"? Erstellt einen Fragebogen für eine Umfrage, führt sie in eurer Umgebung durch und wertet die Ergebnisse aus.

4. Auf welche Probleme weist die Karikatur 4/ hin? – Welche positiven und negativen Auswirkungen der Bildmedien (Fernsehen, Video, Computer) auf deine Lebensweise, deinen Alltag und deine „Allgemeinbildung" siehst du? Welche führen zu mehr Freiheit oder Freiraum, welche zu mehr Zwang?

5. Um welche Frage geht es in der Geschichte 5/? Was hat sie mit Freiheit zu tun?

# Symbole schaffen – Medien entwickeln

## 1/ Medien im Wandel

Der menschliche Leib ist Ausgangspunkt für alles, was der Mensch tut, erfindet, entwickelt und schafft. Mit den Sinnen und ihrer Wahrnehmung beginnt alles, und darauf beruhen auch das Denken, Erinnern, Vorausschauen, alle Vorstellungen, die er sich macht. Der Körper ist das erste Medium (= Mittel), in und mit dem gearbeitet wird. Seine Teile – Hände, Finger, Arm, Kopf, Gesicht usw. – werden zu Symbolen, zu Zeichen, die etwas bedeuten. Nach und nach lösen sich diese Zeichen vom Körper ab: Sie werden gezeichnet, Bildzeichen werden erfunden, Lautzeichen werden zu Wörtern mit Bedeutung, Zahlen werden statt der Finger benutzt, Buchstaben geben die Laute, Wörter und Sätze wieder. Den gezeichneten, geschriebenen, gedruckten Medien folgten im 20. Jahrhundert die so genannten neuen Medien (Fernsehen, Video, Radio, Telefon) und – noch aktueller – die digitalen Medien (Computer, Internet); sie nutzen die Technik der Informationsspeicherung auf Mikrochips und schaffen immer neue Möglichkeiten des Zeigens, der Wiedergabe, Speicherung und Kommunikation. Wir leben im Medienzeitalter, aber Medien haben wir schon immer gebraucht: Mittel zur Mitteilung, zum Austausch, zum Ausdruck, zur Darstellung und Selbstwahrnehmung (vgl. S. 36 ff.). Die neuen Medien sind Träger einer neuen Form von Wirklichkeit, der „virtuellen Realität" (virtuell heißt: der Kraft bzw. Möglichkeit nach vorhanden). Wer ins Internet geht, kann die Informationen, Bilder und Texte für sich nutzen; oder er kann sich darin verlieren und die Animationen mancher Website, z. B. „Second Life", und auch der interaktiven Videospiele für die wahre Wirklichkeit halten: „Second Life" wird zum ersten Leben, die virtuelle Realität wird mit der Lebenswirklichkeit verwechselt.

Alle Texte in diesem Kapitel stammen von Richard Breun, sofern die Quellen nicht anders ausgewiesen sind.

**digital:** wörtlich „mit dem Finger" – Daten und Informationen werden mit Ziffern dargestellt

**Babylonisch –** Entstehung der persischen Keilschrift

**Hieroglyphen vom Nil –** Teil eines ägyptischen Wandgemäldes aus den Pyrenäen

**Zeichensprache aus Afrika –** 1 Mann/essen/der große Frieden/die Seele

**Pieter Bruegel d. Ä.:** flämischer Maler (1525/30–1569)

Augustinus schreibt über den Turmbau zu Babel, mit dem die Regierenden den Himmel erreichen wollten: „Der Herr verwirrte die Sprachen der Erde, so dass ein großes Durcheinander herrschte … Weshalb diese Strafe? Wohl deshalb, weil die Macht dessen, der herrscht, in der Sprache liegt …" Die Ausübung dieser Macht ist eng an die Möglichkeit gebunden, Informationen weiterzugeben, an die Schrift also.

**Pieter Bruegel d. Ä.: Der Turm zu Babel, 1563**

Mahnmal im hohen Norden – Runenstein auf einem Grabhügel der Wikingerzeit

Kriegsgeschichte in Stein – die Säule Trajans im Forum Romanum (101–106)

Prachtseite aus dem Buch der Psalmen, Florenz, 15. Jh.

Vierfarbdruck und Sprayerkult – Texte für die Straße

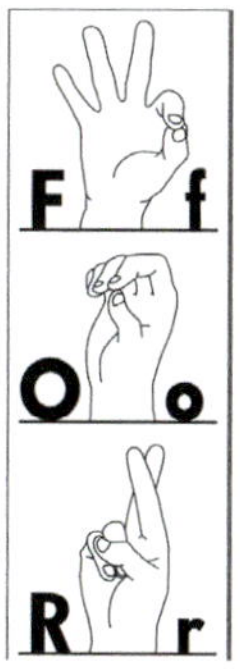


Worte ohne Laute – das mit den Fingern gebildete American Manual Alphabet

Partnerarbeit, dann Erörterung in der Klasse:

1. Womit kann die Reihe von Abbildungen zur Entwicklung der Medien ergänzt werden?

2. Was zeigt die hier verkürzt wiedergegebene Entwicklung der Sprache und Schrift? Wie hat sich das Alltagsleben, wie haben sich Arbeit und Freizeit dadurch verändert? Was bedeutet der Fortschritt in der Informationstechnik für den einzelnen Menschen und für die Menschheit überhaupt? (Denkt dabei an die weltweite Vernetzung durch Internet und Telefon.)

3. Die Vielfalt des Mediums Sprache wurde schon in der Bibel zum Thema. Lies die Geschichte vom Turmbau zu Babel (Babylon) nach (1. Mose 11). Was war das Vergehen der Menschen in Babel? Warum erdachte sich Gott gerade die Strafe der „Sprachverwirrung“?
Schreibe eine analoge (ähnliche) Geschichte zur Vielfalt an Information und Unterhaltung im Fernsehen, Internet und in anderen neuen Medien. Worin liegt die mögliche Verwirrung? Und wofür könnte sie die Strafe (oder auch die Belohnung) sein? – Lest eure Geschichten vor, beantwortet Fragen dazu und erläutert sie.

4. Welche Möglichkeiten bietet das Internet? Welche Gefahren seht ihr? Wie nutzt ihr es selbst? Erstellt jeweils eine Liste, die dann durch die Besprechung in der Klasse ergänzt wird.

# Das Bild als Medium – zeigen, beeinflussen, Wirkung erzeugen

**Antonio Damasio:** portugiesischer Neurologe (geb. 1944), lehrt und forscht mit seiner Frau Hanna in Amerika

**Neurologie:** Wissenschaft von Aufbau und Funktion des Nervensystems

**repräsentieren:** darstellen, an die Stelle treten von …

**neuronal:** die Nervenbahnen betreffend

## 1/ Fühlen, Denken und das menschliche Gehirn

Antonio Damasio hat als Neurologe die Zusammenhänge zwischen Gehirnfunktionen, Körper, Geist und Gefühlen erforscht. Sie stehen nicht getrennt für sich, sondern bilden eine Einheit: den Organismus, der in Wechselwirkung mit der Umwelt steht. Dieser Zusammenhang konnte in einigen Übungen zu Anfang des Kapitels am eigenen Leib erfahren werden. Damasio bezeichnet den „Körper als Maßstab“ für „unsere erhabensten Gedanken und größten Taten, unsere höchsten Freuden und tiefsten Verzweiflungen“. Das heißt, dass im Gehirn der Körper repräsentiert, gewissermaßen abgebildet wird. Man weiß heute, wie sich frühe Kindheitserfahrungen und sich stetig fortsetzende Erfahrungen in späteren Jahren in den neuronalen Verbindungen des Gehirns niederschlagen und so die weiteren emotionalen Reaktionen und das Denken beeinflussen und prägen. Der eigene „Organismus“ gibt den „Orientierungsrahmen“ ab, an ihn halten wir uns, wenn wir uns unsere Umgebung zurechtmachen. Wir sehen unsere Welt so, wie wir uns in ihr bewegen, verhalten und handeln; und wir bauen die Welt so aus und um, wie wir sie gemäß unseres gewohnten Verhaltens haben wollen. Das hat Konsequenzen „für einige Probleme, denen sich unsere Gesellschaft heute gegenübersieht – zum Beispiel Erziehung und Gewaltbereitschaft. … für Kinder, die im wirklichen Leben, in den Nachrichten oder in Spielfilmen zu viel Gewalt erleben, verlieren Gefühle und Empfindungen beim Erwerb und der Anwendung rücksichtsvollen Verhaltens ihren Wert. Wer zu viel sinnlose Gewalt und das Fehlen jeder Moral erlebt, wird zunehmend unempfindlich dagegen. Mit anderen Worten: Die Überreizung der Sinne mit den immer gleichen Bildern von Gewalt und Rücksichtslosigkeit schlägt sich so im Gehirn, im Denken und Fühlen nieder, dass diese Wahrnehmung das eigene Verhalten und Handeln prägen kann. Die Bilder, mit denen man sich beschäftigt, werden zu Medien unseres eigenen Tuns, unserer Einstellung und unserer Beziehung zu anderen Menschen. Sie erzielen eine Wirkung und regen uns an, so zu werden, wie wir uns in ihnen sehen.

Zitate aus Antonio Damasio: Descartes' Irrtum. Fühlen, Denken und das menschliche Gehirn. München: Paul List Verlag, 1996, S. 17 und 327f. (Übers. Hainer Kober)

## 2/ Morde im Fernsehen

3/

Filmszenen aus „Die fabelhafte Welt der Amélie“

Filmszenen aus „Kill Bill“

1. Übersetze das, was Damasio sagt, in deine eigenen Worte 1/. Schreibe einen kurzen Text dazu. Schreibe dann einen Kommentar, d.h. deine eigene Auffassung, die der von Damasio zustimmen oder sich davon abgrenzen kann. Lass dich dabei auch von dem Comic anregen.

2. Welche Wirkung(en) erzeugen die Bilder 3/? Welche Gefühle lösen sie aus? Welche Mittel setzen sie dabei ein?

3. Sammle eine Woche lang Bilder bzw. Fotos, die dich sehr ansprechen. Schreibe zu jedem Bild dazu, was es bei dir auslöst, warum es dich beeindruckt und wodurch es das tut. Stellt eure Bildersammlung vor, erläutert sie zusammen mit euren Texten und diskutiert darüber: Die Mitschüler/innen stellen Fragen dazu, äußern sich zu der Wirkung und zu ihrem eigenen Eindruck.

4. Führt eine Diskussion in der Klasse zu der Frage: Was bewirken Bilder? Was machen die Bilder, die ich täglich sehe, mit mir, oder was mache ich mit ihnen? Ein/e Diskussionsleiter/in aus eurer Gruppe sollte das Gespräch ordnen:
a) kurz zusammenfassen, worum es geht; b) die Frage zuspitzen; c) eine Rednerliste führen. Die Redner müssen darauf achten, zum Thema zu sprechen und sich dabei auf Vorredner zu beziehen. Versucht gemeinsam, ein Resümee zu ziehen und in fünf Sätzen zu verschriftlichen.

# Realität(en)

1/ Gerd Bauer: Die „Realität“

## 2/ Kyoko Date – ein virtueller Star

Im Jahr 1995 wird von der japanischen Firma Horipro eine virtuelle Persönlichkeit kreiert. Dazu folgender Zeitungsartikel:

**Tokio (dpa).** Die junge Japanerin Kyoko Date ist von heute auf morgen zum Popstar geworden. Seit Wochen steht ihr erster Song „Love Communication" ganz oben in den japanischen Hitparaden, die Single ist schon in mehreren Kaufhäusern Tokios ausverkauft. Die 17-Jährige wird von tausenden Teenies angebetet wie andere Schlagerstars auch. Die Fans hängen an ihren Lippen, wenn sie singt, und schicken ihr Verehrerpost. Doch Kyoko Date ist kein echter Mensch, sondern das Ergebnis hochqualifizierter Multimedia-Software – ein virtuelles Idol.

„Ich verpasse keine ihrer Sendungen", sagt Kumiko Homma, ein 13-jähriges Mädchen in der Musikabteilung des Odakyu-Kaufhauses in Tokio. Sie wartet schon sehnsüchtig darauf, dass Kyoko endlich ihre zweite Single auf den Markt bringt. Das Neueste im Leben des Popstars erfahren die Fans auch im Internet … Kyokos Träume unterscheiden sich kaum von denen anderer Teenager. Nach einer ersten Beziehung mit einem zwei Jahre älteren Jungen aus dem Fußballklub wartet die Sängerin jetzt auf die erste große Liebe.

Weser-Kurier, 1./2.5.1997, Bremen: Bremer Tageszeitung AG

### Eine Fotoserie oder einen Videofilm produzieren

Die kreative Arbeit an einem Thema schafft neue Einsichten, sowohl hinsichtlich der Sache, um die es geht, als auch über sich selbst: Wie zeige ich die Sache? Welche Mittel setze ich dazu ein? Welche Darsteller brauche ich? Welche Ideen bringe ich ein? Wie arbeite ich mit anderen zusammen?

Online-Link:
695220-0059

1. Womit begründet die alte Ratte 1/ ihr Wissen um das, was die Wirklichkeit (Realität) ausmacht? Inwiefern hat sie recht, inwiefern unrecht? Was müsste sie tun, um mehr von der Realität zu kennen, zu erfahren? Inwiefern ist diese Situation mit der des Menschen vergleichbar? Mit welchen Mitteln versucht der Mensch, die Wirklichkeit zu erfassen? Zählt alles auf, was euch einfällt. Alle Gruppen spielen ihre Szene vor und tauschen sich über ihre Antworten aus.

2. a) Wie entsteht *dein* Bild von der Realität? Beschreibe das, was du unter Realität (Wirklichkeit) verstehst, wie du sie siehst.
b) Tauscht euch über eure Beschreibungen aus und klärt, wie ihr zu der Beschreibung gekommen seid. Wo liegen die Gemeinsamkeiten, wo die Unterschiede in euren Beschreibungen? Wie lässt sich das erklären?

3. Bearbeitet die Aufgaben a) bis d) zu 2/ zunächst allein, besprecht sie dann mit einem Partner. Danach stellt ihr eure Ergebnisse in der Klasse zur Diskussion.
a) Was ist hier: Realität (Wirklichkeit), Schein, Täuschung; was ist sichtbar, real, irreal (unwirklich)?
b) Man spricht bei Kyoko Dates Beispiel von virtueller Realität. Was bedeutet das hier eigentlich?
c) Nenne Gründe dafür, dass sich der Mensch diese Art von „Wirklichkeit" schafft. Wie gelingt es, sich (wie Kumiko) da hineinzuversetzen? Finde weitere Beispiele dafür. d) Stars und Idole werden gemacht. Inwiefern sind auch dir bekannte Stars wirklich, inwiefern aber auch virtuell? Nenne Beispiele.

4. Bildet kleine Gruppen. Stellt gemeinsam Fotos eines Stars her, den eine/r aus eurer Gruppe darstellt. Überlegt, wie ihr ihn zeigen wollt, welche Merkmale er haben muss und wie diese zum Ausdruck kommen. (Ihr könnt auch einen Videofilm drehen.)

5. Welche Schlussfolgerungen könnt ihr aus euren Erfahrungen und Ergebnissen der Aufgaben sowie aus der Beschäftigung mit den vorhergehenden Doppelseiten ziehen? Wie kann man sinnvoll mit der Bilderflut in Fernsehen, Videos und Internet umgehen? Stellt gemeinsam einen Regelkatalog auf.

# Wegwerf-Computer

Man benötigt dazu einen schwarzen Schuhkarton. Das ist ein „Wegwerf-Computer", der alle möglichen Fragen schlucken kann. Leider ist er nach einigen Fragen verbraucht und muss weggeworfen werden. Darum solltet ihr euch in Vierergruppen aufteilen, so dass es nicht gar zu viele Fragen sind. Jede Gruppe soll sich auf eine Frage einigen, die sie dem Computer vorlegen will. Es soll die wichtigste Frage sein, die in der Gruppe über unser gegenwärtiges Thema, also Körper und Medien, Arbeit und Freizeit, aufkommt. Jeder Teilnehmer hat dabei das Recht, Vorschläge zu machen und die Gruppe muss sich einigen auf eine gemeinsame Frage. Ihr könnt dabei so vorgehen, dass jeder zunächst einige Fragen und Probleme für sich aufschreibt, die er gern dem Computer vorlegen möchte. Dann könnt ihr in der Kleingruppe nacheinander eure Fragen vorstellen und begründen, weshalb sie für euch wichtig sind, und anschließend den Versuch machen, sich auf eine gemeinsame wichtige Frage zu einigen. Nehmt euch dazu ausreichend Zeit. Schreibt eure gemeinsame Frage deutlich auf einen großen Bogen.

Füttert nun nacheinander den Computer mit euren Fragen. Ihr wisst, dass der Computer keine Antworten zu den Fragen ausspucken kann und vielleicht habt ihr sogar Fragen entwickelt, die kein Computer der Welt beantworten kann. Deshalb solltet ihr gemeinsam versuchen, Fragen, die gleich beantwortet werden können, sofort aufzulösen. Für schwierige Fragen könnt ihr zu ermitteln versuchen, was zu ihrer Lösung erforderlich ist, wo die benötigten Informationen stecken, wie lange ihr euch möglicherweise mit ihnen beschäftigen müsst, ob ihr das tun wollt und wann ihr das tun wollt.

1. Welche Art von Fragen hat die Gruppe produziert?
2. Was war die komplizierteste und was die einfachste Frage?
3. Unter welchen Bedingungen ist jede Frage zu lösen?
4. Welche Frage halte ich für die wichtigste?

Zeichnung: Katja Wehner

# 3 An den Grenzen des Lebens

Bedeutungen von Glück
Nemesis und Fortuna – das Glück wird zugeteilt
Glück in der klassischen Philosophie
Glück in der neueren Philosophie
Erfüllte Lebenszeit
Lebenssinn und Lebensende – Nachdenken über den Tod
Interkulturelle und interreligiöse Analyse – Vorstellungen vom Tod in den großen Religionen (Methode)
Bilder des Todes – früher und heute
Das Sterben und seine Phasen
Zwischen Helfen und Töten
Sterbehilfe
Organtransplantation – ein Thema der Angewandten Ethik
Zum Glück gehört mehr ...

# Bedeutungen von Glück

1/

## 2/ Glück ist für mich ...

Das größte Glück ist leben zu können! Solange einem nichts Schlimmes passiert, hat man sein Leben lang Glück.
Wer noch nie einen Schicksalsschlag hatte, weiß nicht, was großes Glück ist.
Diana P., 17 Jahre

Ich bin glücklich, wenn ich meine eigenen Ziele erfüllt habe und noch glücklicher, wenn ich auch die Ziele meiner Eltern, die sie an mich stellen, erfülle. Wenn ich glücklich bin, bin ich fröhlich, bin freundlich zu allen Leuten – ich bin einfach gut gelaunt und außerdem voller Tatendrang.
Jana S., 17 Jahre

Ich empfinde Glück, wenn die Menschen um mich herum auch glücklich sind. Ich bin glücklich, wenn ich etwas geschafft habe, was schon lange mein Ziel war. Ich bin dann fröhlich, ausgelassen und könnte manchmal die ganze Welt umarmen. Glücklich ist man, wenn man weiß, dass man geliebt wird und auch lieben kann.
Daniela L., 16 Jahre

Bei Erfolgen fühle ich mich auch glücklich. Glück ist für mich eine Art von Freiheit.
Jens R., 17 Jahre

Glück ist, wenn ich froh bin oder zufrieden bin und keine Sorgen habe. Glücklich bin ich auch, wenn ich ein Ziel erreicht habe.
Stephan S., 15 Jahre

Ich bin dann glücklich, wenn ich Ferien habe und mit meinen Freunden zusammen sein kann. In dieser Zeit bin ich gut gelaunt, vergesse all meine Probleme und bin einfach nur froh, was anderes zu machen. Glück bedeutet für mich auch, wenn ich erfahre, dass ich keine Klausur verhauen habe.
Karin R., 16 Jahre

Ich empfinde Glück, wenn ich in den Armen meines Freundes liege. Dabei vergesse ich mein ganzes Umfeld. Ich genieße den Augenblick und bin einfach nur glücklich.
Jenny, 16 Jahre

**Bedeutungen differenzieren**

Manchmal benutzt man dasselbe Wort für verschiedene Dinge. Hier muss genau unterschieden werden, um die Sache selbst zu verstehen.

### 3/ Glück haben – glücklich sein

Das Wort „Glück" kann im Deutschen sowohl den günstigen Zufall als auch einen Zustand des Wohlergehens meinen; wir können „Glück haben" oder „glücklich sein". Diese Doppeldeutigkeit ist alles andere als ein Zufall. Wenn wir „vom Glück verlassen sind" also … kein Glück haben, werden wir … auch unglücklich sein; wenn wir unglücklich sind, fühlen wir uns nicht selten „vom Glück verlassen" … Es ist wichtig, den Begriff „Glück" … für die Bezeichnung von Zuständen des menschlichen Wohlergehens zu reservieren und vom günstigen Zufall zu unterscheiden …

Die Rede vom Glück kann des Weiteren episodisch oder übergreifend gemeint sein. Der Satz „Ich bin glücklich" kann sich auf ein Glück beziehen, das ich hier und jetzt empfinde oder auf die übergreifende Qualität meines Lebens. Im ersten Fall ist von einer glücklichen Situation oder einem glücklichen Abschnitt meines Lebens die Rede, im zweiten Fall bezeichne ich dieses Leben selbst als ein (soweit) glückliches. Im ersten Fall ist Glück eine Episode, im zweiten Fall eine Gestalt meines Lebens.

Martin Seel: Glück. in: Ethik. Ein Grundkurs. H. Hastedt, E. Martens (Hrsg.). Reinbek: Rowohlt, 1994, S. 146 f.

„Wir müssen das Glück erforschen, sonst ignorieren wir völlig, was es ausmacht, ein Mensch zu sein."
Hinderk Emrich

**Episode:** vorübergehendes Ereignis, Zwischenspiel

1. Finde für jede der Schüleräußerungen 2/ und für jedes Bild 1/ eine Überschrift, ein Stichwort, ein typisches Merkmal. Worin siehst du die größten Unterschiede und worin Gemeinsamkeiten?

2. In dem Text von Seel 3/ werden drei grundsätzliche Unterscheidungen getroffen. Besprecht diese in Partnerarbeit: Sucht Beispiele für episodenhafte Glücksmomente im eigenen Leben – wie könnte im Vergleich dazu das Leben selbst im Sinne eines „gelingenden Lebens" glücklich sein?

3. Suche nun die Merkmale dieser Unterscheidungen in den Schüleräußerungen und wende sie auch auf die Bilder an. Achte besonders auf den Unterschied zwischen „Glück haben" und „glücklich sein". Welche Wörter finden andere Sprachen für diese Unterscheidung?

4. Formuliere nun selbst einige Sätze dazu, z. B.: „Glück ist für mich …" – „Ich empfinde Glück, wenn …" – Lest eure eigenen Sätze vor und sprecht gemeinsam darüber.

5. Sammelt Aussprüche, Volksweisheiten, Märchen, Zitate, die beschreiben, wie man glücklich werden kann. (Beispiel: „Jeder ist seines Glückes Schmied.") Was haltet ihr für richtig, was scheint euch falsch oder überholt zu sein?

**Online-Link:** 695220-0063

# Nemesis und Fortuna – das Glück wird zugeteilt

1/ Albrecht Dürer: Nemesis (Das große Glück)

Bereits in der Antike hat man sich Gedanken gemacht über das Glück. Es wurde personifiziert, d.h. als Gestalt einer Frau gedacht und später auch so gemalt wie hier von zwei Künstlern im 16. Jahrhundert. Die Vorstellung ist hier, dass das Glück zugeteilt wird, von einer göttlichen Macht, die stärker ist als der Mensch.

Alle Texte in diesem Kapitel stammen von Richard Breun, sofern die Quellen nicht anders ausgewiesen sind.

2/ Gregoire Huret: Das Rad der Fortuna

### 3/ Glück begreifen

Wenn du das Wort Glück begreifen willst, musst du es als Lohn, nicht als Ziel verstehen, denn sonst hat es keine Bedeutung. … ich habe mich lange damit abgegeben, die Menschen zu beobachten, die glücklich zu sein schienen. Und ich habe stets wahrgenommen, dass ihnen das Glück, gleich wie der Statue die Schönheit, zuteil wurde, weil sie es nicht gesucht hatten.

Antoine de Saint-Exupéry

**Symbolisch darstellen**

Man versucht, eine Idee in Gegenständen darzustellen: Der Gegenstand steht für die Idee. Damit werden dunkle Vorstellungen, die man von einem Begriff und einem Sachverhalt hat, ans Licht gebracht.

Bearbeite die Fragen 1 bis 5 zunächst allein, erörtert sie dann im Plenum.

1. Betrachte die beiden Bilder 1/ und 2/, die Allegorien (Personifizierungen, vgl. dazu die Methodenseite S. 118/119 in Kapitel 4) vom Glück darstellen. Auf welche Weise wird jeweils zugeteilt? Achte auf die Symbole (Gefäß, Rad, …)

2. Nemesis bedeutet „Zuteilung“. Diese griechische Göttin teilt den Menschen das zu, was ihnen gebührt. Nach welchem Prinzip ist das möglich? Was könnte das Maß sein, um dabei angemessen zu verteilen?

3. Fortuna bedeutet „Glück“, „Zufall“, „Schicksal“. Welchem Prinzip könnte sie folgen, nach dem manche „oben auf“ sitzen, andere herunterfallen? Was ist hier das Maß?

4. Welche Unterschiede in der Deutung des Glücks lassen sich finden? Wie beurteilst du das?

5. Was heißt es, wenn man Saint-Exupéry 3/ folgt, Glück als Lohn und nicht als Ziel zu verstehen? Inwiefern ist der Gedanke des französischen Schriftstellers in den beiden Gemälden enthalten oder nicht berücksichtigt?

6. Wie würdest du das Glück darstellen, „personifizieren“ – mit welchen Symbolen? Zeichne es oder gestalte eine Collage.

# Glück in der klassischen Philosophie

**Aristoteles:** griechischer Philosoph (384–322 v. Chr.)

**Tugend:** in der Antike so viel wie Tüchtigkeit; gemeint war, durch freie Entscheidung eine Lebensleistung für sich und andere zu vollbringen, um so das Lebensglück zu erreichen

**tollkühn:** waghalsig, unbesonnen

## 1/ Aristoteles und das gute Leben

Der griechische Philosoph Aristoteles bestimmte das Glück als das letzte Ziel menschlichen Handelns, wobei das Leben dann glücklich sein wird, wenn es in tugendgemäßer Tätigkeit verbracht wird.

Und nun fragt er: Wie soll der Mensch leben? Was braucht der Mensch, um ein gutes Leben zu führen?

Ich kann kurz antworten: Der Mensch wird nur glücklich, wenn er alle seine Fähigkeiten und Möglichkeiten entfalten und benutzen kann.

Aristoteles glaubte an drei Formen des Glücks:

**Die erste Form des Glücks ist ein Leben der Lust und der Vergnügungen.**

**Die zweite Form des Glücks ist ein Leben als freier, verantwortlicher Bürger.**

**Die dritte Form des Glücks ist das Leben als Forscher und Philosoph.**

Aristoteles betont, dass alle drei Formen zusammengehören, damit der Mensch ein glückliches Leben führen kann. Er lehnte also jede Form der Einseitigkeit ab. Wenn er heute lebte, würde er vielleicht sagen, dass ein Mensch, der nur seinen Körper pflegt, ebenso einseitig – und damit mangelhaft – lebt wie einer, der nur den Kopf benutzt. Beide Extreme sind Ausdruck einer verfehlten Lebensführung.

Auch was die Tugenden betrifft, verwies Aristoteles auf einen „goldenen Mittelweg". Wir sollen weder feige noch tollkühn sein, sondern tapfer. (Zu wenig Tapferkeit bedeutet Feigheit, zu viel Tapferkeit Tollkühnheit.) Auch sollen wir weder geizig noch verschwenderisch sein, sondern großzügig. (Zu wenig großzügig sein ist Geiz, zu großzügig sein Verschwendung.)

Ebenso steht es mit dem Essen. Zu wenig essen ist gefährlich, aber auch zu viel essen ist gefährlich!

Jostein Gaarder: Sofies Welt. München: Hanser, 1993, S. 140 (Übers. Gabriele Haefs)

**Plutarch:** griechischer philosophischer Schriftsteller (um 46 – um 120 n. Chr.)

## 2/ Unstillbarkeit des Verlangens

Wer reich ist, macht sich darum nicht weniger aus dem Reichtum, und wer Überflüssiges besitzt, verliert keineswegs das Bedürfnis nach Überflüssigem. Von welchem Übel also befreit der Reichtum, wenn nicht einmal vom Hang zum – Reichtum? Das ist beim Trinken und Essen anders: Getränk löscht das Begehren nach Getränk, Nahrung stillt das Verlangen nach Nahrung. Den Drang nach Geld aber stillt weder Silber noch Gold und das Mehrhabenwollen hört mit dem Mehrerwerb nicht auf. Zum Reichtum kann man ja wirklich sagen wie der Patient in der Komödie zu dem Arzt mit dem Wunderrezept: „Dein Mittel macht nur, dass mein Leben schlimmer wird."

Plutarch: Unstillbarkeit des Verlangens. Lebensklugheit und Charakter. Bremen: Carl Schünemann Verlag, 1983, S. 151 (Übers. Rudolf Schottlaender)

3/ Zeichnung: Thomas Plaßmann

Szene mit Aulosspielerin bei einem Gelage, griechische Vasenmalerei, Anfang 4. Jh. v. Chr.

Bäcker und Flötenspieler; Tonfiguren, Ende 6. Jh. v. Chr.

## 4/ Epikur und der Hedonismus

Das Kernstück der Lehre Epikurs ist seine Ethik. Ihr Prinzip ist die Lust. Jedes Lebewesen erstrebt seiner Natur nach die Lust und meidet den Schmerz. Lust wird somit zum Lebensziel. Epikur definiert die Lust als Abwesenheit von Schmerz und Unruhe.

Wenn wir also sagen, dass die Lust das Lebensziel sei, so meinen wir nicht die Lüste der Wüstlinge und das bloße Genießen, wie einige aus Unkenntnis und weil sie mit uns nicht übereinstimmen oder weil sie uns missverstehen, meinen, sondern wir verstehen darunter, weder Schmerz im Körper noch Beunruhigung in der Seele zu empfinden. Denn nicht Trinkgelage und ununterbrochenes Schwärmen und nicht Genuss … (den) ein reichbesetzter Tisch bietet, erzeugt das lustvolle Leben, sondern die nüchterne Überlegung, die die Ursachen für alles Wählen und Meiden erforscht und die leeren Meinungen austreibt, aus denen die schlimmste Verwirrung der Seele entsteht.

Für all dies ist der Anfang und das größte Gut die Einsicht … Aus ihr entspringen alle übrigen Tugenden und sie lehrt, dass es nicht möglich ist, lustvoll zu leben, ohne vollständig, schön und gerecht zu leben, noch auch verständig, schön und gut, ohne lustvoll zu leben. Denn die Tugenden sind von Natur verbunden mit dem lustvollen Leben und das lustvolle Leben ist von ihnen untrennbar.

Epikur: Brief an Menoikeus. In: Von der Überwindung der Furcht. Olof Gignon (Hrsg.), Zürich: Artemis, 1968, S. 102 f.

**Epikur:** griechischer Philosoph (342–271 v. Chr.)

**Hedonismus:** philosophische Lehre, die das Streben nach Lust zum höchsten Lebensziel erklärt

1. Bildet kleine Gruppen. Listet alle Fähigkeiten und Möglichkeiten auf, die eurer Ansicht nach entfaltet werden sollten. Ordnet sie nach ihrer Bedeutung für ein zufriedenes bzw. glückliches Leben. Teilt sie dann ein nach den drei Formen des Glücks, die Aristoteles nennt 1/. – Vergleicht die Gruppenergebnisse miteinander. Seid ihr mit der Einteilung einverstanden oder möchtet ihr die Formen des Glücks ergänzen oder verändern?

2. Stellt euch eine Situation vor, in der man die Mitte zwischen zwei extremen Handlungsoptionen wählen soll. Wie würde der tollkühne, wie der feige und wie der tapfere Mensch handeln?

3. Was bedeutet die „Unstillbarkeit des Verlangens" nach Plutarch 2/? Finde weitere Beispiele. Inwiefern handelt es sich um eine Regel, und hat sie Ausnahmen?

4. Was würde der Mann in 3/ zu Aristoteles' drei Formen des Glücks und was zu Plutarch sagen? Denke dir einen kurzen Monolog aus und sprich ihn vor.

5. a) Welche Arten von Lust unterscheidet Epikur 4/?
b) Wie hängen Einsicht und lustvolles Leben zusammen? Finde Beispiele dafür.
c) Was bedeutet es nach deinem Verständnis, „schön, gut und lustvoll zu leben"? Beschreibe zunächst einzeln jede der aufgezählten Arten zu leben. Formuliere dann die Zusammenhänge mit eigenen Worten. Was könnte Epikur sich dabei vorgestellt haben – betrachte dazu die Abbildungen; was stellst du dir darunter vor?

6. Erörtert die Fragen im Plenum. Welches Meinungsbild zu Epikurs Lehre (Hedonismus, von *hedonai*, Lust) ergibt sich für euch?

# Glück in der neueren Philosophie

## 1/ Immanuel Kant über die Schwierigkeit zu wissen, was uns glücklich macht

Allein es ist ein Unglück, dass der Begriff der Glückseligkeit ein so unbestimmter Begriff ist, dass, obgleich jeder Mensch zu dieser zu gelangen wünscht, er doch niemals bestimmt und mit sich selbst einstimmig sagen kann, was er eigentlich wünsche und wolle.

Will er Reichtum, wie viel Sorge, Neid und Nachstellung könnte er sich dadurch nicht auf den Hals ziehen. Will er viel Erkenntnis und Einsicht, vielleicht könnte das ein nur um desto schärferes Auge werden, um die Übel, die sich für ihn jetzt noch verbergen und doch nicht vermieden werden können, ihm nur um desto schrecklicher zu zeigen, oder seinen Begierden, die ihm schon genug zu schaffen machen, noch mehr Bedürfnisse aufzubürden. Will er ein langes Leben, wer steht ihm dafür, dass es nicht ein langes Elend sein würde? Will er wenigstens Gesundheit, wie oft hat noch Ungemächlichkeit des Körpers von Ausschweifung abgehalten, darein unbeschränkte Gesundheit würde haben fallen lassen usw. Kurz, er ist nicht vermögend, nach irgendeinem Grundsatze, mit völliger Gewissheit zu bestimmen, was ihn wahrhaftig glücklich machen werde, darum, weil hierzu Allwissenheit erforderlich sein würde.

Immanuel Kant: Grundlegung zur Metaphysik der Sitten, BA 46. Werkausgabe. Wilhelm Weischedel (Hrsg.), Frankfurt/M: Suhrkamp, 1978, Bd. VII, S. 47f.

## 2/

Zeichnung: Quino

### 3/ John Stuart Mill und das Prinzip der Nützlichkeit

Die Auffassung, für die die Nützlichkeit oder das Prinzip des größten Glücks die Grundlage der Moral ist, besagt, dass Handlungen insoweit und in dem Maße moralisch richtig sind, als sie die Tendenz haben, Glück zu befördern, und insoweit moralisch falsch, als sie die Tendenz haben, das Gegenteil von Glück zu bewirken. Unter „Glück" [happiness] ist dabei Lust [pleasure] und das Freisein von Unlust [pain], unter „Unglück" [unhappiness] Unlust und das Fehlen von Lust verstanden. …

Fragt man mich nun, was ich meine, wenn ich von der unterschiedlichen Qualität von Freuden spreche, und was eine Freude … wertvoller als eine andere macht, so gibt es nur eine mögliche Antwort: Von zwei Freuden ist diejenige wünschenswerter, die von allen oder nahezu allen, die beide erfahren haben … entschieden bevorzugt wird.

Es ist besser, ein unzufriedener Mensch zu sein als ein zufriedenes Schwein; besser ein unzufriedener Sokrates als ein zufriedener Narr. Und wenn der Narr oder das Schwein anderer Ansicht sind, dann deshalb, weil sie nur die eine Seite der Angelegenheit kennen. Die andere Partei hingegen kennt beide Seiten.

John Stuart Mill: Der Utilitarismus. [1871] Stuttgart: Reclam, 1991, S. 14–18 (Übers. Dieter Birnbacher)

**Utilitarismus:** Im 19. Jahrhundert entwickelte sich in England ein Nachdenken über das Glück, das von der Masse der Menschen ausging. Der so genannte Utilitarismus bezeichnet eine Handlung dann als moralisch richtig, wenn deren Folgen für das Wohlergehen aller Betroffenen optimal sind. „Was würde geschehen, wenn jeder so handelte? Stell dir vor, was es für Folgen hätte, wenn alle sich so verhielten!" Einer der wichtigsten Vertreter dieser Ethik war John St. Mill (1806–1873).

4/ Jean-Jaques Sempé: „Mami, mir ist langweilig …"

Teilt die Ethikgruppe in zwei Großgruppen und je nach Bedarf nochmals jeweils in kleine Gruppen. Eine Hälfte beschäftigt sich mit Kant 1/ und dem Cartoon 2/, die andere Hälfte mit Mill 3/ und dem Cartoon 4/. Jede Großgruppe präsentiert der jeweils anderen ihr Ergebnis.

**Gruppe Kant:**

1. Was ist das Problem, von dem Kant ausgeht 1/?
2. Welche Möglichkeiten nennt Kant, in welchen die Glückseligkeit gefunden werden könnte? Was aber sind jeweils die Hindernisse für das Erreichen des Glücks? Erläutert die Beispiele Reichtum, Erkenntnis, langes Leben, Gesundheit in eigenen Worten. Fügt mindestens ein weiteres Beispiel (etwa: Liebe, Freundschaft) hinzu.
3. Was ist Kants Schlussfolgerung? Begründet, ob ihr damit einverstanden seid oder nicht.
4. Erläutert den Cartoon 2/ mit Kants Theorie. Übt den Monolog ein, stellt dem Sprecher Fragen, auf die er antworten muss, und führt die Szene vor.

**Gruppe Mill:**

1. Formuliert das Prinzip der Nützlichkeit (Prinzip des Utilitarismus) in eigenen Worten. Worauf kommt es vor allem an 3/?
2. Welchen Unterschied macht Mill zwischen den Arten von Lust bzw. Freude (pleasure)?
3. Schildert das Leben eines unzufriedenen Menschen bzw. Sokrates und eines zufriedenen Schweins bzw. Narrens in wenigen Worten. Worauf legt Mill bei dieser Unterscheidung Wert?
4. Erläutert den Cartoon 4/ mit Mills Theorie. Denkt euch dann einen Monolog des Kindes aus, erweitert ihn zu einem Dialog mit der Mutter und führt die Szene vor.

# Erfüllte Lebenszeit

### 1/ Grundbedürfnisse

Der amerikanische Psychologe Abraham H. Maslow fand heraus, dass sich die Entwicklung der menschlichen Bedürfnisse stufenweise vollzieht. Erst wenn die Bedürfnisse einer unteren Stufe gestillt sind, strebt der Mensch nach Bedürfnissen der nächsthöheren Stufe. „Erst kommt das Fressen, dann kommt die Moral.“ (Bertolt Brecht) Erst wenn Hunger und Durst gestillt sind, strebt der Mensch nach Sicherheit und Liebe, dann nach sozialen Bedürfnissen (Freundschaft, Geselligkeit, Kommunikation) – und wenn diese Bedürfnisse befriedigt sind, nach Selbstverwirklichung und Werten, die dem Leben einen Sinn geben.

F. Littmann

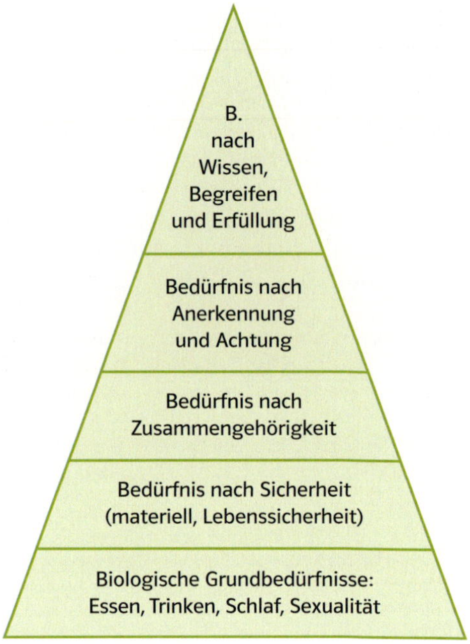


Die Bedürfnispyramide nach Abraham H. Maslow

### 2/ Die Frage nach den schönsten Augenblicken – „flow“

Der Psychologe Mihaly Csikszentmihalyi hat viele Personen befragt, bei welchen Gelegenheiten sie die Empfindung haben, sinnvoll die Zeit zu verbringen, und er hat versucht, die Merkmale solcher Sinnerfüllung (die mit einem Gefühl verbunden ist, das er **flow** nennt) zu beschreiben. Nachfolgend einige der Äußerungen ganz unterschiedlicher Menschen auf die Frage nach den schönsten Augenblicken und nach sinnerfülltem Tun:

**Eine 75-jährige Bäuerin:** „Die Arbeit auf dem Feld ist das Beste, was es gibt: Man ist erschöpft, aber man fühlt sich großartig. Ich versorgen die Tiere, ich hacke, pflanze, ernte, kümmere mich um die Kartoffeln, das Gemüse und die Blumen … Wenn ich übers Feld schaue und alles gut aussieht, bin ich glücklich und zufrieden. Ich fühle mich frei.“

**ekstatisch:** begeistert, rauschaft

**inexistent:** nicht vorhanden (körperlich)

**Ein Komponist:** „Man ist selbst in einem so ekstatischen Zustand, dass man sich beinahe inexistent fühlt. Ich habe dies immer wieder erlebt. Meine Hand scheint mir nicht zu gehören und ich habe nicht mit dem zu tun, was geschieht. Ich sitze einfach da, voller Ehrfurcht und Bewunderung, und schaue dem Geschehen zu … Und es fließt einfach wie von selbst heraus.“

**Ein Schachspieler:** „Wenn das Spiel mich packt, höre ich sozusagen nichts mehr – die Welt scheint von mir abgeschnitten und es gibt nur das Spiel als Gegenstand meines Denkens."

**Ein Bergsteiger:** „Man könnte so sehr im Fels, in den Bewegungen, in der richtigen Körperposition aufgehen, dass man das Bewusstsein der eigenen Identität verlöre und mit dem Fels und den Kameraden verschmolzen würde ... Ebenso ist man nicht ganz sicher, ob man selbst sich bewegt oder der Fels ... man steigt nicht nur im Fels, sondern auch in sich selber herum ... Das Fehlen eines Bewusstseins meiner selbst ist mir völlig bewusst."

Richard Breun, nach Mihaly Csikszentmihalyi: Dem Sinn des Lebens eine Zukunft geben. Eine Psychologie für das 3. Jahrtausend. Übers. v. M. Klostermann, Stuttgart: Klett-Cotta, 1995, S. 233 ff.

**Identität:** (hier) die als „Selbst" erlebte innere Einheit der Person

## 3/ Interaktionsspiel

Versuche einmal, einen typischen Tages- und Wochenverlauf nachzuzeichnen und dabei festzuhalten, wann du Langeweile oder Hast empfindest. Lege dazu eine Tabelle an, in der die Tätigkeiten in halbstündige Abschnitte aufgeteilt sind. In jeden Halbstundenblock trägst du ein, was in deinem Leben stattfand. Beantworte dann folgende Fragen:

1. Was hältst du davon, wie du deine Zeit verbracht hast?
2. Wie groß ist der Anteil deiner Zeit, der dein Leben als wirklich befriedigend erscheinen lässt?
3. Welche Widersprüche gibt es, wenn überhaupt, bei den Aktivitäten der Woche?
4. Welchen Teil deiner Zeit hast du dafür aufgewendet, Dinge zu tun, die du nicht sehr schätzt? Wann hattest du hinterher ein eher schlechtes Gefühl, wann ein eher gutes, wann spürtest du eine gewisse Erfüllung?
5. Glaubst du, dass du, wenn du älter bist, zufrieden sein wirst, jene Woche in deinem Leben so verbracht zu haben?

Schreibe danach alle Tätigkeiten auf, bei denen du den Eindruck hast, dass du die Zeit sinnvoll verbringst, und begründe das nach Möglichkeit. Vielleicht kannst du so herausfinden und zusammenfassen, was in dir das warme und freundliche Gefühl bewirkt, dass du (mit dir) zufrieden sein kannst („flow"), und was das eher ungute Gefühl erzeugt, die Zeit totgeschlagen zu haben.

Louis E. Rathes u. a.: Werte und Ziele. Methoden der Sinnfindung im Unterricht. Übers. v. M. Simons, München: Pfeiffer 1976, S. 165

1. Finde für jede der fünf Stufen 1/ mindestens ein Beispiel aus dem Alltag.

2. Suche für jede Stufe mindestens eine Abbildung (z. B. aus Zeitschriften und Zeitungen). Dokumentiert jede Stufe mit euren Bildern an der Wandtafel und ergänzt sie immer wieder.
a) Welches Bedürfnis kann z. B. die Familie, der Freundeskreis, die Schule, der Verein, die Kirche erfüllen?
b) Welche Bedürfnisse werden von der Werbung hauptsächlich angesprochen?
c) Stelle eine Liste mit deinen eigenen Tätigkeiten auf und ordne sie den Stufen der Pyramide 1/ zu.

3. Was sagt die Pyramide 1/ über die Frage nach einem gelungenen und sinnvollen Leben aus?

4. a) Hattest du schon ähnliche Erlebnisse wie in 2/? Versuche, diese zu schildern.
b) Welche Merkmale einer sinnerfüllten Zeit lassen sich aus den Äußerungen 2/ herauslesen? Schreibe sie auf ein Kärtchen. Hängt alle eure Karten an die Wandtafel und geht gemeinsam die Aufzeichnungen durch.

# Lebenssinn und Lebensende – Nachdenken über den Tod

1/ Jean-Jaques Sempé: Ende des ersten Teils

### 2/ Existenz nach dem Tod?

Jeder stirbt, doch nicht alle sind sich darüber einig, was der Tod ist. Einige glauben, sie würden den Tod ihres Körpers überleben, in den Himmel, die Hölle oder sonstwohin auf- und niederfahren, zu einem Geist werden oder in einem anderen Körper auf die Erde zurückkehren, womöglich noch nicht einmal als menschliches Wesen. Andere sind der Meinung, dass sie aufhören werden zu existieren – dass das Ich ausgelöscht wird, wenn der Körper stirbt.
Unter jenen, die glauben, dass sie zu existieren aufhören werden, glauben einige, dass dies eine schreckliche Tatsache ist, andere nicht.

Thomas Nagel: Was bedeutet das alles? Eine ganz kurze Einführung in die Philosophie. Stuttgart: Reclam, 1990, S. 74 (Übers. Michael Gebauer)

**Epikur:**
griechischer Philosoph (um 341–270 v. Chr.)

### 3/ Epikur über den Tod

Gewöhne dich ferner daran, zu glauben, der Tod sei nichts, was uns betrifft. Denn alles Gute und Schlimme ist nur in der Empfindung gegeben; der Tod aber ist die Vernichtung der Empfindung. Daher macht die richtige Erkenntnis – der Tod sei nichts, was uns betrifft – die Sterblichkeit des Lebens erst genussfähig, weil sie nicht eine unendliche Zeit hinzufügt, sondern die Sehnsucht nach der Unsterblichkeit von uns nimmt. Denn es gibt nichts Schreckliches im Leben für den, der im vollen Sinne erfasst hat, dass nichts Schreckliches im Nicht-Leben liegt. Darum schwätzt der, der sagt, er fürchte den Tod nicht, weil er ihn bedrücken wird, wenn er da ist, sondern weil er ihn jetzt bedrückt, wenn er noch aussteht. Denn was uns, wenn er da ist, nicht bedrängt, kann uns, wenn es erwartet wird, nur sinnlos bedrücken. Das Schauererregendste aller Übel, der Tod, betrifft uns überhaupt nicht; wenn „wir" sind, ist der Tod nicht da; wenn der Tod da ist, sind „wir" nicht. Er betrifft also weder die Lebenden noch die Gestorbenen, da er ja für die einen nicht da ist, die anderen aber nicht mehr für ihn da sind. Doch die Masse flieht bisweilen den Tod als das größte aller Übel, bisweilen (ersehnt sie) ihn als Erholung von allen (Übeln) im Leben.

Epikur: Brief an Menoikeus. S. 41–51, hier S. 43–45. in: Briefe, Sprüche, Werkfragmente. Hans-Wolfgang Krautz (Übers. u. Hrsg.), Stuttgart: Reclam, 1980

4/ Italienische Buchmalerei, Ende des 15. Jahrhunderts

### 5/ Das große Geheimnis des Todes

Schon immer bereiteten die Religionen den Menschen auf das Sterben vor. Und schon die Gräber der Steinzeitmenschen und die gewaltigen Grabstätten der Ägypter zeugen von einem Glauben an ein Leben nach dem Tod. Und bis heute stimmen alle großen Religionen darin überein, dass der Mensch, so wie er gewöhnlich lebt, unwirklich lebt, unfrei, nicht mit sich identisch, dass also der Jetzt-Status des Menschen unbefriedigend, leidvoll, unglücklich ist. Und warum? Weil der Mensch getrennt, entfremdet leben muss von jener verborgenen allerletzten, allerhöchsten Wirklichkeit, die seine wahre Heimat ist, seine eigentliche Freiheit ausmacht, seine wirkliche Identität bedeutet und die man das Unverfügbare, Unbedingte, Unaussprechliche, das Absolute, die Gottheit, Gott oder auch anders nennt. Der Sinn des Daseins vollendet sich in seinem Ende. Der Tod – das große Geheimnis: kein Verenden, sondern die Vollendung.

Hans Küng: Menschenwürdig sterben. Ein Plädoyer für Selbstverantwortung. Zürich, München: Piper, 1995, S. 34 ff.

### 6/ Der letzte Feind

Der Apostel Paulus schreibt in einem Brief an die Gemeinde von Korinth:

Der letzte Feind, der vernichtet wird, ist der Tod. (1 Kor 15,26)

Denn es wird die Posaune erschallen, und die Toten werden auferstehen unverweslich, und wir werden verwandelt werden.
(1 Kor 15, 52)

1. Korinther 15,26; 15,52. In: Lutherbibel, revid. Text 1984. Stuttgart: Deutsche Bibelgesellschaft, 1999, S. 203 f.

christlicher Grabesschmuck

1. a) Worauf verweist die Zeichnung 1/? Was ist der erste Teil? Schildere seinen wesentlichen Verlauf.
b) Worin könnte ein zweiter Teil bestehen? Beschreibe, wie ihn der jüdische, christliche, muslimische Gläubige sieht (vgl. S. 74–77). Und wie sieht ihn ein Mensch, der nicht religiös (atheistisch) ist? Was denkst du selbst über einen möglichen zweiten Teil? – Erörtert diese Fragen gemeinsam.
c) Was hat die Frage nach dem Sinn des Lebens mit dem Lebensende zu tun?

2. Nagel fasst die Deutungen des Todes zusammen 2/. Inwiefern sind die verschiedenen Möglichkeiten schrecklich, inwiefern nicht? Tauscht euch darüber aus.

3. Der Tod ist oft künstlerisch dargestellt worden. Deute das Bild 4/. Wie würdest du den Tod darstellen? Zeichne deine Vorstellung vom Tod oder gestalte eine Collage.

4. a) Wie bewertet Epikur die Todesfurcht 3/?
b) Wie müsste nach Epikur die Inschrift auf dem Grabstein 1/ lauten?
c) Was hältst du von seiner Begründung? Besprecht den Text gemeinsam. Haltet ihm mindestens eine der anderen Auffassungen entgegen. Ihr könnt daraus ein Streitgespräch entwickeln: Einige übernehmen die Rolle Epikurs, andere die seiner Gegner.

5. Der Theologe Küng gibt Leben und Tod eine ganz andere Deutung 5/.
a) Wie sieht er den Jetzt-Status, wie die höchste Wirklichkeit?
b) Welchen Sinn bekommt der Jetzt-Status des Lebens durch das, was danach kommt? Notiere deine Auffassung dazu. Beachte dabei den Paulus-Text 6/.

# Interkulturelle und interreligiöse Analyse – Vorstellungen vom Tod in den großen Religionen (1)

Unterschiede zwischen Kulturen lassen sich häufig auf religiöse Vorstellungen zurückführen, z. B. auf Vorstellungen, die man vom Tod und seinem Verhältnis zum Leben hat. Kennt man solche Unterschiede, lernt man, Menschen aus anderen Kulturkreisen besser zu verstehen.

Erarbeitet in sechs Gruppen das, was die großen Religionen zu Sterben und Tod sagen und wie sie dazu den Sinn des Lebens deuten. Ihr könnt außer dem vorliegenden Material das nutzen, was ihr bisher zu den Religionen gelernt habt, und außerdem im Internet oder in der Bücherei Nachforschungen anstellen. Präsentiert eure Ergebnisse verständlich und anschaulich im Plenum. Erörtert danach vor allem folgende Fragen: Wo seht ihr die größten Unterschiede und Gemeinsamkeiten? Weshalb versucht der Mensch in allen Kulturen, dem Tod einen Sinn abzugewinnen? Wie drückt sich dieser Sinn in den Ritualen, Bestattungsweisen und im Umgang mit den Toten aus?

## 1/ Judentum

### Der Tod als Teil des Lebens

Orthodoxe und fortschrittliche Juden glauben an die Unsterblichkeit der Seele, orthodoxe an die Auferstehung von Körper und Seele sowie an ein Jüngstes Gericht. Die Trauerriten orientieren sich an der Bibel, und sie reichen von tiefster Trauer bis zur Aufnahme des Todes als Teil ihres Lebens.

Die Haupttrauernden zerschneiden ihre Kleider *(Keria)*: Es findet eine kurze Trauerfeier statt, die die Beerdigung einschließt, obwohl fortschrittlichen Juden eine Verbrennung erlaubt ist. Es folgt die *Schiwa*, d.h. sieben Trauertage zu Hause. Die Hinterbliebenen werden von Freunden besucht, sitzen als Zeichen der Demut auf niedrigen Stühlen. Eine 30-tägige Enthaltsamkeit von Festlichkeiten und Vergnügungen, *Scheloschim*, folgt. Ein Jahr lang besuchen die Haupttrauernden täglich die Synagoge, um das *Kaddisch* (gottesverherrlichende Gebet) zu sprechen. Am Jahrestag des Todes, *Jahrzeit* genannt, wird zu Hause oder in der Synagoge eine 24-Stunden-Kerze entzündet.

Die Friedhöfe sind ein Heiligtum; sie dürfen nicht wieder zu anderen Zwecken genutzt werden.

nach Peter B. Clarke (Hrsg.): Atlas der Weltreligionen. München: Frederking u. Thaler, 1998, S. 19 (Übers. Leo Strohm)

Jüdischer Grabstein

## 2/ Christentum

### Das Leben nach dem Tod

Die christliche Sicht des Todes wird in Johannes 3,16 zusammengefasst: „Denn Gott hat die Welt so sehr geliebt, dass er seinen einzigen Sohn hingab, damit jeder, der an ihn glaubt, nicht zugrunde geht, sondern das ewige Leben hat." Dies wird durch Jesu Tod und Auferstehung untermauert – die wichtigsten Ereignisse für das Christentum.

Die meisten Christen glauben, dass jeder Mensch eine unsterbliche Seele hat, die sich nach dem Tod dem göttlichen Gericht stellen muss. Diejenigen, die sich auf die Erlösung durch den Glauben an Jesus Christus berufen können, gehen in den Himmel ein.

Um diesen Kern herum gibt es vielerlei Ansichten. Was ist mit einem Menschen, der ein gutes Leben führt, aber nie von Jesus gehört hat? Wird er nach dem Tod eine neue Chance bekommen?

Neuzeitliche Debatten drehen sich hauptsächlich um die Frage: Universalismus oder Gerichtsdenken? Universalisten betonen die absolute Liebe Gottes und halten niemand für endgültig verdammt, dagegen steht die moralische Absolutheit Gottes sowie die Überzeugung, dass die schlechten (und/oder ungläubigen) Menschen ewig bestraft werden.

nach ebenda, S. 42

Zwei Schädel und drei Stundengläser geben dem Grabstein eines britischen Paares aus dem 18. Jahrhundert eine unheimliche Wirkung. Diese Symbole lassen das Buch Ijob 14,2 anklingen, wo das Leben als Blume beschrieben wird, die aufgeht und welkt, fliehend wie ein Schatten.

## 3/ Islam

### Tod, Gericht und Belohnung

Moslems, die den Tod spüren, wiederholen häufig das Glaubensbekenntnis, die *Schahada*. „Es gibt keinen Gott außer Gott, und Mohammmed ist der Gesandte Gottes."

Nach dem Tod wird der Leichnam im Leichenschauhaus in ein Leichentuch gewickelt, drei Schichten für den Mann und fünf Schichten für die Frau. Die Beisetzung findet sehr früh statt, und es wird Erde über den Körper geworfen. Nur Gott kennt den Tag der Auferstehung der Toten. Nach dem Gericht (Urteil der Engel: Buch in die rechte Hand geben bedeutet die Erwartung von materieller und spiritueller Glückseligkeit; das Buch in die linke Hand geben bedeutet Verdammnis, die Hölle, die man geistig und körperlich spürt) wird der Tod von Gott herbeigerufen und erschlagen.

Eine Verbrennung ist verboten, der tote Körper muss respektiert werden und darf nicht verletzt werden. Der Kopf des Toten schaut im Grab Richtung Mekka, dem Pilgerort der Moslems.

nach ebenda, S. 87

Trauernde Muslime

# Interkulturelle und interreligiöse Analyse – Vorstellungen vom Tod in den großen Religionen (2)

## 4/ Hinduismus

Rauchschwaden ziehen himmelwärts, wenn der Körper eines Toten auf einem Bestattungsscheiterhaufen verbrannt wird. Traditionelle Hindus verbrennen die Toten.

**Tod und der Fortbestand des Lebens**

Hindus glauben, dass beim Tod nur der Körper stirbt, während der Geist oder die Seele *(Atman)* viele Male in verschiedenen Körpern lebt, bis *Mokscha* erreicht wird – Befreiung vom Kreislauf von Geburt, Tod und Wiedergeburt. Einem Sterbenden wird im Idealfall Wasser aus dem heiligen Ganges gegeben, und er wird ermuntert, Gottes Namen auszusprechen, meist „Ram, Ram", damit die Seele Frieden erlange.

Die Leiche wird gebadet und neu eingekleidet. Alle erwachsenen Verwandten treten für zehn Tage in einen Zustand ritueller Verunreinigung. Die Männer bereiten eine Bahre aus Bambusstöcken vor, auf die sie die Leiche legen. Sie bedecken sie mit einem neuen weißen Tuch und roten Blumen und binden sie gut fest. Je nach Tradition geht der älteste oder der jüngste Sohn, glühende Kohlen in einem irdenen Topf tragend, vor der Leiche her zum Trauerplatz beim örtlichen Fluss.

Hindus verbrennen ihre Toten, nur Babys und *Sannjasins* (die der Welt entsagt haben) werden begraben. Wenn der Scheiterhaufen errichtet und die Leiche daraufgelegt ist, erfüllt der Sohn seine religiöse Pflicht, ihn zu entzünden, während der Priester Mantras (heilige Verse) singt, um das Feuer zu weihen. Dann umrundet es der Sohn drei-, fünf- oder siebenmal mit einer brennenden Fackel. Manchmal wird ein kleines Loch in den irdenen Topf gebohrt, der dann mit Wasser gefüllt wird. Beim Gang um den Scheiterhaufen bildet das tropfende Wasser eine Grenzlinie, damit die Seele nicht als Geist zur Erde zurückflüchtet. Wenn die Hitze des Scheiterhaufens den Schädel der Leiche zerbricht, baden die Trauernden im Fluss, kehren nach Hause zurück und überlassen den Scheiterhaufen dem Personal des Verbrennungsplatzes. Am dritten Tag danach wird die Asche eingesammelt und am oder nach dem zehnten Tag in einen heiligen Fluss gestreut.

ebenda, S. 126

## 5/ Buddhismus

### Tod im Leben

Einer der Grundsätze des Buddhismus besagt, dass „alles unbeständig ist" und dass „allen zusammengesetzten Dingen Verfall innewohnt".

Der Tod ist für die Buddhisten Beispiel für einen Prozess, der sich durch das gesamte menschliche Leben zieht. Was als „Person" bezeichnet wird, ist eine Kette von Leben, ein fortwährendes Werden, das nach dem körperlichen Tod weitergeht.

Man glaubt, dass die Toten wiedergeboren werden, gemäß ihrem Karma (Sittengesetz von Ursache und Wirkung).

Die Wiedergeburt findet in einem der fünf oder sechs Reiche statt, bis zum Schluss der Seinszustand, das *Nirwana*, in einem „todlosen" Reich eintritt.

„Der geistige Zustand eines Menschen im Moment des Todes bestimmt den Status der Wiedergeburt."

Familie, Freunde und Mönche helfen dem Sterbenden beim Meditieren; es wird aus dem „Buch der Toten" (z. B. in Tibet) vorgelesen, um ihn auf die „Reise" vorzubereiten. Drei Tage nach dem Tod werden, zeremoniell und die Verdienste der Toten würdigend, die Leichen verbrannt.

ebenda, S. 150

Bestattung eines angesehenen buddhistischen, spirituellen Lehrers, Tulku Urgyen Rinpoche

## 6/ China

### Tod, Ahnen und Geister

Die ersten Christen in China mussten für ihre Auffassung kämpfen, dass jeder Mensch nur eine Seele hat, da die Chinesen glaubten, dass jeder mehrere besäße.

Heute behandeln die Chinesen die Seelen der Toten unterschiedlich, je nachdem, ob sie zur Familie gehören oder nicht.

Innerhalb der Familie wird der Verblichene durch Bestattungsriten des Abschieds den Ahnen zugereiht. Papiermodelle begehrenswerter Besitztümer einschließlich Papiergelds werden der Geisterwelt durch Verbrennung übersandt. Auch können buddhistische oder taoistische Geistliche zur Übertragung religiöser Verdienste angestellt werden. Der Ahnen wird später durch Geisttafeln gedacht – Holzstücke, die ihren Namen tragen (und ihre Seelen beherbergen), aufgestellt auf einem Familienaltar und durch beständiges Verbrennen von Weihrauch geehrt.

Doch die nicht zur Familie gehörenden Toten können als Geister erscheinen – Fremde, die Unglück verursachen, besonders wenn sie vernachlässigt werden. Daher werden oft Geistliche eingeschaltet, entweder um hungrige Geister durch jährliche Rituale zu besänftigen oder um durch Anrufung übernatürlicher Kräfte bestimmte Geister auszutreiben. Ordnung in der Welt der Toten zu halten ist die Aufgabe größerer und kleinerer Götter, die in einer Hierarchie wie die alte kaiserliche Bürokratie angeordnet sind. Verbrecher werden in Höllen gefangen gehalten und durch groteske Arten von Wärtern und anderen Beamten bestraft.

ebenda, S. 176 f.

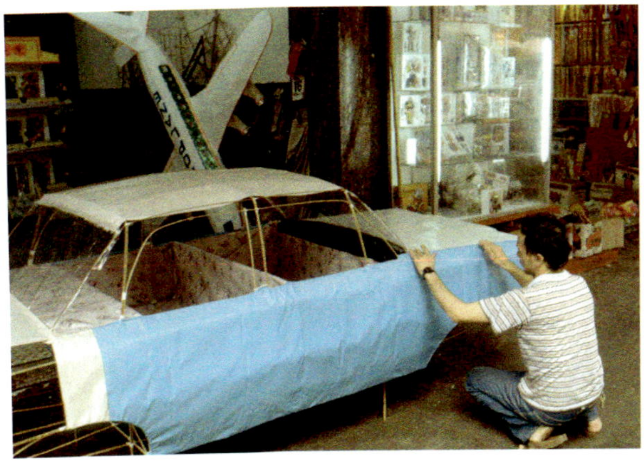

Das Papierauto und das Flugzeug (links) gehören zu den Gegenständen, die die Chinesen den Verstorbenen durch Verbrennung ins Leben nach dem Tod übersenden. Obwohl immer noch Nachbildungen traditionellerer Dinge, wie auf Pferden reitende Figuren, verbrannt werden, neigt man heute dazu, solche von modernen Gütern zu verwenden.

# Bilder des Todes – früher und heute

## 1/ Der Totentanz

Hans Holbein der Jüngere: Totentanz, 1525 – Holzschnittfolge, Öffentliche Kunstsammlung, Kupferstichkabinett Basel

Der Totentanz ist als Bildidee im Mittelalter aufgekommen. Der heidnische Brauch, das Andenken an die Toten bei den Grabanlagen mit Speise und Trank, Gesang und Tanz zu feiern, wurde kirchlich umgedeutet: Der Tanz wurde nun als gefährlich und als Werk des Teufels dargestellt; so wurden Totentänze an Kirchhof- und Friedhofsmauern gemalt.

2/

3/

4/

5/

### 6/ Gemeinsames Trauern

Noch zu Beginn des 20. Jahrhunderts, etwa bis zum Ersten Weltkrieg, veränderte im gesamten Abendland lateinischer, katholischer oder protestantischer Prägung der Tod eines einzelnen Menschen auf feierliche Weise den Raum und die Zeit einer sozialen Gruppe, die eine ganze Gemeinde umfassen konnte, zum Beispiel ein ganzes Dorf. Man schloss die Vorhänge im Zimmer des Sterbenden, zündete Kerzen an, sprengte Weihwasser aus; das Haus füllte sich mit Nachbarn, Angehörigen und Freunden, die im Flüsterton sprachen und sich ernst und gemessen benahmen. Die Totenglocke erklang in der Kirche, von wo aus sich dann die kleine Prozession … in Bewegung setzte …

Wenn der Tod eingetreten war, wurde eine Traueranzeige an der Haustür angeschlagen … Durch die halb offene Tür, den einzigen Zugang des Hauses, der nicht verhüllt und verschlossen war, traten all jene ein, die durch Freundschaft oder Anstand zu einem letzten Besuch verpflichtet waren. Der Gottesdienst in der Kirche versammelte die ganze Gemeinde, einschließlich der Nachzügler, die das Ende des Totenamtes abwarten mussten, bis sie vortreten durften, und nach dem langen Defilee der Kondolierenden geleitete ein langsamer, von den Straßenpassanten ehrerbietig gegrüßter Trauerzug den Sarg zum Friedhof. Das war aber noch nicht alles. Die Trauerzeit war mit Besuchen ausgefüllt: Besuchen der Familie auf dem Friedhof, Besuchen der Angehörigen und Freunde bei der Familie …

Philippe Ariès: Geschichte des Todes. München: dtv wissenschaft, 1982 (Originalausgabe Hanser Verlag München 1980), S. 715 (Übers. Una Pfau u. Hans H. Henschen)

1. Krämer (Händler), Ritter, Abt (Vorsteher der Mönchsgemeinschaft im Kloster), Ackermann (Bauer), in weiteren Bildern Kind, Mutter u. a. werden gleichermaßen vom Tod bedroht und geholt. Beschreibe die Situationen. Wie kann die Totentanzfolge 1/ gedeutet werden? Schreibe in kurzen Merksätzen auf, was der Mensch daraus lernen sollte – welche Lebenseinstellung(en) ergibt sich bzw. ergeben sich daraus?

2. In Text 6/ werden große Unterschiede im Umgang mit dem Tod früher und heute deutlich. Liste sie auf. Welche Bräuche in Bezug auf Sterben und Tod kennst du heute?

3. Betrachte die Fotos 2/–5/. Sie bieten eine Art modernen Totentanz dar. Welche Situationen werden hier gezeigt? Wo begegnet man heute dem Tod am ehesten? Wie zeigt er sich? Welche sind die Todesursachen, die deiner Ansicht nach am häufigsten vorkommen?

4. Sprecht gemeinsam über mögliche Sinndeutungen des Lebens, die sich aus den Bildern des Todes früher und heute erschließen lassen. Ihr könnt dazu eine Gesprächsrunde mit Gesprächsleiter/in und Rednerliste organisieren.

# Das Sterben und seine Phasen

**1/ „Leidenszeit"**

… Die Einsamkeit, die unpersönliche Behandlung setzen schon ein, wenn der Kranke aus der gewohnten Umgebung herausgerissen und hastig ins Krankenhaus geschafft wird: Der Transport ist der Beginn einer langen Leidenszeit. Schon der Gesunde erträgt kaum die Geräusche, das Licht, die Pumpen, die vielen Stimmen, die den Kranken im Notaufnahmeraum überfallen. Vielleicht sollten wir mehr an den Patienten unter seinen Decken und Laken denken, sollten unsere gutgemeinte Tüchtigkeit und Hast einen Augenblick vergessen, dem Kranken die Hand halten, ihm zulächeln und seine Frage beantworten. In vielen Fällen ist der Transport ins Krankenhaus schlicht die erste Phase des Sterbens. Wenn ich in diesem Zusammenhang immer wieder an den Gegensatz zu dem Kranken erinnere, der in seiner gewohnten Umgebung bleiben darf, will ich damit natürlich nicht sagen, dass man ein Leben aufgeben sollte, das in der Klinik vielleicht noch gerettet werden könnte: Ich möchte nur dazu auffordern, mehr als zur Zeit an die Situation des Kranken und seine Reaktionen zu denken. Häufig scheint man dem schwer kranken Patienten das Recht auf eine eigene Meinung abzusprechen, wenn man bestimmt, ob er ins Krankenhaus gebracht werden soll. Aber es kann ja schließlich nicht so schwierig sein, sich daran zu erinnern, dass der Kranke selbst Gefühle, Meinungen und vor allem das Recht hat, gehört zu werden.

Im Notaufnahmeraum der Klinik entfaltet sich sofort die Geschäftigkeit von Schwestern, Pflegern, Assistenzärzten; vielleicht stellt sich eine Laborantin zur Blutabnahme ein, ein Spezialist, der das Elektrokardiogramm machen will; vielleicht packt man den Kranken auf den Röntgentisch. Jedenfalls fängt er hier und da eine Bemerkung über seinen Zustand oder entsprechende Fragen an seine Angehörigen auf. Langsam, unausweichlich beginnt man ihn als Gegenstand zu behandeln, er hört auf, eine Person zu sein. Oft entscheidet man gegen seine Wünsche, und wenn er sich dagegen aufzulehnen versucht, verabreicht man ihm ein Beruhigungsmittel. Nach langen Erörterungen rollt man ihn vielleicht in den Operationssaal oder in eine Station für Intensivbehandlung, wo er zum Gegenstand intensiver Bemühungen und großer finanzieller Investitionen wird. Er mag um Ruhe, Frieden und Würde flehen – man wird ihm Infusionen, Transfusionen, die Herz-Lungen-Maschine, eine Tracheotomie (Luftröhrenschnitt) verordnen – was eben medizinisch notwendig erscheint. …

Elisabeth Kübler-Ross: Interviews mit Sterbenden. Stuttgart: Kreuz Verlag, 1987, S. 14 f. (Übers. Ulla Leipe)

**Elisabeth Kübler-Ross:** Psychiaterin, Begründerin der Sterbeforschung (1926–2004)

**2/ Otto Heichert: Trauernde an einem Sterbebett**

**3/ Universitätsklinikum Essen: Intensivstation**

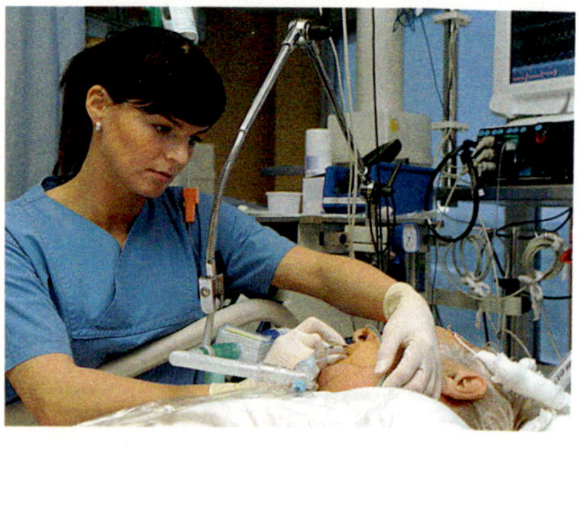

### 4/ Die fünf Sterbephasen nach Elisabeth Kübler-Ross

| Phase | Kennzeichen | Verhalten | Helfendes Begleiten |
|---|---|---|---|
| 1 | Nichtwahrhaben-Wollen, Verweigerung<br>· „Nicht ich“<br>· Konfrontation mit der Wirklichkeit des unabwendbaren Todes | · Wahrheit wird verdrängt, möglichen Bestätigungen wird ausgewichen<br>· auffallende Aktivitäten, Arztwechsel<br>· Rückzug und Isolation mit Suizidgefahr, wenn Wahrheit nicht mehr zu verleugnen ist | · aufmerksam, einfühlendes Beobachten<br>· nicht mit „vernünftigen“ Argumenten „unvernünftige“ Reaktionen kommentieren<br>· zum Gespräch bereit sein, erkannte Wahrheit einfühlend bestätigen |
| 2 | Zorn – Auflehnung<br>· heftiger Widerspruch „warum ich?“ | · aggressives Verhalten, bei alten Menschen oft nicht mehr so deutlich<br>· nörgelnd und unzufrieden, beschimpfen Angehörige und/oder Pflegekräfte als Lügner | · Anschuldigungen und Beschimpfungen nicht persönlich nehmen<br>· einfühlende Zuwendung<br>· viel Geduld<br>· Kranken nicht für sein Verhalten verantwortlich machen<br>· helfen, Ängste und negative Gefühle zu äußern |
| 3 | Verhandeln<br>· „Jetzt noch nicht“<br>· subjektive Besserung, Optimismus und Selbstenttäuschung | · sich abfinden mit der unabänderlichen Wirklichkeit<br>· Hoffnung auf eine günstigere Wende durch entsprechendes Verhalten | · verstehen, aber Verhalten nicht unterstützen<br>· vorsichtige Realitätsarbeit; Hoffnung nicht nehmen, aber auch keine falschen Hoffnungen machen |
| 4 | Depression<br>· „Was bedeutet das für mich?“<br>· Endgültigkeit der Situation wird erkannt<br>· Verdrängen und Ausflüchte werden aufgegeben<br>· Abschiedsschmerz, Todesangst | · Rückzug in die eigene Gedankenwelt<br>· Erinnern und bewusstes Abschiednehmen von Menschen und Situationen<br>· Erkennen von Schuld<br>· Realitätsarbeit<br>· Nachlassregelung | · akzeptierende Haltung<br>· Trauer und Schmerz zulassen<br>· Wünsche nach Begegnungen mit Freunden und Verwandten erfüllen<br>· auf Wunsch Seelsorger hinzuziehen<br>· Notar und Angehörige verständigen |
| 5 | Zustimmung<br>· „Wenn es sein muss, ja.“<br>· große Müdigkeit und Erschöpfung, ruhige Gelassenheit | · Loslösung von sozialen Bindungen<br>· letzte Anweisungen zum Begräbnis<br>· sehr sensibel für die Umwelt, auch wenn kaum Reaktionen wahrnehmbar sind | · gewissenhaftes Umgehen mit den Verfügungen<br>· mit ihm sein, Dasein, Einfühlungsvermögen aufzeigen<br>· Hautkontakt und körperliche Nähe spüren lassen, Hektik vermeiden |

Zusammengefasst nach E. Kübler-Ross: Interview mit Sterbenden. Stuttgart: Kreuz-Verlag, 1974 (Übers. Ulla Leipe)

1. a) Die Psychiaterin Kübler-Ross beschreibt den Weg eines Schwerkranken 1/. Gib den Etappen des Weges Namen bzw. Titel (z. B. erste Etappe: Krankentransport). Ordne jedem Stichwort Adjektive oder Verben zu, einmal solche, die die negativen Begleiterscheinungen zeigen (z. B. Krankentransport: hastig), dann solche, die das Positive bezeichnen (z. B. Krankentransport: helfend, rettend). Welcher Etappe sind die Bilder 2/ und 3/ zuzuordnen?
b) Partnerarbeit: Welche Schlussfolgerungen zieht Kübler-Ross, welche könnt ihr aus eurer jeweiligen Zuordnung (siehe Aufgabe 1. a) ziehen? Welche Maßnahmen ergeben sich aus all dem im Umgang mit Schwerkranken bzw. Sterbenden?

2. Nicht jeder Mensch hat die Gelegenheit, alle fünf Sterbephasen 4/ zu durchleben und zu durchleiden. Dennoch sollte man den Vorgang kennen, um sich angemessen und hilfreich verhalten zu können. Beschäftigt euch mit diesen Phasen; versucht dabei herauszufinden, ob ein tieferer Sinn in dieser Abfolge liegt. Fasst die Phasen am Ende in eigenen Worten zusammen.

# Zwischen Helfen und Töten

### 1/ Rabbi Judahs Tod

Rabbi Judah … lag im schweren Todeskampf. Seine Kollegen, die Rabbis, standen um sein Bett herum und ihr Gebet hielt den Todesengel von Rabbi Judahs Lager weg. Durch das Gebet verlängerten sie künstlich sein Leben und seine Qual. Rabbi Judahs Magd konnte es jedoch nicht länger ertragen. Um ihrem geliebten Meister den erlösenden Tod zu bringen, stieg sie ins Obergeschoss, nahm einen irdenen Krug und warf ihn aus dem Fenster. Als er krachend auf die Straße fiel, erschraken die Rabbiner und hielten für einen Augenblick im Gebet inne. In dieser Sekunde starb Rabbi Judah. Seine Magd wurde für ihre Tat gelobt (Ketubot 104a). Das Grundprinzip ist: Verlängerung des Lebens ist Gebot, Verlängerung des Todes im Todeskampf ist nicht geboten.

Leo Trepp: Jüdische Ethik, Grundlagen und Lebensformen. in: Peter Antes u.a.: Ethik in nichtchristlichen Kulturen. Stuttgart: Kohlhammer Verlag, 1984, S. 44

### 2/ Interview mit Hans Küng

Der katholische Theologe Hans Küng plädiert in seinen neueren Schriften und Interviews für eine aktive Sterbehilfe.

**Frankfurter Rundschau:** *Herr Professor Küng, wie kann aus theologischer Sicht die Sterbehilfe vor dem Hintergrund des christlichen Gebots „Du sollst nicht töten" gerechtfertigt werden?*

**Küng:** Gerade wer überzeugt ist, dass mit dem Tod nicht alles aus ist, sondern dass er in eine letzte Wirklichkeit hineinstirbt, die wir Gott nennen, müsste eigentlich weniger darum bekümmert sein, dieses sterbliche irdische Leben – womöglich noch mit allem technischen Aufwand – selbst unter unerträglichen Bedingungen verlängern zu wollen.

Hans Küng: Das Leben in Gottes Hände zurückgeben. Interview in Frankfurter Rundschau vom 14./15.6.1995, Frankfurt/M: Druck und Verlagshaus Frankfurt am Main

### 3/ Der „Euthanasiebefehl" Hitlers

```
Reichsleiter Bouhler und Dr. med.
Brandt sind unter Verantwortung
beauftragt, die Befugnisse nament-
lich zu bestimmender Ärzte so zu
erweitern, dass nach menschlichem
Ermessen unheilbar Kranken bei
kritischster Beurteilung ihres
Krankheitszustandes der Gnadentod
gewährt werden kann.
A. Hitler
Von Bouhler mir übergeben am 27.9.40
                          Dr. Gürtner
```

Nationalsozialistische Propaganda, 1935

Dieses formlose Geheimschreiben Hitlers, der so genannte „Euthanasiebefehl", ist die einzige Beauftragung zur Vernichtung von Menschen, die Hitler jemals selbst unterschrieben hat.
Er wurde auf den 1. September 1939 zurückdadiert. Die organisatorischen Vorbereitungen waren bereits vor dem Geheimschreiben in vollem Gange, der schriftliche Führerbefehl legimitierte lediglich den Vorgang, um Bedenken von Ärzten auszuräumen, die sonst ein Mordverfahren befürchten mussten.
Seit Beginn des Krieges waren schon zehntausende polnische psychisch Kranke ermordet worden. Die Beauftragung durch Hitler erlaubte die Geheimhaltung eines Programms, dessen gesetzliche Regelung er eben wegen der Geheimhaltung abgelehnt hatte.

Gerhart Binder: Epoche der Entscheidungen. Stuttgart: Seewald-Verlag, 1960, S. 553 (13./14. Aufl. 1969)

## 4/ Die Hospizstiftung – Interview mit Uschi Glas

Uschi Glas ist seit 1996 Schirmherrin der Malteser-Hospizstiftung.

*Was bewog Sie, diese Aufgabe zu übernehmen?*
Der Tod ist ein Thema, bei dem man sich zunächst vom ersten Gefühl her fürchtet. Gerade das ist für mich die Herausforderung – ganz besonders angesichts des Jugendwahns hier in Deutschland. Alte und Kranke – die werden doch am liebsten versteckt. Ich fand das immer grässlich, dass man sich in unserer Gesellschaft der Leute schämt, die nicht mehr leistungsfähig sind. Ich will Respekt für alte und kranke Menschen. Dafür kämpfe ich.

*Für wen sind die stationären Hospize?*
Jeden Sterbenskranken, den zu Hause niemand pflegen kann, der eine ungünstige Wohnsituation hat und für den im Krankenhaus nichts mehr getan werden kann.

*Die Betten in den Sterbehäusern sind doch teuer. Wer bezahlt das?*
Die Kosten sind doppelt so hoch wie im Krankenhaus und werden zum Teil von der Krankenkasse und zum Teil von der Stiftung übernommen. Deswegen brauchen wir auch Spenden.

*Ist die Atmosphäre in den Hospizen nicht niederschmetternd und traurig?*
Auch wenn es seltsam klingt: Hier wird viel gelacht, noch richtig gelebt. Ich dachte früher: Wenn ich mal sterbe, möchte ich umfallen und tot sein. Das denke ich heute nicht mehr. Ich möchte noch Zeit haben für Gespräche und die Möglichkeit, ein paar Dinge zu regeln.

*Sind die Sterbehäuser nicht eine Art Ghetto, wohin man die Kranken abschiebt?*
Natürlich ist es besser, wenn ein Sterbenskranker zu seiner Familie kann. Aber seien wir doch realistisch: Das ist nicht immer möglich. Singlehaushalte oder Überforderung durch die Pflege sind nur zwei Stichworte, die zeigen, wie schwer das sein kann.

*Haben Sie persönlich Angst vor dem Tod?*
Nein, denn Angst ist der dümmste Berater, den man haben kann. Angst vergiftet das Leben. Außerdem denke ich, dass es nach dem Tod irgendwie weitergeht. Wie, wo und in welcher Form weiß ich nicht, aber zu denken, dass unsere Existenz mit der Geburt anfängt und mit dem Tod alles zu Ende ist, finde ich zu lächerlich.

Interview mit Uschi Glas von Christiane Soyke. in: BUNTE Nr. 44/99 v. 1.4.1999, München: BUNTE Verlag

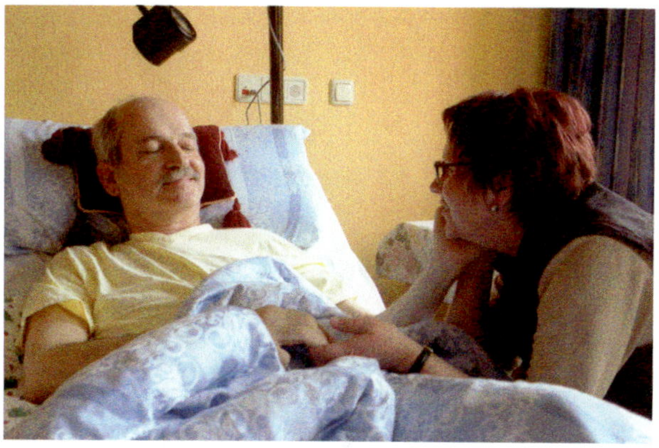

### Euthanasie

Euthanasie kommt aus dem Griechischen und heißt „der gute, schöne Tod". Heutzutage bedeutet es, das Sterben eines Menschen einzuleiten oder zu beschleunigen. Die Nationalsozialisten missbrauchten den Begriff zur Ermordung behinderter und schwerkranker Menschen.

Online-Link: 695220-0083

1. Lest die Texte 1/–3/: Es handelt sich um eine kurze Erzählung, eine Meinungsäußerung und einen „Auftrag", der hier kurz erläutert wird.
a) Worum geht es jeweils?
b) Worin liegen die Unterschiede, vor allem zu Inhalt und Absicht des dritten Textes?
c) Was ist dennoch das gemeinsame Problem? Formuliert möglichst viele Fragen, die dieses Problem benennen. Versucht dann, es in eine einzige Frage zu fassen. Diskutiert im Plenum darüber.

2. Welche können die Gründe dafür sein, dass man auf den Gedanken kommt, Behinderte und Kranke gegen ihren Willen zu töten 3/? Informiert euch über die Euthanasie im Nationalsozialismus. Wie ist der Vorgang moralisch zu beurteilen?

3. a) Worum geht es in dem Interview 4/?
b) Wie dachte Glas früher über den Tod, wie denkt sie heute darüber, und wodurch kam die Veränderung wohl zustande?
c) Welche Folgen hat die Angst vor dem Tod bzw. dem Sterben?

4. Was gehört deiner Meinung nach unbedingt zu einem würdevollen Sterben? Formuliere fünf Ratschläge für eine Sterbebegleitung. Was kann man selbst bei einer Sterbebegleitung „gewinnen"? – Erörtert diese Frage und die Ratschläge im Plenum.

5. Gestaltet in Partnerarbeit eine Anzeige für ein Hospiz. Was müsste darin gesagt und gezeigt werden?

# Sterbehilfe

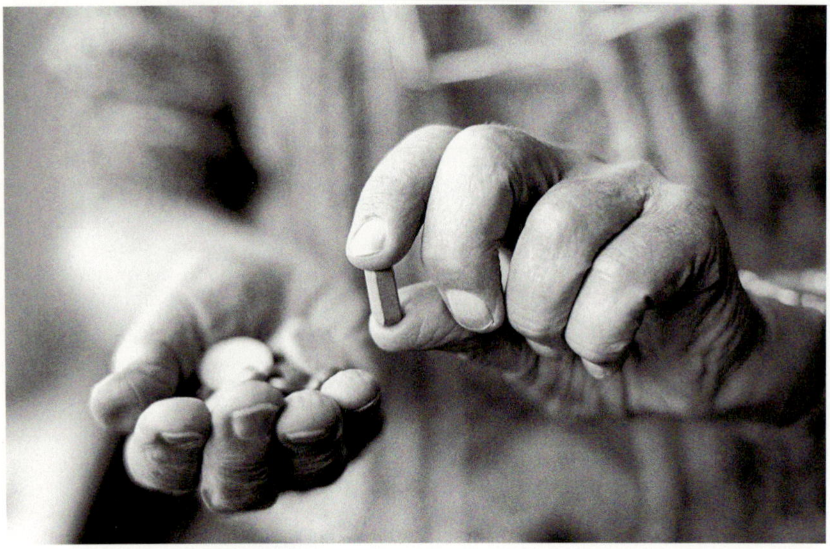

1/

## 2/ Freiheit zum Tod?

### a/ Aktive Sterbehilfe

Manche Menschen sind aufgrund einer Krankheit oder schwerer unerträglicher Schmerzen so verzweifelt, dass sie nicht mehr leben wollen. Weil sie sich nicht selbst töten können oder wollen, bitten sie Ärzte, Angehörige oder Freunde, ihr Leben zu beenden, zum Beispiel durch ein tödliches Medikament. Die Rechtslage dazu ist in Europa unterschiedlich: Töten auf Verlangen ist in Deutschland verboten und wird mit mindestens fünf Jahren Gefängnis bestraft. Auch der Europäische Gerichtshof für Menschenrechte lehnt die aktive Sterbehilfe ausdrücklich ab. Die Richter begründen ihr Urteil damit, dass es kein Menschenrecht auf einen selbstgewählten Tod gebe.

In den Niederlanden, Belgien und der Schweiz ist die aktive Sterbehilfe jedoch unter bestimmten Bedingungen erlaubt – zum Beispiel bei einer unheilbaren Krankheit mit „unerträglichem" Leiden.

### b/ Passive Sterbehilfe

Wenn ein Kranker selbst nicht mehr entscheiden kann, können Angehörige und Ärzte festlegen, ob auf lebensverlängernde Maßnahmen verzichtet werden soll. Dies ist in Deutschland weitgehend akzeptiert. Allerdings bleibt passive Sterbehilfe nur dann straffrei, wenn sie dem erklärten Willen des Patienten entspricht. Hat der Sterbeprozess begonnen, gestattet auch der Bundesgerichtshof ausdrücklich den Verzicht auf lebensverlängernde Maßnahmen wie Beatmung, Bluttransfusionen oder künstliche Ernährung. Darüber hinaus erlaubt er den Einsatz hoher Dosen von Schmerzmitteln, die lebensverkürzend wirken können ( = indirekte Sterbehilfe).

Aktion Mensch/GEN: Lebensfragen. Kontroversen zur Bioethik (Schülerheft). Bonn, Berlin: Gen-ethisches Netzwerk Berlin/Deutsche Behindertenhilfe-Aktion Mensch Bonn, o.J., S. 24 f.

## 3/ Meinungen zur Sterbehilfe

Dieses Gefühl, ständig anderen zur Last zu fallen, finde ich unerträglich. Es wäre besser, ich wäre gar nicht mehr da.
Gisela Schulte, 80, nach einem Schlaganfall halbseitig gelähmt

Politisch bin ich misstrauisch dem Ruf nach legalisierter Sterbehilfe gegenüber. Persönlich möchte ich aber das Recht auf selbstbestimmtes Sterben.
Ursula Eggli, Schriftstellerin und Behindertenaktivistin

### 4/ Argumente

#### a/ pro Sterbehilfe

- Wenn ein Mensch sein Leiden nicht mehr ertragen kann, sollte ihm als letzter Ausweg das Recht auf den eigenen Tod zugebilligt werden.
- Der Respekt vor der Würde des Menschen gebietet, ihn nicht einem möglichen Kontrollverlust hilflos auszuliefern.
- Das Grundgesetz garantiert dem Menschen das Recht auf Selbstbestimmung. Dies sollte sich auch auf die Bestimmung des Zeitpunkts für sein eigenes Ende beziehen.
- Die Kosten für eine oft jahrelange Betreuung von Schwerstkranken sind hoch.

aus: ebenda, Lehrerheft, S. 18

#### b/ contra Sterbehilfe

- Die Erfahrung vieler Mediziner ist: Wer eine gute Schmerzbehandlung und liebevolle Fürsorge erfährt, verlangt gar keine Sterbehilfe.
- Als entscheidendes Kriterium gilt meist, ob ein Leben nicht mehr „lebenswert" bzw. „unerträglich" geworden ist. Doch diese Kriterien sind sehr subjektiv und bedeuten für jeden etwas anderes.
- Es besteht immer die Gefahr, dass Menschen sich während einer schweren Depression für Sterbehilfe entscheiden, aus der sie mit entsprechender Hilfe jedoch vielleicht wieder herausgefunden hätten.
- Dem Missbrauch wird Tür und Tor geöffnet – zum Beispiel durch überforderte Angehörige oder habgierige Erben.

### 5/ Ein Dilemma

Eine Frau hatte Krebs im fortgeschrittenen Stadium. Es gab keine Chance mehr, sie durch eine der bekannten medizinischen Behandlungsmethoden zu retten. Ihr Arzt, Dr. Jefferson, wusste, dass sie nur noch etwa sechs Monate zu leben hatte. Sie litt unbeschreibliche Schmerzen und war schon so geschwächt, dass eine starke Dosis eines schmerzdämpfenden Mittels wie Morphin oder Äther ihren früheren Tod bewirkt hätte. Sie fantasierte und war fast wahnsinnig vor Schmerzen. In ihren ruhigen Phasen bat sie Dr. Jefferson wiederholt darum, ihr doch so viel Morphin zu geben, dass sie sterben könne. Sie erklärte ihm, dass sie die Schmerzen einfach nicht mehr ertragen könne und dass sie ja sowieso in einigen Monaten sterben müsse. – Der Arzt weiß, dass Sterbehilfe (zumal aktive Sterbehilfe) ungesetzlich ist: Dennoch überlegt er, ob er den Wunsch der Frau erfüllen soll.

Lawrence Kohlberg: Die Psychologie der Moralentwicklung. Wolfgang Althof (Hrsg.), Frankfurt/M: Suhrkamp, 1997, S. 499 (Übers. Nils Thomas Lindquist)

### 6/ Angewandte Ethik

Es gibt eine Fülle von Lebensbereichen, in welchen ethische Probleme auftauchen und ethische Regeln Anwendung finden. Manche glauben, dass jeder dieser Bereiche eine eigene Ethik erforderlich macht, weil die Probleme so verschieden sind, dass sie nicht alle mit denselben Regeln gelöst werden können. Man spricht hier von „Angewandter Ethik". Mit der Entwicklung von Forschung, Medizin und Technik entstehen immer neue Fragen, die neue moralische Überlegungen verlangen. Das ist besonders an den Grenzen des Lebens der Fall. Wann soll man Leben verlängern, wann soll man den Schwerkranken sterben lassen?

**Hippokratischer Eid**

*„Nie werde ich irgendjemandem, auch auf Verlangen nicht, ein tödliches Mittel verabreichen oder auch nur einen Rat dazu erteilen."* Diese ärztliche Selbstverpflichtung geht auf den griechischen Arzt und Schriftsteller Hippokrates zurück, etwa 400 v. Chr.

Beschäftigt euch in kleinen Gruppen mit den Materialien zur Sterbehilfe. Notiert dabei in eigenen Worten eure Ergebnisse. (Beachtet dazu auch S. 102/103 und S. 106/107 zum Ethischen Argumentieren und Moralischen Urteilen in Kapitel 4.)

1. Was ist aktive, passive, indirekte Sterbehilfe 2/?
2. Was sind die (wichtigsten) Argumente für und gegen aktive bzw. passive Sterbehilfe 4/?
3. Welche Gefahren sind mit der Erlaubnis zur Sterbehilfe gegeben 3/–5/?
4. Welche Bedeutung hat in dieser Diskussion der hippokratische Eid?
5. Wiederholt eure Beschäftigung mit Fragen der Angewandten Ethik 6/ zu gegebenem Zeitpunkt; Themenbeispiele: Schwangerschaftsabbruch, Tierhaltung und -schlachtung, Umweltfragen, Armut und Reichtum, …

# Organtransplantation – ein Thema der Angewandten Ethik

## 1/ Zwei kontroverse Meinungen

### a/ Der langjährige Vorstandsvorsitzende der Deutschen Stiftung Organtransplantation:

Ich bin für die Organspende nach dem Tode und trage deshalb immer einen Organspendeausweis bei mir. Für mich ist das selbstverständlich, denn auf Grund meines Berufs weiß ich, wie sehr Tausende von Patienten auf eine Organverpflanzung hoffen. Außerdem schließen die für den Fall der Organentnahme vorgeschriebenen Untersuchungen durch unabhängige Ärzte (in der Regel Neurologen oder Neurochirurgen, die an der Organentnahme und -transplantation nicht beteligt sind) jeden vernünftigen Zweifel an der Diagnose Hirntod aus.

### b/ Ein evangelischer Theologe:

Ich bin weder bereit, mir ein fremdes Organ einpflanzen noch mir während meines Sterbens ein Organ entnehmen zu lassen. Denn ich bestreite das Dogma der Transplantationsmedizin, dass Hirntote tot sind. Sie sind Sterbende, und jede Organentnahme ist ein Eingriff ins Sterben. Wer Leben bewahren will, muss daher auch das Recht der Menschen darauf, in ihrem eigenen Leib zu Ende sterben zu dürfen, schützen. Wer dieses Recht missachtet, verletzt deshalb die Grundlagen der Humanität.

www.teachsam.de/deutsch/d_ubausteine/lin_ub/synt_ub/wort_ub/konj_ub/konj_ueb5.htm (11.3.2008)

2/

**Ein Statement schreiben**

Gebt die eigene Auffassung klar und prägnant wieder und begründet sie, indem ihr euch mit Meinungen anderer Personen auseinandersetzt.

### 3/ Wann ist jemand tot?

Warum also sind Hirntote tot? Die Mehrheit der Mediziner sagt:
Weil einzelne Körpersysteme zwar noch funktionieren, aber die zentralen Steuerungsmechanismen des Organismus mit dem Untergang des Gehirns verloren gehen. Die Person als geistige, seelische und körperliche Einheit ist unrettbar verloren. Der Hirntod ist keine Vereinbarung zugunsten der Transplantationsmedizin, sondern beschreibt einen biologischen Sachverhalt: Interessanterweise plädieren auch einige derer, die Hirntote nicht für tot halten, dafür, den Sterbenden unter strenger Auflage Organe zu entnehmen. Der Hirntod stellt nach dieser Auffassung eine Zäsur dar, die die Unumkehrbarkeit des Sterbeprozesses anzeigt und deshalb nicht gegen eine Explantation spricht.

Das sagt das Gesetz in Deutschland:
Nach dem Transplantationsgesetz von 1997 ist eine Organentnahme bei Toten nur erlaubt, wenn „der endgültige, nicht behebbare Ausfall der Gesamtfunktion des Großhirns, des Kleinhirns und des Hirnstamms" (Gesamthirntod) festgestellt ist. Der Tod muss von zwei Ärzten unabhängig voneinander und nach dem aktuellen Stand der Medizin bestimmt werden. Beide dürfen mit der Organentnahme und -transplantation nichts zu tun haben. Zur Feststellung des Hirntodes kann nach den Richtlinien der Bundesärztekammer unter anderem ein 30-minütiger Nulllinienverlauf des EEG dienen.

Guido Speiser: Frankfurter Allgemeine Sonntagszeitung 18/2006, Frankfurt/M: FAZ Verlag, S. 73 f.

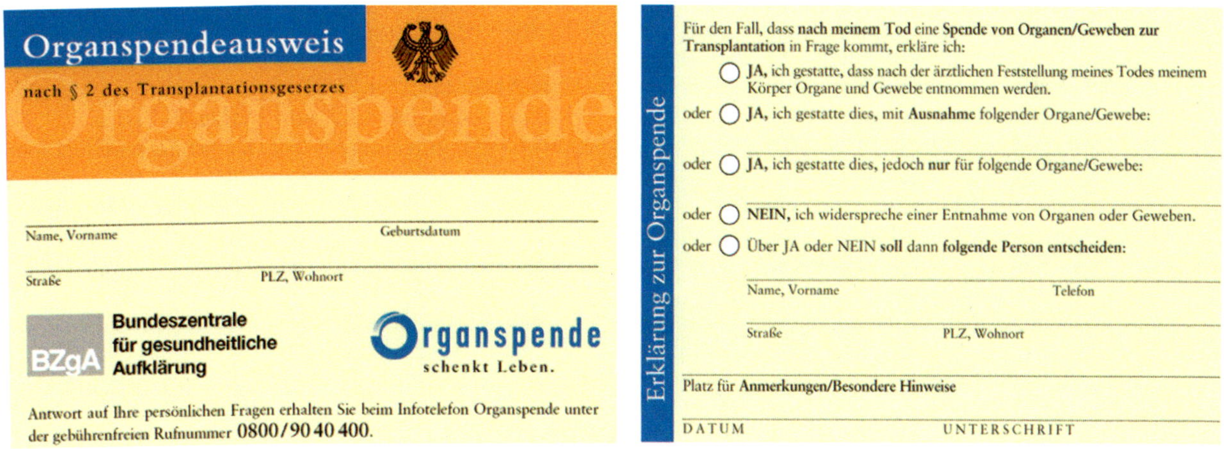

Organspendeausweis

nach § 2 des Transplantationsgesetzes

Organspende

Name, Vorname  Geburtsdatum

Straße  PLZ, Wohnort

BZgA Bundeszentrale für gesundheitliche Aufklärung

Organspende schenkt Leben.

Antwort auf Ihre persönlichen Fragen erhalten Sie beim Infotelefon Organspende unter der gebührenfreien Rufnummer 0800/90 40 400.

Erklärung zur Organspende

Für den Fall, dass **nach meinem Tod** eine **Spende von Organen/Geweben zur Transplantation** in Frage kommt, erkläre ich:

○ **JA**, ich gestatte, dass nach der ärztlichen Feststellung meines Todes meinem Körper Organe und Gewebe entnommen werden.

oder ○ **JA**, ich gestatte dies, mit **Ausnahme** folgender Organe/Gewebe:

oder ○ **JA**, ich gestatte dies, jedoch **nur** für folgende Organe/Gewebe:

oder ○ **NEIN**, ich widerspreche einer Entnahme von Organen oder Geweben.

oder ○ Über JA oder NEIN **soll** dann **folgende Person entscheiden:**

Name, Vorname  Telefon

Straße  PLZ, Wohnort

Platz für **Anmerkungen/Besondere Hinweise**

DATUM  UNTERSCHRIFT

4/ Organspendeausweis

1. Schreibe je eine Entgegnung auf die Pro- und Kontra-Äußerungen 1/.
2. Schreibe ein eigenes „Statement", d.h. deine eigene Auffassung, kurz und prägnant auf.
3. Auf welche Fragen verweisen die Äußerungen der beiden Ärzte im Cartoon 2/?
4. Informiere dich mit dem Text 3/ und eventuell im Internet über die Diagnose „Hirntod" als Voraussetzung für eine mögliche Organentnahme.
5. Informiere dich außerdem über den Organspendeausweis 4/ und die Praxis der Vergabe von Spenderorganen. Führt ein Streitgespräch: Welche Argumente sprechen für einen Organspendeausweis in der vorliegenden Form, welche dagegen? Und was spricht dafür oder dagegen, einen solchen Ausweis in Widerspruchsform auszustellen, d.h. wer nicht ausdrücklich einer Organentnahme widerspricht, gilt als möglicher Spender?

**Zusatzaufgabe zum Ethischen Argumentieren:** Versucht zunächst in Partnerarbeit, dann gemeinsam, folgende Frage zu beantworten: Lassen sich hier die Regeln und Prinzipien des Moralischen Urteilens und Ethischen Argumentierens anwenden (siehe Kapitel 4), oder muss man andere Regeln finden, die der speziellen Sachlage angemessen sind, und welche könnten das sein?

**Online-Link:** 695220-0087

# Zum Glück gehört mehr ...

Als Menschen wissen wir, dass wir endlich sind und sterben müssen. Umso mehr kommt es darauf an zu wissen, wie wir leben wollen. Ein Psychologe hat aufgeschrieben, was auf jeden Fall dazugehört. Zähle zu jedem Punkt Beispiele aus dem Alltag und deinem Erleben auf. Überlege jeweils, was du selbst tun kannst, um das zu verwirklichen, was dir wichtig ist. Besprich deine Ergebnisse in Partnerarbeit. Überprüfe immer wieder einmal diese Liste und denke neu darüber nach.

**Zum Glück gehört mehr ...**

1. **Gesund sein,** das heißt arbeitsfähig, liebesfähig und genussfähig sein, also vor allem Fühlen-Können. Erst das sinnliche und seelisch-geistige Vermögen, das Glück auch wahrnehmen zu können, wenn es da ist, schafft die Voraussetzungen zum Glücklichsein.
2. Die persönliche **Identität,** was so viel wie „Werde, der du bist", sprich: Lerne deine Bedürfnisse kennen und du weißt, was dir fehlt. Ja, mehr noch. wer sich selbst gefunden hat, der kennt seinen Platz auf dieser Welt und hat damit den Sinn seiner Existenz gefunden
3. Das Gefühl von **Autonomie:** Erst wenn jemand freiwillig das tun kann, was er tun will, macht es ihn froh. Das Gefühl von Stärke und Autonomie vertreibt die Angst, die mit dem Glück unvereinbar wäre.
4. **Soziales Engagement,** das Tun für andere: Nicht im Nehmen, erst im Geben fühlt man sich frei, souverän und auf eine Art reich, die glücklich macht. Ein ähnlich beglückendes Gefühl haben wir dann, wenn wir ein schönes Erlebnis einem anderen Menschen vermitteln können, die Freude mit ihm teilen können.
5. Die **Anerkennung:** ... Es bedeutet, sich selbst mit seinen Stärken und Schwächen anzunehmen, andere anzuerkennen und von anderen anerkannt zu werden. Hiermit ist das Glücksgefühl gemeint, das meist als Lust erlebt wird, wenn einem eine extreme Leistung gelingt, wenn es einem „glückt".
6. Die **Bescheidung:** Die Emanzipation von Besitz ... also die Unabhängigkeit vom Besitzen-Müssen macht frei für das Glück. Denn jeder Besitz verpflichtet und ist mit der Angst um seinen Verlust verbunden. Wenn auch materieller Wohlstand bestimmte Formen des Glücklichseins erst ermöglicht, kaufen lässt sich das Glück nicht.
7. Die **Aktivität:** Der 75-jährige Goethe beklagte sich bei Eckermann, wie arm sein langes Leben an Glück und Behagen gewesen sei: *„Mein eigentliches Glück war mein poetisches Sinnen und Schaffen."*

Ein chinesisches Sprichwort meint im gleichen Sinne: *„Willst du einen langen Tag glücklich sein, so betrinke dich. Willst du ein Jahr lang glücklich sein, so heirate, willst du ein Leben lang glücklich sein, so schaffe dir einen Garten."*
Die Anerkennung, das Feedback bzw. Lob von anderen stärkt das Selbstwertgefühl, damit die Ich-Stärke und das Gefühl gesicherter Identität. Es stärkt den Mut für neue Aktivität und das Gefühl, innerlich reich genug zu sein, um geben zu können.

Gekürzt nach Stephan Lermer: Psychologie des Glücks. München: Goldmann, 1985, S. 64 ff.

**Autonomie:** Unabhängigkeit, Selbstständigkeit

**souverän:** überlegen, sich einer Lage oder Aufgabe gewachsen fühlen

**Emanzipation:** Befreiung aus einem Zustand der Abhängigkeit

Ausschnitt aus dem Beethovenfries von Gustav Klimt (1902), Chor der Paradiesengel: „Freude schöner Götterfunken. Diesen Kuss der ganzen Welt!", hier dargestellt, das ideale Reich, in dem allein wir reine Freude, reines Glück und reine Liebe finden können.

# 4 Werte und Normen

Ein Rätsel
Tatsachen und Werte
Werte
Normen und Geschmack
Sitte, Ordnungen, Spielregeln
Ökonomische Regeln, Gesetze
Ethisches Argumentieren – moralische Regeln und Prinzipien (Methode)
Wertklärung
Moralisches Urteilen – Dilemmageschichten (Methode)
Motive und Gründe verstehen
Werte und Kultur
Grundwerte
Werte und Wirklichkeit
Moralische Werte – Gleichheit und Gerechtigkeit
Mit Bildern und Symbolen arbeiten (Methode)
Gedankenexperiment – der „Schleier des Nichtwissens“

# Ein Rätsel

1/

2/

3/

4/ Zeichnung: Peter Butschkow

5/

6/

7/

8/

9/

10/

Zeichnung: Friedrich K. Waechter

1. Beschreibe die Inhalte/Vorgänge, die die Bilder ausdrücken, möglichst genau. Was ist ihnen gemeinsam und worin unterscheiden sie sich?

2. Die Bilder enthalten eine Rätselfrage, die nicht einfach zu lösen ist: Was haben die Darstellungen miteinander zu tun? (Man kommt leichter auf die Antwort bzw. Antworten, wenn man die beiden ersten Bilder zunächst außer Acht lässt.)

3. Was haben die beiden ersten Bilder mit den anderen zu tun?

4. Was unterscheidet das Geschehen in 10/ von den anderen Vorgängen? Welche Begebenheiten, Vorkommnisse, Handlungen des Menschen passen noch zu Abbildung 10/. Inwiefern?

# Tatsachen und Werte

1/

## 2/ Tatsachen und Werte

Einige der möglichen Sätze des Mannes sollen näher untersucht werden. Er könnte zum Beispiel sagen:

(a) *Das Tier ist 21 cm lang.*
(b) *Es ist ein Nagetier.*
(c) *Das Tier ist für seine Art zu klein.*
(d) *Zum Verspeisen fehlt ihm das nötige Gewicht.*
(e) *Nagetiere mag ich nicht.*
(f) *Das Fell ist schön.*
(g) *Ratten sind schädlich. Man muss ihre Vermehrung begrenzen.*
(h) *Ratten sind böse. Sie sind ein Feind des Menschen.*

Schaut man sich solche einfachen Sätze genauer an, dann entdeckt man, wie kompliziert und verwickelt wir sprechen, wenn wir etwas bewerten, und wie selten wir normalerweise darüber nachdenken, ob eine Tatsache festgestellt oder eine wertende Beurteilung vorgenommen wird. Ein weiteres Problem kommt hinzu, wenn man sich nun vorstellt, dass der Mann das Tier benutzt, um herauszufinden, wie lange ein Nagetier ohne Wasser und Nahrung auskommt. Jemand, der darüber informiert ist, könnte sagen:

(i) *Das ist grausam. Solche Versuche nur zur Befriedigung der eigenen Neugier sollte man nicht durchführen.*

Außerdem könnte der junge Mann das Tierchen im Bett seiner Schwester verstecken, um sich an ihrem ohnmächtigen Erschrecken zu ergötzen, denn er weiß, dass sie es abstoßend finden wird. Dann könnte ein Beobachter sagen:

(k) *Das ist unfair und fies. Auf diese brutale Weise sollte man niemanden erschrecken.*

Alle Texte in diesem Kapitel stammen von Richard Breun, sofern die Quellen nicht anders ausgewiesen sind.

## 3/ Urteilsformen

Man kann die Sätze, die wir sprechen, mindestens dreifach unterteilen in:

A Tatsachenurteile;
B Geschmacksurteile und nichtmoralische (oder außermoralische) Werturteile;
C moralische Werturteile und Verpflichtungsurteile (meistens mit „sollen“).

## 4/ Zur Übung

Unterscheide die folgenden Sätze gemäß der dreifachen Einteilung in A, B und C:

1. Es regnet.
2. Dieser schlimme Regen!
3. Das Bild ist 106 mal 65 cm groß.
4. Das Bild gefällt mir.
5. Das Bild ist schön.
6. Er hat dunkles Haar.
7. Er ist großzügig.
8. Das ist ein krimineller Mensch.

5/ Sir Edward Burne-Jones: Grüner Sommer

6/ Regen

### 7/ Das Labyrinth der Werte und Normen

Wer bestimmte Sendungen im Fernsehen und Darstellungen in der Presse verfolgt, wird möglicherweise feststellen, dass viel von Werten die Rede ist. Man spricht vom **Werteverfall,** von der **Werteverwirrung** und vom **Wertewandel.** Und vor allem die Jugendlichen sollen davon betroffen sein. Andererseits wird von manchen die Rückbesinnung auf **alte Werte** gefordert und umgekehrt begehrt vor allem die junge Generation immer wieder gegen bestimmte **Normen, Konventionen und Regeln** der „Erwachsenenwelt" auf, mal bewusst und zielgerichtet, mal unbewusst und unabsichtlich. Aber nicht nur bei der Jugend herrsche Orientierungslosigkeit im Labyrinth der Werte, wird behauptet. Die Diskussion darüber ist ziemlich verworren. Ein Hauptgrund dafür ist die nachlässige oder willentlich unscharfe Verwendung von Wörtern und Begriffen.

Zeichnung: Thomas Hack

Beantwortet Schritt für Schritt folgende Fragen, zunächst allein, dann zusammen mit einem Partner. Ihr dürft, wie in der Mathematik, keinen Schritt auslassen, um alles verstehen zu können.

1. a) Was tut der Mann auf der Zeichnung 1/? Inwiefern enthält der Vorgang ein Bewerten und ein Normieren?
b) Welche anderen Formen von Bewertung kennst du? Zähle möglichst viele auf. Was könnten solche Bewertungen mit Normen zu tun haben?
c) Welche Feststellungen könnte der Mann über das Tier, das er misst, treffen? Welche Unterschiede in der Bedeutung der Sätze 2/ kannst du feststellen?

2. a) Welche Sätze des Mannes 2/ beschreiben eine Tatsache? Welche Sätze enthalten eine Bewertung?
b) Welche Bewertungen sind von Interessen (des Mannes) bestimmt? Um was für Interessen handelt es sich jeweils?
c) Was wird jeweils bewertet? Worin unterscheiden sich die Bewertungen?
d) Wie könnte der Mann seine Sätze jeweils begründen? Sind diese Begründungen stichhaltig und nachvollziehbar?

3. a) Welche Fragestellungen sind in 2/ (i) und (k) zusätzlich enthalten?
b) Wodurch kommt hier ein neuer Gesichtspunkt ins Spiel? Welches Wort deutet darauf hin?
c) Inwiefern ist dieser Gesichtspunkt (zu Recht oder zu Unrecht) auch in Satz 2/ (h) enthalten?
d) Wie könnte man diese Problematik bezeichnen?

4. Blicke noch einmal auf die acht Beispielsätze 2/ (a) bis (h) zurück und ordne diese 3/ A, B und C zu. Wo sind die Aussagen 2/ (i) und (k) einzuordnen? Begründe deine Zuordnung.

5. a) Was sind Tatsachenurteile? Was sind Geschmacksurteile und außermoralische Werturteile? Was sind moralische Werturteile?
b) Formuliere weitere Sätze, die von den Mitschülerinnen und Mitschülern mit Begründung zuzuordnen sind.

6. Diskutiert im Plenum über die folgenden Fragen: Warum kann man bei diesem Thema von einem Labyrinth 7/ sprechen? Wie könnte man einen Zugang und Durchgang durch das Labyrinth finden?

# Werte

## 1/ Nachprüfbarkeit

Noch einmal die Sätze:

**3. Das Bild ist 106 mal 65 cm groß.** **4. Das Bild gefällt mir.** **5. Das Bild ist schön.**

**objektiv:** sachlich, dem Gegenstand zugehörig, unparteiisch

**ästhetisch:** von der Wahrnehmung ausgehend, die Kunst betreffend, geschmackvoll

**subjektiv:** persönlich, dem Ich zugehörig, unsachlich

Satz 3 sagt, was der Fall ist. Solchen Sätzen kann jeder zustimmen, weil eine einfache Tatsache festgestellt wird; sie gelten allgemein und sind objektiv, für jede Person am Gegenstand selbst nachprüfbar. Sie lassen sich durch Nachmessen oder Experimentieren beweisen.

In Satz 4 wird ein persönlicher Geschmack kundgetan. Nicht jeder muss und wird zustimmen. Ein anderer könnte sagen, dass ihm das Bild nicht gefällt. Über solche Sätze streitet man eigentlich unnötig, weil jeder einen anderen Geschmack hat; sie gelten nur für den Einzelnen und sind subjektiv.

Man kann hier Begründungen geben, ohne andere damit überzeugen zu müssen. Es gibt nichts zu beweisen. Es handelt sich um ein Geschmacksurteil, das relativ gültig ist: Bezogen nur auf die Person, die diesen Geschmack hat. In Satz 5 aber ist von der Schönheit des Bildes die Rede. Jemand, der den Satz äußert, weist damit dem Bild einen Wert zu, nämlich Schönheit (woran sich oft noch ein Geldwert knüpft), und er meint damit, dass andere dem Urteil zustimmen müssen, entweder weil das objektiv, im Bild selber und nicht nur in der Meinung über das Bild, festzustellen sei; oder weil auch andere Betrachter in gleicher Weise auf das Bild reagieren müssen. Beweise, wie im Satz 3, gibt es hier nicht, lediglich Gründe, mit denen sich andere überzeugen lassen können und deren Stichhaltigkeit eigentlich genau in dieser Überzeugungskraft liegt (und nicht in etwas Messbarem). Satz 5 trifft ein ästhetisches Werturteil; eine Wahrnehmung durch die Sinne liegt dem Satz zugrunde.

2/ Wassily Kandinsky: Man on a Horse (Pferd und Reiter), 1911

## 3/ Werturteile

Vier zusätzliche Sätze erweitern die Überlegungen auf den moralischen Bereich:

**9. Paula ist schön.** **10. Paula ist gut.**

Man muss den Satz 10 näher erläutern, um seine Bedeutung zu klären, z. B. so:

**11. Paula ist eine gute Turnerin.** **12. Paula ist ein guter Mensch.**

Man kann darüber streiten, ob 11 ein Geschmacksurteil oder ein Tatsachenurteil ist (die Körperbeherrschung und Geschicklichkeit beim Turnen ließen sich objektiv feststellen). Bei Satz 12 handelt es sich aber um ein moralisches Werturteil.

## 4/ Gut und schlecht

Zeichnung: Marie Marcks

1. a) Betrachte das Gemälde 2/ und das Gemälde auf S. 93 6/. Stelle fest, ob du jeweils sagen kannst: „Das Bild gefällt mir." oder „Das Bild gefällt mir nicht." Dann auch: „Das Bild ist schön." oder „Das Bild ist nicht schön." Notiere alle Gründe, die du zur Untermauerung deiner Ansicht findest. Sprich über die Stichhaltigkeit der Gründe. – Wer hat sich vom anderen überzeugen lassen?
b) Vergleiche nun, welche Gründe man für den Satz (4) 1/, und welche Gründe man für den Satz (5) 1/ anführen kann. Mit welchem Anspruch werden sie geäußert? (Nochmals zum genauen Vergleich: Welche Gründe kann man für die Richtigkeit von Satz (3) 1/ anführen? Worauf erhebt er Anspruch? Gilt er für eine bestimmte Person oder für alle?)

2. a) Versuche, die Bedeutung von Satz (9) und (10) 3/ zu klären. Wie könnte er gemeint sein? Handelt es sich um eine Urteilsform in der Art von A, B oder C (S. 92 3/)?
b) Welche Gründe findest du für die Richtigkeit von (11)?
c) Welche Gründe könnten uns von der Richtigkeit von (12) überzeugen?

3. Was kennzeichnet ein moralisches Werturteil? Vergleiche dazu (h), (i), (k), (7), (8) (S. 92 2/), (11) und (12) 3/.

4. a) Ordne die verschiedenen Bedeutungen von gut und schlecht 4/ den 3 Urteilsformen (S. 92 3/) zu, soweit dies möglich ist. Wo ist möglicherweise ein moralisches Werturteil versteckt? Inwiefern?
b) Formuliere und erörtere weitere Beispiele mit „gut/schlecht" und „gut/böse".

# Normen und Geschmack

## 1/ Maßstäbe

Persönliche Vorlieben können sich auf alles übertragen, so auf die Wahl und Beurteilung von Kleidung, Einrichtung, Aussehen. Ästhetische Bewertungen orientieren sich an Vorstellungen von Schönheit, Harmonie, Wohlklang und anderen Wahrnehmungsmustern. Wenn von moralischen Werten die Rede ist, dann zum Beispiel von Gerechtigkeit, Gleichheit, Solidarität und vom Guten (das man tun sollte). Um eine Aussage wie „Paula ist ein guter Mensch" für zutreffend zu halten, müsste man wissen, ob sie hilfsbereit ist, in irgendeiner Form soziale Zwecke unterstützt, ob sie vielleicht eine fürsorgliche Mutter ist und ähnliche Dinge mehr. Das heißt, wir legen auch hier einen Maßstab an, eine Norm, die nicht so eindeutig ist wie die des Mannes von S. 92 aber doch so überzeugend, dass sich die meisten Menschen im Urteil und handelnd daran zu halten versuchen, wenigstens in aller Regel. Was sind das für Maßstäbe, wie entstehen sie, wie verbindlich sind die Ordnungen und Regeln, die sie erzeugen?
Auch hier muss man wieder sozusagen von vorn beginnen, um die richtigen Unterscheidungen zu treffen.

## 2/ Geschmack

Richard Hamilton: „Was macht heutige Wohnungen so anders, so anziehend?", 1956

## 3/ Fritz sagt

Zeichnung: Heidrun Petrides

Bearbeitet die Aufgaben 1 und 2 in kleinen Gruppen. Haltet die Ergebnisse schriftlich fest und erörtert sie anschließend im Plenum. Aufgabe 3 wird zunächst in Einzelarbeit bearbeitet.

1. Zählt zunächst einige weitere a) persönliche Vorlieben, b) ästhetische Bewertungen und c) moralische Werte auf. Versucht, jeweils (in allen drei Bereichen a, b, c) Maßstäbe, d.h. Normen oder Regeln, zuzuordnen. Beispiel: a) Ich ziehe als Nachtisch Obst einer Torte vor; Norm: Torte beschwert meinen Magen und macht dick, ich will nicht zunehmen.

2. a) Welche Bereiche, in denen ein unterschiedlicher Geschmack deutlich wird, „stecken“ in Bild 2/? Nennt weitere Beispiele. Sammelt dazu Bilder aus Zeitschriften und Katalogen.
b) Was könnte dazu führen, dass solche unterschiedlichen Moden in Kleidung, Einrichtung, Auto-Design entstehen und dass sie sich immer wieder verändern?
c) Nach welchen Merkmalen wählt man aus dieser Vielfalt in den unterschiedlichen Lebensbereichen aus? Nach welchen Merkmalen wählst du z.B. deine Kleidung aus? Wie wichtig ist eine bestimmte Mode für dich? Warum? Inwiefern gibt es hier Normen?
d) Stellt Listen zusammen, in denen ihr erfasst, was „in“ und „out“ ist.

3. a) Was ist das Problem des Mädchens 3/? Wodurch wird sie unsicher?
b) Wie entstehen hier Geschmack und Geschmacksurteile?
c) Wie sehr bestimmen diese Normen die Einschätzung von sich selbst und von anderen?

4. a) „Normal“ kommt von „Norm“: Was bedeutet dann eigentlich „normal“?
b) Inwiefern wird manchmal versucht, einen bestimmten Geschmack für alle durchzusetzen?
c) Manchmal ist damit ein Gruppenzwang verbunden. Welche Beispiele kennst du? Wie gehst du damit um? Sollte man sich Normvorstellungen beugen oder kann man dem Druck, den eine Gruppe damit ausüben kann, widerstehen? Begründe deine Meinung.

# Sitte, Ordnungen, Spielregeln

## 1/ Brauch, Sitte, Konvention

Die ungalante Methode, mit Hilfe der Serviette die eigene Hose zu schonen, erregt in führenden Restaurants Erstaunen und Verachtung. Der Kavalier internationalen Zuschnitts hat zwecks ungehemmten kulinarischen Genusses vornehmlich den Schutz seiner Begleitung im Auge.

Unordentliche Spagetti stören das Schönheitsempfinden kultivierter Esser und gehören weder auf den Teller noch in den Magen (A). Linker Hand appetitlich gegliedert und einzeln gegessen, ist das Verspeisen der Spagetti ein Musterbeispiel für vollendete Tischmanieren des Gourmets alter Schule (B).

**Gourmet:** Feinschmecker

Loriot: Der gute Geschmack. Zürich: Diogenes Verlag, 1964, S. 25f.

## 2/ Peinlich?

**Konvention:** (hier) Regeln des Umgangs, die für die Gesellschaft als Verhaltensnorm gelten

Manchmal können Sitten und Konventionen starr und beengend werden.

Stummfilmszene von 1920

## 3/ Tik tak

„Alles geht nach der Uhr“, sagt Frau Ureburegurli. „Um ein Uhr haben die Kinder gegessen, bis zwei Uhr arbeiten sie an den Schulaufgaben, bis fünf Uhr dürfen sie spielen, um halb sechs essen sie Abendbrot, danach lernt die Großmutter noch mit den Kindern, und von abends sieben bis morgens sieben schlafen sie. Um acht Uhr gehen sie zur Schule, und um zwölf Uhr dreißig sind sie wieder zu Haus.“ „Ich bin gespannt“, sagt Frau Lustibustigiero, die Nachbarin, „wie lange es dauert, bis Ihre Kinder nur noch tik tak sagen.“

Irmela Wendt: Tiktak. in: Geh und spiel mit dem Riesen. 1. Jahrbuch d. Kinderliteratur. Hans-Joachim Gelberg (Hrsg.), Weinheim: Verlag Beltz und Gelberg, 1971, S. 14

## 4/ Spielregeln

Spielregeln nehmen in dieser Reihe in gewisser Hinsicht eine besondere Stellung ein. Eine einfache Überlegung kann das zeigen. Der berühmte Schweizer Psychologe Jean Piaget wollte herausfinden, wie Kinder mit wachsendem Alter Regeln verstehen. Dazu fragte er sie, wie das in seiner Stadt übliche Murmeln (mit kleinen Glaskugeln) zu spielen sei und wer die Regeln gemacht habe. Die Kinder erklärten die Regeln, soweit sie sie verstanden hatten; und die kleineren Kinder antworteten auf die zweite Frage nach dem Urheber mit „der Vater“, der „Bürgermeister“ oder „Gott“.

5/ Ordnungen

1. a) Worüber macht sich der Zeichner 1/ lustig?
b) Welche Tischsitten kennst du? Wie könnten solche Konventionen entstanden sein? Warum sind solche Sitten und Konventionen in vielen Ländern verschieden? Warum ändern sie sich im Laufe der Zeit?
c) Frage ältere Verwandte nach früheren Sitten und Bräuchen. Nenne weitere Konventionen und Bräuche, z. B. beim Grüßen oder bei bestimmten feierlichen Anlässen. Für wie bedeutsam hältst du Höflichkeit? Warum?
d) Wie wird ein Verstoß gegen solche Konventionen „geahndet"?

2. a) Wodurch entsteht die Peinlichkeit in der Situation auf dem Foto 2/?
b) Schreibt und spielt einen solchen Vorgang auf witzige Weise, mit oder ohne Worte. Fotografiert entsprechende Szenen und schreibt zu jedem Foto einen Kommentar.

3. a) Um welche Ordnungen handelt es sich hier 5/? Welche Ordnungen kennst du außerdem? Zu welchem Zweck sind sie entstanden? Inwiefern sind sie sinnvoll oder notwendig?
b) Wie kommen sie zustande? Welche Normen oder auch Wertvorstellungen sind in ihnen enthalten? Inwiefern sind sie veränderlich? Wie weit reicht ihre Gültigkeit?
c) Wie werden sie durchgesetzt? Was passiert, wenn man eine solche Ordnung übertritt?
d) Entwerft Schilder, die etwas erlauben.

4. a) Auf welche Gefahr wird in Text 3/ hingewiesen? Erzählt von ähnlichen Beispielen.
b) In welchen Situationen ist Pünktlichkeit aber wichtig? Aus welchen Gründen?

5. a) Was ist dein Lieblingsspiel? (Das kann ein Brett-, Würfel-, Karten- oder auch Ballspiel sein.) Schreibe auf, was man bei diesem Spiel beachten muss, damit man es spielen kann. Erkläre die Regeln des Spiels deinen Mitschülerinnen und Mitschülern.
b) Spielt, wenn möglich, ein ausgewähltes Spiel in der Gruppe. Was geschieht, wenn man die Regeln nicht einhält? Wie kommt es beim Spiel zum Streit?
c) Inwiefern sind die Regeln verbindlich? Für wen? Sind sie veränderbar?
d) Was haben wohl die größeren Kinder auf Piagets Frage geantwortet 4/? Was würdest du antworten? Wer macht solche Regeln?

# Ökonomische Regeln, Gesetze

### 1/ Ökonomische Regeln

In Zeitungen finden sich immer wieder Anzeigen wie:

Suche Konzertkarte für „Tokio Hotel". Zahle doppelten Preis.

Tokio Hotel

Die blaue Mauritius

Wer tauscht Briefmarken (Deutschland und Europa) mit mir?

**VW Golf,** Jahreswagen, 2.000 Euro unter Neupreis abzugeben.

Sonderbriefmarke

PC, unbenutzt, für 1500 Euro zu verkaufen. Neupreis 2500 Euro.

### 2/ Gebote und Verbote

Zu allen Regelbereichen gibt es Gebote und Verbote. Manche Vergehen werden streng bestraft, andere gar nicht oder nur mit einer Ermahnung.

a) Ein 5-jähriges Kind nimmt sich vor dem Essen Kekse, obwohl seine Mutter das verboten hat.
b) Eine Schülerin kommt zu spät zum Unterricht.
c) Ein Schüler stiehlt einem anderen aus der Schultasche zwanzig Euro.
d) Eine Person fährt betrunken Auto.
e) Ein Mann kommt in bunter Freizeitkleidung zu einer Beerdigung.
f) Eine Person gibt in ihrer Einkommensteuererklärung 10 000 Euro zu wenig an.
g) Ein Fabrikant setzt Kinder für sehr wenig Lohn zur Arbeit ein.
h) Bei einem älteren Schüler werden drei Haschischzigaretten gefunden.
i) Ein Fußballspieler spielt den Ball absichtlich mit der Hand.
k) Ein Mann hat einen bewaffneten Überfall auf einen Taxifahrer unternommen.

## 3/ Gesetze

### Strafgesetzbuch

**Besonderer Teil (§§ 80–358)**

**17. Abschnitt – Straftaten gegen die körperliche Unversehrtheit (§§ 223–231)**

**§ 223 Körperverletzung**

(1) Wer eine andere Person körperlich misshandelt oder an der Gesundheit schädigt, wird mit Freiheitsstrafe bis zu fünf Jahren oder mit Geldstrafe bestraft.

(2) Der Versuch ist strafbar.

**19. Abschnitt – Diebstahl und Unterschlagung (§§ 242–248c)**

**§ 242 Diebstahl**

(1) Wer eine fremde bewegliche Sache einem anderen in der Absicht wegnimmt, die Sache sich oder einem Dritten rechtswidrig zuzueignen, wird mit Freiheitsstrafe bis zu fünf Jahren oder mit Geldstrafe bestraft.

(2) Der Versuch ist strafbar.

1. a) Was fällt dir an den Anzeigentexten auf 1/? Warum gibt jemand einen fast neuen PC so billig ab? Und warum bietet jemand den doppelten Preis für ein Konzert?
b) Warum sind manche Briefmarken so viel wert? Warum verdienen manche Stars im Showbusiness oder Sport so viel?
c) Versuche, einige ökonomische Regeln zu beschreiben. Denke an eigene Erfahrungen beim Kaufen und Sparen. Inwiefern sind diese Regeln verbindlich? Welche Formen richtigen und falschen Handelns kannst du im ökonomischen Bereich feststellen?
d) Der Begriff des Wertes ist bei Tausch und Handel entstanden. Was bedeutet er hier? (Denke an Ausdrücke wie „Das ist es mir wert", „Das ist keinen Heller mehr wert".)

2. a) Was hältst du von diesen Verstößen 2/? Schreibe auf, ob es Vergehen gegen Regeln des Geschmacks, Sitten und Bräuche (Konventionen), Ordnungen (z. B. Schulordnung), Spielregeln, ökonomische Regeln oder Gesetze sind.
b) Welche Folgen hat der Verstoß jeweils?
c) Welche Strafen würdest du aussprechen?

3. Schreibe nun selbst Verstöße gegen Regeln (Gebote und Verbote) auf und befrage deine Mitschüler/innen wie in Aufgabe 2.

4. a) Weshalb sind Körperverletzung und Diebstahl verboten, und weshalb steht das im Strafgesetzbuch 3/?
b) Welche Gesetze kennst du? Unterscheide nach Geboten und Verboten. Informiere dich auch in Gesetzbüchern, z. B. im Strafgesetzbuch oder im Bürgerlichen Gesetzbuch. Nenne Gründe dafür, dass sich menschliche Gesellschaften Gesetze geben.
c) Was passiert, wenn man gegen Gesetze verstößt? Nenne Beispiele mit unterschiedlichen Abstufungen.
d) Wie verbindlich sind die beiden hier abgedruckten Gesetze? Vergleiche die Gültigkeit und Verbindlichkeit verschiedener Normen und Regeln (S. 96–101): Geschmack; Brauch, Sitte, Konvention; Ordnungen; Spielregeln; ökonomische Regeln; Gesetze. Was stellst du fest? Welche Unterscheidungen muss man machen?

Online-Link: 695220-0101

# Ethisches Argumentieren – moralische Regeln und Prinzipien

In der Geschichte des Nachdenkens über moralische Fragen des Zusammenlebens zwischen den Menschen sind ganz unterschiedliche Vorschläge gemacht worden, welchen Regeln dieses Zusammenleben folgt. Die Beschäftigung damit kann dazu beitragen, die eigene Fähigkeit, selbstbewusst mit moralischen Regeln umzugehen und auch danach zu handeln, zu verbessern. Führt dazu die folgenden Aufgabenreihen (A bis D) durch.

**A** Moralische Urteile werden häufiger geäußert, als man zunächst glauben mag. Wie oft fallen gerade in der Schule Sätze wie „Das ist unfair", „Das ist ungerecht" oder „Du sollst nicht abschreiben", „Du sollst auf andere Rücksicht nehmen". – Macht euch zunächst klar: 1. Welche moralischen Werte sind in diesen Sätzen enthalten? 2. Was unterscheidet die ersten beiden Sätze von den zwei letzteren? 3. Nenne weitere Alltagssätze, die moralische Urteile enthalten. 4. Nenne alle moralisch bedeutsamen Werte, die dir einfallen. Warum sind sie moralisch, d. h. für das Zusammenleben wichtig?

**B** Der Philosoph Bernard Gert hat zehn Regeln genannt, die zur Grundlage eines gerechten und moralisch guten Zusammenlebens dienen sollen. Sprecht in kleinen Gruppen über diese Regeln und wie man sich konkret an sie halten kann. Gestaltet eine Wandzeitung (mit je einem Symbol pro Regel und passenden Bildern). Findet zu jeder Regel ein Beispiel, in dem diese Regel eingehalten, und ein Beispiel, wo ihr zuwidergehandelt wird: „1. Du sollst nicht töten. 2. Du sollst keine Schmerzen verursachen. 3. Du sollst nicht unfähig machen. 4. Du sollst nicht Freiheit oder Chancen entziehen. 5. Du sollst nicht Lust entziehen. 6. Du sollst nicht täuschen. 7. Du sollst deine Versprechen halten. 8. Du sollst nicht betrügen. 9. Du sollst dem Gesetz gehorchen. 10. Du sollst deine Pflicht tun."
Formuliert die moralische Einstellung, wie Gert sie beschreibt, in eigenen Worten und findet Beispiele dafür: „Gegenüber jeder dieser Regeln würde jeder rationale Mensch die folgende öffentliche Einstellung einnehmen: ‚Jedermann soll der Regel gehorchen, es sei denn, er könnte ihre Verletzung öffentlich befürworten. Ein jeder, der die Regel verletzt, ohne dass er diese Verletzung öffentlich befürworten könnte, darf bestraft werden.' Dies nenne ich die moralische Einstellung." Bernard Gert: Die moralischen Regeln. Eine neue rationale Begründung der Moral. Frankfurt/M Suhrkamp, 1983, S. 176

**C** Schaut euch die unterschiedlichen Sätze an, die in der Philosophie formuliert worden sind, um alle Regeln der Moral unter einen Hut zu bringen. Damit möchte man das Prinzip herausarbeiten, an das man sich halten muss, wenn man das moralisch Richtige oder Gute tun will. Lest zunächst diese Sätze und versucht, ihre Bedeutung im Kern zu verstehen. Wendet das Prinzip dann auf den Fall D an. Wie muss er beurteilt werden? Wie muss gehandelt werden, wenn man dem jeweiligen Prinzip folgt?
*Kants kategorischer Imperativ (Universalisierungsprinzip):* „Handle so, dass die Maxime deines Willens jederzeit zugleich als Prinzip einer allgemeinen Gesetzgebung gelten könne.", d. h.: „Man muss wollen können, dass eine Maxime unserer Handlung ein allgemeines Gesetz werde." Oder: „… als ob sie zum allgemeinen Naturgesetz werden sollte."
*Diskursethik (Universalisierungsgrundsatz):* „Handle so, dass du die Zustimmung aller Betroffenen, wenn diese nur an einem praktischen Diskurs (unter Gleichen) teilnehmen würden, finden könntest."
*Utilitarismus:* „Handle so, dass die Folgen deiner Handlung das größtmögliche Glück für die größte Zahl der Menschen befördern." – *Variante des Handlungsutilitarismus:* „Handle so, dass du durch die Konsequenzen deiner Handlung möglichst viel Freude und möglichst wenig Leid hervorbringst." – *Variante des Regelutilitarismus:* „Eine Handlung, die schlechte Folgen hat, wenn sie allgemein (in der Regel) ausgeführt wird, sollte nicht ausgeführt werden."
*Hedonismus:* „Vermeide Unlust und Schmerz!" „Strebe höchstmöglichen konkreten Lustgewinn an!" (Dabei sind niedere, kurzlebige von höheren, dauerhafteren Lüsten zu unterscheiden!)

**D** Anwendungsbeispiel (vgl. auch Methodenseite „Moralisches Urteilen“ S. 106):

### Susannes beste Freundin

Susanne ist mit Uli, ihrer besten Freundin, in ein Warenhaus gegangen, um Einkäufe zu machen. Sie schauen sich verschiedene Kleider an. Da sieht Uli eine Bluse, die ihr sehr gefällt. Sie sagt zu Susanne, dass sie die Bluse anprobieren wolle. Inzwischen schaut sich Susanne andere Sachen an. Susanne sieht, wie Uli aus der Umkleidekabine herauskommt. Sie hat ihren Mantel an, winkt Susanne zu und zeigt kurz auf die Bluse unter ihrem Mantel. Dann dreht sie sich um und verlässt schnell das Geschäft. Wenig später kommen der Detektiv des Geschäfts und der Geschäftsleiter auf Susanne zu und wollen ihre Tasche sehen. Dann verlangt der Detektiv, dass sie sagt, wer das Mädchen war, mit dem sie die ganze Zeit zusammen gewesen ist. Er sagt: „Sie hat eine wertvolle Bluse gestohlen. Du musst uns den Namen nennen, sonst kannst du wegen Mithilfe bei einer kriminellen Tat bestraft werden.“ Susanne beschloss, ihre Freundin nicht zu verraten.

Georg Lind: Moral ist lehrbar. Handbuch zur Theorie und Praxis moralischer und demokratischer Bildung. München: Oldenbourg, 2003, S. 138

**Einzelarbeit:**

1. In welchem Konflikt steht Susanne?
2. Welche Möglichkeiten hat sie? Welches moralische Prinzip lässt sich hier anwenden, und wie?
3. Welche Werte werden dabei jeweils berücksichtigt, welche vernachlässigt?
4. Wie ist die Handlungsweise Ulis zu beurteilen?

**Gruppenarbeit:**

1. Spielt einen Dialog zwischen Susanne und dem Detektiv. Welche Überlegungen stellt Susanne an? Um welche Werte mag es ihr dabei gehen? Wie beurteilt sie dabei die Handlungsweise von Uli?
2. Wie wird Uli Susannes Handlungsweise beurteilen, wenn sie später davon erfährt? Spielt einen Dialog zwischen den beiden. Welche Begründung könnte Susanne für ihre Entscheidung nennen? Wie kann sich Uli rechtfertigen und was wird Susanne darauf antworten?
3. Wie beurteilst du selbst die Handlungsweise von Susanne? Und wie die von Uli? Wendet die moralischen Prinzipien nacheinander an.
4. Welche Interessen sind bei der ganzen Situation im Spiel? Welche Auswirkungen auf die Freundschaft könnte der Vorgang haben?

**Plenum:** Alle Gruppen präsentieren und diskutieren ihre Ergebnisse im Plenum. Welche Schwierigkeiten ergeben sich bei der Anwendung des jeweiligen moralischen Prinzips?

**Vorschlag:** Ihr könnt im Laufe des Schuljahres und zu verschiedenen Themen selbst solche (realen oder erfundenen) Dilemmageschichten schreiben und zur Diskussion stellen.

# Wertklärung

## 1/ Orientierung im Labyrinth

Unser Leben richtet sich an **Werten** und **Normen, Regeln** und **Gesetzen** aus. Die Orientierungsschwierigkeiten in diesem Labyrinth rühren vielleicht daher, dass uns nicht immer klar ist, welche Werte wir eigentlich bevorzugen und dass die unterschiedlichen Ebenen der Normierung und Regelung (vom Geschmack bis zur Moral) mit ihren auch sehr verschiedenen Verbindlichkeiten vermischt und verwechselt werden. Zuweilen ist dann nicht mehr klar, woran man sich unbedingt halten muss (weil sonst das Zusammenleben nicht mehr möglich wäre) und was Sache der persönlichen Wahl (des Geschmacks) ist.

## 2/ Rangfolgen

Aufgaben zur Wertklärung können dazu verhelfen, sich selbst über die Rangfolge und Einstufung klar zu werden, die man bestimmten Vorlieben oder Werten gibt.

**Alternativen?**

Wähle eine Alternative aus jeder Gruppe:

(a) Würdest du lieber
- im Wald spazieren gehen?
- am Strand spazieren gehen?
- einen Berg besteigen?
- Fahrrad fahren?

(b) Wärst du lieber
- berühmt?
- reich?
- glücklich?

(c) Was ist für dich wichtiger?
- Freundschaft
- Sicherheit
- Selbstachtung

Erfinde selber solche Alternativen, die in eurer Gruppe von Interesse sind, und füge sie der Liste hinzu. Suche dir dann einen Mitschüler oder eine Mitschülerin, mit dem/der du in einigen Antworten übereinstimmst. Dann seht ihr euch die restlichen Antworten an, die nicht übereinstimmen. Schreibt zusammen einen Text, in dem ihr auf eure Übereinstimmungen und eure Unterschiede eingeht.

Nach Robert T. Hall: Unterricht über Werte. Lernhilfen und Unterrichtsmodelle. München: Urban & Schwarzenberg, 1979, S. 28, 80 f., 144 (Übers. Karl Heinz Siber)

**Beispielsätze**

Schreibe die folgenden unvollständigen Sätze zu Ende.
- Wenn ich im Lotto 1000 Euro gewinnen würde, dann würde ich …
- Am nächsten Wochenende würde ich gern …
- In den Ferien bin ich am liebsten …
- Andere können meine Gefühle sehr verletzen, wenn sie …
- Wenn ich ein Gratis-Abonnement für zwei Zeitschriften hätte, würde ich … wählen, weil …

Erfinde weitere solcher unvollständiger Sätze. Tausche deine Antworten mit einem Partner aus. (Ihr könnt euch auch gegenseitig interviewen, indem ihr die Antwort des Partners erratet.) Wenn ihr möchtet, könnt ihr auch in der ganzen Gruppe ein Gespräch darüber führen, dazu müsste jemand anfangen, seine Sätze vorzulesen und zur Diskussion zu stellen. – Variante: Überlege, wie ein dir wichtiger Mensch diese Sätze vervollständigen würde.

Nach Louis E. Raths, Merrill Harmin, Sidney B. Simon: Werte und Ziele. Methoden der Sinnfindung im Unterricht. München: Pfeiffer, 1976, S. 162 f. (Übers. Marilene Simons)

## 3/ Wertbegriffe bilden

Die Bedeutung von Begriffen wie **Gerechtigkeit, Freiheit** oder **Gleichheit** ist gar nicht so eindeutig, wie es zunächst scheint. Es kommt immer auf die Situation, die daran beteiligten Personen und die Umstände an, wie einem solchen Wert mit Entscheidungen und Handlungen zu entsprechen ist. Um sich über die Bedeutung von Wertbegriffen mehr Klarheit zu verschaffen, geht man nach folgendem Raster vor: Ausgangspunkt sollte zunächst eine Definition des fraglichen Begriffs sein, z. B. Gerechtigkeit, die sich in einem Lexikon finden lässt. Dann sollte man sich mindestens einen Fall überlegen, in dem Gerechtigkeit eine zentrale Rolle spielt. Die Suche nach ähnlichen Werten, gegensätzlichen Werten, Vorteilen und Einschränkungen (oder Nachteilen) wird durch die mit dem Raster gegebenen Fragen erleichtert.

## Wertbegriffe bilden – ein Raster mit hinführenden Fragen

**Beispiele**
(Fälle)
Wie könnte ein anderes Beispiel für ______ aussehen?
In welchen Situationen ist ______ wichtig?
Welche Menschen können das größte Interesse daran haben, sich ______ zu verhalten?
Wer ist der ______ Mensch, den du kennst?

(Fälle)
Wie äußert sich diese Eigenschaft bei ihm (ihr)?
Wie verhält er (sie) sich, um diese Eigenschaft unter Beweis zu stellen?
Was hat er (sie) in der Vergangenheit getan, um die Eigenschaft unter Beweis zu stellen?

**Ähnliche Werte**
Welche Begriffe bedeuten möglicherweise dasselbe wie ______?
Wenn ein Mensch ______ ist, welche anderen Eigenschaften könnte er dann noch aufweisen?
Wenn ______ unter bestimmten Umständen oder innerhalb einer bestimmten Gruppe von Menschen zu finden ist, welche anderen Werte würden dann deiner Erwartung nach dort ebenfalls zu finden sein?

**Wert**
Bezeichnung
Definition oder
Erklärung

**Vorteile**
Wofür ist ______ gut?
Was könnte dir widerfahren, wenn du ______ wärst?
Was wäre es für ein Gefühl, ______ zu sein?
Was für Dinge würdest du tun?
Wie verhalten sich andere Menschen, die ______ sind?
Welchen Vorteil hat die Gesellschaft von ______?
Welchen der Einzelne?

**Gegensätzliche Werte**
Was ist das Gegenteil von ______?
Wenn es ______ im vorliegenden Fall nicht gäbe, welcher anderer Wert könnte stattdessen die Stelle einnehmen?
In ______ (einem früher diskutierten Fall) hat es Leute gegeben, die meinten, ______ sei nicht wichtig. Warum waren sie dieser Meinung?

**Einschränkungen**
Wie kann man mit ______ in Schwierigkeiten geraten?
Was könnte dir widerfahren, wenn du zu ______ wärst?
Ist ______ unter allen Umständen eine gute Sache?
Wie bringen die Menschen ihre Missbilligung für ______ zum Ausdruck?
Gibt es Gesetze, die ______ Grenzen setzen?

ebenda, Robert T. Hall

### Wertklärungsmethoden

In den verschiedenen Bereichen des Werte und Normen Labyrinths werden einige Methoden ausprobiert, um die eigenen Werte und Bewertungen zu klären. Solche Methoden machen das Werten bewusst, das wir im Alltag in Entscheidungen und dem Vorziehen oder Nachsetzen von etwas gegenüber etwas anderem immer schon vollziehen.

Bearbeitet folgende Fragen zunächst in Einzelarbeit und dann in Partnerarbeit:

1. Wie kannst du dich im Labyrinth orientieren 1/? (Beachte dazu auch die folgenden Doppelseiten.)

2. a) Welche Wertschätzungen sind in deinen Antworten enthalten 2/?
b) In welchen Beispielen geht es um geschmackliche Vorlieben, in welchen möglicherweise um moralische Werte 2/?
c) Wie kommen diese Wertschätzungen zustande? Wovon sind sie abhängig? Inwiefern können sie sich verändern? Welche Rolle spielen dabei andere Personen, welche Bedeutung haben bestimmte Erfahrungen? Nenne konkrete Beispiele.

3. a) Führt in Partnerarbeit anhand des Rasters 3/ Überlegungen zum Begriff Gerechtigkeit durch.
b) Einigt euch auf weitere Begriffe, die Werte darstellen, und erläutert diese nach dem gleichen Muster. Vorschläge: Gleichheit, Solidarität, Eigentum. (Nicht alle Fragen des Rasters passen zu jedem Wert.)

# Moralisches Urteilen – Dilemmageschichten

Ihr habt einige moralische Regeln und Prinzipien kennen gelernt, die als Maßstäbe gelten können, um Handlungen und Situationen moralisch beurteilen zu können. Solche Urteile sind vor allem dann gefragt, wenn man sich in Konflikten befindet, in welchen es um zwei moralische Normen oder Werte geht, die sich gegenüberstehen. Ein solcher Konflikt war der von Susanne (s. S. 103). Um den Konflikt zu lösen, muss einer der Werte gewählt und der andere übergangen werden. Das nennt man ein Dilemma (Zwangslage). Um herauszufinden, wie man Entscheidungen dieser Art treffen kann, schaut man sich am besten ein Dilemma an, das bereits kleinen Kindern vorgelegt werden kann. Der Entwicklungspsychologe Robert Selman hat das getan, um festzustellen, wie die Kinder moralisch urteilen und wie sich die Urteilsfähigkeit entwickelt:

### 1/ Holly und das Kätzchen

Holly ist ein achtjähriges Mädchen, das gerne auf Bäume klettert. Sie kann es auch am besten in der ganzen Nachbarschaft. Eines Tages klettert sie von einem hohen Baum herab und fällt vom untersten Zweig hinunter, aber sie tut sich nicht weh. Ihr Vater sieht, wie sie herunterfällt. Er ist sehr erschrocken und bittet sie zu versprechen, dass sie nicht mehr auf Bäume klettert. Holly verspricht das. – Im Laufe des Tages treffen Holly und ihre Freunde Sean. Seans kleine Katze hat sich oben in einem Baum verfangen und kann nicht mehr herunter. Irgendetwas muss sofort geschehen, damit das kleine Kätzchen nicht herunterfällt. Holly kann als Einzige so gut klettern, dass sie das Kätzchen erreichen und herunterholen könnte, aber sie erinnert sich an das Versprechen, das sie ihrem Vater gegeben hat.

Aus: Robert L. Selman, Diane F. Byrne: Stufen der Rollenübernahme in der mittleren Kindheit – eine entwicklungslogische Analyse. In: Rainer Döbert, Jürgen Habermas, Gertrud Nunner-Winkler (Hrsg.): Entwicklung des Ichs. Köln: Kiepenheuer & Witsch, 1977, S. 108–113

**A** Bearbeitet zunächst jede/r für sich folgende Aufgaben: 1. Was ist das Problem in der Geschichte? 2. Was sollte Holly tun? Nenne Gründe für und gegen die jeweilige Entscheidung. 3. Was könnte der Vater dazu sagen? 4. Beurteile folgende Aussagen von Holly. Wonach richtet sie sich jeweils (was ist ihr am meisten Wert), wenn sie sagt: Ich hole das Kätzchen herunter, a) … weil mir das Klettern Spaß macht, b) … weil Sean mein Freund ist, c) … weil ich das Leben der Katze retten muss? – Wie bewertet sie die Situation, wenn sie sagt: Ich hole das Kätzchen nicht herunter, a) … weil ich Versprechen immer einhalte, b) … weil mein Vater mich bestrafen wird? 5. An welchen Normen und/oder Werten richtet sie ihr Handeln jeweils aus? Um welche Werte geht es deiner Ansicht nach in der Geschichte?

**B** Besprich deine Antworten mit deinem Nachbarn/deiner Nachbarin. Versucht gemeinsam, die Regeln und Prinzipien von S. 102/103 hier anzuwenden. Schreibe selbst eine ähnliche Geschichte für Jugendliche und lege sie dem Plenum zur Beurteilung vor.

**C** Die Begründungen, die für Entscheidungen dieser Art gegeben werden, kann man in Stufen anordnen, z. B. wenn man nach dem Motiv des Handelns fragt. Eine Stufe folgt im Laufe der persönlichen Entwicklung auf die jeweils vorhergehende. Der amerikanische Forscher Lawrence Kohlberg hat diese Entwicklung des moralischen Urteilens jahrzehntelang untersucht. Die hier abgedruckte Stufenfolge gibt die möglichen Motivationen (Beweggründe) wieder, unter welchen man Regeln folgt oder moralisch handelt.

Untersucht in Partnerarbeit, welcher Stufe die Begründungen in Hollys Dilemma oder in euren selbst geschriebenen Fällen jeweils zuzuordnen sind. ↗

**6. Stufe** Entsprich den Regeln (Prinzipien), um Selbstverurteilung zu vermeiden.

**5. Stufe** Entsprich den Regeln (Prinzipien), um die Achtung des unvoreingenommenen Zuschauers zu bewahren, der im Sinne des allgemeinen Wohlergehens urteilt.

**4. Stufe** Verhalte dich konform, um die Kritik durch legitime Autoritäten und daraus folgende Schuldgefühle zu vermeiden.

**3. Stufe** Verhalte dich konform, um die Missbilligung und die Abneigung der anderen zu vermeiden.

**2. Stufe** Verhalte dich konform, um Belohnungen zu bekommen, erwidere Gefälligkeiten, …

**1. Stufe** Befolge Regeln, um Strafe zu vermeiden.

Lawrence Kohlberg: Moralische Entwicklung (1968). In: Die Psychologie der Moralentwicklung. Frankfurt/M: Suhrkamp, 1997, S. 27 (Übers. Nils Thomas Lindquist)

**D** Erörtert in ähnlicher Weise den folgenden Fall. Teilt dazu die Gruppe in Kleingruppen ein, in welchen eine bestimmte Lösung von allen Gruppenteilnehmern bevorzugt wird. Sammelt alle möglichen Begründungen für diese Lösung und Argumente dazu. Tretet euch dann im Plenum gegenüber und tauscht eure Argumente für und gegen eine Entscheidung aus. Dabei müsst ihr darauf achten, dass ein Argument ein jeweils anderes beantworten, übertrumpfen oder widerlegen kann. Welches sind die besseren Argumente? Woran erkennt man sie? Wie lässt man sich vom besseren Argument überzeugen? Kommt ihr im Plenum zu einer Übereinstimmung oder bleibt es offen, was das Beste in der Situation ist?

## 2/ Jürgens Problem

Jürgen und „Kick“ sind gute Freunde. Kick heißt eigentlich Sebastian. Er wird aber Kick genannt, weil er andere oft tritt. Er ist auch oft mit anderen in Kämpfe verwickelt. Aber mit Jürgen hat er nie Probleme gehabt. Auch Jürgen mag ihn. Kick hat ihm schon oft gegen Stärkere beigestanden. Eines Tages sieht Jürgen, wie Kick einen jüngeren Schüler aus einer anderen Schule verprügelt und erst aufhört, als der ihm seinen Geldbeutel gibt. Kick rennt davon, bevor Jürgen etwas tun konnte. Am nächsten Tag kommt die Polizei mit dem beraubten Jungen in die Schule. Sie fragt, wer gesehen habe, wie der Junge verprügelt und beraubt wurde. Der Junge entdeckt Jürgen. Er deutet auf ihn und sagt, er habe Jürgen zusammen mit dem gesehen, der ihn überfallen habe, und dass Jürgen den Überfall auch gesehen haben muss.
Der Polizist fordert Jürgen auf, den Namen des Täters zu nennen, sonst würde er sich als Mitwisser strafbar machen. Jürgen verschweigt den Namen seines Freundes.

Georg Lind: Moral ist lehrbar. Handbuch zur Theorie und Praxis moralischer und demokratischer Bildung. München: Oldenbourg, 2003, S. 139

**E** Sammelt im Laufe des Schuljahres ähnliche moralische Dilemmageschichten, die ihr selbst erlebt oder euch ausdenkt oder in den Nachrichten findet. Diskutiert einige davon. Legt einen Ordner dazu an. Wenn ihr möchtet, kann daraus ein kleines Buch werden.

# Motive und Gründe verstehen

1/

Zeichnung: Klaus Vonderwerth

## 2/ Hermann

Katjas Vater sitzt im Büro an seinem Schreibtisch. Es ist elf Uhr morgens. Da klingelt das Telefon. Es ist Katjas Mutter. Sie sagt: „Jürgen, Hermann ist tot." Katjas Vater sagt: „Ach du liebe Zeit, wie ist denn das passiert?"

Katjas Mutter antwortet: „Weiß ich auch nicht. Wer kennt sich schon aus bei den Viechern? Gerade eben wollte ich den Käfig sauber machen. Da lag er schon und streckte alle Viere von sich, war schon ganz starr. Ich habe ihn gleich in die Mülltonne geworfen, bevor er noch anfängt zu stinken. Aber das ist nicht das Problem. Du weißt doch, wie sehr Katja an dem Tier gehangen hat. Willst du ihr nicht einfach ein neues besorgen?" „Du meinst", fragt Katjas Vater zurück. „Ich soll in eine Zoohandlung gehen und einfach einen neuen Hamster kaufen?"

„Genau. Aber pass bloß auf, dass er auch so aussieht wie Hermann. Du weißt ja, mit weißem Bauch und den Flecken auf den Backentaschen. Dann brauchen wir Katja gar nichts davon zu sagen. Sie hat ja heute Nachmittag noch Ballettstunde. Wenn sie dann nach Hause kommt, merkt sie nichts."

„Aber wenn der neue Hamster in seinem Wesen ganz anders ist?", fragt Katjas Vater. „Wenn er zum Beispiel beißt oder wenn es ein Weibchen ist?" „Aber das wissen die doch in der Zoohandlung", entgegnet Katjas Mutter ungeduldig. „Also mach mal!"

„Ich weiß nicht, Gabriele", zögert Katjas Vater. „Ist es denn recht, dem Kind einfach den Tod des Tieres zu verschweigen, auch wenn es bloß um einen Hamster geht?" „Mach dir darüber doch keine Gedanken", gibt Katjas Mutter zurück. „Was meinst du, was sich hier zu Hause für ein Drama abspielt, wenn Katja von der Sache erfährt?" „Aber was würde sie von uns denken, wenn irgendwann einmal herauskommt, dass wir ihr heimlich ein anderes Tier untergeschoben haben?"

„Aber das ist doch so ähnlich wie bei den Geheimnissen, die wir zu Weihnachten voreinander haben. Wir wollen doch nur das Beste für das Kind." „Ich bin da nicht so sicher, Gabriele."

Helmut Schreier: Himmel, Erde und ich. Geschichten zum Nachdenken über den Sinn des Lebens, den Wert der Dinge und die Erkenntnis der Welt. Heinsberg: Agentur Dieck, 1993, S. 89 f.

### 3/ Gründe einschätzen

Die Begründungen für eine „Notlüge" werden in folgender Übersicht geordnet. Entscheide dich für eine der vorgegebenen Einschätzungen.

**A**

1. Eine Lüge ist dann gerechtfertigt, wenn man mit ihr verhindern kann, dass Gefühle eines anderen verletzt werden.

☐ immer ☐ oft ☐ manchmal ☐ nie

2. Eine Lüge ist dann gerechtfertigt, wenn sie denjenigen, den man belügt, vor Schaden bewahrt.

☐ immer ☐ oft ☐ manchmal ☐ nie

3. Eine Lüge ist dann gerechtfertigt, wenn sie niemandem schadet.

☐ immer ☐ oft ☐ manchmal ☐ nie

4. Eine Lüge ist dann gerechtfertigt, wenn man mit ihr einen Freund schützen will.

☐ immer ☐ oft ☐ manchmal ☐ nie

**B**

1. Ich finde es gerechtfertigt, wenn mich jemand belügt, um meine Gefühle zu schonen.

☐ immer ☐ oft ☐ manchmal ☐ nie

2. Ich finde es richtig, wenn mich jemand belügt, um mich damit vor Schaden zu bewahren.

☐ immer ☐ oft ☐ manchmal ☐ nie

3. Ich finde es richtig, wenn jemand mich belügt, sofern diese Lüge niemandem weh tut.

☐ immer ☐ oft ☐ manchmal ☐ nie

4. Ich finde es richtig, wenn mich jemand belügt, um mich zu schützen.

☐ immer ☐ oft ☐ manchmal ☐ nie

nach Robert T. Hall: Unterricht über Werte. Lernhilfen und Unterrichtsmodelle. München: Urban & Schwarzenberg, 1979, S. 28, 80 f., 144 (Übers. Karl Heinz Siber)

#### Bewerten in einem Fließdiagramm

Hier kreuzt man die eigenen Einschätzungen an und vergleicht sie mit den Einschätzungen einer ganzen Gruppe. Diese Methode wird häufig in der Sozialforschung angewandt. Die eigene wertende Meinung wird sichtbar und kann mit anderen genau verglichen werden. Außerdem ist eine statistische Auswertung möglich.

1. a) Warum lügt der Junge, indem er auf das Kind zeigt 1/? Suche Gründe, die seine Lüge noch schlimmer machen, und solche, für die man ihm verzeihen kann.
b) Worüber ärgert sich der Vater? Welche Beweggründe und Interessen hat er, um den Übeltäter herauszufinden?
c) Finde Beispiele ähnlicher Art.

2. Bildet Dreiergruppen:
a) Spielt mögliche Dialoge zwischen Katja und ihren Eltern, wenn sie nach Hause kommt 2/.
b) Welche Folgen könnte es haben, wenn eine Notlüge der Eltern ans Tageslicht kommt? Wägt diese Konsequenzen ab mit jenen, die sich durch das Aussprechen der Wahrheit ergeben könnten.
c) Schreibt und diskutiert mindestens eine ähnliche Geschichte, die ihr erlebt habt oder erfinden könnt, und stellt sie im Plenum vor.

3. a) Welche Werte und Normen waren dir bei deinen Begründungen 3/ jeweils wichtig?
b) Welche Unterschiede hast du möglicherweise zwischen A und B festgestellt?
c) Inwiefern gilt das Verbot der Lüge allgemein (für alle und jederzeit)? Oder: Welche allgemeingültigen Begründungen lassen sich möglicherweise für beschränkte Ausnahmen geben? Welchen Werten oder Normen sind diese Ausnahmen verpflichtet? Diskutiert darüber.

# Werte und Kultur

### 1/ Madonna

*Madonna*

Zeichnung: Jutta Bauer

**Madonna:** Gottesmutter; Maria, die Mutter von Jesus Christus

### 2/ Werte und Verhalten

Werte sind zunächst einmal ziemlich abstrakte Begriffe. Sie müssen mit Leben gefüllt werden. Das heißt: Reden über Werte kann nicht wertvolles Verhalten ersetzen. Mehr noch: Bloßes Reden über Moral kann zum Moralisieren mit dem erhobenen Zeigefinger werden. Man glaubt, seine moralische Pflicht erfüllt zu haben, wenn man die ethisch bedeutsamen Begriffe im Munde führt und gebräuchliche äußere Formen wahrt. Dabei kann das immer wieder erforderliche Nachdenken darüber, welches Verhalten jeweils dem Wert entspricht, den man sich zu Eigen gemacht hat, vergessen werden.

### 3/ Kulturelle Prägung

Die Bildergeschichte deutet darauf hin, dass Wertvorstellungen in ganz bestimmten Bräuchen, in zeremoniellen Handlungen, in Gesten und Ritualen und auch in der Bekleidung ihren Ausdruck finden. So kommt es, dass der gleiche Wert oder die gleiche Norm in verschiedenen Kulturen häufig in unterschiedliche Formen gegossen wird, die man kennen muss, wenn man die jeweilige Kultur verstehen und ihr Achtung entgegenbringen will. Außerdem ist es nicht selten, dass die unterschiedlichen Kulturen den Werten eine je andere Rangordnung verleihen. Fehldeutungen, z.B. bezüglich der angemessenen Bekleidung, können die Folge sein. Nicht zuletzt dadurch kann es zu Auseinandersetzungen zwischen Angehörigen dieser Kulturen kommen. Normen und Werte sind also kulturell geprägt.

### 4/ Was ist Kultur?

Man kann die Kultur einer Gesellschaft, einer geografischen Region oder einer Nation in folgende Bereiche gliedern:

**Kultur**

**Geschichte**
organisierte Form des traditionellen Selbstverständnisses: Sagen, Märchen, Historien

**Wirtschaft**
Instrumente der Daseinsvor- und -fürsorge, Verteilung von Gütern, Dienstleistungen o.Ä.

**Sozialsphäre**
gruppenhafte Verbandsformen (Familienstrukturen, Dorfgemeinschaften)

**Sprache**
gewachsene Kommunikationsform: Soziolekte, Sprachebenen, Grammatikformen

**Recht**
äußere Organisationsform der Sozialsphäre und kultureller Prozesse

**Erziehung**
Regeneration und Gestaltungsformen von Kultur

**Moral**
reflektierte, begründete allgemeine Verhaltensweise: Gerechtigkeit, Wahrhaftigkeit, ...

**Sitte**
traditionell gewachsene, sozialspezifische Verhaltensweisen: Essgewohnheiten, Zeremonien, Kultformen, Etikette

**Medizin**
Lebenserhaltung und Regeneration

**Technik**
Werkzeuge zur Gestaltung aller Lebensbereiche

**Kunst**
ästhetische Formen

**Religion**
gewachsene Kultformen: Polytheismus, Monotheismus

**Wissenschaft**
Organisationsapparat kultureller Zielsetzung

Nach Karl Brehmer: Multikulturelles Zusammenleben. Ethische Bedingungen. In: Ethik & Unterricht 4/1993, Frankfurt/M: Diesterweg, S. 21–28, hier S. 23

1. a) Welche Werte werden hier angesprochen 1/? Welche Religion (aber nicht nur sie) verlangt im Prinzip die Ausrichtung an diesen Werten?
b) Welcher Widerspruch wird dargestellt?
c) Nenne weitere Beispiele für solche möglichen Widersprüche zwischen Wertvorstellungen und tatsächlichem Verhalten.
d) Was geht dabei im Inneren des Menschen (psychologisch) möglicherweise vor? Versuche, genau zu beschreiben.

2. Bearbeitet folgende Aufgaben in Partnerarbeit:
a) Welche solcher kulturellen Auseinandersetzungen 3/ sind dir bekannt? Worum geht es jeweils?
b) Was würdest du als die typischen Werte deiner Kultur bezeichnen? Worin werden sie sichtbar? Nenne Beispiele.
c) Inwiefern widersprechen diese Werte und deren Umsetzung möglicherweise den Werten anderer Kulturen?

3. a) Finde für jeden Bereich ein typisches Beispiel aus dem Alltagsleben 4/.
b) Welche kulturellen Unterschiede kann es in dem jeweiligen Bereich geben?
c) Erläutere wiederum je an einem Beispiel, wie sich der jeweilige Unterschied, d.h. die kulturelle Differenz, für den Einzelnen und für das Zusammenleben auswirken kann. Diskutiert dann positive und negative Folgen bzw. Lösungen.

# Grundwerte

### 1/ Grundwerte für alle?

Kulturell verschiedene Wertsetzungen können zu Problemen führen, wenn sie aufeinanderstoßen. Heißt das, dass es keine Werte und Normen gibt, die für alle Menschen in allen Kulturen gelten? Bei der Betrachtung der Tatsachen-, Geschmacks- und Werturteile und bei den Überlegungen, wie verbindlich die verschiedenen Regeln und Normen sind, war es notwendig, zwischen universaler und relativer Gültigkeit zu unterscheiden. Ein Gemälde muss nicht jeder schön finden. Gesetze dagegen muss jeder akzeptieren, der in dem Land wohnt, in dem sie gelten. Wie ist das mit den **Werten** oder **Normen**? Kann man Grundwerte benennen, die allgemein akzeptiert werden können? Gehört es nicht zum Kern der Moral, dass die Regeln von allen anerkannt werden?

Vielleicht sollte man diesen Kern nicht unter den Werten und Normen suchen, sondern als Prinzip formulieren, als einen Grundsatz, mit dem bestimmte **Grundwerte** verknüpft sind.

### 2/ Prinzip der Achtung

Den Verboten und Geboten der Moral ist vor allem auch deswegen ein Sonderstatus gegenüber allen anderen Regeln menschlichen Miteinanders einzuräumen, weil ihre Anerkennung das Zusammenleben in einer Gemeinschaft überhaupt erst ermöglicht. Im Gegensatz zu den vielen verschiedenen Gebräuchen, Sitten oder Gewohnheiten sind die Vorschriften der Moral jedermann bekannt, auch wenn man sich dessen nicht bewusst sein sollte. Charakteristisch und wichtig für moralische Werturteile ist vor allem der Umstand, dass sie Anspruch erheben, allgemein gültig zu sein. Es hat den Anschein, dass sie deshalb jeder kennen und verstehen müsste, weil im menschlichen Zusammenleben jeder von den anderen geschätzt werden will. Jeder beansprucht Achtung vor der eigenen Person und ist deshalb umgekehrt geneigt, Achtung gegenüber der Person des anderen zu bekunden. Es spricht viel für die Annahme, dass auf dieser Wechselseitigkeit die Grundwerte beruhen.

nach Michael Wittschier: Erkenne dich selbst. Abenteuer Philosophie. Düsseldorf: Patmos, 1994, S. 38, 88, 90, 93

3/

Zeichnungen: Bernd Hennig

## 4/ Grundgesetz der Bundesrepublik Deutschland

**Artikel 1**
**(Menschenwürde, Grundrechtsbindung der staatlichen Gewalt)**

(1) Die Würde des Menschen ist unantastbar. Sie zu achten und zu schützen ist Verpflichtung aller staatlichen Gewalt.

(2) Das Deutsche Volk bekennt sich darum zu unverletzlichen und unveräußerlichen Menschenrechten als Grundlage jeder menschlichen Gemeinschaft, des Friedens und der Gerechtigkeit in der Welt.

(3) Die nachfolgenden Grundrechte binden Gesetzgebung, vollziehende Gewalt und Rechtsprechung als unmittelbar geltendes Recht.

**Artikel 2**
**(Handlungsfreiheit, Freiheit der Person)**

(1) Jeder hat das Recht auf freie Entfaltung seiner Persönlichkeit, soweit er nicht die Rechte anderer verletzt und nicht gegen die verfassungsmäßige Ordnung oder das Sittengesetz verstößt.

(2) Jeder hat das Recht auf Leben und körperliche Unversehrtheit. Die Freiheit der Person ist unverletzlich. In diese Rechte darf nur auf Grund eines Gesetzes eingegriffen werden.

**Artikel 3**
**(Gleichheit vor dem Gesetz)**

(1) Alle Menschen sind vor dem Gesetz gleich.

(2) Männer und Frauen sind gleichberechtigt.

(3) Niemand darf wegen seines Geschlechtes, seiner Abstammung, seiner Rasse, seiner Sprache, seiner Heimat und Herkunft, seines Glaubens, seiner religiösen oder politischen Anschauungen benachteiligt oder bevorzugt werden.

**Artikel 4**
**(Glaubens-, Gewissens- und Bekenntnisfreiheit)**

(1) Die Freiheit des Glaubens, des Gewissens und der Freiheit des religiösen und weltanschaulichen Bekenntnisses sind unverletzlich.

(2) Die ungestörte Religionsausübung wird gewährleistet.

(3) Niemand darf gegen sein Gewissen zum Kriegsdienst mit der Waffe gezwungen werden. Das Nähere regelt ein Bundesgesetz.

**Artikel 5**
**(Meinungsfreiheit)**

(1) Jeder hat das Recht, seine Meinung in Wort, Schrift und Bild frei zu äußern und zu verbreiten und sich aus allgemein zugänglichen Quellen ungehindert zu unterrichten. Die Pressefreiheit und die Freiheit der Berichterstattung durch Rundfunk und Film werden gewährleistet. Eine Zensur findet nicht statt.

(2) Diese Rechte finden ihre Schranken in den Vorschriften der allgemeinen Gesetze, den gesetzlichen Bestimmungen zum Schutz der Jugend und in dem Recht der persönlichen Ehre.

(3) Kunst und Wissenschaft, Forschung und Lehre sind frei. Die Freiheit der Lehre entbindet nicht von der Treue zur Verfassung.

Jede/r muss über die folgenden Fragen zunächst einmal selbst nachdenken. Führt danach ein Gespräch im Plenum. Wählt einen Gesprächsleiter, der eine Rednerliste führt und darauf achtet, dass die Redner sich auf die jeweiligen Vorredner beziehen und jeder beim Thema bleibt. Einigt euch auf eine Grundfrage, z. B.: Was sind Grundrechte und was bedeuten sie für das Zusammenleben in einer Gesellschaft? Welche Rechte und Pflichten (Gebote und Verbote) lassen sich aus den Grundrechten ableiten?

1. Die Bildreihe 3/ veranschaulicht zunehmend weitere, umfassendere Perspektiven. Gehe noch einmal den Abschnitt *Normen* durch (S. 96–101); die Aspekte gelten für verschiedene Bereiche, die man jeweils einem der Bilder zuordnen kann. Ordne jedem Bild mindestens eine Regel bzw. Norm zu. Welche Regeln, Normen und Werte würdest du dem siebenten oder gar achten Bild zuordnen? Mit welcher Begründung?

2. a) Warum kann das Prinzip der Achtung beanspruchen, allgemein oder, wie man auch sagt, universal zu gelten?
b) Was wäre die Folge, wenn es nicht allgemeingültig wäre, sondern nur auf bestimmte Menschen oder Gruppen von Menschen zuträfe und eingeschränkt anzuwenden wäre?
c) Welche Beispiele kennst du, wo dieses Prinzip verletzt wird? Was sind die Folgen?
d) Welche bisher genannten Werte und Normen hängen mit diesem Prinzip zusammen?

3. Fragen zum Grundgesetz:
a) Welche Werte werden in den Artikeln 4/ genannt? Warum sind es Grundwerte?
b) Welche Bereiche werden genannt, in denen die Person zu achten ist?
c) Wie könnte man danach das, was eine Person ausmacht, beschreiben? Was gehört zu ihrer Würde?
d) Wo findet die Freiheit des Einzelnen ihre Grenze? Warum braucht man trotz dieser rechtlichen Festlegungen, die doch so eindeutig scheinen, noch weitere Gesetze?

# Werte und Wirklichkeit

### 1/ Der Kieselstein

**in der Kreide stehen:** Schulden haben

Vor langer Zeit, da jemand, der Geld schuldig war, noch ins Gefängnis geworfen werden konnte, hatte ein Londoner Kaufmann das Unglück, bei einem Wucherer mit einer hohen Summe in der Kreide zu stehen. Der Geldverleiher, der alt und hässlich war, hatte es auf die junge Tochter des Kaufmanns abgesehen. Also schlug er einen Handel vor. Er sagte, er würde dem Kaufmann die Schuld erlassen, wenn er stattdessen das Mädchen bekäme. Vater und Mutter waren entsetzt über diesen Antrag. Daraufhin riet der schlaue Wucherer, das Schicksal entscheiden zu lassen. Er erklärte den beiden, er würde einen schwarzen und einen weißen Kiesel in eine leere Geldbörse stecken und dann müsse das Mädchen einen der Steine herausholen. Erwische sie den schwarzen Kiesel, würde sie seine Frau und ihrem Vater sei die Schuld erlassen. Gerate ihr der weiße Kiesel in die Finger, bliebe sie bei ihrem Vater und dieser brauche trotzdem nichts zurückzubezahlen. Weigere sie sich aber, einen Stein aus dem Beutel zu nehmen, so wandere ihr Vater ins Gefängnis und sie würde verhungern.
Widerstrebend gab der Kaufmann seine Einwilligung. Sie standen, während sie dies besprachen, in seinem Garten auf einem kiesbestreuten Weg. Der Geldverleiher bückte sich, um die zwei Steine aufzuheben. Das Mädchen, das die Angst scharfsichtig gemacht hatte, bemerkte jedoch, dass er zwei schwarze Kiesel nahm und in die Geldböse steckte. Und nun forderte sie der Wucherer auf, jenen Stein herauszuholen, der über ihr Los und das ihres Vaters bestimmen sollte.
Das Mädchen steckte die Hand in die Geldbörse und … zog einen Stein heraus. Ohne ihn anzusehen, stellte sie sich ungeschickt und ließ ihn zu Boden fallen, wo er sich sofort unter all den anderen verlor. „Oh, ich Tolpatsch“, sagte sie. „Aber es macht ja nichts. Wenn ihr in den Beutel seht, könnt ihr an der Farbe des anderen Steins feststellen, welchen ich genommen habe.“

nach E. de Bono: Das spielerische Denken. Bern, München: Scherz, 1968, S. 9 f. (Übers. Maria Steininger)

### 2/ Grundwerte und geltendes Recht

**Martin Luther King:** amerikanischer Pfarrer und Bürgerrechtler, Kämpfer für die Rechte der Schwarzen in den USA (1929–1968)

**Anarchie:** Zustand der Gesetzlosigkeit; Chaos in (hier) rechtlicher und gesellschaftlicher Hinsicht

Martin Luther King schrieb folgende Zeilen aus einem Gefängnis in Alabama; er war darin festgesetzt, weil er bestimmte Gesetze übertreten hatte, die die Schwarzen benachteiligten: So durften sie bestimmte Parks nicht betreten, mussten abgetrennte Sitzplätze in Bussen benutzen und gute Schulen waren für Weiße reserviert.

„Man kann mit Recht fragen: ‚Wie ist es zu vertreten, manche Gesetze zu übertreten und andere zu befolgen?‘ Die Antwort liegt in der Tatsache begründet, dass es zwei Arten von Gesetzen gibt: gerechte und ungerechte. Man ist nicht nur juristisch, sondern auch moralisch verpflichtet, gerechte Gesetze zu befolgen … Ungerecht ist ein von Menschen gemachtes Gesetz, das nicht auf dem unabänderlichen und natürlichen Recht beruht. Jedes Gesetz, das die Entfaltung der Persönlichkeit fördert, ist gerecht. Jedes Gesetz, das die Entfaltung der Persönlichkeit behindert, ist ungerecht … Ein ungerechtes Gesetz ist eine Bestimmung, deren Befolgung eine nach Anzahl oder Macht überlegene Gruppe von der unterlegenen erzwingt, die aber nicht in sich selbst bindend ist. So werden solche Unterschiede legalisiert.
Ich bin in keiner Weise dafür, wie der Rassenfanatiker das Recht zu umgehen oder zu missachten. Dies würde zur Anarchie führen. Wer ein ungerechtes Gesetz bricht, muss es offen und gerne tun und bereit sein, seine Strafe auf sich zu nehmen … Wer ein Gesetz bricht, das er mit seinem Gewissen nicht als gerecht vereinbaren kann und bereitwillig die Gefängnisstrafe akzeptiert, um das Gewissen der Öffentlichkeit auf diese Ungerechtigkeit aufmerksam zu machen, der beweist damit in Wirklichkeit den allerhöchsten Respekt vor dem Gesetz.“

### 3/ Aufstand im Sitzen: Rosa Parks

Am 1. Dezember 1955 weigerte sich die schwarze Näherin Rosa Parks, ihren Sitzplatz in einem Bus in Montgomery, Alabama, einem Weißen zu überlassen, obwohl der Anspruch darauf hatte. Sie wurde verhaftet, denn in den meisten Südstaaten der USA war die Rassentrennung gesetzlich vorgeschrieben.
Daraufhin begannen Rosa und die anderen Schwarzen einen Busboykott, der 382 Tage dauerte. Am Ende entschied der Oberste Gerichtshof, dass die Gesetze zur Rassentrennung nicht mit der amerikanischen Verfassung zu vereinbaren waren. Entscheidend für die friedliche und schließlich erfolgreiche Durchsetzung der Bürgerrechte für die afroamerikanische Bevölkerung war, dass ein erst 26-jähriger schwarzer Pastor sich an die Spitze der Boykottbewegung setzte: Martin Luther King.

Walter von Rossum: Rosa Parks bringt die Rassentrennung in den USA ins Wanken (1.12.2005), in: www.wdr.de/radio/wdr3/sendung.phtml?sendung=ZeitZeichen&termineid=304380&objektart=Sendung (24.09.2007), Köln: Westdeutscher Rundfunk

1. a) Welche Beispiele für eine Missachtung der Grundwerte kennt ihr? Nennt mögliche Gründe und Motive dafür.
b) Welche Beispiele für die Diskussion um die Erhaltung der Würde der Person kennt ihr?
c) Sammelt Zeitungsartikel zu beiden Fragen und diskutiert darüber.

Online-Link: 695220-0115

2. Bildet Dreiergruppen und bereitet die Geschichte 1/ zur Inszenierung vor. Diskutiert folgende Fragen, nachdem ihr die Szenen vor der Klasse nachgespielt habt.
**Teil I:** a) Das Mädchen ist vor eine Wahl gestellt. Inwiefern wird dabei aber trotz der Wahlmöglichkeit gegen ihr Recht auf Freiheit verstoßen? b) Inwiefern ist damit eine Missachtung ihrer Person und ihrer Würde gegeben? c) Wie bewertet ihr das Verhalten des Wucherers? Denkt darüber nach, ob nun auch das Mädchen das Recht hat, sich mit den gleichen Mitteln zu wehren. Wenn ja, mit welchen? d) Was kann sie tun, wenn sie dabei in keiner Weise den anderen täuschen und nicht unaufrichtig oder unwahrhaftig sein will?
**Teil II:** a) Wie beurteilt ihr die Handlungsweise des Mädchens? b) Wie hätte es handeln müssen, wenn sie die Goldene Regel beachtet hätte? c) Wie hätte es handeln müssen, wenn sie dem kategorischen Imperativ gefolgt wäre? d) Inwiefern hat der Wucherer gegen die beiden Prinzipien verstoßen? e) Welches sind die Bedingungen, die zur Situation führten?
**Teil III:** a) Das Mädchen setzt seinen Scharfsinn, seine Klugheit und seine Phantasie ein, um sich mit einer Täuschung aus einer unmoralischen Situation zu befreien. Welche Werte wurden damit gerettet? b) Bedeutet das, dass eine Täuschung oder ein anderer Verstoß gegen moralische oder gesetzlich festgelegte Vorschriften grundsätzlich erlaubt ist? Unter welchen Bedingungen kann ein solcher Verstoß eventuell begründet werden?

3. a) King 2/ trifft hier eine grundsätzliche Unterscheidung, die immer wieder umstritten ist. Welche?
b) Welchen Wert setzt er als obersten an? Wie definiert er diesen Wert?
c) Welche Folgerungen für die Bewertung von Gesetzen zieht er daraus? Wie lässt sich das Verhältnis zwischen diesem obersten Wert und den Gesetzen eines Staates beschreiben?
d) Sammelt Argumente für und gegen die Einschätzung, die King hier formuliert.

4. Wie beurteilt ihr das Handeln von Parks 3/? Was sagt das Beispiel über Normen und Werte aus?

# Moralische Werte – Gleichheit und Gerechtigkeit

## 1/ Hans Traxler: Chancengleichheit

„Im Sinne einer gerechten Auslese lautet die Prüfungsaufgabe für Sie alle gleich: Klettern Sie auf den Baum!"

## 2/ Fallgeschichten

A) Martin nimmt seiner kleinen Schwester die Puppe weg, um sie zu ärgern. Er wird von seiner Mutter ausgeschimpft. Der Lehrer nimmt Martin ein Messer weg, das er in die Schule mitgebracht hatte. Martin wird ausgeschimpft. (Er denkt bei sich: Wieso kann ich jetzt nicht den Lehrer ausschimpfen? Der hat mir doch was weggenommen.)

B) Ein gut gekleideter Mann, offensichtlich wohlhabend, geht einkaufen und stellt an der Kasse fest, dass ihm zehn Cent fehlen. „Ich bringe es morgen mit", sagt er und wird freundlich verabschiedet. Ein in alte, zerschlissene Kleidung gehüllter Mann hat zehn Cent zu wenig und möchte sie anderntags bringen. Die Kassiererin nimmt ihm einen Teil der Ware wieder ab.

C) Julia lebt mit ihren Eltern und sechs Geschwistern in einer Drei-Zimmer-Wohnung. Sie kann die Hausaufgaben aufgrund der Enge der familiären Lebensverhältnisse oft nicht machen und bekommt regelmäßig eine Strafarbeit. Werner hat ein eigenes Arbeitszimmer und hat immer pünktlich die Hausaufgaben. Einmal vergisst er sie, die Lehrerin begegnet ihm mit Verständnis.

D) Thomas, 14 Jahre, aus Hamburg arbeitet vier Stunden in der Woche in einer Lagerhalle, um sein Taschengeld aufzubessern. Benito, 14 Jahre, aus Bogotá arbeitet zehn Stunden am Tag, um sich und seine Familie zu ernähren. Überall auf der Welt ist Kinderarbeit verboten.

E) Der Beamte sagt zu dem Mann, der sich auf dem Einwohneramt anmelden möchte: „Bitte setzen Sie sich, bis ihre Nummer aufgerufen wird." Der Beamte sagt zu dem Mann, der ihn mit südländischem Akzent angesprochen hatte: „Setzen und warten."

F) Die lebhafte und beliebte Herta kommt zu spät. Der Lehrer nimmt ihre Entschuldigung an. Die verschlossene und scheue Berta kommt zu spät. Der Lehrer verlangt von ihr eine schriftliche Entschuldigung, die ihre Eltern unterschreiben müssen.

G) Werner sitzt im Rollstuhl. Er möchte mit Freunden ein feines Restaurant besuchen. Der Restaurantbesitzer verweigert den Einlass mit der Begründung, dass der Rollstuhl wegen seiner Größe stören würde und sich die anderen Gäste außerdem belästigt fühlen könnten. Schließlich wäre es ein Feinschmeckerrestaurant, in dem die ganze Umgebung stimmen müsse.

### 3/ Aristoteles zur Gerechtigkeit

Der griechische Philosoph **Aristoteles** (384–322 v. Chr.) hat die verschiedenen Bedeutungen von „gerecht“ und „ungerecht“ untersucht. Er unterschied dabei zwei Formen:

(A) Als ungerecht gilt, wer die Gesetze missachtet.

(B) Als ungerecht gilt, wer die gleichmäßige Verteilung der Güter, die (bürgerliche) Gleichheit missachtet.

(A) Somit gilt offenbar als gerecht, wer das Gesetz achtet.

(B) Und es gilt offenbar als gerecht, wer die (bürgerliche) Gleichheit achtet.

Das Gerechte ist folglich (A) die Achtung vor dem Gesetz und (B) die Achtung vor (bürgerlicher) Gleichheit; das Ungerechte ist (A) die Missachtung der Gesetze und (B) die Missachtung von (bürgerlicher) Gleichheit.

Nach Aristoteles: Nikomachische Ethik. Stuttgart: Reclam, 1969 – Buch V, 1129b, S. 120 (Übers. und Nachw. Franz Dirlmeier)

**Partnerarbeit:**

1. a) Beurteilt die Zeichnung 1/ und die Fallgeschichten 2/. Worum geht es jeweils? Was ist das gemeinsame Thema aller Fälle?
b) Warum werden die Personen jeweils unterschiedlich behandelt, obwohl sie das Gleiche tun oder zu tun vorhaben? Aus welchen Gründen müssen sie so unterschiedlich leben?
c) In welcher Situation ist die unterschiedliche Lebenslage bzw. Problemlösung gerechtfertigt, in welcher nicht? Begründe, was du für unfair oder ungerecht hältst. Was wäre jeweils fair oder gerecht?

2. a) Zählt möglichst viele Situationen auf, in denen es um Gerechtigkeit und Ungerechtigkeit geht. Ihr könnt sie selber (als Beteiligter oder Beobachter) erlebt haben oder aus dem Fernsehen und Büchern kennen.
b) Sammelt und ordnet die Merkmale, die für die ungleiche Lage oder Behandlung entscheidend sind, zunächst die Merkmale aus den Fallgeschichten A bis G, dann alle weiteren, die ihr finden könnt.
c) Teilt ein: Welche der Merkmale sind für unterschiedliche Behandlung zu rechtfertigen, welche nicht (z. B. Aussehen, Armut, Herkunft, Behinderung, ...)?

3. a) Klärt zunächst, was heute das Wort „Bürger“ 3/ bedeutet. Was ist unter Gleichheit zwischen Bürgern zu verstehen? Nennt Beispiele.
b) Macht Vorschläge, wie man diese beiden Formen von Gerechtigkeit bezeichnen könnte.
c) Ordnet die Fälle A bis G den beiden Formen der Gerechtigkeit zu und stellt fest, ob überhaupt alle Fälle dazu passen. Welche Einteilung der Gerechtigkeit findet ihr?

4. a) Nennt einige Gesetze, (A) die das Recht im Bereich der Einhaltung von festgeschriebenen Normen (z. B. bei Straftaten), und (B) solche, die das Recht im Bereich der Verteilung von Gütern (z. B. Steuergesetze) regeln 3/. (Man spricht hier auch (A) von vergeltender und (B) von austeilender bzw. ausgleichender Gerechtigkeit.)
b) Zunächst **Einzelarbeit,** dann **Plenum:** Nenne einen Regel- oder Gesetzesverstoß aus A und/oder B, sprich eine Strafe aus und begründe sie. Was hältst du für gerecht, was für ungerecht? Tauscht eure Argumente dazu aus, wenn ihr unterschiedlicher Meinung seid.

# Mit Bildern und Symbolen arbeiten

**Ein Bild der Gerechtigkeit (Allegorie)**

Die Frage nach der Gerechtigkeit hat für Menschen immer eine große Rolle gespielt. Deshalb gibt es seit alters her Versuche zu bestimmen, was gerecht und ungerecht ist. Und da früher viele Menschen nicht lesen und schreiben konnten, hat man solche Ideen wie die Gerechtigkeit auch in Bildern dargestellt. Sie enthalten eine Fülle von Symbolen.

Bevor ihr das Bild genauer betrachtet, klärt gemeinsam, was ein *Symbol* ist. Jede/r nennt ein Beispiel oder zeigt, wenn möglich, ein Symbol, das die anderen erraten müssen. (Beispiel: Die olympische Fahne mit den fünf Ringen ist ein Symbol für die fünf Kontinente und den fairen und friedlichen Wettbewerb.)

Das Gemälde hat den Titel „Justitia", d. h. Gerechtigkeit. Es wird Domenico Beccafumi zugeschrieben, ist um 1570 entstanden und hängt im Musée des Beaux-Arts in Lille (Frankreich). Solch ein Bild nennt man auch eine Allegorie (wörtlich: das „Anderssagen"): Ein abstrakter Begriff wird bildlich, unter Verwendung von Personen, dargestellt, also personifiziert. Dabei wird eine Fülle von Symbolen gezeigt. Hier sind folgende *Symbole* zu sehen:

A Schwert, Krone, Palmzweig, Waage – auf deren Schalen *fides* (Treue, Vertrauen) und *amor* (Liebe, Milde);

B zu ihren Füßen Geißel, Rute, Erdkugel und Anker;

C rechts im Hintergrund die Statue der Wahrheit *(veritas)*;

D Justitia und Veritas siegen über Neid und Bosheit (rechts unter den Füßen des Mannes) und übermäßige Strenge und Saumseligkeit (links als Frauen mit gebrochenem Schwert und Stock);

E so können die beiden „Göttinnen" Gefangenen, Witwen und Waisen (im Vordergrund) Gerechtigkeit und Milde *(amor)* widerfahren lassen.

nach Wolfgang Schild: Bilder von Recht und Gerechtigkeit. Köln: DuMont, 1995, S. 221 f.

1. Wofür stehen die unter A und B genannten Gegenstände? Zähle mit Hilfe ihrer Bedeutung die Merkmale der Gerechtigkeit auf.

2. Mit „wem" arbeitet Justitia zusammen? Stelle auch Vermutungen an, auf welche Lebensbereiche und „Fälle" sich diese Darstellung bezieht.

3. Erfinde selbst ein Bild der Gerechtigkeit. Überlege, welche Merkmale du ihr geben willst, welche Symbole (Gegenstände) du dazu benötigst, wie „deine" Justitia aussehen soll und welche Lebensbereiche dabei wichtig sind. (Vergleiche dazu auch die Abbildungen auf S. 64/65)

Domenico Beccafumi: Justitia, um 1570

# Gedankenexperiment – der „Schleier des Nichtwissens“

Der amerikanische Philosoph John Rawls (1921–2002) hat sich ein Gedankenexperiment ausgedacht, um herauszufinden, welche Gesetze gerecht wären. Man soll sich einen Urzustand des menschlichen Lebens vorstellen.

„Stelle dir vor, du wärst Mitglied eines Hohen Rats, der alle Gesetze einer zukünftigen Gesellschaft beschließen soll. Die Ratsmitglieder müssen an absolut alles denken, denn sowie sie sich geeinigt und die Gesetze unterschrieben haben, fallen sie tot um. Und Sekunden später werden sie genau in der Gesellschaft wieder wach, deren Gesetze sie gemacht haben. Der Trick ist nur: Sie haben keine Ahnung, wo in der Gesellschaft sie erwachen; d.h. was ihre Position sein wird. Eine solche Gesellschaft wäre eine gerechte Gesellschaft, denn garantiert wäre jeder, wohin er schaut, nur unter seinesgleichen.“ Wenn es also dabei gerecht zugehen soll, muss außer dem vorgestellten „Zustand der Freiheit und Gleichheit“ jeder über seine zukünftige Stelle in der Gesellschaft im Ungewissen sein; keiner weiß etwas über seine Anlagen wie Intelligenz, Körperkraft usw.; über allem liegt ein „Schleier des Nichtwissens“.

Nach: John Rawls: Eine Theorie der Gerechtigkeit. Frankfurt/M: Suhrkamp, 8. Aufl. 1994, S. 144 ff.; in der Bearbeitung von Hans Ludwig Freese: Abenteuer im Kopf. Philosophische Gedankenexperimente. Weinheim, Berlin: Beltz Quadriga, 1995, S. 239

Versetzt euch in diese Lage und beschließt die zehn wichtigsten Gesetze für diese Gesellschaft. Zuvor solltet ihr gemeinsam einige Bereiche benennen, die zu regeln sind: Staatsform, Eigentum, Bildung, persönliche Freiheit, …

Oder stattdessen: Stellt euch vor, ihr wisst ebenso nichts über eure Stellung und Aufgabe in der Schule. Formuliert Regeln für das Zusammenleben und -arbeiten an eurer Schule. Bezieht dabei alle Bereiche mit ein: Lernen, Lehren, Verwaltung, Essen und Trinken, Aktivitäten, Arbeitsgemeinschaften, Pausen, Schulhof, Gebäude, … Wie sollte all das so gestaltet werden, dass es gerecht zugeht und dass man das lernen kann, was man – eurer Ansicht nach – für das Leben braucht, für das gegenwärtige und das zukünftige?

# 5 Gewissen und Verantwortung

# Das Gewissen will gefragt sein

## 1/ Selbstbefragung

Mein Gewissen ist ______________________________

sagt mir manchmal ______________________________

plagt mich, wenn ______________________________

## 2/ Gewissenhaft? – Gewissenlos?

## 3/ Gewissensfragen

Bei Kopfsteinpflaster fahren viele Radfahrer lieber auf dem Gehweg. Wenn mir mit meinem Kinderwagen welche entgegenkommen, schiebe ich einfach weiter in der Mitte des Gehweges. Ich gebe zu, dass manchmal Platz zum Ausweichen wäre – ich habe dazu aber keine Lust, weil ich zu Recht auf dem Gehsteig bin und die Fahrradfahrer unrechtmäßig. Stimmen Sie mir zu, dass Radfahrer, die die Unbequemlichkeit des Kopfsteinpflasters fürchten, auf dem Bürgersteig nicht erwarten können, von Fußgängern durchgelassen zu werden?
Britta B., Berlin

Zur Entspannung höre ich gerne meditative Musik von Oliver Shanti. Inzwischen wurde bekannt, dass er Kinder missbraucht haben soll. Er wird unter seinem richtigen Namen Ulrich Schulz per Haftbefehl gesucht und befindet sich auf der Flucht vor der deutschen Justiz. Meine Frage lautet nun: Kann ich es verantworten, weiterhin diese Musik mit gutem Gewissen zu genießen?
Mechthild K., München

Rainer Erlinger: Die Gewissensfrage, 9.5.2006 und 28.9.2006. in: www.sz-magazin.de (>Magazin>Die Gewissensfrage), München: Magazin Verlagsgesellschaft Süddeutsche Zeitung 2006

### 4/ Eine Definition

**Gewissen** nennt man ein inneres Wissen, das Grundlage der moralischen Urteile in Bezug auf sich selbst und andere ist. Es äußert sich in der Regel nicht als ausdrückliches Wissen, sondern als begleitendes Mitwissen, sein Anspruch wird gefühlt oder erlebt. Das Gewissen kann nachfolgend (im Anschluss an eine Handlung), aber auch prospektiv (der Handlung vorhergehend) in Erscheinung treten. Eine ausführliche Gewissensprüfung fragt nach Begründung und sittlicher Rechtfertigung des eigenen Tuns.

Jörg Peters, Bernd Rolf: Ethik aktuell. Bamberg: Buchner 2002, S. 17

1. Ergänze bei der „Selbstbefragung" 1/ die Sätze. Tauscht danach zu dritt die Ergebnisse aus und besprecht sie. Befragt euch gegenseitig kritisch zu euren Antworten, z. B. mit Fragen wie: Warum quält dich dein Gewissen gerade in der Situation? Muss das so sein? Wer oder was genau quält dich da eigentlich? Ist es etwas dir Fremdes oder eher Eigenes? Fühlst du dich dabei frei oder eher unfrei?

2. Erzählt euch anschließend wechselseitig ein Erlebnis, in dem die Gewissensfrage für euch eine Rolle gespielt hat. Prüft gemeinsam, wie das zu euren Eintragungen 1/ passt, und korrigiert diese eventuell entsprechend.

3. Frage dich am Ende: Was bedeutet für mich mein Gewissen und was für meine Partner? Versucht, die Ergebnisse gemeinsam zusammenzufassen (mit einem Satz oder einem passenden Wort).

4. Versucht im Plenum gemeinsam eine Definition aus euren verschiedenen Sätzen oder Stichworten zu formulieren. Schreibt sie auf und vergleicht sie mit der Definition 4/.

5. Was zeigen die Fotos 2/? Inwieweit spielt die Gewissensfrage hier eine Rolle? Suche dir ein Foto aus und versuche, diese Fragen daran zu beantworten. Erklärt sie euch dann in einer kleinen Gruppe gegenseitig.

6. Denkt euch als Kleingruppe zu einem der Bilder eine Geschichte aus, so dass die Handlung sich als gewissenhaft darstellt, und eine andere, in der die Handlung als gewissenlos erscheint. Stellt dies dann den anderen als Geschichte oder als Rollenspiel vor.

7. a) Bildet Arbeitsgruppen zu den Gewissensfragen 3/. Versucht, die Fragen für euch zu beantworten.
b) Tragt eure Antworten im Plenum vor und begründet euer Urteil. Setzt euch dabei mit den Argumenten der anderen auseinander und diskutiert das Für und Wider.

# Das Gewissen in uns

## 1/ Behauptungen – Ja! – Aber Weisheiten?

Ein gutes Gewissen ist ein sanftes Ruhekissen.
Sprichwort

Das Gewissen, das ist manchmal eine eklige Geschichte.
Henrik Ibsen

Gewissen ist ein Gottesspruch, der in jedem Körper ist.
Altägyptischer Spruch

Das Gewissen ist eine kleine Trommel.
Ausdruck aus Sumatra

Das gute Gewissen ist eine Erfindung des Teufels.
Albert Schweitzer

Das Gewissen ist ein Sprachrohr der anderen in dir.
Luigi Pirandello, ital. Dichter, 1934

Das Gewissen ist eine Schwiegermutter, deren Besuch nie endet.
Henry Louis Mencken

Das Gewissen ist ein kleines dreieckiges Ding in meinem Herzen. Es steht still, wenn ich gut bin. Tue ich aber Böses, dreht es sich, und die Kanten tun dann sehr weh. Am schlimmsten ist, wenn ich weiterhin böse bin, denn dann stumpfen die Kanten ab, und ich spüre die Schmerzen nicht mehr.
Indianerweisheit

Manch ein Gewissen ist nur deshalb rein, weil es nie benutzt wurde.
Unbekannter Autor

**Jean-Jaques Rousseau:** (1712–1778) französisch-schweizerischer Philosoph, beschäftigte sich unter anderem mit Fragen der Pädagogik und Erziehung.

## 2/ Was Philosophen sagen

### Was ist unser Gewissen? Woher kommt es?

Alles, was ich als gut *empfinde,* ist gut; alles, was ich als schlecht empfinde, ist schlecht. Der beste Anwalt ist das Gewissen … Das Gewissen ist die Stimme der Seele; die Leidenschaften sind die Stimme des Körpers. Ist es verwunderlich, dass die beiden Stimmen sich widersprechen? Auf welche soll man hören? … Das Gewissen täuscht nie. Es ist der wahre Führer des Menschen: Es verhält sich zur Seele wie der Instinkt zum Leib. Wer ihm folgt, braucht nicht zu fürchten, in die Irre zu gehen.

Jean-Jaques Rousseau: Emile. Paderborn: Schöningh, 1972, S. 301 (dt. Fassung: Ludwig Schmidts)

Das Gewissen hängt aufs innigste mit dem Mitleid zusammen und beruht auf der Empfindung oder Überzeugung von der Wahrheit dieses Satzes: Was du nicht wünschst, dass dir die anderen tun, das tue auch ihnen nicht! Ja, es ist selbst nichts anderes als das *Mitleid.* … Wer kein Mitleid empfindet, wenn er sich bewusst ist, den anderen unglücklich gemacht zu haben, der hat kein Gewissen.

Ludwig Feuerbach: Sämtliche Werke. Bd. 10. Stuttgart: Frommann, 1911, S. 280

Im Innern seines Gewissens entdeckt der Mensch ein Gesetz, das er sich nicht selbst gibt, sondern dem er gehorchen muss und dessen Stimme ihn immer zur Liebe und zum Tun des Guten und zur Unterlassung des Bösen anruft und, wo nötig, in den Ohren des Herzens tönt: Tu dies, meide jenes. Denn der Mensch hat ein Gesetz, das von Gott seinem Herzen eingeschrieben ist, dem zu gehorchen eben seine Würde ist und gemäß dem er gerichtet werden wird. Das Gewissen ist die verborgenste Mitte und das Heiligtum im Menschen, wo er allein mit Gott ist.

Zweites Vatikanisches Konzil, Kirche und Welt, 1962–1965 © Katholisch-Theologische Fakultät Innsbruck, Schweiz; www.stjosef.at/index.htm?konzil.phpmainFrame (08.10.2008)

**Wann hat der Mensch ein schlechtes Gewissen?**

Das Gewissen ist eine Forderung von uns selbst an uns selbst. Indem ich einen anderen ungerecht schädige, kränke oder verletze, schädige ich mich unmittelbar selbst. Ich habe, wie wir sagen, „ein schlechtes Gewissen".

Robert Spaemann: Moralische Grundbegriffe. München: Beck, 1994, S. 62

Moralische Erwartungen haben wir nicht nur anderen, sondern auch uns selbst gegenüber. Und auch diese Erwartungen sind mit typischen Empfindungen verknüpft, wenn sie enttäuscht werden. Wir werden von Reue, Scham und einem schlechten Gewissen geplagt, wenn wir etwas gewollt und getan haben, das unserem Urteil nach nicht in Ordnung war. Wir nehmen uns die Tat übel und machen uns Vorwürfe.

Peter Bieri: Das Handwerk der Freiheit. Frankfurt/M: Fischer, 2003, S. 213

**Begriffs-Schaubild**

Ein Schaubild kann – je nach Bedarf – sehr verschieden aussehen. In ihm können Begriffe und Worte so angeordnet werden, wie ihr Verhältnis in einem Text gemeint ist;
z. B.: schlechte Tat → ungute Gefühle → schlechtes Gewissen.
Seele → Gewissen → Empfindung → Bewertung.
Anhand des Schaubildes lässt sich dann besser klären, was z. B. mit „Gewissen", mit „ein Gewissen haben" oder „schlechtes Gewissen haben" gemeint ist.

1. Sucht euch in Kleingruppen je einen Ausspruch 1/ aus und versucht, ihn gemeinsam zu erklären. Erfindet dazu ein kleines Rollenspiel. Tragt es dann im Plenum vor.

2. Untersucht in Ibsens Stück „Gespenster" (evtl. im Deutsch-Unterricht), warum das Gewissen dort eine „eklige Geschichte" genannt wird.

3. Sammelt weitere Sprüche zum Thema „Gewissen" und verfahrt damit genauso. Vergleicht die Behauptungen mit der Definition auf S. 123 4/. Was passt, was nicht?

4. Welche Behauptungen 1/ empfindet ihr als kluge „Weisheiten"? Warum? Setzt euch für oder gegen eine angebliche „Weisheit" im Plenum ein und versucht, am Ende einen Satz als Favoriten auszuwählen.

5. Bildet Gruppen mit 5 Mitgliedern („Stammgruppen").
a) Aus jeder dieser Stammgruppen geht dann ein Mitglied in eine von 5 „Expertengruppen". Diese nehmen sich jeweils einen Text der Philosophen 2/ vor und versuchen, ihn zu verstehen und zu beurteilen: Was ist das Gewissen seiner Meinung nach? Woher kommt das schlechte Gewissen für ihn? Hat der Autor recht? Warum oder warum nicht?
b) Anschließend gehen die „Experten" und „Expertinnen" wieder in ihre Stammgruppe zurück. Dort erklärt jeder den anderen die Gedanken seines Philosophen, so dass nun alle Mitglieder alle 5 Gedanken kennen. Jede Stammgruppe versucht nun, die verschiedenen Gedanken zu einem Schaubild, einer Spiel-Szene oder in einem kurzen Text zusammenzufassen.
c) Präsentiert die Ergebnisse im Plenum und wählt den für euch geeignetesten Text durch eine Abstimmung aus.

Online-Link:
695220-0125

# Das Gewissen in der Gesellschaft

### 1/ Der Fall eines Arztes

Ein Arzt hat während der NS-Herrschaft an der Zusammenstellung von Vernichtungstransporten mitgewirkt und wird später vor Gericht gestellt.

**Richter:** *„Haben sie gewusst, was mit den Transporten geschah"?*

**Angeklagter:** „Ja. Sie fuhren in verschiedene Vernichtungslager."

**Richter:** *„Hatten Sie denn kein Gewissen als Arzt?"*

**Angeklagter:** „Ich tat nur meine Pflicht. Was hätte ich auch schon machen können?"

### 2/ Ein „guter Mensch" am Höllentor

Die Hölle war total überfüllt und noch immer stand eine lange Schlange am Eingang. Schließlich musste sich der Teufel selbst herausbegeben, um die Bewerber fortzuschicken. „Bei mir ist alles so überfüllt, dass nur noch ein einziger Platz frei ist", sagte er. „Den muss der ärgste Sünder bekommen. Sind vielleicht ein paar Mörder da?" Und nun forschte er unter den Anstehenden und hörte sich die Verfehlungen an. Schließlich sah er einen, den er noch nicht gefragt hatte. „Was ist eigentlich mit Ihnen – dem Herrn, der da für sich allein steht? Was haben Sie getan?" „Nichts", sagte der Mann. „Ich bin ein guter Mensch und nur aus Versehen hier. Ich glaubte, die Leute ständen hier um Zigaretten an." „Aber Sie müssen doch etwas getan haben", sagte der Teufel. „Jeder Mensch stellt etwas an." „Ich sah es wohl", sagte der gute Mensch, „aber ich hielt mich davon fern. Ich sah, wie Menschen ihre Mitmenschen verfolgten, aber ich beteiligte mich niemals daran. Sie haben Kinder hungern lassen und in die Sklaverei verkauft; sie haben auf den Schwachen herumgetrampelt und die Armen zertreten. Überall um mich herum haben Menschen von Übeltaten jeder Art profitiert. Ich allein widerstand der Versuchung und tat nichts." „Absolut nichts?", fragte der Teufel ungläubig. „Sind Sie wirklich sicher, dass Sie das alles mit angesehen haben?" „Vor meiner eigenen Tür", sagte der „gute Mensch". „Und nichts haben Sie getan?", wiederholte der Teufel. „Nein!" „Komm herein, mein Sohn: Der Platz gehört dir!" Und als er den „guten Menschen" einließ, drückte sich der Teufel zur Seite, um mit ihm nicht in Berührung zu kommen.

Nach Pedro Calderón de la Barca

### 3/ Das Grundgesetz der Bundesrepublik Deutschland

**Artikel 4.1:**
Die Freiheit des Glaubens, des Gewissens und die Freiheit des religiösen Bekenntnisses sind unverletzlich.

**Artikel 4.3:**
Niemand darf gegen sein Gewissen zum Kriegsdienst mit der Waffe gezwungen werden.

**Artikel 38.1:**
Die Abgeordneten des Deutschen Bundestages sind ... Vertreter des ganzen Volkes, an Aufträge und Weisungen nicht gebunden und nur ihrem Gewissen unterworfen.

## 4/ Nur das Gewissen?

Zeichnung: Klaus Stuttmann

1. a) Was hältst du von den Antworten des Arztes 1/? Was steht hier im Widerspruch zueinander? Wie löst ihn der Arzt für sich und warum?
b) Schreibe einen kurzen Kommentar dazu und entscheide dich dabei, ob er wirklich gewissenlos gehandelt hat oder nicht.
c) Wie hättest du anstelle des Arztes am Schluss geantwortet? Begründe.

2. Lies die Geschichte vom „guten Menschen" 2/ zunächst genau durch. Beantworte dann der Reihe nach die Fragen: Warum meint der Mann, ein guter Mensch zu sein? Warum gibt ihm der Teufel trotzdem den Platz in der Hölle? Und weshalb wohl will er mit ihm am Ende nicht in Berührung kommen? Tauscht eure Antworten in kleinen Gruppen aus.

3. Erinnere dich an eine Situation (aus der eigenen Erfahrung, aus einem Film oder einem Buch), in der jemand nichts getan hat und trotzdem ein schlechtes Gewissen hatte oder haben könnte. Was war falsch an seinem Untätigsein? Stellt euren Fall im Plenum vor.

4. Seht euch gemeinsam die 3 Grundgesetz-Artikel 3/ an.
a) Was wird hier jeweils zum Gewissen festgelegt? In welchen Situationen wird das Gewissen als frei angesehen? Überlegt euch Gründe dafür, warum das gerade dort sein soll.
b) Überlegt euch weitere Situationen, in denen sich Menschen nach den Artikeln auf ihr Gewissen berufen dürften und was das bedeuten könnte. Berücksichtigt auch die Karikatur 4/ und bezieht sie in eure Überlegungen ein.
c) Welche Werte stehen hinter den GG-Artikeln? Schreibt sie auf und ordnet sie den jeweiligen Artikeln zu.
d) Warum, meint ihr, gelten diese Werte für uns? Sucht gemeinsam nach Begründungen dafür.

# Wofür trägt man Verantwortung?

## 1/ Ein Fragebogen zum Einstieg

1. Ärgert es dich, wenn deine Banknachbarin ihren Kaugummi unter die Tischplatte klebt?

2. Sprichst du einen Mitschüler an, wenn du ihm ansiehst, dass er Kummer hat?

3. Bietest du deine Hilfe an, wenn andere etwas nicht kapieren?

4. Ärgert es dich, wenn Mitschüler/innen gelegentlich deine Sachen benutzen?

5. Hältst du es für eine gute Lebensvorbereitung, wenn auch innerhalb der Klasse jeder auf sich selbst angewiesen ist?

6. Durch einen Flohmarkt kamen 1000 Euro in die Klassenkasse. Ein Mitschüler stellt den Antrag, davon 300 Euro einer wohltätigen Organisation zu stiften. Wie stimmst du ab?

7. Du organisierst eine alkoholfreie Klassenparty. Ist es dir egal, wenn trotzdem einige heimlich Alkohol trinken?

8. Bist du bereit, ein persönliches Risiko einzugehen, um einen Mitschüler abschreiben zu lassen?

9. Ein Teil der Klasse versucht, einen bestimmten Lehrer fertigzumachen. Du findest das unfair. Vertrittst du diese Meinung auch gegenüber dieser Gruppe?

10. Es gibt Krach zwischen Klasse und Lehrerin. Eine Mitschülerin erhält einen Eintrag und wird vor die Tür gestellt. Sie hat aber nicht mehr „verbrochen" als du selbst. Bist du froh, dass du nicht der „Sündenbock" bist, oder verlangst du von der Lehrerin die gleiche Behandlung auch für dich?

11. Änderst du manchmal deine Meinung, um in der Klasse nicht aufzufallen?

12. Legst du großen Wert darauf, dass Mitschüler deine Leistungen anerkennen?

13. Ist dir wichtig, was die Mehrheit der Klasse über dich denkt?

14. Würdest du als Nichtraucher/in mit dem Rauchen anfangen, wenn du dadurch leichter in deine „Wunschclique" reinkommen könntest?

15. Einige Mitschüler schwänzen eine Klassenarbeit:
a) Du hoffst, dass es nicht herauskommt?
b) Du freust dich, wenn sie erwischt werden?
c) Du machst entsprechende Bemerkungen, um den Lehrer aufmerksam zu machen?

16. Schaffst du es, deinen Mitschülern zuzuhören, bis sie ausgeredet haben?

17. Ein Mitschüler vertritt eine andere Meinung und kritisiert dich. Kannst du ihm dann noch ruhig zuhören oder musst du sofort „zurückschlagen" ?

18. Versuchst du, den Umgang mit einigen Mitschülern unter allen Umständen zu vermeiden?

19. Hättest du gern mehr Einfluss auf das Verhalten deiner Mitschüler während des Unterrichts?

20. Bei einer Rauferei wird der Tageslichtprojektor beschädigt. Eine der beteiligten Schülerinnen schiebt darauf den Projektor in das leer stehende Zimmer der Nachbarklasse.
a) Dir ist die Sache egal?
b) Du verlangst von den Beteiligten, dass sie den Schaden melden?
c) Du sprichst selbst mit der für die Geräte verantwortlichen Lehrerin?

Harald Herrmann, Ulrich Steckfuß, Helmut Wamsler: Ethik 9. Bühl: Konkordia, 1986, S. 106

### 2/ Was wir sagen …

### 3/ … und was es bedeuten kann

„Verantwortlich sein" – das kann heißen:
a) der Ansprechpartner sein
b) die Urheberin sein
c) der Grund dafür sein
d) schuldig sein
e) moralisch sein
f) eine Aufgabe übernehmen

### 4/ „Moritat"

**Moritat**

Wen es stört,
dass ich zum Denken
nicht seinen,
sondern meinen
Kopf benutze,
der sollte – vielleicht einen Tag lang –
versuchen, mit meinem Kopf zu denken.
Eines allerdings
würde ich auch dann nicht
für ihn übernehmen:
die Verantwortung.

Heinz Kahlau

Heinz Kahlau: Lob des Sisyphus. Gedichte aus einem Viertel-Jahrhundert. Leipzig: Reclam, 1985, Rückseite

1. Beantworte alle Fragen 1/ schriftlich und anonym. Entscheide ehrlich.

2. a) Welche deiner Antworten hat etwas mit Verantwortung zu tun? Begründe.
b) Überlege dann, was deine Antworten sagen: Übernimmst du damit Verantwortung? Wofür, und wofür nicht?

3. Sieh dir die Sätze 2/ genau an.
a) Überlege dir zu jeweils einem Satz eine Situation, in der die Aussagen getroffen werden könnten. Schreibe sie als kurze Geschichte auf und stelle sie in einer Szene für die anderen dar.
b) Frage dich dann: Was heißt in den Beispielen 2/ Verantwortung genau? Versuche, es mit anderen Worten zu sagen. Suche dir zur Hilfe jeweils einen Ausdruck aus der Liste 3/ aus. Stellt euch eure Ergebnisse am Ende gegenseitig vor.

4. Lest gemeinsam die Moritat 4/.
a) Was wird darin vorgeschlagen? Warum wohl?
b) Überlegt euch eine Situation, in der jemand von euch etwas Ähnliches hätte denken oder sagen können. Was könnte hinter solch einer Überlegung stehen?
c) Seht euch den letzten Satz der Moritat an. Was meint der Sprecher der Moritat damit, dass er keine Verantwortung übernehmen würde? Warum würde er das nicht tun?

# Verantwortung für andere

## 1/ Menschen, die Verantwortung übernehmen

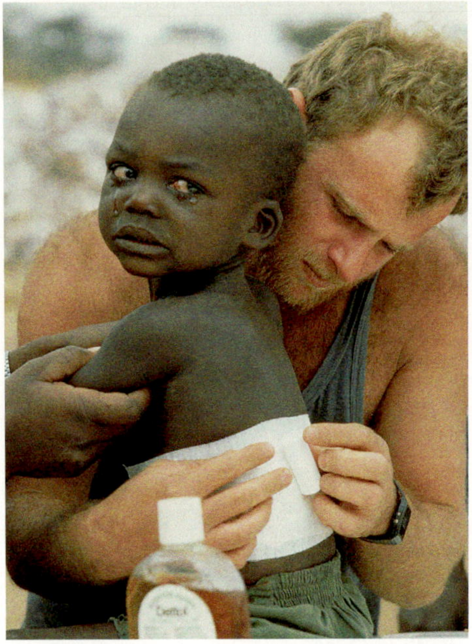

## 2/ Muss man Armen helfen?

„Gibt es gar keine moralische Verpflichtung, den Armen zu helfen?", fragte Gloria ungläubig.

„Das ist wahrscheinlich eine der kompliziertesten Fragen der Moral", antwortete Herr Ibarra. „Ich persönlich bin der Auffassung, dass es moralische Probleme gibt, die wir nicht als Einzelne, sondern nur gemeinsam lösen können. Wir haben nicht als Einzelwesen den armen Mitbürgern gegenüber Verantwortung, wohl aber als Glieder des Staates oder der Gemeinde."

„Aber das löst doch nicht das Problem der Armen", sagte Camilla.

„Es ist wahrscheinlich der einzige Weg. Du hast eine Art von Verantwortung, aber in der Form, dass du möglichst energisch darauf hinarbeiten musst, dass die Regierung sich der Armen in verantwortlicher Weise annimmt. Da es ein Problem aller ist, kann es auch nur durch eine gemeinsame Anstrengung gelöst werden."

„Aber wenn wir diese Aufgabe der Regierung überlassen", warf Camilla ein, „dann bedeutet das doch, dass wir die einzelnen Menschen aus ihren Verpflichtungen entlassen, oder?"

„So sollte es nicht sein!", antwortete Herr Ibarra, „Es gibt eine Verpflichtung zur Solidarität für den Einzelnen. Das ist die Folge der Goldenen Regel, allerdings eine Verpflichtung, die nicht klar abgegrenzt ist. Wir möchten uns wohl wünschen, dass die Menschen hilfsbereiter wären, aber wünschen heißt nicht verlangen …"

Ernst Tugendhat, Celso López, Ana Maria Vicuña: Wie sollen wir handeln? Stuttgart: Reclam, 2000, S. 108 f. (Übers. Reinhard Schwemmler)

## 3/ Die Goldene Regel:

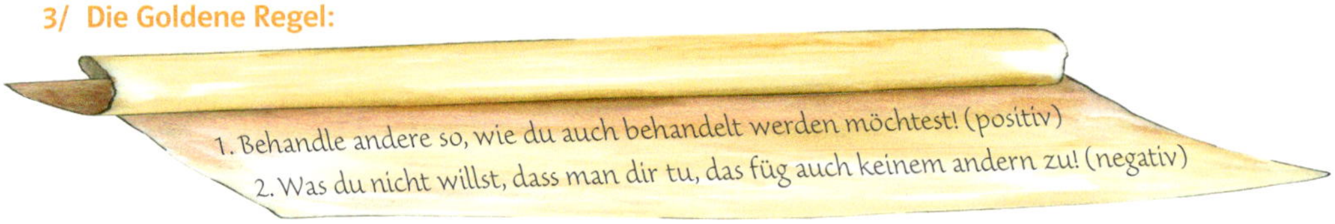

## 4/ Organisationen, die Verantwortung übernehmen – „Ärzte ohne Grenzen“

Ärzte ohne Grenzen ist eine private medizinische Nothilfeorganisation, deren Grundprinzipien in ihrer Charta festgelegt sind.
Die Organisation ist neutral und unparteiisch und arbeitet frei von bürokratischen Zwängen. Um diese Unabhängigkeit zu bewahren, finanziert sich Ärzte ohne Grenzen mindestens zur Hälfte aus privaten Spenden.
Die Geschichte von Ärzte ohne Grenzen begann 1971. Einige junge französische Mediziner hatten die Vision, eine Organisation zu gründen, die der Zivilbevölkerung in Kriegsgebieten und den Opfern von Naturkatastrophen schnell und professionell ärztliche Hilfe bringt.
Ärzte ohne Grenzen leistet in Ländern medizinische Nothilfe, in denen die Gesundheitsstrukturen zusammengebrochen sind oder Bevölkerungsgruppen unzureichend versorgt werden.
Die Aktivitäten sind dabei sehr vielfältig: Wiederaufbau und Inbetriebnahme von Krankenhäusern oder Gesundheitszentren, mobile Kliniken zur Versorgung von ländlichen Gebieten, Impfprogramme, medizinische Versorgung in Flüchtlingslagern, psychologische Betreuung, Aufbau von Ernährungszentren, Wasser- und Sanitärprojekte sowie Gesundheitsversorgung von besonders gefährdeten Gruppen (z. B. Straßenkinder, Slumbewohner).

Nach: www.aerzte-ohne-grenzen.de/Organisation.php (29.10.2007), Berlin: Ärzte ohne Grenzen

**Charta:** Satzung oder Selbstverpflichtung (nichtstaatlicher Organisationen)

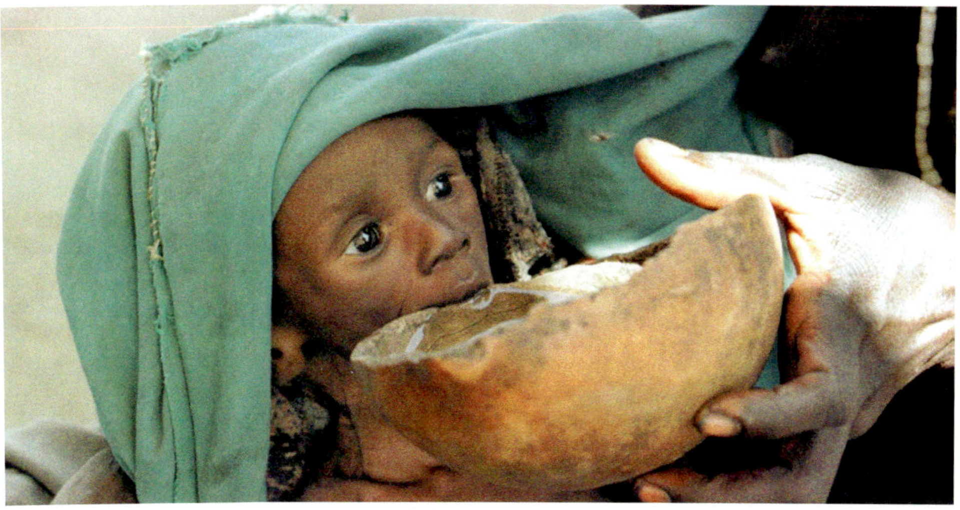

1. Betrachtet die Fotos 1/. Wie übernimmt der Arzt Verantwortung für das Kind und der Jüngere für den Älteren? Was heißt für die beiden Verantwortung, und wo sind wohl ihre Grenzen? Stellt euch selbst diese Frage. Wo wären eure Grenzen?

2. Lest aufmerksam das Gespräch 2/.
a) Zu welcher Lösung des Problems kommt Herr Ibarra: Welche Verpflichtung zur Hilfe haben die Einzelnen?
b) Überlegt, wie ihr die Lösung findet. Prüft dabei auch die Feststellung von Herrn Ibarra, dass eine Verpflichtung aus der Goldenen Regel 3/ folgt.
c) Was meint ihr selbst? Sucht (in Kleingruppen) Situationen, in denen ihr entweder verpflichtet seid zu helfen oder nicht. Versucht dann, zwischen den beiden Arten von Fällen eine Grenze zu ziehen. Formuliert sie in einem möglichst deutlichen Satz, der eine Regel sein könnte (z. B.: „Man muss helfen, wenn …; aber man braucht es nicht, wenn …).

3. Lest das Programm von „Ärzte ohne Grenzen“ 4/. Was glaubt ihr, warum tun die Ärzte das alles für andere? Sammelt dazu im Internet weitere Informationen und informiert euch auch über andere Organisationen, ihre Ziele, Projekte, …

**Online-Link:** 695220-0131

# Leben mit Verantwortung für die Zukunft

**Jakob von Uexküll:** Briefmarkenhändler, Begründer des „alternativen Nobelpreises" und Initiator des Weltzukunftsrates

**Online-Link:** 695220-0132

## 1/ Wer übernimmt Verantwortung für die Zukunft?

Ein Interview mit Jakob von Uexküll über den „Weltzukunftsrat" und die Verantwortung für zukünftige Generationen

**Frage:** *Herr von Uexküll, es gibt viele Institutionen, die versuchen, die Welt zu retten. Wozu brauchen wir einen Weltzukunftsrat?*

**Uexküll:** Es gibt viele Organisationen, die aber alle sehr kurzfristig angelegt oder sehr spezialisiert sind, aber es gibt nichts wie den „World Future Council", den Weltzukunftsrat (WFC). Es fehlt eine Organisation, die eine starke moralische Funktion hat. Wir verstehen den Weltzukunftsrat als Stimme zukünftiger Generationen. Die werden bei Entscheidungen, die heute getroffen werden, nicht gefragt. …

Man kann den WFC so ähnlich sehen wie ein Verfassungsgericht. Das überprüft Beschlüsse auf ihre Verfassungsmäßigkeit. Der WFC überprüft sie auf ihre Zukunftsfähigkeit.

**Frage:** *Das ist ein moralischer Ansatz: Sie reden den Entscheidungsträgern ins Gewissen. Verkennen Sie dabei nicht, dass hinter den zerstörerischen Tendenzen unserer Wirtschaft und Politik massive Interessen stehen?*

**Üexküll:** Gerade deswegen brauchen wir einen moralisch-ethischen Ansatz. Denn nur der führt letztlich zum Erfolg. Hinter der Sklaverei standen in den USA und Großbritannien auch massive wirtschaftliche Interessen. Sie war auch politisch völlig akzeptiert. Aber eine kleine Gruppe von Menschen sagte, sie sei moralisch und ethisch unerträglich. Innerhalb einer Generation hatten sie Erfolg.

Interview von Gernot Knödler und Daniel Wiese mit Jakob von Uexküll. In: Die tageszeitung, 8.6.2007, S. VIII (taz spezial)

Auf der Bühne des Live-Earth-Konzertes haben Kinder und Bianca Jagger, die Vorsitzende des Weltzukunftsrates, KidsCall (weltweite Kampagne für die Umwelt) gestartet und bekannt gemacht.

### Nichtregierungsorganisationen

Nichtregierungsorganisationen (engl.: Non Governmental Organisations = NGO's) sind nichtstaatliche Organisationen, die nicht auf Gewinn gerichtet und von staatlichen Stellen weder organisiert noch abhängig sind. Häufig verfolgen sie auf ihren Gebieten andere Ziele als die staatliche Regierung oder Verwaltung. Nichtstaatliche Organisationen, die weltweit aktiv sind, werden als Internationale Nichtregierungsorganisationen bezeichnet.

## 2/ Wenn Einsichten zu spät kommen

Zeichnung: Freimut Wössner

## 3/ Eine jüdische Legende

Ein Weiser mit Namen Choni ging einmal über Land und sah einen Mann, der einen Johannisbrotbaum pflanzte. Er blieb bei ihm stehen und sah ihm zu und fragte: „Wann wird das Bäumchen wohl Früchte tragen ?" Der Mann erwiderte: „In siebzig Jahren." Da sprach der Weise: „Du Tor! Denkst du, in siebzig Jahren noch zu leben und die Früchte deiner Arbeit zu genießen? Pflanze lieber einen Baum, der Früchte trägt, dass du dich erfreust in deinem Leben." Der Mann aber hatte sein Werk vollendet und sah freudig darauf und er antwortete: „Rabbi, als ich zur Welt kam, da fand ich Johannisbrotbäume und aß von ihnen, ohne dass ich sie gepflanzt hatte, denn das hatten meine Väter getan. Habe ich nun genossen, wo ich nicht gearbeitet habe, so will ich einen Baum pflanzen für meine Kinder oder Enkel, dass sie davon genießen. Wir Menschen können nur bestehen, wenn einer dem anderen die Hand reicht. Siehe, ich bin ein einfacher Mann, aber wir haben ein Sprichwort: Gefährten oder Tod."

Martin Buber: Die Erzählungen der Chassidim. Zürich: Manesse, 1992

1. Lest das Interview 1/ (z. B. mit verteilten Rollen). Stellt euch dann nacheinander die Fragen: Was will der Weltzukunftsrat? Für wen tritt er ein? Was hat er mit Ethik zu tun?

2. In dem Interview wird gesagt, es gehe um die „Zukunftsfähigkeit" von politischen Entscheidungen. Überlegt gemeinsam, was das heißen soll: Welche Entscheidungen, die ihr kennt, sind „zukunftsfähig", welche nicht? Sammelt Beispiele dafür, schreibt sie auf Karten und heftet sie auf zwei verschiedene Seiten an die Tafel. Überlegt dann, wie man die nicht-zukunftsfähigen Entscheidungen verhindern könnte.

3. In der Legende 3/ sagt der Mann am Ende: „Wir Menschen können nur bestehen, wenn einer dem anderen die Hand reicht." Sammelt Situationen, die ihr persönlich kennt, in denen das so ist; Situationen, in denen ihr die Hand gereicht habt, oder wo ihr eine gereicht bekommen habt. Schreibt oder malt sie alle auf und gestaltet daraus eine große Wandzeitung.

# Meinungen gemeinsam bilden

Wie überzeugt man sich am besten? – Das Leben ist voll von wichtigen moralischen und ethischen Fragen, wie diese: Darf ich andere bestehlen? Darf ich bei Klassenarbeiten schummeln? Muss ich meinen Freunden helfen?

Wir müssen solche Fragen für uns beantworten, wenn wir bewusst, frei und **verantwortlich** handeln wollen. Aber auch, wenn wir uns zum Handeln anderer eine Meinung bilden wollen, wenn wir ihnen zustimmen oder widersprechen wollen. All das können wir aber nur dann, wenn wir uns **Gründe** überlegt haben, die für das eine oder andere sprechen.

Solche Gründe fallen aber nicht vom Himmel, sondern wir müssen sie finden. Oft suchen wir sie für uns allein. Irgendwann glauben wir dann, uns sicher zu sein und eine gut begründete Meinung zu haben. Wenn wir sie anderen dann sagen, stellen wir oft fest, dass diese aber noch andere – und manchmal bessere – Gründe für oder gegen diese Meinung haben.

Dann wird uns klar, dass wir zu wirklich guten und zu den besten Begründungen nur **gemeinsam** kommen können. Denn jede/r Einzelne übersieht immer irgendetwas, was anderen jedoch einfällt, und umgekehrt. Deshalb überzeugen wir uns von einer guten und richtigen Meinung am besten in einer gemeinsamen Diskussion – vor allem dann, wenn es um wichtige ethische Fragen geht. Ein Beispiel dafür findet ihr in dem folgenden Gespräch zwischen Jugendlichen und ihren Eltern.

**1/ Warum ist es so schlimm, Menschen zu töten?**

„Wie kommst du eigentlich darauf, dass Töten besonders grausam ist?", fragte Sebastian Camilla.

„Weil man einem Menschen das größte Leid zufügt, das man sich vorstellen kann, wenn man ihn tötet", antwortete Camilla.

„Gut, vielleicht leiden die Menschen, die ermordet werden, nicht immer, weil es ja auch schnell gehen kann, aber es ist doch zumindest ein schreckliches Leid für ihre Angehörigen."

„Das weiß ich nicht", sagte Sebastian, „aber wenn die Ermordeten schon sehr alt wären und gar keine Kinder hätten? Dann gäbe es doch niemanden, der ihretwegen gelitten hätte. Wieso ist also Töten böse?"

Die Möglichkeit versetzte allen einen gehörigen Schrecken. Nur Gloria fiel sofort etwas dazu ein: „Töten ist eben deshalb böse, weil in den Zehn Geboten steht: ‚Du sollst nicht töten'".

„Ja, schon …", brummelte Sebastian, aber es war den Freunden klar, dass er nicht recht überzeugt war …

Als Camilla nach Hause kam, zog sie ihren Parka aus und warf ihn zusammen mit der Schultasche auf einen Sessel.

„Mama!", sagte sie, „Kann ich dich mal was fragen?"

„Natürlich!"

„Warum ist es eigentlich so schlimm, jemanden zu töten?"

„Was für eine merkwürdige Frage!"

„Wir haben darüber in der Schule diskutiert, und ich weiß jetzt nicht, woran ich bin", erklärte Camilla.

„Ich habe darüber nicht viel nachgedacht", begann ihre Mutter, „aber ich bin der Meinung, es ist deshalb so schlimm, weil wir doch alle leben wollen. In meinen Augen ist das Leben unser höchstes Gut; alles andere ist weniger wichtig, als leben zu können."

Diese Antwort erschien Camilla zwar sehr vernünftig, aber es war doch nicht das, was sie sich eigentlich erhofft hatte. Trotzdem hatte sie jetzt keine Lust, noch weiterzufragen.

Ein wenig später kam ihr Vater zum Essen und brachte Camillas Onkel mit. Er war viel jünger als ihre Eltern, und Camilla freute sich immer riesig, wenn er mal wieder zu Besuch kam …

Camilla war sich nicht sicher, ob sie ihr Problem noch einmal zur Diskussion stellen sollte, denn ihr Onkel zog sie oft auf, aber schließlich wiederholte sie die Frage

→

von vorhin. „Warum ist es schlimm, jemanden zu töten?"

„Und was hat deine Mutter gesagt?"

„Dass es böse ist, weil wir alle leben wollen."

„Genau", sagte der Onkel, „ich glaube, das ist die richtige Antwort."

„Aber warum wollen wir alle leben?", beharrte Camilla.

„Einen Grund dafür kann ich dir nicht sagen, aber wahr ist es auf jeden Fall. Es ist eine Tatsache, dass das Leben für uns das Allerwichtigste ist … und deshalb versuchen wir immer, dem Tod auszuweichen. Schau dich nur um, das machen alle Menschen, überall auf der Welt!" …

„Na klar!", begann Camilla, „Aber was ist zum Beispiel mit den Leuten, die Selbstmord begehen?" Sie sah ihren Onkel schelmisch an.

„Was habe ich für eine intelligente Nichte!", sagte dieser mit breitem Lächeln.

Nun schaltete sich ihr Vater ein und sagte: „Das sind doch Ausnahmen, Camilla! Es stimmt zwar, dass sich manche Menschen selber töten, aber das sind entweder Todkranke oder völlig Verzweifelte. Und selbst dann schrecken viele am Ende doch wieder davor zurück."

„Außerdem", führte der Vater den Gedanken fort, „glaubst du nicht auch, dass sogar ein Mensch, der ernsthaft an Selbstmord denkt, fürchterlich erschrecken würde, wenn ihn jemand mit dem Revolver bedrohte, und dass er alles Mögliche unternehmen würde, um sich zu retten? Warum, glaubst du, ist das so? Ohne Zweifel doch deshalb, weil der Wunsch zu überleben das stärkste Gefühl ist, das wir haben."

Ernst Tugendhat, Celso López, Ana Maria Vicuña: Wie sollen wir handeln? Stuttgart: Reclam, 2000, S. 10 ff. (Übers. Reinhard Schwemmler)

2/

1. Lest die Geschichte 1/ genau durch. Welche Meinungen zum Töten von Menschen werden von den Jugendlichen und ihren Eltern aufgestellt? Bringt sie in die Reihenfolge, so wie sie im Text auftauchen, und schreibt sie in einem kurzen Satz auf.

2. Prüft, welche Einwände jeweils gegen die Meinungen im Text hervorgebracht werden, und schreibt sie daneben. Sind sie für euch auch überzeugend? Überlegt gemeinsam, welche anderen Meinungen oder Einwände euch selbst vielleicht noch einfallen. Schreibt sie mit anderer Farbe dazu.

3. Welche Gründe haben euch am meisten überzeugt? Warum? Versucht, im Plenum dafür zu werben.

4. Betrachtet, welches Ergebnis die Diskussion in der Geschichte am Ende hat. Überzeugt es euch? Oder kommt ihr zu einem anderen Ergebnis? In diesem Fall schreibt eure eigene, andere Meinung daneben.

5. Nehmt euch ein eigenes Thema vor und versucht, wie die Jugendlichen und ihre Eltern miteinander zu diskutieren. Haltet den Verlauf an der Tafel fest und überlegt auch hier genauso wie bei der Geschichte.

# Darf man lügen?

## 1/ Lügen will gut überlegt sein

Pia hatte mit ihrer Freundin Anne einen gemeinsamen Urlaub geplant. Nun erfuhr sie, dass genau diese Zeit die letzten Wochen waren, in denen sie noch ihren neuen Freund Marc sehen konnte, bevor er für ein ganzes Jahr nach Amerika gehen würde. Deshalb entschloss sie sich, den Urlaub abzusagen, um ihren geliebten Freund noch bis zum Schluss sehen zu können. Allerdings wollte sie Anne nicht den wahren Grund dafür nennen, sondern Geldmangel vorschieben. Ihr Bruder Ferdinand unterstützte ihren Plan, nicht jedoch ihre Mutter.

„Ich glaub, ich hör nicht recht!" Die Mutter war richtig verärgert. „Das ist ja toll. Meine Tochter will lügen und mein Sohn findet da auch nichts Schlimmes dabei. Wozu hab ich euch eigentlich erzogen? Ich hab euch doch immer eingeschärft, dass Lügen etwas Schlimmes ist."

„Ja, weil man damit anderen schadet." Pia hatte sich das offensichtlich genau überlegt. „Aber hier schadet die Lüge doch niemandem. Im Gegenteil, wenn Anne erfährt, dass ich wegen Marc nicht fahren will, ist sie vielleicht gekränkt. So aber nicht."

„Das hast du dir fein zurechtgelegt", sagte die Mutter. Und was ist mit dem achten Gebot: ‚Du sollst nicht lügen'? Genau das tust du doch."

Ferdinand überlegte. Gut, Lügen ist etwas Schlechtes und eine Sünde, das hatte man schon oft genug gehört, aber eins war ihm immer noch unklar: „Warum eigentlich?"

„Aus der Sicht des Glaubens ist Gott derjenige, der alles weiß und deshalb auch die Wahrheit", antwortete die Mutter. „Bei der Lüge sagt man ja etwas, das nicht stimmt, und entfernt sich damit von Gott. Es gibt aber noch einen ganz praktischen Grund, warum das Lügen schlecht ist: Es zerstört das Vertrauen."

„Wie das?", wollte Pia wissen.

„Na ihr kennt doch das Sprichwort ‚Wer einmal lügt, dem glaubt man nicht, und wenn er auch die Wahrheit spricht'. Stell dir vor, Anne bemerkt, dass du sie belogen hast. Was passiert, wenn du ihr das nächste Mal etwas erzählst? Sie wird sich überlegen, ob es diesmal stimmt, oder ob du sie wieder belügst. In euer Freundschaft wird es kein Vertrauen mehr geben können."

Pia zog davon und Ferdinand überlegte. Die Mutter hatte schon recht, aber ganz hatte sie ihn nicht überzeugt. Es konnte doch nicht sein, dass jede Lüge falsch war. Und wenn der Belogene gar nicht merkte, dass er belogen wurde, dann würde doch auch sein Vertrauen nicht gestört sein. Nein, da musste es doch noch mehr geben. Er wollte sicherheitshalber Onkel Gottfried fragen.

„Die Wahrheit", sagte der Onkel, „ist etwas sehr Wertvolles, das man schützen muss. Es gibt aber auch noch andere Werte. Es kann sein, dass man lügen darf und muss, um etwas noch Wertvolleres zu schützen."

„Zum Beispiel das Leben eines Verfolgten", sagte Ferdinand.

„Genau", sagte der Onkel, „oder auch nur die Gefühle eines anderen. Wenn zum Beispiel jemand bei einem Unfall im Gesicht verletzt worden ist und jetzt ganz fürchterlich aussieht, dann dürfte man nicht ‚Bist du aber hässlich!' zu ihm sagen, auch wenn man ihn tatsächlich hässlich findet … Und die meisten gehen heute noch weiter. Wenn jemand etwas wissen will, was ihn nichts angeht, und genau das zu sagen ist nicht möglich, dann darf man auch in so einem Fall lügen."

„Dann darf ich also auch lügen", entgegnete Ferdinand, „wenn der Lehrer wissen will, ob mein Freund etwas angestellt hat. Wenn ich da nämlich antworte: ‚Dazu sage ich nichts!', weiß der Lehrer sofort, dass es mein Freund gewesen ist. Denn sonst könnte ich ja antworten."

„Halt, so einfach ist das nicht. Überlege doch einmal: Hat der Lehrer ein Recht, das zu erfahren?"

Rainer Erlinger: Lügen haben rote Ohren. Gewissensfragen für große und kleine Menschen. München: List, 2004, S. 15–30 (Auszüge)

## 2/ Manchmal lieber doch lügen?

Zeichnung: Jim Davis

## 3/ rätselhafte Schwestern

Ein Wanderer läuft durch einen Wald und möchte ans Meer. Da kommt er an eine Weggabelung. Der eine Weg führt zum Meer, der andere nicht. An der Weggabelung steht ein Haus, in dem zwei Schwestern wohnen. Die eine von beiden lügt immer, die andere sagt immer die Wahrheit. Eine von beiden Schwestern steht auf dem Balkon. Der Wanderer kann sie also nach dem Weg fragen.
Aber wird er die richtige Antwort erhalten? Er weiß ja nicht, welche der beiden Schwestern auf dem Balkon steht. Er wird es auch nicht von ihr erfahren, welche von beiden sie ist. Denn wenn es die Lügnerin ist, würde sie ja lügen. Er bekäme also beide Male die Antwort: „Ich bin die, die immer die Wahrheit sagt! Du kannst mich ruhig fragen."
Da fällt ihm eine Frage ein, die er ihr stellen kann, so dass er die richtige Antwort bekommt und sicher sein kann, am Meer anzukommen. Er stellt ihr die Frage, sie antwortet, und eine halbe Stunde später ist er tatsächlich am Meer.

1. Lest die Geschichte 1/. Welche Gründe für und welche gegen das Belügen der Freundin werden genannt? Stellt sie in einer Tabelle gegenüber.

2. Lest die letzte Frage im Text 1/. Haben wir Menschen ein Recht auf die Wahrheit? Überlegt Fälle, in denen der andere kein Recht darauf hat, und wo es besser sein könnte zu lügen als die Wahrheit zu sagen. Stellt Fälle dagegen, wo es umgekehrt **nicht** besser wäre. Begründet beide Sorten von Fällen und versucht anschließend, eine Regel dazu zu formulieren, wann es solch ein Recht gibt und wann nicht.

3. Was sagt dein Gewissen beim Lügen? Denke dabei an Fälle aus deiner eigenen Erfahrung. Wie hast du dich damals gefühlt und wie ist es jetzt? Was ist der Unterschied? Warum?

4. Seht euch den Cartoon 2/ an. Im Text 1/ gibt es einen ähnlichen Fall. Findet ihn und vergleicht beide miteinander. Was ist gleich, was verschieden?

5. Seht euch das Rätsel 3/ an und versucht es zu lösen: Welche Frage muss der Wanderer der Schwester auf dem Balkon stellen? Es ist wirklich nur **eine** Frage! Malt zur Hilfe ein Bild der Situation von oben betrachtet und geht alle Möglichkeiten durch (vgl. die Lösungen im Anhang, S. 229).

# Entwicklung, Wert und Bedeutung von Wissenschaft

## 1/ Was ist unsere Seele? – Von den antiken Philosophen zur modernen Wissenschaft

Unsere Seele ist etwas, das wir gut zu kennen glauben. Wir meinen, dass wir sie ganz deutlich in uns erleben: das, was wir selbst sind – mit unseren Gedanken, Gefühlen und unserem Willen.

Dabei hat man sich die Seele im Laufe der Jahrhunderte und Jahrtausende unterschiedlich vorgestellt und erklärt. Hier einige wichtige Etappen des Nachdenkens über die Seele:

| Platon | Christentum | René Descartes | Sigmund Freud | Hirnforschung |
|---|---|---|---|---|
| Die Seele ist unsterblich, sie wandert von Körper zu Körper, und sie kann sich auch „wieder erinnern“: an Dinge, die sie in früheren Leben erlebt oder gelernt hat. | Die Seele ist das von Gott dem Menschen eingehauchte Leben. Sie wird „sündig“ geboren und lebt nach dem körperlichen Tode weiter – im Himmelreich oder in der Hölle, je nachdem, ob der Mensch sündig gelebt hat oder nicht. | Die Seele ist ein „denkendes Ding“ (lat. res cogitans), Sie sitzt im Körper und gibt diesem Befehle, was er tun soll. Dabei ist die Seele vom Körper völlig unabhängig, wenn sie auch auf ihn einwirken kann. | Die Seele wird Psyche genannt. Sie besteht aus drei Teilen – dem Es, dem Ich und dem Über-Ich, d.h. dem Trieb und Gefühlsleben, dem Bewusstsein und dem Gewissen. Diese drei Teile wirken als Kräfte aufeinander ein. Daraus entsteht unser Denken und Handeln. | Die Seele ist eine Täuschung des Menschen über sich selbst. In Wirklichkeit gibt es nur physikalische Vorgänge im Gehirn, die alles regeln und steuern. Der Mensch fühlt dabei etwas in seinem Innern und hält dies für seine eigenständige Seele. Er glaubt, dadurch sei er frei, doch er sieht nicht, was der Hirnforscher weiß: dass das Gehirn den Menschen bestimmt. |
| 427–347 v. Chr. | ab dem Jahr 0 | 1596–1650 | 1861–1951 | 21. Jh. |

Das Nachdenken über die Seele hat die Menschen also von der Vergeistigung der Natur zur Naturalisierung des Geistes geführt: von der Vorstellung, die Seele sei etwas „Geistiges“, etwas eigenes Inneres, zu der Vorstellung, sie sei etwas „Natürliches“; sie sei etwas, das nicht den Prinzipien der Freiheit, sondern den Gesetzen der Natur gehorcht. Diese Auffassung vertreten heute vor allem moderne Hirnforscher wie Gerhard Roth und Wolf Singer.

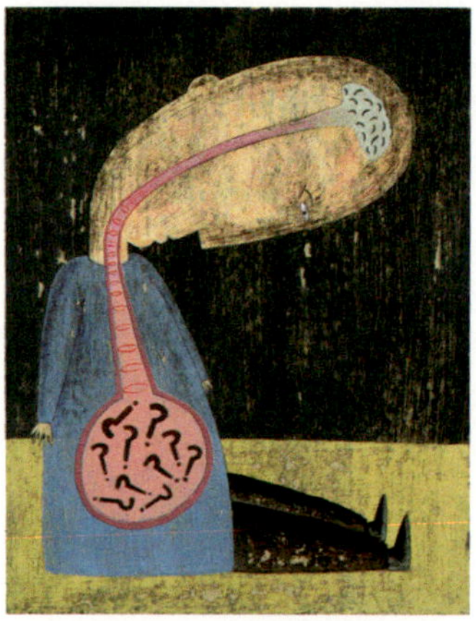

Alle Texte in diesem Kapitel stammen von Thomas Schäfer, sofern die Quellen nicht anders ausgewiesen sind.

## 2/ Was Hirnforscher behaupten …

**Gerhard Roth:** Experimente zeigen, dass jeder Entscheidung, und halten wir sie noch so sehr für unseren eigenen Willen, zuvor wichtige Vorentscheidungen vorausgegangen sind – und zwar unbewusst … Da wären zunächst einmal die Gene, die das Temperament eines Menschen weitgehend festlegen; dann prägen frühkindliche Einflüsse spätere Entscheidungsmuster und schließlich die Erfahrungen aller Lebensjahre.

in: DER SPIEGEL, Nr. 52/2004, Hamburg: SPIEGEL-Verlag Rudolf Augstein, S. 120

**Wolf Singer:** Keiner kann anders als er ist. Verschaltungen legen uns fest. Wir sollten aufhören, von Freiheit zu reden … Eine Person tat, was sie tat, weil sie im fraglichen Augenblick nicht anders konnte – denn sonst hätte sie anders gehandelt … Diese Einsicht könnte zu einer humaneren, weniger diskriminierenden Beurteilung von Mitmenschen führen …

in: FAZ, 8.1.2004, Feuilleton, Frankfurt/M: FAZ Verlag, S. 33

## 3/ … und was Philosophen daran kritisieren

**Peter Bieri:** So kann es nicht sein. Das Gehirn nämlich kann gar nichts entscheiden … Entscheidungen im eigentlichen Sinne gibt es nur, wo von Gründen und Überlegen die Rede sein kann.

in: DER SPIEGEL, Nr. 2/2005, Hamburg: SPIEGEL-Verlag Rudolf Augstein, S. 124

**Lutz Wingert:** Wenn alles Geistige erschöpfend von der Biologie beschrieben werden könnte, wären auch ethische Fragen mit den Mitteln der Biologie beantwortbar. Das sind sie aber nicht.

in: DIE ZEIT, Nr. 36/2007, Hamburg: ZEITVerlag, S. 36

4/ Zeichnung: Roger Schmidt

Online-Link: 695220-0139

1. a) Seht euch die verschiedenen Vorstellungen über die Seele 1/ an und vergleicht sie miteinander. Wodurch unterscheiden sie sich? Nehmt euch in kleinen Gruppen je eine Vorstellung vor, diskutiert ihr Für und Wider, kommentiert sie und stellt euer Ergebnis in der Gesamtgruppe vor.
b) Welche Auffassung der Seele ist für euch am überzeugendsten?
c) Überlegt, wie es zu so vielen verschiedenen Bildern von der Seele kommen konnte. Klärt die Frage durch Nachforschungen in der Literatur und im Internet.

2. Lies, was die beiden Hirnforscher Roth und Singer behaupten 2/. Überzeugen dich ihre Gedanken? Suche Gründe dafür und dagegen.

3. Sieh dir die beiden kritischen Bemerkungen der Philosophen Bieri und Wingert an 3/. Warum meinen sie, dass die Hirnforscher Unrecht haben? Versuche, es mit deinen eigenen Worten zu sagen.

4. Interpretiert gemeinsam die Karikatur 4/. Inwiefern hat sie etwas mit der Diskussion 2/ und 3/ zu tun?

5. Veranstaltet eine Podiumsdiskussion: Je ein Schüler oder eine Schülerin übernimmt die Rolle eines Hirnforschers oder Philosophen. Unter der Leitung eines Moderators diskutieren sie die Fragen: 1. Ist unser Geist biologisch festgelegt?, und 2. Wie frei ist der Mensch? Das Publikum, der Rest der Klasse, spendet guten Argumenten Beifall.

6. Was bedeutet es, für die eine oder die andere Meinung zu sein? Welche Interessen könnten hinter den jeweiligen Positionen stehen? Welche Gefahr besteht, wenn man menschliches Verhalten rein biologisch erklärt oder andererseits nur als von sozialen Einflüssen abhängig definiert? Nenne Beispiele. (Vgl. auch die Methodenseite S. 18/19 im Kapitel 1.)

# Dürfen wir alles mit uns machen?

### 1/ „Klonen" – Eine neue Technik

In der modernen Medizin sind seit wenigen Jahrzehnten neue Möglichkeiten entstanden, Kinder zu erzeugen („Reproduktionsmedizin"). Weil man inzwischen ein größeres Wissen davon hat, wie die Befruchtung vor sich geht und wie Anlagen vererbt werden, kann man z.B. außerhalb des Körpers der Frau die Befruchtung durchführen („In-vitro-fertilisation"). Zu den neuen Techniken der medizinischen Wissenschaften gehört inzwischen auch das so genannte „Klonen" (engl.: cloning). Seitdem wird heftig darüber gestritten, ob es ethisch erlaubt sein sollte, Menschen auf diese Art und Weise zu erzeugen, und welche Chancen und Gefahren darin stecken. Die Meldung von der Geburt des ersten Klonkindes Eve ging Ende Dezember 2002 um die Welt. Für kurze Zeit schien tatsächlich die Zeit der Menschenklone angebrochen zu sein.

**Klonen**

Man bezeichnet in der Reproduktionsmedizin und Zellbiologie als *Klonen* die künstliche Erzeugung eines vollständigen Organismus oder wesentlicher Teile davon, ausgehend von genetischer Information (DNA), die einem bereits existierenden Organismus entnommen wurde. Dies führt zu einer genetisch identischen Kopie des Organismus, die als „Klon" bezeichnet wird.

### 2/ Eineiige Drillinge

### 3/ Ein Mädchen wurde von ihrer Mutter geklont ...

In ihrem Roman „Blueprint“ erzählt die Schriftstellerin Charlotte Kerner die Geschichte der berühmten, hoch begabten Komponistin Iris Sellin, unverheiratet und kinderlos, die sich von dem Mediziner Prof. Fischer klonen lässt, als sie von ihrer unheilbaren Krankheit erfährt.

Die geklonte Tochter Siri Sellin wächst in der Folge mit vielen Problemen auf, vor allem mit dem Leistungsdruck, der auf ihr lastet, weil die Mutter ein ebenso erfolgreiches Kind haben möchte wie sie selbst. Im Alter von 22 Jahren, nach dem Tod der Mutter, schreibt die geklonte Tochter Siri einen Bericht über ihr Leben, der auch eine Anklage an die Mutter ist:

„Als es dir schlecht ging, Iris, erst dann sehntest du dich nach einem Kind. Du wolltest neues Leben dem alten, kranken entgegenstellen. Aus Wut! Weil du nicht glauben konntest, dass man vergeht. Weiterleben wolltest du in der anderen, oder noch besser: ewig leben! Ein verzweifelter Wunsch, der nur Verzweifeltes hervorbringen konnte.

Er gab deinem Leben einen neuen Sinn und ein neues Ziel: mich. Oder genauer: dich noch einmal ...

Du wolltest dich noch einmal erschaffen lassen. Hieltest dich für wert, noch einmal geboren zu werden. Unsterblich wolltest du sein ...

Nein, du warst nicht irgendwer, sondern jemand Besonderes. Und alle gieren doch nach dem Besonderen, nach etwas, das sich aus der Masse heraushebt ...

„Bravo!“, werden die Leute rufen. Eine neue Iris Sellin, das hat sich wenigstens gelohnt. Denn wer will schon dumme Dutzendware, die den ganzen Aufwand doch nicht wert ist.

Moralische Bedenken hattet ihr nicht. Welche auch? Warum sollte es gegen die Würde eines Kindes sein, dem Nachwuchs von Anfang an gute Erbanlagen mitzugeben und die genetische Lotterie, den Zufall, auszuschalten? Keine Nieten mehr, Volltreffer garantiert! Greifen Sie nur zu! Das überzeugt, um mit Sicherheit elterliche Wünsche zu befriedigen. Die Wünsche des Klons interessieren weniger, aber woher auch solltet ihr beiden unsereins oder gar unsere Gefühle kennen? Wir waren ja noch nicht vorhanden, noch nicht von dieser Welt, nur pure Hirngespinste und kranke Kopfgeburten, Allmachtsphantasien ...

Wie sollte ich mich finden, wenn ich bei meiner Suche immer nur auf dich stieß, auf dein Bild und dein Bild von mir? Was ich auch tat, du warst schon vor mir da, du hattest alles vorher und besser gemacht. Ich sollte nur dein Leben sein, noch einmal.“

Jörg Peters, Bernd Rolf: Ethik aktuell. Bamberg: Buchner, 2002, S. 154 f.; zusammengestellt aus: Charlotte Kerner: Blueprint. Weinheim: Beltz und Gelberg, 1999

1. Seht euch an, was Klonen heißt 1/. Vergleicht es mit dem, was die Natur bei eineiigen Zwillingen tut 2/. Überlegt in Kleingruppen, wie ihr es findet, dass der Mensch das kann, was vorher nur die Natur konnte. Ist es ein Gewinn oder ein Verlust? Was spricht in euren Augen für oder gegen das Klonen? Fertigt eine Pro-und-Kontra-Liste dazu an. Tragt die Ergebnisse im Plenum zusammen und erstellt eine gemeinsame Liste.

2. Lest den Brief von Siri 3/. Warum hat die Mutter ihre Tochter damals „geklont“? Und welche Probleme hat die Tochter heute damit?

3. Überlegt euch: Ist Siris Problem typisch für das Klonen, oder könnte es auch unabhängig davon passiert sein? Kennt ihr solche Fälle? Besprecht sie in kleinen Gruppen und danach auch im Plenum.

# Die Macht der Medien und ihre Grenzen

## 1/ Verfolgung Prominenter durch die Presse – der Fall Lady Diana

Lady Diana, die ehemalige Frau von Prinz Charles von England, führte nach ihrer Trennung von diesem ein sehr sozial engagiertes Leben. Dafür wurde sie neben ihrer Berühmtheit auch zunehmend international geachtet. Zugleich blieb sie dadurch weiterhin eine Zielscheibe des Interesses der Medien, die sie – wie viele andere Prominente auch – bis in die privatesten Geheimnisse hinein verfolgte.

## 2/ Diana – zur Schau gestellt

Diana bemerkte die Fotografen. Sie wusste, was nun in den Zeitungen stehen würde. Sie fühlte sich entsetzlich genervt und gestört. Aber sie wollte sich trotzdem die gute Laune und den Spaß nicht verderben lassen. Diana dachte gar nicht daran, sich mit ihrem Dodi in der Villa oder unter Deck aufzuhalten. Die Sonne schien so herrlich am blauen Himmel, und das Wasser glitzerte wie Silber. Sie wollte glücklich sein, mit jeder Faser ihres Körpers genießen.

www.prinzessin-diana.de/dodi.htm (29.10.2007)

**Paparazzi:** sensationsversessene und aufdringliche Pressefotografen, die Prominenten nachstellen

## 3/ Paparazzi-Jagd mit tödlichen Folgen

Am Place de la Concorde in Paris wurde das Fahrzeug mit den prominenten Insassen, Lady Diana und ihrem Geliebten Dodi, von den Fotografen verfolgt, immer in der Hoffnung, ein gutes Foto zu schießen. Es wurden immer mehr, wahrscheinlich standen die Fotografen untereinander per Handy in Kontakt. Henri Paul, der Fahrer, fuhr immer schneller. Er wollte unter allen Umständen die Paparazzi abhängen. Er nahm die Schnellstraße am Seine-Ufer, raste dann in den Tunnel unter der Place de Alma. 80 Stundenkilometer sind maximal erlaubt, er fuhr ganze 180. Kurz hinter dem Tunneleingang verlor er völlig die Kontrolle über den schweren Wagen. Das Auto geriet ins Schleudern, schlingerte und prallte schließlich mit ganzer Wucht gegen den 13. Betonpfeiler! Der Krach kam einer Explosion gleich.
Um halb zwei Uhr nachts kam Diana ins Krankenhaus zur Notoperation. Sie hatte starke innere Blutungen – und plötzlich stand ihr Herz still. Diana war tot! Die Prinzessin von Wales starb am 31. August 1997 um 3.57 Uhr.

www.prinzessin-diana.de/unfall.htm (29.10.2007)

## 4/ Eine aktuelle Umfrage:

Das TV hat Todesbilder von Diana gezeigt. Was sagen Sie dazu?

| | |
|---|---|
| Es ist geschmacklos. Ich will es nicht sehen! | 56,1 % |
| Ich finde es gut. Ich wollte es schon immer sehen. | 25,9 % |
| Ich weiß nicht, was ich davon halten soll. | 18 % |

http://umfragen.prinzessin-diana.net/diana-umfragen/index.php?action=results&poll_ident=18 (29.10.2007)

### 5/ Was heißt „Verstehen von Bildern"?

Bilder kann man so oder so interpretieren – solange man keine Informationen hat! Wenn man z. B. nicht weiß, **warum** etwas, das man sieht, geschieht, so kann man seine eigenen Vorstellungen – über Motive, Umstände u. a. – hineininterpretieren. Sehe ich etwa einen Schüler, der einem anderen sein Handy nicht ausleihen will, so könnte ich meinen, dass er geizig oder ein schlechter Kumpel sei. Weiß ich aber, dass der Mitschüler ihm schon mehrfach das Handy kaputt gemacht hat, verstehe ich die Situation schon ganz anders.

### 6/ Wenn man Gewalt am Computer üben kann ...

„Counterstrike"

### 7/ Das Gesetz sagt

**§ 131 StrafGesetzBuch (Gewaltdarstellung)** lautet:

(1) Wer Schriften, die grausame oder sonst unmenschliche Gewalttätigkeiten gegen Menschen oder menschenähnliche Wesen in einer Art schildern, die eine Verherrlichung oder Verharmlosung solcher Gewalttätigkeiten ausdrückt oder die das Grausame oder Unmenschliche des Vorgangs in einer die Menschenwürde verletzenden Weise darstellt, 1. verbreitet, 2. öffentlich ausstellt, anschlägt, vorführt oder sonst zugänglich macht, 3. einer Person unter achtzehn Jahren anbietet, überlässt oder zugänglich macht oder 4. herstellt, bezieht, liefert, vorrätig hält, anbietet, ankündigt, anpreist, einzuführen oder auszuführen unternimmt ..., wird mit Freiheitsstrafe bis zu einem Jahr oder mit Geldstrafe bestraft.

### 8/ Pressefreiheit im Grundgesetz

**Artikel 5 [Recht der freien Meinungsäußerung]**

(1) Jeder hat das Recht, seine Meinung in Wort, Schrift und Bild frei zu äußern und zu verbreiten und sich aus allgemein zugänglichen Quellen ungehindert zu unterrichten. Die Pressefreiheit und die Freiheit der Berichterstattung durch Rundfunk und Film werden gewährleistet. Eine Zensur findet nicht statt.

(2) Diese Rechte finden ihre Schranken in den Vorschriften der allgemeinen Gesetze, den gesetzlichen Bestimmungen zum Schutze der Jugend und in dem Recht der persönlichen Ehre.

1. a) Lest den Text 1/ und schaut euch das Bild und den Kommentar 2/ an. Was ist Dianas Problem mit den Fotografen?
b) Betrachtet das Foto 2/. Stellt euch die Frage: Würde ich wollen, so in der Presse abgebildet zu werden? Sucht die Gründe (warum oder warum nicht?) und tauscht sie untereinander aus.
c) Darf man Menschen so in den Medien vorführen? Wie weit darf man gehen, wie weit aber nicht? Begründet.

2. Lest den Grundgesetz-Artikel zur Pressefreiheit 8/. Was sagt der Text: Sind solche Bilder wie 2/ in Ordnung, oder nicht? Was sagt hier das Recht und was sagt euer persönliches – moralisches – Gefühl? Vergleicht beide Sichtweisen miteinander.

3. Seht euch die Aussage 5/ an und versucht, sie auf das Foto 2/ anzuwenden.

4. Sucht zuhause nach einem eigenen Foto. Bringt es mit und lasst es eure Arbeitsgruppe interpretieren. Gebt ihnen später Zusatzinformationen und lasst sie das Foto dann nochmals beschreiben. Überlegt dann anhand dessen, was das „so und so interpretieren" 5/ bedeutet.

5. Lest den Bericht 3/. Sind die Fotografen schuld an Dianas Tod? Warum oder warum nicht? Bezieht auch die Umfrageergebnisse 4/ in eure Beurteilung ein.

6. Betrachtet das Bild von dem Computerspiel „Counterstrike" 6/. Wie geht das Spiel? Informiert euch darüber oder tauscht eure eigenen Erfahrungen mit diesem oder ähnlichen Spielen aus. Überlegt dann, was das Problem an diesen Spielen sein könnte.

7. Lest das Gesetz 7/ dazu. Findet ihr es richtig oder nicht? Warum gibt es hier Strafen? Sucht die Gründe dafür in dem Gesetzes-Text.

# Globale Verantwortung übernehmen

Kinderarmut ist auch in unserer reichen Gesellschaft ein Thema. Allerdings ist sie nicht zu vergleichen mit der Armut der Kinder in den so genannten „Entwicklungsländern“. Denn die Kinder dort haben häufig nicht einmal ein Paar eigene Schuhe, ein eigenes Bett oder eine warme Mahlzeit am Tag. Diesen Zustand gibt es schon sehr lange, ohne dass die reiche Welt und unser reiches Deutschland viel daran ändern konnten.
Aber es gibt einfache Wege, etwas zu verändern: zum Beispiel die Patenschaft. Mit nur 1 Euro pro Tag kann man einem dieser Kinder als Pate helfen, sein Leben jeden Tag besser zu überstehen.

www.worldvision.de/microsite (12.03.08)

Und was könnt ihr tun? Vieles! Natürlich nicht selbst ein Patenkind übernehmen – aber zum Beispiel Paten werben!

1. Informiert euch bei verschiedenen Entwicklungshilfe-Organisationen über das Thema.
2. Sammelt Fotos von Kindern, für die Paten gesucht werden.
3. Gestaltet eine Fotowand mit den Bildern.
4. Schreibt kurze, informative Texte dazwischen: über die Kinder, wo und wie sie leben, …
5. Recherchiert darüber, warum die Länder so arm sind, und wie das mit unserem Reichtum zusammenhängt. Ergänzt die Ergebnisse (z. B. als Schaubild) auf der Wandtafel.
6. Ladet die Öffentlichkeit ein, eure Arbeit zu betrachten, und verteilt Informationsmaterialien der Organisationen.

Online-Link:
695220-0144

# 6 Eine Ethik für alle

# Karneval der Kulturen

## 1/ Karnevalsgesichter

Den Karneval der Kulturen gibt es seit 1996. Damals waren es noch weniger Wagen, die durch Berlin-Kreuzberg zogen. In der Zwischenzeit kommen mehrere hunderttausend Menschen, um den Umzug zu sehen und gemeinsam zu feiern. Der Karneval ist zu einem der größten Events in Berlin geworden. Selbst beim verregneten Umzug 2007 haben 600 000 Menschen den Umzug gesehen.

## 2/ Die Organisation im Vorfeld

Jedes Jahr machen sich ungefähr 4500 Menschen daran, etwas auf die Beine zu stellen. Etwas Großes, Nervenaufreibendes, Anstrengendes und am Ende Wunderbares: ihren Auftritt im Straßenumzug des Karnevals der Kulturen.

Dafür wenden sie enorm viel Zeit, Geld und Kraft auf und fragen sich mitunter, warum und für wen? Sie verabreden Treffen, zu denen nur drei Leute kommen statt der 20, die kommen wollten. Sie besprechen ein Thema, das beim nächsten Treffen, mit sechs anderen, vollkommen anders aussieht. Irgendwann findet sich die Gruppe derer, die tatsächlich dabei sein wollen. Sie sitzen ganze Tage und Nächte lang und zerreißen eine künstlerische Idee nach der anderen, streiten sich grundsätzlich, weil keiner auf die Verwirklichung seiner Idee verzichten will, einigen sich doch wieder und fangen an, nach der Form zu suchen, in die ihre Idee gegossen werden kann. Damit beginnen sie das Abenteuer „Karnevalkunst" – die Umsetzung ihrer Idee unter den speziellen Bedingungen eines Straßenumzugs. Und während das Konzept Form annimmt, muss gleichzeitig das Geld aufgebracht werden. Das heißt Sponsoren müssen gesucht, Freunde gebeten und Bekannte überzeugt werden von der Idee – und am Ende reicht es dann doch nicht für das Dekomaterial, den Stoff für die Kostüme, Farben, den LKW, den Generator, die Musikanlage, die Instrumente …

Alle Texte in diesem Kapitel stammen von Eva-Maria Kenngott, sofern die Quellen nicht anders ausgewiesen sind.

4/

**Akteur:** handelnde Person

### 3/ Eine Bühne für Kunst, Kultur und Kritik

Warum das alles? – Weil der Karneval der Kulturen die Bühne ist für die Existenz, Kunst und Kultur von Menschen verschiedenster Herkunft. Für ihren Stolz und für ihre Kraft. Aber auch Ausdruck ihres Lebens in dieser Stadt, in der sich Menschen und Kulturen begegnen und reiben und aus oftmals überraschenden Konstellationen etwas Neues entsteht. Dies zu zeigen ist das große Motiv, das wohl alle Akteure teilen. Daneben gibt es noch viele andere, genauso gute Beweggründe, die die Akteure antreiben. In den arbeitsamen Tagen und Nächten finden sich Leute, die sich sonst nicht gefunden hätten, wird Geschichte bewegt, eigene und fremde, Tradition in Frage gestellt oder bestätigt. Und gedacht wird nicht zu knapp. Am Pfingstsonntag selbst wird auf die Straße gebracht, was die Gruppe oft monatelang beschäftigt hat. Dies zu teilen mit all den anderen Enthusiasten. Hunderttausende neugieriger Zuschauer, die Lächeln verschenken wie huldvolle Könige. Begeistert zappelnde Kinder, Onkel aus dem Weserbergland in sprachloser Bewunderung, grinsende Jungs und Mädchen, die die Hüften drehen. Das Staunen, die Überraschung, die gemeinsame Freude an der Vielfalt Berlins: Dafür hat es sich gelohnt. …

Leicht geändert aus: Broschüre zum Karneval der Kulturen 2007, Werkstatt der Kulturen. Berlin: Werkstatt der Kulturen, 2007

**Online-Link:** 695220-0147

1. Auch in anderen Städten gibt es einen Karneval im Sommer: in London den Notting-Hill-Carnival, in Rotterdam den Zomercarnaval. Findet etwas darüber heraus, was und wie dort gefeiert wird. Informiert euch auch über den Karneval der Kulturen.

2. Lies die Texte 2/ und 3/. Was treibt die Akteure des Umzugs an? Warum nehmen sie all die Anstrengungen auf sich, um beim Umzug dabei zu sein?

3. Wart ihr schon auf einem Karnevalsumzug? Betrachtet die Fotos unter 1/ und 4/. Zu einem Karneval gehören Narren, die Masken tragen. Hinter einer Maske wird etwas versteckt; eine Maske bringt aber auch etwas zum Ausdruck. Was drücken die Masken auf den Bildern 1/ aus? Welche Maske würdest du tragen, um deine Kultur zum Ausdruck zu bringen?

4. Karneval ist nichts Alltägliches. Der Karneval ist ein Fest, bei dem der Alltag keine Rolle mehr spielt oder sogar umgekehrt wird. Am Karneval der Kulturen wird die Vielfalt der Kulturen gefeiert. Aber der Alltag sieht oft anders aus. Wie leben Menschen aus verschiedenen Kulturen zusammen?

# Vielfalt der Kulturen

## 1/ Schmelztiegel Berlin

Der Karneval der Kulturen ist nicht nur ein überdimensionales Straßenfest oder ein folkloristischer Umzug, in dem die Teilnehmer/innen verschiedener Kulturen „sich zum Narren machen“. Er spiegelt auch die Vielfalt der Einwohner Berlins wider.
Der Tagesspiegel schreibt nach dem Karneval der Kulturen:

„Berlin wird immer internationaler. Mit einem Migrantenanteil von rund 20 Prozent liegt die deutsche Hauptstadt gleichauf mit New York. Berlin ist eine von Einwanderung geprägte Stadt. Von den rund 3,3 Millionen Einwohnern hat laut offizieller Statistik jeder achte eine andere als die deutsche Staatsangehörigkeit – mehr als 450 000 Menschen.“

Tagesspiegel Nr. 19559 v. 29.5.2007, Berlin: Verlag Der Tagesspiegel, S. 10

## 2/ Ausländische Bevölkerung – Deutschland

| Land | Bevölkerung | Ausländische Bevölkerung | |
|---|---|---|---|
| | insgesamt | | davon % Anteil |
| Jahr/Monat/Stichtag | 31.12.2005 | | |
| Baden-Württemberg | 10 735 701 | 1 277 968 | 11,9 |
| Bayern | 12 468 726 | 1 179 737 | 9,5 |
| Berlin | 3 395 189 | 466 518 | 13,7 |
| Brandenburg | 2 559 483 | 67 029 | 2,6 |
| Bremen | 663 467 | 84 588 | 12,7 |
| Hamburg | 1 743 627 | 247 912 | 14,2 |
| Hessen | 6 092 354 | 697 218 | 11,4 |
| Mecklenburg-Vorpommern | 1 707 266 | 39 394 | 2,3 |
| Niedersachsen | 7 993 946 | 534 001 | 6,7 |
| Nordrhein-Westfalen | 18 058 105 | 1 927 383 | 10,7 |
| Rheinland-Pfalz | 4 058 843 | 312 926 | 7,7 |
| Saarland | 1 050 293 | 87 627 | 8,3 |
| Sachsen | 4 273 754 | 119 786 | 2,8 |
| Sachsen-Anhalt | 2 469 716 | 46 723 | 1,9 |
| Schleswig-Holstein | 2 832 950 | 152 566 | 5,4 |
| Thüringen | 2 334 575 | 47 773 | 2,0 |
| Deutschland | 82 437 995 | 7 289 149 | 8,8 |

© Statistische Ämter des Bundes und der Länder, www.statistik-portal.de/Statistik-Portal/de_jb01_jahrtab2.asp (29.10.07)

### Kultur

Der Begriff Kultur kommt ursprünglich aus dem Lateinischen von „cultura“ – Ackerbau. Als Erster sprach Gottfried Herder von der Kultur eines Volkes und meinte damit etwas, was die Menschen gemeinsam hervorbringen, was sie verbindet und was sich im Laufe der Zeit auch verändern kann. Menschen haben immer Kultur, sie sind nie reine Naturwesen. Der Mensch verschafft sich symbolisch Ausdruck, insbesondere sprachlich. Kultur ist wie ein Gewebe, in das der Mensch sein ganzes Leben lang verstrickt ist.

### 3/ Offenheit gegenüber anderen Kulturen

Familie Karademirli ist mit drei Generationen beim Karneval dabei. Mutter Halime (54) kam vor 25 Jahren alleine nach Deutschland und arbeitete zunächst als Elektronikerin. 1998 gründete sie mit ihrem Mann das Konservatorium für türkische Musik.

„Der Karneval der Kulturen ist für Familie Karademirli ein ganz besonderer Tag: Zum ersten Mal feiert die türkisch-stämmige Familie aus Kreuzberg mit drei Generationen das Multikulti-Spektakel. Mutter Halime, Vater Nuri, die 22-jährige Tochter Sinem, ihr Bruder Cenk und dessen siebeneinhalb Monate alter Sohn. ‚Es ist ein tolles Gefühl, auf dem Karneval mit drei Generationen dabei zu sein. Das wollte ich immer erreichen', sagt Mutter Halime stolz. Auch ihre Kinder und Enkel sollen lernen, offen gegenüber anderen Kulturen zu sein.

Vor drei Jahren stellten die Karademirlis mit ihrer privaten Musikschule den ersten türkischen Wagen im Karneval.

Die Vorfreude auf den Karneval und die Nervosität fangen stets beim Wagenschmücken an. ‚Spätestens die Nacht vorher kann ich vor Aufregung kaum schlafen', sagt auch Tochter Sinem, die im Konservatorium Tanzkurse gibt. Die Begeisterung für den Karneval hat sich auf die Tochter vor drei Jahren übertragen. ‚Ich liebe diesen Karneval. Er zeigt, wie viele Kulturen es hier in Berlin gibt.' Zusammen mit ihrer Gruppe ‚Anatolia Dreams' wird sie auf der Parade türkische Volkstänze kombiniert mit Streetdance tanzen. ‚Nur wer seine eigene Kultur kennt, kann offen gegenüber anderen Kulturen sein', sagt sie."

Tagesspiegel Nr. 19558 vom 27./28.5.2007, Berlin: Verlag Der Tagesspiegel, S. 11

**Kugellager**

Bildet zwei Kreise, einen Innen- und einen Außenkreis. Die Personen der beiden Kreise wenden sich einander zu. Es sprechen immer jeweils zwei für kurze Zeit miteinander, danach drehen sich die beiden Kreise in unterschiedliche Richtungen, so dass ihr euch jetzt mit jemand anderem über dieselbe Frage austauscht. Ihr könnt bei den Drehbewegungen auch Personen überspringen. Beim Kugellager sollte die/der Lehrer/in oder jemand von euch Regie führen, um die Gesprächszeit zu bestimmen und um wie viel ihr euch weiterdreht.

1. In der Bundesrepublik leben mehr als 80 Millionen Menschen.
a) Welche Informationen könnt ihr den Statistiken 1/ und 2/ entnehmen?
b) Wie viele Menschen mit Migrationshintergrund leben in deinem Bundesland, deiner Stadt oder Gemeinde?

2. Diskutiert die These von Sinem 3/: „Nur wer seine eigene Kultur kennt, kann offen gegenüber anderen Kulturen sein." Was meint sie damit? Unterstützt ihr Sinems Meinung? Könnte man es auch anders sehen? Organisiert euch in Arbeitsgruppen und tauscht euch danach im Plenum aus.

3. Stell dir vor, du könntest nach dem Umzug einen Karnevalsteilnehmer interviewen. Was würdest du die Person fragen? Was würde sie vielleicht antworten? Schreibe ein fiktives Interview.

4. a) Was stellst du dir darunter vor, dass die Menschen im Gewebe der Kultur verstrickt sind (Begriffskasten)?
b) Wie würdest du deine Kultur beschreiben? Ihr könnt die Frage bearbeiten, indem ihr die Methode des Kugellagers anwendet. Was könnt ihr abschließend im Plenum sagen: Sind in eurer Klasse Menschen aus verschiedenen Kulturen oder gehört ihr alle zur selben Kultur?

# Konflikte im Alltag 1

## 1/ Die Serie „Türkisch für Anfänger"

Die preisgekrönte Dramedy-Serie „Türkisch für Anfänger" lief im Jahr 2006 in der ARD an und war ein riesiger Erfolg. Die Geschichte wird aus Sicht der sechzehnjährigen Lena erzählt: Doris, Lenas Mutter, hat sich in einen türkischen Mann verliebt. Er heißt Metin und hat, wie Doris auch, zwei Kinder (Yagmur und Cem). Nachdem sie ein Jahr ein Paar sind, beschließen Doris und Metin zusammenzuziehen. Sie sagen es den Kindern beim Abendessen im chinesischen Restaurant. Lena ist entsetzt. Sie kann „die Türken" nicht leiden. Aber wirklich gefragt wird sie nicht. Bald darauf ziehen die Öztürk-Schneiders in ein Haus irgendwo in Berlin-Neukölln. Lena erzählt die ganze Geschichte ihrer besten Freundin Kathi per Videokamera, denn Kathi ist ein Jahr in Amerika. Sie berichtet ihr von Konflikten, von denen viele damit zu tun haben, dass die beiden Familienhälften aus verschiedenen Kulturen kommen und von vielem völlig verschiedene Auffassungen haben. Lena erzählt von den Versuchen, sich zusammenzuraufen, und auch davon, dass es jenseits der vielen Meinungsverschiedenheiten Gemeinsamkeiten gibt … Hier seht ihr die neue Großfamilie Öztürk-Schneider. Lena sagt, als sie das erste Familienfoto machen: „Ihr wollt den Horror – doch nicht noch dokumentieren?!"

Das ist Lena. Sie sagt: „Das bin ich … glücklich … bevor meine Mutter sich neu verliebte … und mein Leben vorbei war! Und jetzt lebe ich in einer … **Großfamilie!** Und darauf hätt ich echt verzichten können!"

Doris und Metin. Doris ist Psychotherapeutin und Metin Kommissar bei der Polizei.

Lenas kleiner Bruder Nils

### 2/ Türkisch für Anfänger 1 – Deutsch für Anfänger 1

a/ *Cem findet es unmöglich, dass Lena sich so freizügig kleidet, kommt in ihr Zimmer, hält ihr ein Kleidungsstück unter die Nase und sagt:*

**Cem:** Es gibt ein paar rules, die solltest du kennen, weißt du: Das hier ist so meine hood, meine area, mein Straße …

**Lena:** Willst du mir'n Grundstück verkaufen?

**Cem:** Türkisch für Anfänger – Lektion 1: Cem ist jetzt dein Bruder. Isch hab Verantwortung!

**Lena:** Ey un Cem hat vor allem so nischt die Sprache, in der man mit Lena sprischt, ey!

**Cem:** „Dann sag ich's dir auf Hochdeutsch: Ziehen Sie sich anständig an, Fräulein Schneider, sonst wird Onkel Öztürk sauer. Schönen Tag noch!

**Lena:** tse, tj; Arschloch!

b/ **Cem:** Wie läufst du rum, hä?

**Lena:** Deutsch für Anfänger – Lektion 1: Fräulein Schneider macht, was sie will.

**Cem:** Hey, willst du mich provozieren? Ey, wenn dich so die Nachbarn sehen, dann – du kriegst die Probleme, nicht ich.

**Lena:** Ja, sicher, Erkan; Jetzt erzähl mir noch, wenn man vergewaltigt wird, ist es die eigene Schuld; die Keuschheitsnummer ist nur ein Scheißdreck von irgendwelchen reaktionären Türken, die ihre Frauen von der Emanzipation abhalten wollen!

**Cem:** Laberst du immer so viel?

**Lena:** Sorry, ist der Nebeneffekt, wenn man intelligent ist.

*Cem geht frustriert weg.*

**Lena** *kommentiert*: Alice Schwarzer wäre stolz auf mich!

*Danach nennt Lena Cem „Prolet" und er sie „Schlampe".*

### 3/ Wir sind hier in Deutschland

*Familie Öztürk-Schneider morgens beim Frühstück:*

**Doris:** So, ich muss … in die Praxis. Tschüss! Macht euch nen schönen Ferientag!

**Cem:** Ey un Frühstück?

**Doris:** Küche liegt zwei Grad Süd/Südwest hinter dir. Kühlschrank ist recht bedienungsfreundlich!

**Doris:** Tschüss, Hasi 1!

**Metin:** Tschüss, Hasi 2!

**Cem zu Metin auf Türkisch** *(deutscher Untertitel übersetzt)*: Wozu ziehen wir mit ihr zusammen, wenn sie uns nichts zu essen macht?

**Metin:** Äh, eh, ja, Cem, du hast recht, Doris sieht heute wunderbar aus!

**Doris:** Oh, Cem, das ist ja süß von dir!

**Cem:** Wo bin isch hier?

**Metin:** In Deutschland – Almanya! Jetzt komm in die Küche und hilf mir! Ich muss zur Arbeit. Yalla!

*Doris geht trällernd weg.*

**Cem zu Doris:** Du machst es ihm nicht einfach. So – Karriere statt Haushalt und so!

*Metin macht sich am Herd zu schaffen und verbrennt sich:*

**Metin:** Kacke verdammte, jetzt hab ich mich verbrannt! Sag mal, wieso muss ich das eigentlich alleine machen?

**Cem:** Ohoh, da setzt aber grad jemand seine Beziehung aufs Spiel!

1. Wer von euch kennt die Fernsehserie „Türkisch für Anfänger" und kann den anderen davon erzählen?

2. In den ersten Folgen herrscht Dauerkonflikt bei Familie Öztürk-Schneider. Zunächst werden die Positionen abgesteckt, vor allem zwischen Cem und Lena. Welche Lektion erteilt Cem Lena 2a/? Und welche Retourkutsche lässt sich Lena einfallen 2b/? Analysiert den Konflikt: Worum geht es genau?

3. Metin kritisiert seinen Sohn 3/. Was wirft er ihm vor? Was ist sein Argument und wie verhält er sich?

# Konflikte im Alltag 2

**Yagmur:** Sieh mal, Lena: Du behauptest immer, Allahs Regeln wären bescheuert. Aber Tatsache ist, mich hat noch nie jemand als Telefonbuch benutzt. Und ich hab auch noch nie meiner Mutter vor die Füße gekotzt.
***Lena denkt:*** *Geht ja auch schlecht, deine Mutter ist tot.*
**Yagmur:** Der Koran ist streng, aber er hat Regeln, die mich beschützen.
**Lena:** Was willst du mir jetzt damit sagen?
**Yagmur** *(zögernd):* Ist deine Mutter einfach nur cool? Oder – ist ihr einfach nur egal, was mit dir passiert?

## 1/ Erziehung mit oder ohne Regeln?

*Lena hat Yagmur überredet, mit ihr in die Disko zu gehen. Lena „stürzt ab" und kann sich am nächsten Morgen nur bruchstückhaft erinnern, z.B. daran, dass sie auf einem Tisch lag und mit Telefonnummern von Jungs beschrieben wurde. Alles ist ihr schrecklich peinlich …*

**Lena:** Und, bist du jetzt zufrieden, dass du die Vernünftigere von uns beiden warst?
**Yagmur:** Wer Schadenfreude sät, wird Akne ernten – altes muslimisches Sprichwort. Du kannst ja nichts dafür, dass du so modern erzogen worden bist.
**Lena:** Willst du mir jetzt 'ne Predigt halten, oder was?

## 2/ Was man vom Körper zeigt

*Doris läuft morgens nackt zum Badezimmer, freundlich grüßend, vorbei an Lena, Nils und Cem:*

**Cem:** Ey, wollt ihr mich verarschen? Sind wir an der Ostsee, oder warum hat die nichts an?
**Nils:** Ich hass es, wenn sie so aufgeklärt tut.

## 3/ Und vor allem: die Religion …

a/ *Metin unterstützt Yagmur und hält den Ramadan mit ihr ein. Sie sitzen beide aneinandergekuschelt auf dem Sofa, während Cem genüsslich frühstückt.*

***Lena denkt für sich:*** *Metin macht jetzt auch auf Türke und Ramadan. Extra für Yagmur. Dabei glaubt er gar nicht an Allah! Total opportunistisch!*
**Lena:** Ich versteh das Prinzip eurer Religion einfach nicht. Was hat Allah davon, dass ihr erst essen dürft, wenn die Sonne untergegangen ist?
**Yagmur:** Was hat Gott davon, wenn ihr euch gegenseitig zu Weihnachten mit Geschenken überschüttet?
***Lena denkt:*** *Mir doch egal!*
**Lena:** Nächstenliebe, Yagmur, Nächstenliebe!

Yagmur schläft öfter auf dem Gebetsteppich ein …

*b/ Doris möchte, dass Lena und Yagmur sich miteinander anfreunden. Lena schreibt daraufhin eine Liste, auf der sie alles sammelt, was sie verbindet und trennt. Die Spalte, in der das Trennende steht, ist natürlich sehr lang. Lena meint, es verbindet sie höchstens, dass sie beide Menschen sind. Dann überredet Doris Lena, mit Yagmur in die Gebetsschule zu gehen, um ihre Religion kennen zu lernen. Aber der Versuch endet im Fiasko, weil Lena sich aus Hilflosigkeit unmöglich benimmt. Beide kommen wütend aufeinander aus der Gebetsschule herausgerannt:*

**Yagmur:** Du bist unmöglich, von wegen du respektierst meine Religion und so …

**Lena:** Hey, wenn Religion heißt Schleiereulen hören Panflötenmusik, dann hab ich auch kein' Respekt davor!

**Yagmur:** Und warum bist du dann hier?

**Lena:** Weil meine Mutter es so wollte!

**Yagmur:** Und das ist genau der Grund, weshalb ich mit Deutschen nichts zu tun haben will, verstehste? Weil, weil ihr immer denkt, ihr seid bessere Menschen! Nazi!

*Danach zu Hause:*

**Lena:** Du, Yagmur, ich – wollte dich da vorhin echt nicht lächerlich machen, wirklich nicht … Ich versteh's halt manchmal einfach nur nich' – Man, das Beten und dein Kopftuch und …

**Yagmur:** Man, ich bin halt so und wer mich nich' mag, soll nicht mit mir reden, klar!

**Lena:** Cool! Nee wirklich, find ich cool!

### 4/ Ist das die Quintessenz?

**Doris:** Na wie w… Na, wie war`s?

**Lena:** Also, ich weiß wirklich nicht, wie du darauf kommst, dass zwei Menschen aus zwei völlig unterschiedlichen Kulturen – befreundet sein können!

**Doris:** Schatz, bist du sauer auf mich oder auf dich?

**Quintessenz:** Endergebnis, Kernpunkt, Wesen einer Sache

alle Dialoge S. 150–153:
Bora Dagtekin: Türkisch für Anfänger.
München: Hofmann & Voges Entertainment GmbH, 2006

1. Die Auseinandersetzungen 1/–3/ werden um Inhalte geführt, die für die Beteiligten in ihrem Leben wichtig sind.
a) Um welche geht es genau?
b) Warum sind die Konflikte nicht nur Konflikte zwischen den beteiligten Menschen, sondern auch Konflikte zwischen den Kulturen?

2. Lena kann Yagmurs Religion nicht verstehen 1/ und 3/. Für Yagmur ist Lena auf dem falschen Weg. Was würdest du Lena antworten, wenn sie sagt, dass zwei Menschen aus unterschiedlichen Kulturen nicht befreundet sein können?

3. Wenn du dich in Lena und Yagmur hineinversetzt: Welche Möglichkeiten zu Kompromissen siehst du?

# Viel Streit um ein Stück Stoff

### 1/ „Du Schleiereule!"

Lena nennt ihre neue Schwester Yagmur „Schleiereule", weil sie ein Kopftuch trägt. Mehr als einmal geraten die „Schwestern" über kulturelle Unterschiede in Streit miteinander. Am Ende der ersten Staffel, sagt Lena dennoch: „Yagmur? Tja, ich mag sie, obwohl sie ne olle Schleiereule ist!"

### 2/ Das Kopftuch im Koran

**30** Sag den gläubigen Männern, sie sollen (statt jemanden anzustarren, lieber) ihre Augen niederschlagen, und sie sollen darauf achten, dass ihre Scham bedeckt ist (w. sie sollen ihre Scham bewahren). So halten sie sich am ehesten sittlich (und rein) (w. das ist lauterer für sie). Gott ist wohl darüber unterrichtet, was sie tun.

**31** Und sag den gläubigen Frauen, sie sollen (statt jemanden anzustarren, lieber) ihre Augen niederschlagen, und sie sollen darauf achten, dass ihre Scham bedeckt ist (w. sie sollen ihre Scham bewahren), den Schmuck, den sie (am Körper) tragen, nicht offen zeigen, soweit er nicht (normalerweise) sichtbar ist, ihren Schal sich über den (vom Halsausschnitt nach vorne heruntergehenden) Schlitz (des Kleides) ziehen und den Schmuck, den sie (am Körper) tragen, niemand (w. nicht) offen zeigen, außer ihrem Mann, ihrem Vater, ihrem Schwiegervater, ihren Söhnen, ihren Stiefsöhnen, ihren Brüdern, den Söhnen ihrer Brüder und ihrer Schwestern, ihren Frauen (d.h. den Frauen, mit denen sie Umgang pflegen?), ihren Sklavinnen (w. dem, was sie [an Sklavinnen] besitzen), den männlichen Bediensteten (w. Gefolgsleuten), die keinen (Geschlechts)trieb (mehr) haben, und den Kindern, die noch nichts von weiblichen Geschlechtsteilen wissen. Und sie sollen nicht mit ihren Beinen (aneinander)schlagen und damit auf den Schmuck aufmerksam machen, den sie (durch die Kleidung) verborgen (an ihnen) tragen (w. damit man merkt, was sie von ihrem Schmuck geheimhalten). Und wendet euch allesamt (reumütig) wieder Gott zu, ihr Gläubigen! Vielleicht wird es euch (dann) wohl ergehen.

**59** Prophet! Sag deinen Gattinnen und Töchtern und den Frauen der Gläubigen, sie sollen (wenn sie austreten) sich etwas von ihrem Gewand (über den Kopf) herunterziehen. So ist es am ehesten gewährleistet, dass sie (als ehrbare Frauen) erkannt und daraufhin nicht belästigt werden. Gott aber ist barmherzig und bereit zu vergeben.

(in Klammern alternative Übersetzungsmöglichkeiten)

Der Koran nach der Übersetzung von Rudi Paret, Sure 24, 30–31, 33, 59. Das Licht: Digitale Bibliothek Band 46: Der Koran, S. 633, Stuttgart: Verlag W. Kohlhammer 2004

### 3/ Muslima erzählen, wie sie zum Kopftuch stehen

**Aysel, 23 Jahre:** Ich hab zwar mit dreizehn angefangen, das Kopftuch zu tragen, aber das war eine Sache für mich, also diese Pubertätszeit und was da dann alles so passiert, ganz viel halt. So mit achtzehn hab ich mich fest dazu entschlossen. Als ich mit dem Abi anfing, habe ich gesagt, so, jetzt reicht es. Ich setz mein Kopftuch nicht ab und zu ab, sondern ich trage es auch in der Schule. In meiner damaligen Schule durfte ich es nicht tragen, da hab ich die Schule gewechselt. Ich konnte nicht mehr, einmal mit Kopftuch und einmal ohne Kopftuch, da hab ich Gewissensbisse gehabt. Ich dachte, entweder hast du eine Religion und stehst dazu, oder du sagst, ich stehe nach außen nicht dazu, und dann musst du es ganz abnehmen. Nach den ganzen Quälereien innerlich, in mir, habe ich gesagt, das gehört zu mir. Das ist ein Teil von mir, ich will es jetzt tragen. Und dann hab ich meine ganze Garderobe erneuert.

**Derya, 20 Jahre alt:** Für mich gehört das Tragen eines Kopftuchs nicht unbedingt dazu. Wenn jemand dies freiwillig tut, ist es in Ordnung. Wer es aber nicht trägt, ist deshalb nicht weniger gläubig.

**Halime, 30 Jahre alt:** Das Tragen eines Kopftuchs gehört auch dazu. Viele sagen, dass das Aussehen nichts mit den inneren religiösen Werten zu tun hat, dass das Äußere deine Religiosität nicht bestimmt. Dem stimme ich nicht zu. Die Religion besagt, dass ich mich bedecken muss. Die schönsten Teile meines Körpers soll ich nur für meinen Mann aufheben. Zum Vergleich: Einen Modeschmuck kannst du einfach so begrapschen, einfach ansehen, ein Diamant dagegen ist in einem Tresor versteckt. Und so sehe ich es auch in Bezug auf die Frau.

**Ismahan, 50 Jahre alt:** Das Äußere hat mit dem Glauben nichts zu tun. Hauptsache, du glaubst aus deinem Herzen heraus und hältst dich rein. Früher habe ich das Kopftuch getragen, weil es bei uns auf dem Dorf so üblich war. Als ich dann in Istanbul und später in Deutschland war, habe ich es abgelegt, weil das hier nicht üblich ist. Außerdem war ich auch innerlich bereit, das Kopftuch abzulegen.

**Eine Fachabiturientin, 19 Jahre, sagt:** Das ist mir auch sehr wichtig, dass die Leute sehen, dass ich ein Moslem bin, weil früher hat man das nicht gesehen, man hat gar nicht gemerkt, was für 'ne Religion ich bin und so.

Senator für Arbeit, Frauen, Gesundheit, Jugend und Soziales der Freien Hansestadt Bremen und der Bremischen Evangelischen Kirche – Frauke Biehl, Sevim Kabal: Muslimische Frauen in Deutschland erzählen über ihren Glauben. Gütersloh: Gütersloher Verlagshaus, 1999, S. 49, 62, 81, 89
Werner Schiffauer: Migration und kulturelle Differenz. Berlin: Studie für das Büro der Ausländerbeauftragten der Stadt Berlin, 2002, S. 27

### 4/ Stimmen in der Öffentlichkeit

In der Öffentlichkeit wird viel darüber diskutiert, ob das Kopftuch ein Symbol der Unterdrückung der Frauen ist:

**Nekla Kelek** (promovierte deutsche Sozialwissenschaftlerin und Frauenrechtlerin, die aus der Türkei stammt):
Sie schicken die Kinder mit Kopftüchern zur Schule, sie verweigern ihnen den Sportunterricht, die Teilnahme an Klassenreisen. Brüder setzen ihre Schwestern unter Druck, fühlen sich als die besseren Menschen und sind gewalttätig gegenüber ihren Frauen. Hier liegt das Problem. Die Apartheid [hier: Abgrenzung] gegenüber den Frauen wird von den Männern gelebt. Ihre Rolle scheint niemand in Frage zu stellen.

**Alice Schwarzer** (Frauenrechtlerin/Herausgeberin der feministischen Zeitschrift Emma):
Seit mindestens 20 Jahren ist der Schleier keine Frage von Tradition oder Glauben mehr, sondern eine politische Demonstration. Er ist die Flagge des islamistischen Kreuzzuges, der die ganze Welt zum Gottesstaat deformieren will.

Alice Schwarzer: Die Gotteskrieger und die falsche Toleranz. In: EMMA 1/1999

**Marieluise Beck** (Politikerin, Bündnis 90/Die Grünen) u.a.; Auszug aus dem Aufruf „Religiöse Vielfalt statt Zwangsemanzipation! ...":
Gerade Frauen in der Diaspora greifen auf das Kopftuch zurück, um mit Selbstbewusstsein ihr Anderssein zu markieren oder eine Differenz im Verständnis von Sittsamkeit und Tugendhaftigkeit gegenüber der Aufnahmegesellschaft zu dokumentieren. Emanzipation und Kopftuch sind für viele Musliminnen eben kein Widerspruch.

Zitiert nach: Heide Oestreich: Der Kopftuchstreit – Das Abendland und ein Quadratmeter Islam. Frankfurt/M: Brandes & Apsel, 2005, S. 101 ff.

1. Das Kopftuch ist in einigen europäischen Ländern das vielleicht am meisten umstrittene Kleidungsstück. Ist es ein Zeichen der Unterdrückung von Frauen im Islam oder zeigen muslimische Frauen mit ihrem Kopftuch, dass sie selbstbewusst ihre Religion leben? Lies die Texte 3/ und 4/ gründlich und überlege, wie du zum Kopftuch stehst.

Ihr könnt die Aufgabe in der Klasse gemeinsam bearbeiten, indem ihr die Gruppenpuzzle-Methode (vgl. Seiten 156/157) anwendet.

2. In der Debatte um „das Kopftuch" wurde immer wieder auf den Koran verwiesen. Lest die Stellen im Koran nach 2/ und erklärt, was Frauen verdecken sollten und warum.

# Das Gruppenpuzzle

Das Gruppenpuzzle ist eine Methode, mit der ihr verschiedene Informationen zusammentragen und auswerten könnt. Ihr trefft euch dazu in verschiedenen Gruppenzusammensetzungen. In Phase I teilt ihr Arbeitsgruppen mit je drei Mitgliedern ein. Jede/r bekommt einen anderen Buchstaben (A/B/C), den braucht ihr dann für Phase II. Ihr tauscht euch in eurer Gruppe darüber aus, was ihr über das Kopftuch wisst. Warum tragen muslimische Frauen häufig ein Kopftuch? Schreibt auf einem DIN-A4-Blatt eure Resultate und mögliche Fragen auf. Diese erste Gruppenphase seht ihr hier abgebildet. Sprecht mit eurer Lehrerin/eurem Lehrer ab, wie viel Zeit ihr für Phase I benötigt.

**Phase I:**

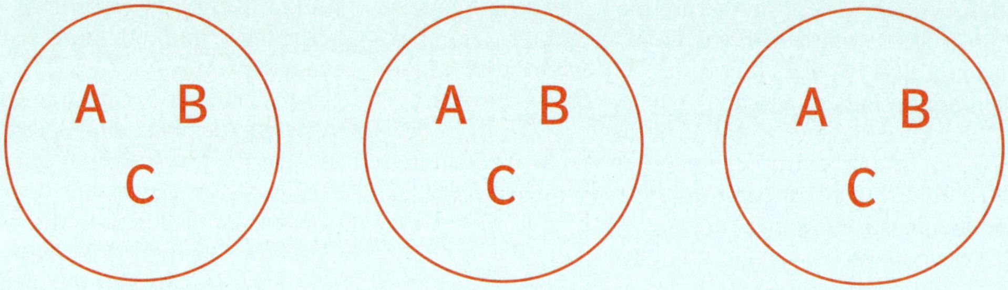


In **Phase II** bildet ihr Expertenteams. Das bedeutet, dass sich jeweils alle A-Mitglieder der vorherigen Gruppen zusammensetzen, dasselbe gilt für alle mit dem Buchstaben B und alle mit dem Buchstaben C. Ihr werdet jetzt für unterschiedliche Fragen zu Experten/Expertinnen und versucht, folgende Fragen ganz genau zu beantworten. Die entsprechenden Texte findet ihr auf der vorhergehenden Doppelseite. Ihr könnt aber auch im Internet noch weiter recherchieren:

Die A-Gruppe: Was sagt der Koran zur Bekleidung von Frauen und insbesondere zum Kopftuch (S. 154 2/)?

Die B-Gruppe: Welche verschiedenen Sichtweisen auf das Kopftuchtragen kommen in den Erzählungen der muslimischen Frauen zum Ausdruck (S. 155 3/)? Welche Bedeutung hat das Kopftuch für sie?

Die C-Gruppe: Auf welche unterschiedlichen Weisen kann man das Kopftuch verstehen? Welche Argumente für und gegen das Kopftuch könnt ihr erkennen (S. 154/155 3/)?

Die drei Expertenteams sollten das, was sie herausgefunden haben, schriftlich festhalten – und zwar solltet ihr zusammen überlegen, was ihr aufschreiben wollt, aber jeder sollte es für sich alleine notieren, damit ihr dann in euren Ausgangsgruppen Experten sein könnt.

Hier seht ihr die grafische Darstellung von Phase II.

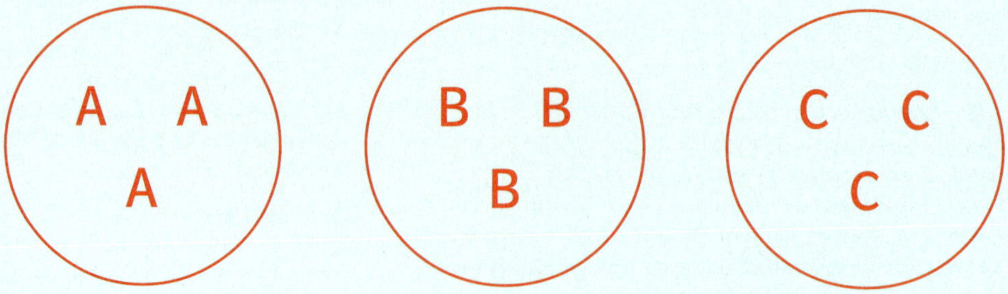

In **Phase III** geht ihr wieder zurück in die Ausgangsgruppen.

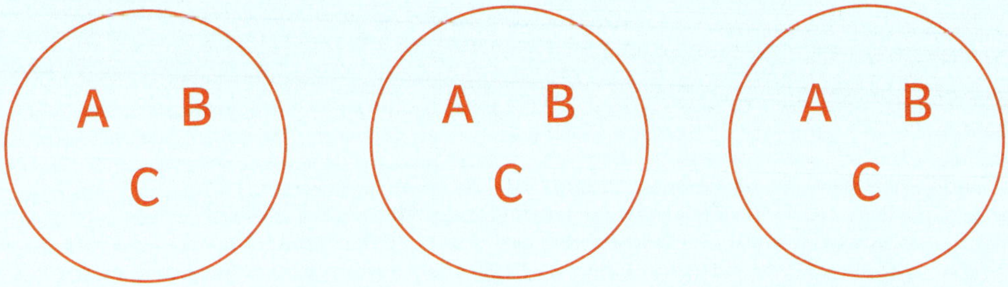


In den „alten“ Gruppen berichtet ihr einander von euren Erkenntnissen und versucht, zu einer begründeten Meinung zu kommen. Ihr wisst jetzt mehr über die Bedeutung des Kopftuchs und solltet die Argumente und die Position eurer Gruppe auf einer Wandzeitung festhalten. Wie seht ihr jetzt das Kopftuch? Denkt ihr anders darüber als zu Beginn eurer Arbeit?

Hängt die Wandzeitungen, die in den Arbeitsgruppen entstanden sind, auf und vergleicht sie miteinander.

Führt eine abschließende Diskussion in der Klasse. Setzt euch dabei mit folgender Aussage einer jungen Muslima, die Politikwissenschaften an der Universität Frankfurt studiert, auseinander:

Ich erlebe oft, dass Leute positiv von mir überrascht sind. Sie sehen mich mit meinem Kopftuch und stecken mich in eine Schublade. Dann unterhalten wir uns, und sie müssen mich aus der Schublade herausholen und eine neue suchen. Die finden sie auch. Das ist die Schublade für die junge selbstbewusste muslimische Frau. Ich habe einige Kommilitoninnen, die sagen: Das Kopftuch passt gar nicht zu dir. Ich empfinde das als Kompliment. Ich frage dann oft: Wie müsste ich denn sein, damit es passt? Mir macht es Spaß, immer mal ein bisschen am Weltbild der Leute zu rütteln …

**Kommilitonen:** Mitstudierende

Tasniem Ibrahim in: Julia Gerlach: Zwischen Pop und Dschihad. Muslimische Jugendliche in Deutschland. Bonn: Bundeszentrale für politische Bildung, 2006, S. 101

# Blickwechsel

## 1/ Was ist deutsch? – eine Plakataktion

**Was ist deutsch?**

Tannenbäume? Reiseträume? Kühler Verstand? Kaltes Herz? Tiefsinn? Ausländerhaß? Offenheit? Betroffenheit? Baseballschläger? Schinkenhäger? Minderwertigkeitskomplexe? Minderheitenschutz? Geltungssucht? Entwicklungshilfe? Nächstenliebe? Seitenhiebe? Hungerkur? Sauftour? Rostock? Solingen? Vergeßlichkeit? Perfektionismus? Rechthaberei? Luftbrücke? Brathähnchen? Hilfsbereitschaft? Tagesschau? Fahrradklau? Stahlhelm? Sozialhilfe? Wirtschaftswunder? Glücksspirale? Berlinale? Milchzentrale? Tierliebe? Menschlichkeit? Sentimentalität? Reizbarkeit? Autonome? Volkswagen? Volxküche? Doitschland den Doitschen? Eitelkeit? Kinderliebe? Kuhglocken? Tütensuppe? Kampfsportgruppe? Erster Weltkrieg? Zweiter Weltkrieg? Die Mauer? Beifallklatschende Zuschauer? Demokratie? Gleiche Rechte nur für mich? Gleiche Pflichten nur für dich? Faulenzen? Saubermachen? Magersucht? Fußball ist unser Leben? Dichter und Denker? Richter und Henker? Gastfreundschaft? Die Grenzen dicht machen? Sich schlechter machen, als man ist? Sich immer schuldig fühlen? Sich Mut ansaufen? Den Verstand unterlaufen? Familienbande? Bandenkriege? Arbeitswut? Steuerbetrug? Liebesentzug? Muskelkraft? Erfindergeist? Möchtegern? Hitlergruß? Sündenbocksuchen? Unsicherheit? Visionen haben? Dauerfrust? Moralprediger? Großzügig zu eigenen Fehlern stehen? Bei anderen nie die Vorzüge sehen? Fremdes nur mit Vorsicht genießen? Beim Nachbarn mal die Blumen gießen? Hunger aus den harten Zeiten kennen? Bei Elendsberichten die Programmtaste drücken? Oder mal das Scheckbuch zücken? Brandbomben? Heimatliebe? Heimtücke? Kindergärten? Ehrlichkeit? Die Selbstzweifel mit Schnaps wegspülen? Sich danach etwas besser fühlen? Pflichtbewußtsein? Ich? Ohne Fleiß kein Preis? Reisen ins Ausland? Ein Ferienhaus in Spanien? Das Auto aus Japan? Bäuche? Räusche? Herzlichkeit? Schönheit? Toleranz? DIN-Norm? Nonkonform? Hochform? Sich zuhause fühlen? Sich fremd fühlen? Fremde Kulturen anregend finden? Pracowici? Szwaby? Szkopy? Mangiakrauti? Crucco? Patates Alman? Sich über alles aufregen, was anders ist? Auf dem rechten Auge blind sein? Sich damit entschuldigen, daß die Franzosen oder die Italiener oder die Engländer oder die Holländer oder die Amerikaner oder alle anderen auch nicht besser sind? In Weiß heiraten? Immer schwarz sehen? Jede Mode mitmachen? Das Ladenschlußgesetz ehren? TÜV-Kontrolle? Frühlingsrolle? Trauerkloß? Sorglos? Hemmungslos? Seinen Mann stehen? Ausländer zusammen mit Deutschen? Ossis gegen Wessis? Wessis gegen Ossis? BVG? BKA? FKK? MTV? Nachbarschaftshilfe? Neid? Niveau? Nivea? Feierabend? Nach etwas Höherem streben? An Vorurteilen kleben? Zupacken? Nichts davon wissen wollen? Anderen davonfahren? Anderen an den Karren fahren? Lothar Matthäus? Anthony Yeboah? Roy Black? Roberto Blanco? Zur Tat schreiten statt etwas tun? Erbsen zählen? Kinder quälen? Auf die Tube drücken? Mit den Reifen quietschen? Am Stammtisch den wilden Stier machen? Reinen Tisch machen? Sich mit anderen an einen Tisch setzen? Auf eine glückliche Zukunft setzen? Angst vor der Zukunft haben? Dem anderen eine Grube graben? Fackelzüge? Bierkrüge? Gelassenheit? Humor? Gute Laune haben? Eine bessere Ausbildung haben? Nie genug haben? Zumachen? Vogel zeigen? Blasmusik? Sich sauwohl fühlen? Sich aufspielen? Bürokratie? Umweltschmutz? Datenschutz? Alles wollen? Alles verwalten? Das Vaterland ist das Himmelreich? Wir brauchen niemanden? Wir kommen alleine zurecht? Butterberg? Gartenzwerg? Unter sich bleiben? Aus sich herausgehen? Auswanderungsland? Einwanderungsland? Sauerkraut? Politikverdrossenheit? Unfrieden stiften? Saubermänner? Das Wandern ist des Müllers Lust? Den Nachbarn verklagen? Panikmache? Ehrensache? Uniformen? Willst Du nicht mein Bruder sein, dann schlag ich Dir den Schädel ein? Abrechnen? Mahlzeit sagen? Nicht nachfragen? Vorbild sein? Daneben sein? Schwarzfahren? Blaumachen? Auf Paragraphen reiten? Sich Mühe geben? Nicht locker lassen? Schäferhund? Kritisch sein? Selbstkritisch sein? Lottoschein? Mehr Schein als Sein? Bundesbahn? Autowahn? Käffchen? Bierchen? Gretchen? Grundsätze haben? Ein Grundgesetz haben? Das Verfassungsgericht anrufen? Wir sind die Größten? Unter die Gürtellinie zielen? Über sich hinaus wachsen? Wachsamkeit? Hingabe? Aufgabe? Über seine Verhältnisse leben? Miteinander leben in Berlin. Die Ausländerbeauftragte des Senats, Senatsverwaltung für Soziales, Potsdamer Straße 65, 10785 Berlin, Telefon 26 54 23 57 und 26 54 23 81, Fax 262 54 07.

**Migranten:** Menschen, die zeitweise oder permanent in einem Land leben, in dem sie nicht geboren wurden

## 2/ Erfahrungen von Migranten – zerplatzte Träume

Die Migration sollte für viele eine vorübergehende Angelegenheit sein, um im Heimatland für die Familie ein besseres Leben zu ermöglichen. Die Arbeitsmigranten hatten in Deutschland häufig schlecht bezahlte Jobs und lebten ein äußerst sparsames Leben, um zu Hause den Familien ein besseres Leben zu ermöglichen, z.B. für die Familie ein Haus bauen zu können. Große Hoffnungen richteten sich auf die Rückkehr. Die Zeit in Deutschland sollte eine Zwischenstation sein, die bei vielen in der Zwischenzeit zum Langzeitaufenthalt geworden ist. Nurettin, ein straffällig gewordener Jugendlicher, der sich weder in Deutschland noch in der Türkei richtig zu Hause fühlt, erzählt von den Träumen seiner Eltern. Sein Vater, ein Müllfahrer, hat im Heimatort investiert und dort ein riesiges Haus gebaut; ein Haus für die ganze Familie, „eine Villa" mit fünf Stockwerken und sechs Zimmern auf jedem Stockwerk, für alle verwandten Familien. Doch jetzt lebt nur noch ein Bruder des Vaters im Heimatort, alle anderen sind über ganz Europa verstreut. Das Haus steht leer. In der Heimat sollen sich irgendwann alle wieder zusammenfinden, das wünscht sich Nurettins Vater. Nurettin meint: „Die sagen manchmal: ‚Ja wenn wir alles klargemacht haben, wenn ihr geheiratet habt, dann können wir zurückfahren.' Aber ich weiß nicht, ob die das machen, ich glaube nicht."

Nach: Hermann Tertilt: Turkish Power Boys. Ethnographie einer Jugendbande. Frankfurt/M: Suhrkamp, 1996, S. 117f.

### 3/ Fremde Blicke auf Deutschland – Beobachtungen

**Steven Vo, 19 Jahre:**

Ich beobachte immer wieder Unterschiede zwischen anderen Deutschen und mir: Die durchschnittliche deutsche Familie unterscheidet sich von der vietnamesischen in der Art, wie miteinander umgegangen wird. Vietnamesen bringen älteren Menschen stets Respekt, Mitgefühl und Höflichkeit entgegen. Manche Kinder in Deutschland reden aber sehr grob mit ihren Eltern. Auch andersherum herrscht manchmal ein herber Ton, den ich nicht nachvollziehen kann. Ich würde nie herablassend mit meinen oder über meine Eltern sprechen …

Cornelia Spohn (Hrsg.): zweiheimisch. Bikulturell leben in Deutschland. Bonn: Bundeszentrale für politische Bildung, 2006 (Original erschienen in der Ed. Körber-Stiftung Hamburg, 2006), S. 72 f.

**Memet Simsek, 17 Jahre:**

Wenn Kurdistan meine Wurzel ist, ist Deutschland meine Sonne. Sie versorgt mich mit dem Licht, das ich brauche, um zu wachsen und mich zu entfalten. Deutschland gibt mir viele Möglichkeiten, die ich anderswo nicht hätte. Zum Beispiel in der Türkei: Weil ich aus keiner reichen und einflussreichen Familie komme, hätte ich es dort viel schwerer, zu studieren und irgendwann einmal in einem angesehenen Beruf zu arbeiten. Außerdem gefällt mir an Deutschland, dass man toleranter mit Menschen umgeht, die von der Norm abweichen. Auch die Weltoffenheit hier mag ich. Und dass die Mauern zwischen den unterschiedlichen Klassen, zwischen oben und unten, nicht so hoch sind wie bei uns in der Türkei. Ich bin auch froh, dass es hier nicht so viel Korruption gibt wie in der Türkei. Ein Beispiel: Mein Cousin ist mit 16 und ohne Führerschein beim Autofahren erwischt worden. Was hat er gemacht? Er hat dem Polizisten einen Geldschein in die Hand gedrückt und ist weitergefahren. So etwas passiert in der Türkei sehr oft und gibt es hier nicht – zum Glück. Was mir außerdem sehr liegt, ist die deutsche Ordnungsliebe, Pünktlichkeit und Sauberkeit. Dokumente, Unterlagen, alles hat in einer Behörde oder sonstwo seinen festen Platz. Wenn jemand sagt, er kommt um drei, dann kommt er um drei. Und auf den Straßen liegt kein Müll rum.

Trotz allem, was mir hier gefällt, komme ich Deutschland nicht so ganz nahe. Mit manchen Werten, mit der Lebensweise vieler Menschen, mit ihrem Verhältnis zur Religion kann ich mich nicht identifizieren. Viele Familien halten immer weniger zusammen, Kinder ziehen von zu Hause weg, sobald sie volljährig sind, später schieben sie ihre Eltern ins Altersheim ab …

ebenda, S. 145 f.

1. Bearbeitet in Partnerarbeit folgende Fragen und vergleicht eure Ideen im Plenum.
a) Was ist eigentlich „typisch deutsch“?
b) Vergleiche deine Ergebnisse mit den Nennungen in 1/. Gibt es Übereinstimmungen? Warum? Warum nicht?
c) Möchtest du, dass jemand zu dir sagt: „Du bist typisch deutsch!“ Woran liegt das Unbehagen, das sich dabei vielleicht einstellt?

2. Migration gab es immer und in vielen Gebieten der Welt. Nach dem Zweiten Weltkrieg gab es in der BRD und der DDR so genannte Arbeitsmigration.
a) Informiert euch, wann die Arbeitsmigration begann, aus welchen Ländern die Migranten kamen und wie viele „Menschen mit Migrationshintergrund“ heute in Deutschland leben.
b) Warum kamen die Menschen und wie leben sie hier? Bezieht auch Text 2/ mit ein. Schreibt einen kleinen Bericht.

Online-Link: 695220-0159

3. Viele Gastarbeiterfamilien waren irgendwann keine Gäste mehr – sie sind geblieben. Lest Text 2/ genau und versucht, euch in die Lage einer solchen Familie zu versetzen. Welche Konsequenzen hatte es für die „Gastarbeiter“, wenn die Rückkehr immer weiter hinausgeschoben wurde?

4. Wenn andere auf „die Deutschen“ schauen: Der Blick von außen, wie ihr ihn unter 3/ sehen könnt, kann befremdlich sein, die Augen öffnen und vieles mehr. Was empfindet ihr, wenn ihr lest, was Steven Vo und Memet Simsek gesagt haben? Ist jemand in eurer Klasse, der oder die auch solche oder ähnliche Beobachtungen gemacht hat?

# Anerkennung

## 1/ Hier Ausländer, dort „Deutschländer"

**Aus einem Interview mit einer türkischen Frau:** Man muss sich als Ausländer erst beweisen, um anerkannt zu werden. Das ist absolut so. Ja, sie müssen viel, viel, viel dafür tun, um anerkannt zu werden und Akzeptanz zu kriegen. Und da reicht es nicht nur, dass sie da sind und einfach als Menschen da sind, sondern sie müssen viel dafür tun. Und viele Fragen beantworten. Viele Ängste erst mal wegräumen und so weiter, wenn sie neu [sind], sie müssen immer wieder neu anfangen und sich immer wieder neu beweisen. Das habe ich so für meinen Teil festgestellt, dass immer das Bild da ist, du bist Ausländer, obwohl ich kein Ausländer [bin], also ich empfinde mich nicht mehr als Ausländer.

Werner Schiffauer: Migration und kulturelle Differenz. Berlin: Studie für das Büro der Ausländerbeauftragten der Stadt Berlin, 2002, S. 22

**Kanake:** in neuerer Zeit eine abwertende Bezeichnung für Ausländer insbesondere türkischer Abstammung

## 2/ Kanakenleben

Der Schriftsteller Feridun Zaimoglu hat die Frage gestellt: „Wie lebt es sich als Kanake in Deutschland?" Er führt Interviews mit Kindern der sog. „Gastarbeiter" und verdolmetscht sie in dem Buch „Kanak Sprak". Er schreibt: „Es begann damit, dass die Idee einer temporären ‚Gastarbeit' in Deutschland sich als nicht lebbar herausstellte: ‚Gastarbeiterkinder' wurden geboren, ‚Immigranten der zweiten Generation', die erste Generation der Kanaken. In Deutschland wuchsen sie auf, hier gingen sie zur Schule. In der Schule wurde deutsch, zu Hause türkisch gesprochen. Sie wohnten in engen, schäbigen Verschlägen und kalten Häusern, in denen es von der Decke tropfte und die Wände Risse zeigten. Die Mütter standen den ganzen Tag in der Küche, zeigten die ersten Gebrechen. Die Väter bekamen krumme Rücken, Magengeschwüre und griffen öfter zum Prügelstock. Die Mädchen werden auf ihre traditionelle Rolle als Ehefrau vorbereitet. Ihre prägenden Erfahrungen machen sie aber außerhalb des Elternhauses.

Auf der Straße, im Supermarkt, in der Disco ist von **Zumutung** die Rede, vom **vollen Boot** und vom **seidenen Geduldsfaden.** In den Klassenzimmern wird es still, wenn die ‚Kümmel' eintreten. Aufgeweckte Kinder werden zu Problemfällen gestempelt und wandern in die Sonderschulen. Die Deutschen versuchen, aus der Misere schlau zu werden. Studien werden in Auftrag gegeben, Statistiken erstellt, die Migrationsforschung zeitigt Ergebnisse: Man spricht von der Ambivalenz, die das Leben in zwei Kulturen mit sich bringe, einem Generationenkonflikt in der türkischen Familie und schließlich vom fehlenden Integrationswillen …"

Einer der interviewten jungen Männer sagt zu Zaimoglu: „Wir sind hier allesamt nigger, wir haben unser ghetto, wir schleppen's überall hin, wir dampfen fremdländisch … Den fremdländer kannst du nimmer aus der fresse wischen."

Feridun Zaimoglu: Kanak Sprak. 24 Mißtöne vom Rande der Gesellschaft. Berlin: Rotbuch Verlag, 2007, S. 9 f., 25 f.

## 3/ Anerkennung ist ein menschliches Grundbedürfnis

Der kanadische Philosoph Charles Taylor spricht im folgenden Abschnitt besonders von der Anerkennung von Menschen oder Gruppen, die in einem Land nicht der Mehrheitskultur angehören.

„Die These lautet, unsere Identität werde teilweise von der Anerkennung oder Nicht-Anerkennung, oft auch von der **Ver**kennung durch die anderen geprägt, so dass ein Mensch oder eine Gruppe von Menschen wirklichen Schaden nehmen, eine wirkliche Deformation erleiden kann, wenn die Umgebung oder die Gesellschaft ein einschränkendes, herabwürdigendes oder verächtliches Bild über sich selbst zurückspiegelt. Nichtanerkennung oder Verkennung kann Leiden verursachen, kann eine Form von Unterdrückung sein, kann den anderen in ein falsches, deformiertes Dasein einschließen …

So gesehen, zeugt Nicht-Anerkennung oder Verkennung des anderen nicht bloß von einem Mangel an gebührenden Respekt. Sie kann auch schmerzhafte Wunden hinterlassen, sie kann ihren Opfern einen lähmenden Selbsthass aufbürden. Anerkennung ist nicht bloß ein Ausdruck von Höflichkeit, den wir den Menschen schuldig sind. Das Verlangen nach Anerkennung ist vielmehr ein menschliches Grundbedürfnis."

Charles Taylor: Multikulturalismus und die Politik der Anerkennung. Frankfurt/M: S. Fischer, 1993, S. 13–15 (Übers. Reinhard Kaiser)

### Das Tempo-Duett

Ihr setzt euch in zwei Reihen einander gegenüber. Jede Reihe beschäftigt sich mit einem der beiden Texte 2/ bzw. 3/, jede/r für sich alleine. Beantwortet die Fragen zu den Texten. Wer fertig ist und sich Stichpunkte gemacht hat, gibt ein Zeichen und wartet auf jemanden aus der anderen Reihe. Jeder arbeitet in seinem Tempo. Es bilden sich immer Paare, die ungefähr zur selben Zeit fertig sind. Erklärt euch gegenseitig den jeweiligen Text.

4/

1. In Deutschland immer als Fremde/r angesehen zu werden und in der Türkei als Deutschländer/in – das ist die Erfahrung vieler Migranten. Von welchen Barrieren erzählt die Person im Interview 1/? Was müsste anders sein?

2. Erarbeitet in einem Tempo-Duett die beiden Texte von Zaimoglu und Taylor.
a) Wie stellst du dir die Lebensbedingungen in einer Gastarbeiterfamilie vor und warum bleiben die Familien Fremde 2/? Was betrachtet Zaimoglu an den Türken kritisch? Und was an den Deutschen?
b) Was macht es mit einem Menschen, wenn andere ihm zeigen, dass sie ihn nicht achten oder nicht ernst nehmen 3/? Warum und worunter leiden Menschen, die keine Anerkennung bekommen? Was hältst du von der These, dass Anerkennung ein menschliches Grundbedürfnis ist?

3. Diskutiert zum Abschluss im Plenum über die Frage: Was müsste passieren, damit sich die Menschen, die nach Deutschland gekommen sind, anerkannt fühlen? Schreibt eure Vorschläge auf eine Wandzeitung.

# Toleranz und ihre Grenzen

## 1/ Toleranz beim Zusammenleben?

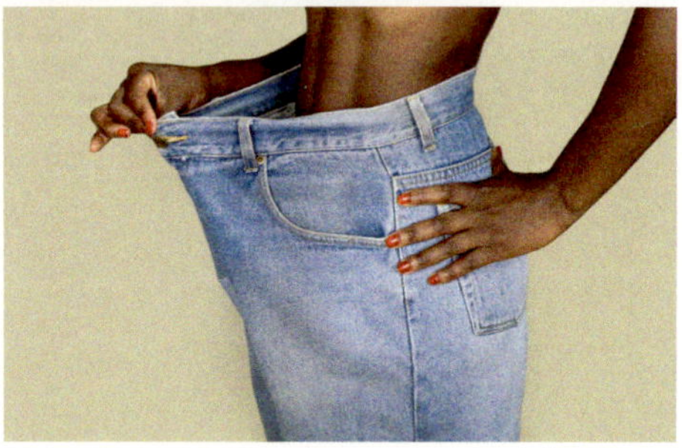

**Toleranz**

Toleranz bedeutet weder Gleichgültigkeit noch Bejahung. Zur Toleranz gehört, dass man etwas, was jemand tut, akzeptiert, obwohl man es für falsch hält. Es gibt also Grenzen dafür, was Menschen, Gruppen, Institutionen oder Staaten tolerieren oder tolerieren wollen. Die Grenzen müssen immer wieder neu bestimmt werden. Toleranz kann man nicht erzwingen. Sie ist eine Haltung oder eine Praxis, z. B. von Staaten, wenn sie Minderheiten gestatten, gemäß ihrer Religion zu leben.

## 2/ Vorstellungen von Toleranz

Toleranz sollte nur eine vorübergehende Gesinnung sein: Sie muss zur Anerkennung führen. Dulden heißt beleidigen.
Johann Wolfgang von Goethe

Ich werde Ihre Meinung bis an mein Lebensende bekämpfen, aber ich werde mich mit allen Kräften dafür einsetzen, dass Sie sie haben und aussprechen dürfen.
Voltaire

Alles verstehen, heißt alles verzeihen.
Madame de Staël

## 3/ Toleranz oder Intoleranz?

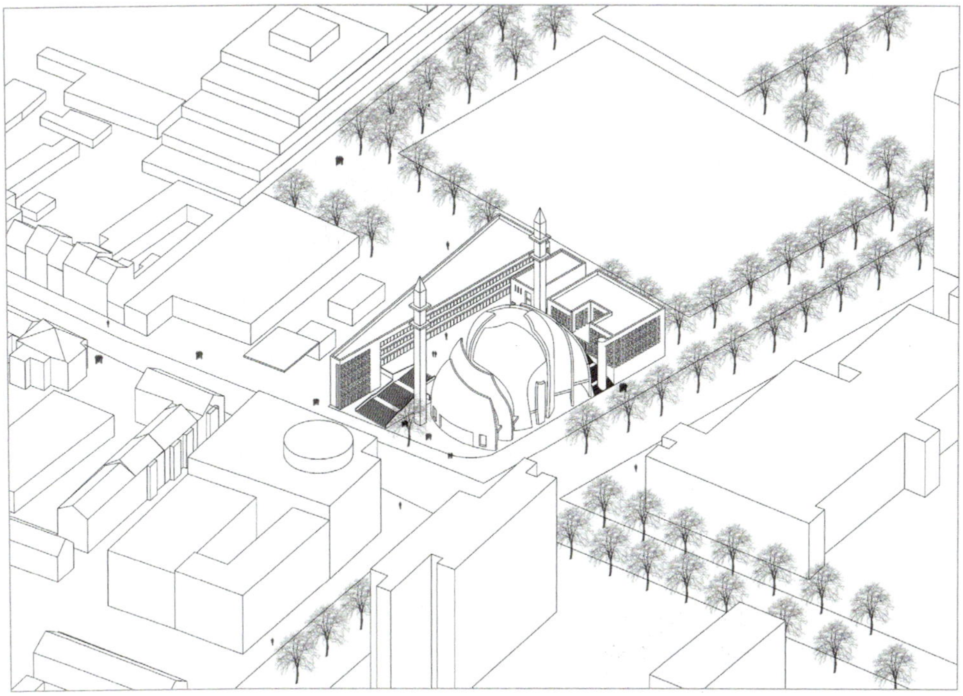

In Köln-Ehrenfeld soll eine Moschee gebaut werden, um die heftiger Streit entbrannt ist. Sie ist der größte geplante Moschee-Neubau in Deutschland. „Dürfen Minarette genau so hoch wie Kirchtürme sein oder nicht?" – Diese Frage stellt das Deutschlandradio in einer Diskussionsrunde.

**Online-Link:**
695220-0163

1. Rufe dir Gelegenheiten ins Gedächtnis, wann du tolerant warst oder dir gewünscht hättest, dass jemand dir gegenüber tolerant ist. Erzählt einander davon im Plenum.

2. Toleranz ist wichtig für das Zusammenleben. Was haben die Bilder unter 1/ mit Toleranz zu tun?

3. Setzt euch in Arbeitsgruppen mit den verschiedenen Vorstellungen zur Toleranz unter 2/ auseinander. Sammelt Argumente, die für oder gegen die jeweilige Anschauung sprechen. Ihr könnt auch ein Gruppenpuzzle veranstalten.

4. Schaut auf die vorhergehenden Seiten zurück. Was kann man tolerieren und was nicht? Denkt daran, dass man etwas nicht bejahen muss, um es zu tolerieren. Dann müssten wir es nicht tolerieren, sondern könnten es richtig finden. Sucht nach Beispielen und begründet, jede/r einzeln, eure Entscheidung.

5. „Wer ein Haus baut, will bleiben." (Jörg Lau) – das ist ein positiver Blick auf den Neubau einer Moschee in Köln 3/. Es gibt jedoch viele Vorbehalte dagegen, diese oder auch andere Moscheen zu bauen, vielleicht ja auch bei euch am Ort oder in der Umgebung. Informiert euch über einen solchen Streitfall und sammelt die Argumente, die für oder gegen einen Bau sprechen. Entscheidet dann, ob und mit welchen Gründen der Bau einer Moschee toleriert oder nicht toleriert werden sollte. Gälte euer Votum auch dann, wenn der Streit um eine Moschee bei euch vor Ort stattfände?

# Zusammenleben in der Gesellschaft

## 1/ Der deutsche Pass hat viele Gesichter

### 2/ Integration ist doch immer Suche

**Memet Simsek, 17 Jahre:**

Man muss eben offen füreinander sein, über den Tellerrand der eigenen Herkunft hinausschauen und nicht denken: ein Deutscher blöd – alle Deutschen blöd, ein Türke doof – alle Türken doof.

Gerade viele junge Türken reden ständig davon, dass sie hier unerwünscht seien und von den Deutschen diskriminiert würden. Das nehmen sie als Vorwand, um sich abzuschotten und sich in ihrem Ghetto einzuschließen. Das finde ich falsch. Ich meine, diese Gesellschaft bietet etliche Möglichkeiten, etwas aus sich zu machen. Was mir aber auch nicht gefällt, ist das Gerede vieler Politiker darüber, dass die Integration eines Ausländers in die Gesellschaft abgeschlossen sein muss, bevor er die deutsche Staatbürgerschaft erhält. Integration ist doch nie ganz zu Ende. Integration ist doch immer Suche. Man sucht nach einem Weg, die eigenen Pole miteinander zu verbinden. Bei mir sind es der kurdische, der türkische und der deutsche Pol. Ich bemühe mich, das Beste aus diesen Polen herauszuholen und es miteinander zu kombinieren. Das heißt, ich will mich in Deutschland einfügen, ohne meine Identität als türkischer Kurde zu leugnen oder aufzugeben.

Neulich hat mich jemand nach dem Weg gefragt. Nachdem ich ihm erklärt habe, wie er zu seinem Ziel kommt, und er mich und meine Herkunft nicht so richtig einordnen konnte, wollte er wissen: Was bist du eigentlich? Ich habe geantwortet: Ein Mensch, reicht dir das nicht?

Cornelia Spohn (Hrsg.): zweiheimisch. Bikulturell leben in Deutschland. Bonn: Bundeszentrale für politische Bildung, 2006 (Original erschienen in der Ed. Körber-Stiftung Hamburg), S. 150 f.

### 3/ Rechte und Pflichten für alle

Im Nationalen Integrationsplan der Bundesregierung 2007 heißt es:

Integration kann nicht verordnet werden. Sie erfordert Anstrengungen von allen, vom Staat und der Gesellschaft. Maßgebend ist zum einen die Bereitschaft der Zuwanderer, sich auf ein Leben in unserer Gesellschaft einzulassen, unser Grundgesetz und unsere gesamte Rechtsordnung vorbehaltlos zu akzeptieren und insbesondere durch das Erlernen der deutschen Sprache ein sichtbares Zeichen der Zugehörigkeit in Deutschland zu setzen. Auf Seiten der Aufnahmegesellschaft sind Akzeptanz, Toleranz, zivilgesellschaftliches Engagement und die Bereitschaft unverzichtbar, Menschen, die rechtmäßig bei uns leben, ehrlich willkommen zu heißen: Integration – ein Chance für unser Land!

Flyer „Der Nationale Aktionsplan" der Integrationsbeauftragten unter www.bundesregierung.de/Content/DE/Artikel/2007/07/Anlage/2007-07-12-nationaler-integrationsplan-kurzfassung,property=publicationFile.pdf (8.10.2008)

**Begriffspyramide**

Malt eine Pyramide auf und unterteilt sie in 3–4 Ebenen. Oben in der Spitze steht der Begriff Integration, auf den darunterliegenden Ebenen die Begriffe, die mit Integration zu tun haben, aber nicht genau dasselbe sind. Vielleicht könnte auf der Ebene darunter Zugehörigkeit auf der einen Seite der Pyramide stehen – und auf der anderen? Mit jeder tieferen Ebene wird die Überschneidung mit dem Begriff Integration geringer. Ihr solltet also zunächst verwandte Begriffe sammeln, dann gemeinsam überlegen, was der Integration am nächsten kommt, und die Begriffe dann entsprechend verorten.

1. Recherchiert, wer den deutschen Pass hat oder bekommt. Welche Bedingungen sind an die Einbürgerung geknüpft?
2. Was ist für Memet Integration 2/? Wie stellt er sich Integration vor und was lehnt er ab?
3. Was gehört zum Begriff Integration dazu? Wie würdest du ihn definieren? Eine Hilfe bei der Begriffsbestimmung könnte es sein, wenn du eine Begriffspyramide erstellst.
4. Es gibt Rechte und Pflichten für Deutsche und „Ausländer", die in einem Land zusammenleben. Du findest unter 3/ Rechte und Pflichten für beide Gruppen. Liste sie auf und überlege dir weitere.

**Online-Link:**
695220-0165

# Krieg und Frieden

**Samuel P. Huntington:** US-amerikanischer Politikwissenschaftler (geb. 18.4.1927)

## 1/ Kampf der Kulturen?

Der amerikanische Politikwissenschaftler Samuel P. Huntington veröffentlichte 1996 ein Buch mit dem Titel „The Clash of Civilizations", „der Kampf der Kulturen". Insbesondere seit dem 11. September 2001, dem Terroranschlag auf das World-Trade-Center in New York, wurde über sein Buch heftig debattiert. Das Schlagwort vom „Kampf der Kulturen" kann man seitdem immer wieder hören. Er behauptet, dass die moderne Welt von einem Kampf der Kulturen bestimmt werde, der zu gewaltsamen Auseinandersetzungen führen könne.

In einem Aufsatz von 1993 sagt er:
Meine These ist, dass die grundlegende Ursache von Konflikten in dieser neuen Welt in erster Linie nicht ideologischer oder wirtschaftlicher Natur sein wird. Der wichtigste Grund für Konflikte wird kulturell bestimmt sein. Nationalstaaten werden zwar die mächtigsten Akteure auf dem Globus bleiben, die grundsätzlichen Auseinandersetzungen der Weltpolitik aber werden zwischen Nationen und Gruppierungen aus unterschiedlichen Kulturen auftreten. Der Zusammenprall der Zivilisationen, der Kulturen (civilizations), wird die Weltpolitik beherrschen. Verwerfungen zwischen den Kulturkreisen werden den Frontverlauf der Zukunft bestimmen.
Warum der Zusammenprall?
Erstens: Die Unterschiede zwischen den Kulturen sind nicht nur wirklich, sie sind auch grundlegend. Menschen verschiedener Kulturen haben sowohl unterschiedliche Anschauungen über das Verhältnis zwischen Gott und Mensch, Individuum und Gruppe, Bürger und Staat, Eltern und Kindern, Mann und Frau als auch über die relative Bedeutung von Rechten und Pflichten, Freiheit und Autorität, Gleichheit und Hierarchie. Diese Unterschiede sind in Jahrhunderten gewachsen. Sie sind weit fundamentaler als die Unterschiede von Ideologien oder von Regierungssystemen. Solche Differenzen bedeuten nicht notwendigerweise Konflikt. Im Laufe der Jahrhunderte allerdings haben Unterschiede zwischen Kulturen die längsten und gewalttätigsten Kriege hervorgebracht.
Zweitens: Die Welt wird kleiner. Das wachsende Kontaktgeflecht zwischen den Völkern verstärkt das eigene kulturelle Bewusstsein wie auch das Bewusstsein für die Unterschiede. Bürger der Vereinigten Staaten reagieren weitaus ablehnender auf Investitionen aus Japan als auf größere Investitionen aus Kanada oder aus Europa. Der Austausch zwischen Völkern verschiedener Kulturen verstärkt das Bewusstsein der Menschen, einer bestimmten Kultur anzugehören; das wiederum verstärkt Differenzen und Animositäten, die oft weit in die Geschichte zurückreichen.

Samuel P. Huntington: Kampf der Kulturen. München: Europa Verlag, 1996 (Übers. Holger Fliessbach)

2/ Kulturdialog

### 3/ Die Ringparabel

Eine berühmte Geschichte, die Friedfertigkeit und Toleranz zwischen den Religionen empfiehlt, ist Lessings Ringparabel. Sie steht in dem dramatischen Gedicht „Nathan der Weise“:

Sultan Saladin fragt den weisen Juden Nathan, was für ein Glaube, was für ein Gesetz ihm am meisten eingeleuchtet habe. Es könne doch nur eine der drei Religionen Judentum, Christentum oder Islam die einzig wahre sein. Um die Frage indirekt zu beantworten, erzählt der weise Nathan die Geschichte von dem überaus wertvollen Ring, der vor langer Zeit einem Mann im Osten gehörte. Der Ring hatte einen Stein aus Opal und besaß die geheime Kraft, den Träger vor Gott und den Menschen angenehm zu machen. Der Mann verfügte also, dass der Ring für immer in der Familie bleiben sollte, und gab ihn seinem liebsten Sohn. Er bestimmte, dass auch dieser wiederum ihn an seinen liebsten Sohn weitergeben sollte. Dies ging immer so weiter, bis ein Mann drei Söhne hatte, die ihm alle drei gleich lieb waren. Da er sich nicht entscheiden konnte und keinen Sohn benachteiligen wollte, beauftragte er einen Künstler, Kopien des Ringes anzufertigen, die nicht vom Original zu unterscheiden seien. Es gelang und der Vater gab jedem Sohn einzeln einen Ring mit seinem Segen.

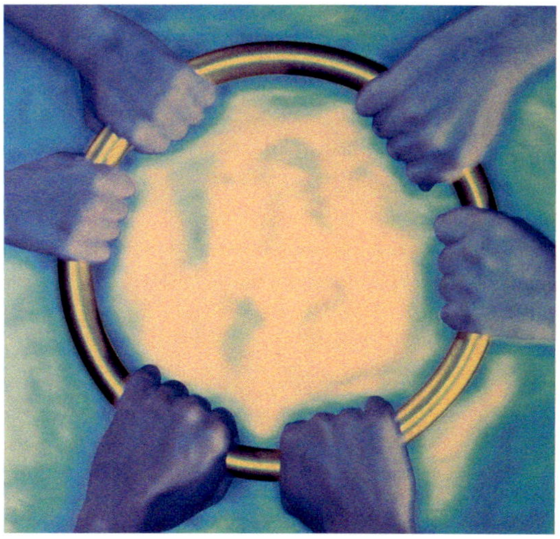

Nach seinem Tod bemerkten die Söhne, dass jeder einen Ring hatte, konnten aber nicht herausfinden, wem der echte gehörte. Deswegen, so unterbricht Nathan seine Erzählung und sagt zum Sultan, traue auch er sich nicht, die Ringe zu unterscheiden, habe sie doch der Vater gerade gemacht, damit sie ununterscheidbar seien. Saladin wirft ein, man könne die drei Religionen doch wohl unterscheiden. Darauf Nathan: Hat nicht jede Religion ihre eigene Überlieferung, in der ihre Anhänger aufwachsen? Solle er etwa den eigenen Vätern, die ihn mit Liebe großgezogen hätten, weniger glauben als den seinen?

Nathan erzählt die Geschichte zu Ende: Vor Gericht konnte keiner der Söhne nachweisen, dass er den echten Ring besaß, woraufhin der Richter zunächst darüber spekulierte, ob der echte Ring vielleicht verloren gegangen sei, und dann statt des Richterspruchs einen Rat anbot: Vielleicht habe der Vater die Tyrannei des einen Ringes nicht länger dulden wollen und habe sie wohl alle gleich geliebt und deswegen keinen begünstigen wollen. Er riet den Söhnen: Sie sollten um die Wette danach streben, die Kraft des Steins im eigenen Ring zu erweisen. Mit Verträglichkeit, Wohltun und innigster Ergebenheit in Gott solle sich die Kraft des Steins entfalten. Wenn sich die Kräfte der Steine bei den Kindern ihrer Kinder erwiesen, könne vielleicht in vielen tausend Jahren ein weiserer Mann auf diesem Stuhl sitzen als er …

Nach Gotthold Ephraim Lessing: Nathan der Weise. Stuttgart: Reclam Junior, 1975, S. 71–75

1. Huntington sieht den „Kampf der Kulturen“ auf der Ebene zwischen Volksgruppen oder Staaten 1/. Suche im Text nach Gründen, warum er für die Zeit, in der wir leben, einen Kampf der Kulturen vorhersagt/vorhergesagt hat.

2. Wenn du anderen begegnest, begegnest du zunächst Menschen, die vielleicht aus einer anderen Kultur kommen. Denke beispielsweise an Lena und Yagmur einerseits und Lena und Cem andererseits zurück. Kannst du Ansätze zum Dialog erkennen? Siehst du Möglichkeiten, wie sie aufeinander zugehen könnten? Und wie sie – auch in der Serie – aufeinander zugehen? Wie stellst du dir im großen Maßstab einen Dialog zwischen den Kulturen vor?

3. Lass deine Gedanken schweifen und betrachte die Abbildung 2/. Was haben die Hände und Füße einander zu sagen? Inwiefern symbolisieren sie den Dialog zwischen Menschen verschiedener Kulturen?

4. Kultur und Religion sind häufig eng miteinander verwoben. Das sagt auch Huntington. Bei Lessing 3/ will der Sultan wissen, welche Religion letztendlich recht hat – das ist ein zutiefst menschliches Anliegen. Diskutiert in Partnerarbeit folgende Fragen:
a) Die Brüder streiten um den echten Ring wie die Menschen um die wahre Religion. Kann nach Meinung Nathans einer den Streit gewinnen?
b) Sollen die Menschen ihre Religion verleugnen oder zurückstellen? Welche Empfehlung gibt der Richter in der Geschichte (Nathan) bei der Konkurrenz um den echten Ring?

# Eine Ethik für alle – die Menschenrechte

## 1/ Kleine Geschichte der Menschenrechte

Die Menschenrechte haben mehrere Wurzeln, vor allem die Menschenrechtserklärung von 1789 in Frankreich und die amerikanische Bill of Rights von 1791. Eine Grundidee war zunächst, dass die Menschen vor Übergriffen von Herrschenden geschützt werden sollten. Menschen haben Rechte nicht aufgrund dessen, welche Position sie in der Gesellschaft haben oder aufgrund von Leistungen, sondern weil sie Menschen sind. Im 20. Jahrhundert wurde die „Allgemeine Erklärung der Menschenrechte" von der Menschenrechtskommission ausgearbeitet und am 10. Dezember 1948 von der Generalversammlung der Vereinten Nationen angenommen. Seitdem sind verschiedene Institutionen entstanden, um die Menschenrechte zu schützen. Es gibt auch für verschiedene Regionen der Erde eigenständige Formulierungen der Menschenrechte, z. B. die „Europäische Menschenrechtskonvention" (1953) oder die „Afrikanische Charta der Menschenrechte und Rechte der Völker" (1985). Nach der Allgemeinen Erklärung der Menschenrechte von 1948 sind weitere Rechte formuliert worden, vor allem im sozialen Bereich und Rechte für Gruppen. Im Jahr 1990 wurden die Kinderrechte in Kraft gesetzt. Mit Ausnahme von zwei Staaten wurde die Konvention über die Rechte des Kindes von allen Staaten ratifiziert.

**ratifizieren:** genehmigen, meist vom Parlament

## 2/ Alle Menschen haben unveräußerliche Rechte

**Der erste Satz der Allgemeinen Erklärung der Menschenrechte lautet:**
Da die Anerkennung der angeborenen Würde und der gleichen und unveräußerlichen Rechte aller Mitglieder der Gemeinschaft der Menschen die Grundlage von Freiheit, Gerechtigkeit und Frieden in der Welt bildet …

**In Artikel 1 ist festgelegt:**
Alle Menschen sind frei und gleich an Würde und Rechten geboren. Sie sind mit Vernunft und Gewissen begabt und sollen einander im Geist der Brüderlichkeit begegnen.

**In Artikel 2 heißt es:**
Jeder hat Anspruch auf die in dieser Erklärung verkündeten Rechte und Freiheiten ohne irgendeinen Unterschied, etwa nach Rasse, Hautfarbe, Geschlecht, Sprache, Religion, politischer oder sonstiger Überzeugung, nationaler oder sozialer Herkunft, Vermögen, Geburt oder sonstigem Stand …

nach: Kompass. Handbuch zur Menschenrechtsbildung für die schulische und außerschulische Bildungsarbeit. Deutsches Institut für Menschenrechte, Bonn: Bundeszentrale für Politische Bildung 2005, S. 403

### Menschenrechte

Die Menschenrechte betonen, was die Menschen verbindet, nicht, was sie trennt. Sie gehen von der Gleichheit der Menschen und der Würde aller Menschen aus, nicht von den Unterschieden zwischen den Menschen. Die Menschenrechte sind eine Richtschnur für alle Menschen. Insofern sie in rechtswirksame internationale Vereinbarungen eingegangen sind, sind sie einklagbar.

### 3/ Ein „Unruhestifter" für Frieden und Menschenrechte

Der Freiheitskämpfer Nelson Mandela erhielt 1993 zusammen mit Frederik Willem de Klerk den Friedensnobelpreis für ihre Beiträge zur Beendigung der Apartheid in Südafrika.

**Apartheid:** Politik der Rassentrennung in Südafrika; Unterdrückung der Schwarzen

Rolihlahla Mandela wurde am 18. Juli 1918 in der heutigen Provinz Ostkap geboren. Rolihlahla bedeutet „Unruhestifter", ein Name, auf den Mandela stolz ist. Den Vornamen „Nelson" erhielt er in der Schule. Mandela studierte Jura und gründete zunächst die Jugendliga des ANC (African National Congress). In seinem Kampf gegen das Apartheidsregime gründete er nach dem Verbot des ANC dessen militanten Flügel und ging in den Untergrund. Er wurde verhaftet und 1964 zu lebenslänglicher Haft verurteilt. Mandela verbrachte fast 27 Jahre im Gefängnis und blieb auch in dieser Zeit seinen politischen Überzeugungen treu; er wurde zum Symbol des Widerstands. Nelson Mandela wurde erst 1990 unter dem Staatspräsidenten de Klerk aus der Haft entlassen. Er setzte sich für ein demokratisches Südafrika ohne Rassentrennung ein und wurde 1994 zum ersten schwarzen Präsidenten der Republik Südafrika gewählt.

Auszug aus der Rede Nelson Mandelas bei der Überreichung des Friedensnobelpreises 1993 in Oslo: … Der Wert dieses Geschenks (das Ende der Apartheid) für alle, die gelitten haben, wird und muss am Glück und Wohlergehen aller Menschen unseres Landes gemessen werden, die die unmenschlichen Mauern, die sie trennten, niedergerissen haben.
Diese großen Massen werden dem schweren Affront gegen die Menschenwürde, der die einen Herren und die anderen Diener nannte und zu Feinden machte, deren Überleben von der Vernichtung des anderen abhing, den Rücken kehren.
Der Wert unseres gemeinsamen Lohns wird und muss am Frieden gemessen werden, der den Sieg davontragen wird, weil die gemeinsame Menschlichkeit, die Farbige und Weiße in einer menschlichen Rasse vereint, jedem von uns sagen wird, dass wir alle wie die Kinder des Paradieses leben mögen.
So mögen wir leben, weil wir eine Gesellschaft schaffen werden, die anerkennt, dass alle Menschen gleich geboren sind und in gleichem Maße Anspruch auf Leben, Freiheit, Wohlstand, Menschenrechte und verantwortungsvolle Staatsführung haben. …

Auszug aus der Friedensnobelpreis-Rede Nelson Mandelas, Oslo 1993; übers. v. Inter.Connect Sprachen (Leipzig, Bamberg, Eisenach)

**Online-Link:**
695220-0169

1. Was fehlt Menschen in einem Land, in dem die Menschenrechte nicht geachtet werden? Welchen Schutz geben die Menschenrechte?

2.Wenn du auf das gesamte Kapitel 6 zurückblickst – wo siehst du unter Umständen eine Menschenrechtsverletzung? Lies Text 2/ genau, um ein Kriterium für dein Urteil zu haben.

3. Mandela hat sich fast sein ganzes Leben gegen die Unterdrückung der Schwarzen durch die Weißen in Südafrika eingesetzt. Lies Text 3/, recherchiere im Internet und tragt in der Klasse zusammen, was ihr über seinen Kampf um die Menschenrechte herausgefunden habt.

4. Wie sieht nach eurer Meinung eine Gesellschaft aus, in der anerkannt wird, dass alle Menschen gleich geboren sind? Stellt gemeinsam die fünf wichtigsten Regeln auf.

# Interkulturelle Woche: Teilhaben – Teil werden

Online-Link: 695220-0170

Jedes Jahr findet bundesweit eine interkulturelle Woche/Woche der ausländischen Mitbürger im September statt. Dort gibt es Veranstaltungen, Ausstellungen, Konzerte, Lesungen u.a. Die interkulturelle Woche steht jedes Jahr unter einem anderen Motto. Ihr findet sie im Internet. Informiert euch, was in eurer Umgebung stattfindet oder stattgefunden hat. Sammelt gemeinsam in der Klasse Ideen, die man bei zukünftigen Interkulturellen Wochen umsetzen könnte. Arbeitet in kleineren Gruppen die besten Vorschläge aus und formuliert ein Schreiben, in dem ihr eure Ideen vorstellt (Worum geht es? Wie soll es umgesetzt werden? Was/Wen braucht man dafür? Inwiefern könntet ihr euch persönlich mit einbringen?). Sucht euch die Kontaktadresse der Organisator/innen der Interkulturellen Woche heraus und schickt euren Vorschlag dorthin.

Hier seht ihr Themen-Beispiele von vergangenen Interkulturellen Wochen:

### Wie Deutsche leben – ein interkulturelles Literaturprojekt in Kassel

Menschen mit Migrationshintergrund waren eingeladen, ihre Eindrücke von der deutschen Bevölkerung zu schildern. Die Leitfragen lauteten: Was fällt Ihnen auf? Was ist gut oder schlecht? Was ist den Deutschen wichtig? Was ist komisch oder lustig? Wie leben Frauen, Männer, Alte, Kinder? Die Textform der Beiträge war den Autoren freigestellt: Ob Lyrik, Kurzgeschichte, Alltagsbeobachtung oder Polemik und Glosse – jedes „Werk" war willkommen. Unter den zahlreichen Einsendungen wurden die Preisträgerinnen und Preisträger ausgelost, auf die ein Gewinn von 100 Euro wartete. Einzelne Texte werden nun im Rahmen einer Lesereise präsentiert, eine Auswahl soll in Buchform erscheinen.

**Infos:**
Werkstatt Kassel e.V.

www.ekd.de/interkulturelle-woche/466.html (24.10.2007)
Ökumenischer Vorbereitungsausschuss zur Interkulturellen Woche, Frankfurt/M 2007

### Kundgebung in Regensburg gegen Rassismus

Man stelle sich vor, mit ungefähr 40 fremden Menschen eine Toilette, Dusche und Küche teilen zu müssen, nicht arbeiten und den Landkreis nicht verlassen zu dürfen. Auf die menschenunwürdige Lebenssituation von Flüchtlingen hinzuweisen, das war das Anliegen der Kundgebung unter dem Motto „Rassismus hat viele Gesichter" in Regensburg. Die Bürgerinitiative Asyl Regensburg hatte mit 15 weiteren Organisationen zu dieser Veranstaltung aufgerufen, an der sich auch Flüchtlinge beteiligten. Es wurde auch eine unbürokratische Bleiberechtsregelung nach fünfjährigem Aufenthalt für geduldete Flüchtlinge gefordert. So erklärte Harro Renner von der Bürgerinitiative Asyl, dass viele Flüchtlinge hier anstatt Leben den Tod gefunden hätten. Viele hätten sich unter diesen lebensunwürdigen Umständen das Leben genommen. Darauf las er einige Namen von Flüchtlingen vor, die diesen Weg gewählt haben. So sollte daran erinnert werden, dass die Gesellschaft eine Verantwortung für jeden Mitbürger habe.

**Infos:**
Bürgerinitiative Asyl in Regensburg
(Kontakt über KISS in Regensburg)

ebenda

# 7 Religionen in Asien

# Destination Asien

1/ Asien

## Brainstorming

„Brainstorming" kommt aus dem Englischen und kann mit „Geistesblitz" übersetzt werden. Dabei werden zunächst alle spontanen Einfälle zu einem Thema gesammelt. Anschließend werden die Stichpunkte sortiert und diskutiert.

2/

**Klischee**

„Klischee“ kommt aus dem Französischen und bedeutet wörtlich „billige Nachahmung“. Ein Klischee ist eine festgefahrene überkommene Vorstellung. Häufig wird das Wort in abwertender Weise gebraucht.

1. Brainstorming – Was fällt euch spontan zu Asien und den auf der Landkarte hervorgehobenen Ländern Indien, China und Japan ein?

2. „Italiener essen nur Spagetti, Deutsche immer Sauerkraut und Chinesen Hunde.“ – Solche Klischees über Länder und Völker hört man häufig. Welche Klischees kennt ihr? Glaubt ihr, dass diese falsch sind oder doch ein Fünkchen Wahrheit in ihnen steckt? Begründet eure Meinung.

3. Bildet sechs Gruppen. Jeweils zwei Gruppen informieren sich über die Geschichte, die politische, gesellschaftliche und wirtschaftliche Situation in a) Indien, b) China und c) Japan. Sammelt Zeitungsartikel, Bilder, … und stellt eine Collage zusammen. Anschließend stellen die Gruppen ihre Collagen vor.

# Hinduismus – der Glaube an die ewige Ordnung und an das eine Göttliche

## 1/ Fabian erzählt, was er von Anjuli über den Hinduismus erfahren hat

Von: fabian@musternet.web

An: marco@musternet.web

Betreff: Infos über Anjuli und Hinduismus

Kopie:

Blindkopie:

senden

Hallo Marco,
wie geht's Dir? Wie gefällt Dir mein neuer Avatar? Sieht cool aus – oder? Das Wort Avatar kommt übrigens aus dem Sanskrit und bedeutet „Herabstieg". Immer wenn auf der Erde Chaos herrscht, steigt Gott Vishnu in Gestalt eines Avatar aus dem Himmel herab, um das Böse zu bekämpfen und die ewige Ordnung wiederherzustellen. Das hat mir Anjuli erzählt. Ich habe sie endlich zum Eisessen eingeladen! Anjuli ist vor zehn Jahren mit ihrer Familie aus Indien nach Deutschland gezogen, weil ihr Vater hier als Computerspezialist arbeitet. Sie ist eine Hindu und wir haben uns lange über ihren Glauben unterhalten. Wusstest Du, dass Hinduismus eine Sammelbezeichnung für ganz unterschiedliche religiöse Traditionen ist, die im Laufe der Zeit in Indien entstanden sind? Es gibt Hindus, die nur einen Gott verehren, andere beten hingegen viele Götter an. Anjulis Lieblingsgott ist der elefantenköpfige Ganesha. Jeden Tag opfert sie ihm Früchte und Blumen, weil sie hofft, mit seiner Hilfe ihre Mathenoten verbessern zu können. Ganesha gilt nämlich als Gott der Weisheit und des Erfolgs. Anjuli hat erzählt, dass der Hinduismus keine für alle verbindlichen Lehren und heiligen Schriften, keine kirchenähnliche Institution oder ein religiöses Oberhaupt kennt. Alle Hindus verbindet jedoch der Glaube an den Kreislauf aus Geburt, Tod und Wiedergeburt. Anjuli glaubt, dass jede ihrer Taten Auswirkungen auf ihr künftiges Leben hat. Gute Taten führen zu einer besseren, schlechte Taten zu einer schlechten Wiedergeburt. Hindus selbst bezeichnen ihre Religion als Dharma („Ordnung"). Diese Ordnung regelt einfach alles – von den Abläufen im Kosmos bis hin zum Verhalten des Einzelnen. Die Gläubigen sind dem Dharma verpflichtet. Lehnen sie sich gegen das Dharma auf, müssen sie mit einer schlechten Wiedergeburt rechnen. Zum anderen würde die Welt in Unordnung geraten und dann müsste Vishnu wieder eingreifen.
Na ja, alles habe ich noch nicht verstanden, daher werde ich mich jetzt im Internet über den Hinduismus schlaumachen, vor allem um Anjuli bei unserem nächsten Treffen mit meinem Wissen zu beeindrucken.
Bis bald, Dein Fabian

**Avatar:** künstlicher Stellvertreter einer echten Person in Computerspielen oder Internet-Chat-Rooms. Im Hinduismus werden damit Gestalten bezeichnet, die der Gott Vishnu annimmt, um die Welt vor dem Bösen zu retten.

**Sanskrit:** heilige Sprache des Hinduismus

Alle Texte in diesem Kapitel stammen von Pia Zumbrink, sofern die Quellen nicht anders ausgewiesen sind.

### 2/ Götter sind Illusion

Der Anblick erschlägt. Tausende aus Stein gemeißelte Figuren bedecken in übereinanderlaufenden Galerien die mächtigen Tempeltürme. Es sind Götterfiguren mit sechs oder acht Armen, manche mit zwei oder drei Köpfen, manche mit männlichen Gesichtern und weiblichen Brüsten, manche mit Tiergesichtern. ... Wie viele Götter verehren die Hindus? Ein Brahmane, die weiße Schnur als Zeichen seiner Kaste über dem nackten Oberkörper, lächelt auf meine Frage: Tausend Götter, antwortet er. Zehntausende, setzt er hinzu. Millionen Götter, korrigiert er sich noch einmal, um dann nach bedeutungsvollem Schweigen zu sagen: Die Hindus verehren nur eine Gottheit. – Wie passe das eine zum anderen, frage ich. – Es seien Widersprüche an der Oberfläche, erklärt er. Das All-Eine erscheine den Menschen in tausendeinerlei Formen. Viele Gläubige hätten Götterbilder und Symbole nötig, weil sie anders das Göttliche nicht fassen könnten. Das Göttliche in seinem Kern zu erfahren, das setze eine höhere Bewusstseinsstufe voraus. Man dürfe die vielen Bilder hier nicht für die letzte Wirklichkeit nehmen. „Götter sind Illusion", sagt er in mein Schweigen hinein.

Gerhard Schweizer: Indien und China, Asiatische Wege ins globale Zeitalter. Stuttgart: Klett-Cotta, 2001, S. 21

3/ Ganesha steht für Beginn und Veränderung, verbunden mit Schutz und Gelassenheit: er verkörpert Weisheit und Intelligenz.

### 4/ „Tat Tvam Asi" – das (Brahman) bist du (Atman)

*„Namaste" – „Verehrung dir"*, sagt Anjuli, als sie Fabian begrüßt. Dabei legt sie die Handflächen zusammen, hält sie vor die Brust und verneigt sich leicht. Damit will sie ihm sagen: „Ich grüße das Göttliche in dir." – „Was uns trennt", – so soll es die Geste zum Ausdruck bringen – „sind nur Äußerlichkeiten." Tief im Inneren sind wir eins, denn das Göttliche findet sich überall: in jedem Menschen, in jeder Pflanze, in jedem Tier.

Nach Frank Usarski

### 5/ Fragen an den Guru

„Gott ist in allem?"
„So sehen wir es!"
„Wieso soll man dann zum Tempel gehen?"
„Weil Gott sich im Tempel offenkundiger zeigt."
„Aber Gott ist doch überall?"
„Na ja, wenn du Gott in einer Kakerlake erkennen kannst, das ist natürlich das Beste, das schlägt alles!"

Ilija Trojanow: Gebrauchsanweisung für Indien. München: Piper, 2006, S. 42

**Online-Link:** 695220-0175

1. Was hast du aus Text 1/ bisher über den Hinduismus erfahren? Welche Fragen haben sich für dich daraus ergeben? Schreibe diese auf ein DIN-A4-Blatt und prüfe am Ende des Kapitels, ob die Fragen beantwortet wurden.

2. Aus Text 1/ erfährst du etwas über die Avatara-Lehre. Beschreibe sie mit eigenen Worten. Diskutiert in der Klasse, in welchem Zusammenhang hier Chaos und Ordnung stehen.

3. Was trennt und vereint Hindus in ihrem Glauben 1/? Erstelle mit einem Partner zwei Spalten; tragt in die eine Spalte die Gemeinsamkeiten und in die andere die Unterschiede ein.

4. Wie ist der Begriff Dharma zu verstehen 1/? Versuche, Beispiele für Dharma in deiner Umwelt zu finden.

5. Warum möchte sich Fabian noch mehr über den Hinduismus informieren? Überlege, warum es sinnvoll ist, mehr über andere Religionen zu wissen.

6. Erkläre mit eigenen Worten, was der Brahmane meint, wenn er sagt, dass Götter nur Illusionen sind 2/. In welchem Verhältnis stehen **das** Göttliche und die vielen indischen Gottheiten zueinander?

7. Hindus glauben, dass jedes Lebewesen eine unsterbliche Seele (Atman) besitzt, die bei jeder Wiedergeburt den Körper wechselt. In welchem Zusammenhang stehen Atman und Brahman zueinander? Erkläre den Spruch „Tat tvam Asi" 4/.

# Dem Dharma verpflichtet – ein Leben gemäß der „Kasten“ und der vier Lebensabschnitte

**1/** Die Abbildung zeigt den Aufbau der indischen Gesellschaft nach Geburtsständen. Im Sprachgebrauch hat sich der Begriff „Kaste“ als Bezeichnung durchgesetzt.

### 2/ Die Entstehung der „Kasten“ nach den Veden, den ältesten heiligen Schriften der Hindus

Um die Welt zu ordnen, ließ er aus seinem Mund die Brahmanen, aus seinem Arm den Kshatriya, aus seinen Schenkeln den Vaishya und aus seinen Füßen die Shudra hervorgehen. Den Brahmanen befahl er, zu lehren und zu studieren und die Opfer darzubringen. Die Kshatriyas wies er an, das Volk zu beschützen. Den Vaishyas gab er die Aufgabe, Vieh zu halten und das Land zu bestellen. Den Shudras hat der Herr nur eines geboten: den drei anderen Kasten neidlos zu dienen.

Nach Rigveda 10,90

### 3/ Das Kastensystem im Umbruch

Heute, wo in Indien über eine Milliarde Menschen auf engem Raum zusammenlebt und die Wirtschaft sich im harten Konkurrenzkampf behaupten muss, entscheidet nicht mehr die Kaste, sondern Ausbildung und Leistung über die Vergabe eines Arbeitsplatzes. Kasten- und Klassenstatus mögen früher einmal identisch gewesen sein – heute sind sie es nicht mehr. Unter den oberen Schichten der Gesellschaft muss man die Brahmanen mit der Lupe suchen. Hier dominiert die Händler- und Bauernkaste. Erst danach finden sich die früher so dominierenden Brahmanen, die heute vielfach Verwaltungsposten besetzen. Allerdings befinden sie sich hier in Konkurrenz mit Angehörigen der früheren Unberührbaren, die ihren Aufstieg einer gezielten Förderung der Regierung verdanken. Bedeutet all dies, dass das einstmals alles beherrschende Kastensystem im Indien von heute keine Rolle mehr spielt? Die Antwort lautet nicht ja oder nein, sondern sowohl als auch. So ist es auch für Inder, denen sonst im Alltag die Kastenschranken kaum noch etwas bedeuten, undenkbar, ihre Kinder mit Angehörigen einer niedrigen Kaste zu verheiraten.

Nach Thomas Barkemeier: Rajasthan. Bielefeld: Reise Know-How-Verlag, 3. Aufl. 2002, S. 116

**identisch:** gleich, ein und dasselbe

**dominieren:** beherrschen, anführen

**Guru:** religiöser Lehrer

**Meditation:** religiöse Versenkung, tiefes Nachdenken

**Yoga:** Übungen zur Konzentration, Entspannung und Körperbeherrschung

### 4/ Die Situation der Kastenlosen

Ravi hat seine schäbige Hütte außerhalb der Dorfgrenzen aufgeschlagen. Die Zeiten, in denen er als Unberührbarer vor dem Betreten des Dorfes die Höherkastigen durch das Schlagen einer kleinen Trommel vor seinem Erscheinen warnen musste, damit diese sich nicht durch seine Nähe verunreinigten, gehören der Vergangenheit an. Das Betreten des Dorftempels oder die Wasserentnahme aus dem Dorfbrunnen ist ihm aber weiterhin untersagt.

### 5/ Die Entscheidung des Großvaters

Das Familienfoto hat in Anjulis Zimmer einen Ehrenplatz. Es wurde an dem Tag aufgenommen, an dem sich ihr Großvater von seiner Familie verabschiedete und sich in die Einsamkeit zurückzog. Nachdem er ein arbeitsames Leben geführt und seine Kinder großgezogen hatte, war in ihm der Wunsch gewachsen, sich losgelöst von allen verwandtschaftlichen Bindungen und gesellschaftlichen Pflichten bis zu seinem Tod nur noch religiösen Übungen hinzugeben. Bei allem Abschiedsschmerz waren Anjulis Oma und die anderen Familienmitglieder sehr stolz darauf, dass Großvater nun der ganzen Nachbarschaft bewies, wie ernst er die religiösen Vorschriften nimmt.

Nach Frank Usarski

### 6/ Die vier Lebensabschnitte

Das Kastensystem organisiert die indische Gesellschaft nach Klassen und Berufen. Während die Stellung, die der Einzelne in diesem System einnimmt, vorschreibt, welches Verhalten von ihm erwartet wird, ist das Leben der männlichen Hindus aus den drei oberen Kasten zusätzlich nach den heiligen Schriften geregelt:

1. Der erste Lebensabschnitt ist der des Schülers. Der junge Hindu studiert bei einem Guru und übt die religiösen Pflichten ein. Der Guru legt die heiligen Schriften aus und führt den Schüler in Meditation und Yoga ein.
2. Es folgt der Abschnitt als Hausvater. Nach der Heirat arbeitet der Mann für den Unterhalt seiner Familie und zur Erhaltung der eigenen gesellschaftlichen Stellung. Diese Phase gilt als äußerst lebensbejahend. Sinnesfreuden, nicht zuletzt das sexuelle Erleben, Anerkennung und Wohlstand werden als Werte und „weltliche" Ziele anerkannt.
3. Mit zunehmendem Alter wird sich der Hindu der Bedeutung „überweltlicher" Ziele bewusst. Er erreicht den dritten Lebensabschnitt, den des Waldeinsiedlers. Er übergibt seinen Kindern die Geschäfte und zieht sich in die Einsamkeit zurück, um dort die religiösen Texte zu studieren, zu meditieren und Yoga zu üben.

Sanyasi

4. Wer in den vierten Lebensabschnitt eintritt, nennt sich Sanyasi/n. Es ist die Phase der völligen Entsagung und Besitzlosigkeit. Ein Sanyasin lebt gewissermaßen außerhalb der Gesellschaft. Er verbringt die meiste Zeit in tiefer Meditation. Er ist den Pflichten seiner Kaste nicht mehr unterworfen. Sein einziges Bestreben ist es, sich aus dem Kreislauf der Wiedergeburten zu befreien und mit dem Brahman, dem einen Göttlichen, zu verschmelzen.

Nach Frank Usarski

1. Beschreibt euch gegenseitig die Abbildung 1/. Was lässt sich daraus für die (damalige) indische Gesellschaft schließen?

2. Was sind nach 1/–3/ die Aufgaben der jeweiligen „Kaste"? Erstelle eine vierspaltige Tabelle mit möglichen Berufen für die jeweilige „Kaste". Wie wurden und werden heute bei uns Aufgaben und Berufe vergeben? Haben alle Menschen dieselben Chancen auf eine Ausbildung? Gibt es Berufe oder Klassen, die „besser" sind als andere? Begründe.

3. Versuche, nachdem du die Texte 3/ und 4/ gelesen hast, Rückschlüsse auf die frühere und heutige Situation in Indien zu ziehen. Hat sich die Lage der Unberührbaren nach der offiziellen Abschaffung der Kasten (1949) verbessert? Das Kastensystem ist vielfach kritisiert worden. Warum wohl?

4. Beschreibt mit eigenen Worten die vier Lebensstadien eines Hindu 5/ und 6/. Gibt es auch bei uns so etwas wie einen „typischen" Lebenslauf? Wenn ja, stellt Stationen eines solchen Lebenslaufs zusammen.

5. Fragt ältere Verwandte, was ihnen in ihrem jetzigen Lebensabschnitt am wichtigsten ist und in welcher Weise sich ihre Interessen im Laufe ihres Lebens verändert haben.

6. Was ist mit „weltlichen" und „überweltlichen" Zielen gemeint 6/? Findet zu beiden Zielen einige Beispiele. Was ist dir heute wichtig, was glaubst du, wird in ein paar Jahren für dich wichtig sein? Wie kann es zu dieser Veränderung kommen? Tausche dich mit einem Partner darüber aus.

# Alles eine Frage des Karmas – der Kreislauf der Wiedergeburten

**Karma:** das Tun/die Tat

**zyklisch:** wiederkehrend, kreisförmig

## 1/ Karma und Wiedergeburt

Hindus glauben an einen zyklischen Weltverlauf, nichts hat einen Anfang oder ein Ende. Alles wiederholt sich, alles vergeht und kehrt zurück. Antrieb des Kreislaufs ist das Karma, die Summe der guten und schlechten Taten, die ein Mensch begeht. Das Karma bestimmt seine nächste Wiedergeburt. Denn das Karma, das der Mensch in seinem vorherigen Leben angesammelt hat, bewirkt einen Vergeltungsmechanismus. Je nach „Liste" seiner Taten kann der Hindu z.B. als Mensch, als Tier oder Dämon wiedergeboren werden. Ob er gesund, krank, arm, reich, glücklich oder unglücklich ist, hängt ebenfalls vom angehäuften Karma ab. Lebt der Mensch nach dem Dharma, kann er sich aus dem Kreislauf der Wiedergeburten befreien.

## 2/ Heilswege im Hinduismus

Hindus sehen sich im Kreislauf der Wiedergeburten gefangen. Ihr Ziel ist es, sich daraus zu befreien und mit dem Göttlichen zu verschmelzen. In der Bhagavadgita, einer der beliebtesten heiligen Schriften des Hinduismus, wird der Prinz Arjuna von Gott Krishna (einem Avatar Vishnus) über drei verschiedene Heilswege belehrt: den Weg der Tat, den Weg der Erkenntnis durch Studium, Yoga und Meditation und den Weg der Hingabe an einen Gott.

## 3/ Karma – das Gesetz der Tatvergeltung

**Anjuli:** Kennst du das Sprichwort: „Wer guten oder schlechten Samen in die Schicksalserde hat gestreut, wird auch gute oder schlechte Früchte ernten in der Reifezeit?"

**Fabian:** Na klar! Ich weiß sogar, wie der Spruch weitergeht: „Nicht fügt uns zu ein and're Lust und Leid, ein jeglicher genießt zu seiner Zeit, was er beging in der Vergangenheit." Die Verse spielen sicher auf die Karma-Lehre an, die ja mit der Idee der ständigen Wiedergeburt zusammenhängt. Deinen Glauben, dass jeder Mensch für all sein Tun im nächsten Leben die Quittung bekommt, kann ich nicht ganz verstehen.

**Anjuli:** An der Idee fasziniert mich, dass alles, was uns im Leben passiert, eine tiefere Bedeutung haben soll. Was sonst nicht erklärt werden kann, ergibt damit einen Sinn: Du selbst bist es, der in früheren Leben mit guten oder schlechten Taten den Grundstein für die jetzigen Lebensbedingungen gelegt hat. Und mit jeder neuen Handlung bestimmst du ganz allein, wie es dir in Zukunft ergehen wird.

**Fabian:** Das bedeutet aber auch, dass wenn heute jemand arm oder behindert geboren wird, er an seinem Zustand selber schuld ist, weil er in einem vorherigen Leben schlechte Taten begangen hat. Ist das nicht irgendwie unfair?

Nach Frank Usarski

**Mit Hilfe von Beispielen veranschaulichen**

Eine Lehre oder Theorie wird erst dadurch verständlich, dass man Beispiele für ihre Anwendung findet. Dabei sucht man möglichst alltägliche Beispiele, die jeder nachvollziehen kann.

**Heilswege und Heilsziele**

Viele Religionen gehen davon aus, dass der Mensch in einer Unheilssituation lebt und daraus erlöst werden möchte. Religionen bieten Erlösung und Heil an. Das Heil kann an einem Ort sein, einen Zustand beschreiben oder die Einheit mit dem Göttlichen meinen. In den Religionen gibt es unterschiedliche Wege, zum Heil zu gelangen: Opfer, gute Taten, Wissen, Meditation, göttliche Gnade.

### 4/ Bhakti – der Weg der Gottesliebe

*„Hare Krishna, Hare Krishna, Krishna, Krishna, Hare, Hare …"* Dieses Mantra spricht Anjulis Tante Parvati bei den täglichen Hausandachten zu Ehren Gott Krishnas. Dabei ist es typisch, dass sie Krishna wie einen Gast empfängt und ihn mit Reis und Früchten bewirtet. Vor seiner kleinen Bronzestatue auf dem Hausaltar zündet sie Kerzen und Räucherstäbchen an. Auch Blumen als Zeichen der Liebe, die sie für Krishna empfindet, dürfen nicht fehlen. Aber was sie ihm auch opfert, niemals kommen ihre Gaben dem gleich, was Krishna ihr als Dank für die Bewirtung und ihre Ergebenheit zukommen lässt: Gnade und Teilhabe an seiner Macht, Hilfe, Gesundheit und Wohlstand. Parvati hat eine sehr persönliche und stark emotionale Beziehung zu Krishna, fast wie zu einem Geliebten.

Die erotische Beziehung zwischen Krishna und dem Hirtenmädchen Radha versinnbildlicht Bhakti, die liebende Hingabe des Gläubigen an einen Gott.

**Mantra:** kraftgeladene Silbe, Singen der Gottesnamen

### 5/ Verse aus der Bhagavadgita

Die Weisen, die entsagungsvoll
Sich von der Sucht nach Lohn befrei'n,
Die gehen, erlöst von Wiederkehr,
zur leidentrückten Stätte ein.
Bhagavadgita, Vers 2,51

Wer ganz sein Herz mir zugewandt,
Ununterbrochen mich verehrt,
Im Glauben mir fromm zugetan,
Dess' Andacht ist von höh'rem Wert
Bhagavadgita, Vers 12,2

Drum kehre dein Gemüt zu mir,
Versenke deinen Geist in mich,
So weilst du künftighin im mir,
Das glaub, Tapf'rer sicherlich.
Bhagavadgita, Vers 12,8

Helmuth von Glasenapp (Hrsg.): Bhagavadgita: Das Lied der Gottheit. Übers. Robert Boxberger, Stuttgart: Reclam Philipp Junior o. J., S. 76 (Vers 12,2), S. 76 f. (Vers 12,8), S. 31 (Vers 2,51)

1. Schildere typische Lebenssituationen und Handlungen, in denen man sich zum Guten oder Schlechten entscheiden kann. Durch welche Handlungen sammelt sich ein gutes, durch welche ein schlechtes Karma an?

2. Welche Konsequenzen kann Anjulis Position 3/ für das menschliche Handeln haben? Ist die Karma-Lehre für euch gerecht? Wenn ja, bis zu welcher Grenze? Veranstaltet eine Podiumsdiskussion: Bildet vier Gruppen, findet Argumente für oder gegen die Karma-Lehre und schickt dann einen „Abgesandten" nach vorne, der die Meinung der Gruppe vertritt.

3. Viele Menschen im Westen sehen den Kreislauf der Wiedergeburten 1/ und 2/ als etwas Positives, als Chance, sich in jedem Leben neu zu bewähren. Wie stehen Hindus dazu?

4. Beschreibe mit eigenen Worten die drei Heilswege 2/. Wie unterscheiden sie sich, welches gemeinsame Ziel verfolgen sie? Interpretiere die Verse aus der Bhagavadgita 5/. Welchen Lebenswegen könnten sie zugeordnet werden?

5. Beschreibe den Ablauf der Zeremonie 4/. Was bedeutet es, dem Gott „Gaben" zu opfern?

6. Wie ist das Verhältnis zwischen Tante Parvati und Gott Krishna 4/? Wie wird das Verhältnis zwischen Gott und Mensch in anderen dir bekannten Religionen gesehen?

# Feiern am Lebensweg – Feste im Jahr

## 1/ Feiern am Lebensweg

### a/ Hochzeit

Anjulis Cousine Angara und deren Mann Rajeesh haben letztes Jahr in England geheiratet. Nachdem alle religiösen Vorbereitungen mit unterschiedlichen Opferhandlungen und Segnungen des Brautpaares im Haus von Rajeeshs Eltern getroffen waren, fand die eigentliche Trauung im großen Hindu-Tempel von London statt. Die religiöse Feier dauerte mehrere Stunden. Für die Gäste war der Höhepunkt eine Zeremonie, die „Das Akzeptieren der Braut" genannt wird. Rajeesh nahm Angaras Hand und führte sie über die Flamme, die ein Priester für die Götter entzündet hatte. Dabei sprach er die vorgeschriebenen Sätze: „Ich ergreife deine Hand, damit sie mir Glück bringen möge. Ich bin dies und du bist das. Ich bin die Strophe und du die Melodie. Ich bin das Korn und du die Überbringerin. Der Himmel bin ich, die Erde bist du." Zugleich wurden die Enden der Blumengirlande, die man um das Brautpaar gelegt hatte, miteinander verknotet.

nach Frank Usarski

Indisches Hochzeitspaar
in traditioneller Kleidung

### b/ Bestattung

Die fremdeste Frage für Dulal ist die, ob er Angst vor dem Tod empfinde. „Nein", sagt er verblüfft, „warum sollte ich?" Wenn er sein jetziges Leben beendet hat, dann wird sein Sohn den Leichnam nach Varanasi bringen, der heiligen Stadt am Ganges, wo Tag und Nacht Bestattungsfeuer lodern, weil die Verbrennung an diesem Ort das Karma des Verstorbenen verbessert. Dort wird sein Sohn die Bestattungsrituale vollziehen: Er wird Holz aufschichten, seinen Vater darauf betten, Texte aus den heiligen Veden zitieren, Gebete sprechen und das Feuer entzünden; und dann, wenn die Hitze groß genug ist, wird irgendwann der Schädel des Vaters bersten und die „Lebensseele", den ewigen unsterblichen Atman freigeben; wenn nicht, wird der Sohn ihr mit einem kleinen Beil zur Freiheit verhelfen. Hell wird sie aussehen, wenn sie seine sterbliche Hülle verlässt, hell und lichtvoll, da ist sich Dulal sicher. Wenn das Feuer erloschen ist, wird sein Sohn die Asche in den Fluss streuen.

Teja Fiedler/Peter Sandmeyer: Dulal in den Mund gelegt in: Thomas Osterkorn/Andreas Petzold (Hrsg.): Die sechs Weltreligionen. Berlin: stern/Ullstein, 2005, S. 95–96

## 2/ Feste im Jahresverlauf

### a/ Der Sieg des Guten über das Böse: Das Holi-Fest

Das im Frühling gefeierte Holi-Fest erinnert an die Geschichte des Prinzen Prahala, der gegen den Willen seines Vaters Gott Vishnu verehrt und daher von dem Dämonen Holika ins Feuer getragen wurde. Weil aber nicht das Böse über das Gute siegen durfte, wurde Prahala von Vishnu gerettet. Siebenmal umrunden die Gläubigen die entzündeten Freudenfeuer und werfen dabei Holikapuppen, Reiskörner und Steine als Symbole des Bösen in die Flammen. So befreien sie sich von schlechten Gedanken. Holi ist bei den Hindus sehr beliebt und wird ausgelassen gefeiert. Es wird getanzt, gesungen und Vishnus Heldentaten werden in Theaterstücken lebendig. Ein Brauch ist das gegenseitige Bewerfen mit gefärbtem Pulver. Im Gegensatz zum Alltag herrscht an Holi allgemeines Chaos: Alter und Geschlecht spielen keine Rolle, alle Kastenschranken sind aufgehoben.

### b/ Das Schauen der Götter – Das Wagenfest in Puri

Zu Beginn der Regenzeit werden in vielen indischen Städten große Götterstatuen auf festlich geschmückten Wagen durch die Straßen gezogen. Das bekannteste Wagenfest findet jährlich in Puri statt. Anjuli hat erzählt, dass sie als kleines Mädchen einmal daran teilnehmen durfte. Unzählige Pilger verfolgten die Prozession der Wagen, auf welchen Gott Jagganath und seine Geschwister eine „Fahrt aufs Land" unternahmen. Begleitet wurde der Umzug von Musik, Gesang und Gebeten. Anjuli kann sich noch an den Lärm und die freudige Ergriffenheit der Zuschauer erinnern, als die Götterwagen an ihnen vorbeifuhren. Normalerweise befinden sich die Götter im Allerheiligsten des Tempels, zu dem allein die Brahmanen Zutritt haben. Dorthin werden den Göttern auch die Opfergaben der Gläubigen gebracht. Beim Wagenfest ist das anders: Das öffentliche Schauen der Götter ist zentraler Bestandteil der Feierlichkeiten.

**Prozession:** Festumzug

Zum Holi-Fest beschmieren sich die Teilnehmer mit farbigem Puder.

Prozessionswagen, auf denen Götterstatuen durch die Straßen gezogen werden.

1. Welche anderen Feiern am Lebensweg kennst du 1/? Warst du schon einmal auf einer Hochzeit oder Beerdigung? Wie unterscheiden sich die Rituale in 1a/ und 1b/ von denen, die du beobachten konntest? Erzählt eure Erlebnisse.

2. Warum haben sich Angara und Rajeesh wohl religiös trauen lassen? Informiert euch über Hindus, die außerhalb Indiens, z. B. in England oder den USA, leben.

3. a) Das Holi-Fest 2a/ wird häufig mit dem Karneval verglichen. Informiert euch zunächst über die Hintergründe des Karnevals und vergleicht dann beide Feste miteinander. Findet Merkmale dafür, wie sich der „Alltag" vom „Fest" unterscheidet, z. B. grau – bunt.
b) Was ist beim Wagenfest 2b/ anders als im indischen Alltag? Was bedeutet: „Das Allerheiligste" und wie unterscheidet sich die Tempelandacht von der Hausandacht?

# Buddha – Leben und Lehre

## 1/ Hermann Hesses Siddhartha

Siddharta hatte begonnen, Unfrieden in sich zu nähren. Er hatte begonnen zu fühlen, daß die Liebe seines Vaters … nicht immer und für alle Zeit ihn beglücken, ihn stillen, ihn sättigen, ihm genügen werde. Er hatte begonnen zu ahnen, daß sein ehrwürdiger Vater und seine anderen Lehrer, daß die weisen Brahmanen ihm von ihrer Weisheit das meiste und beste schon mitgeteilt, daß sie ihre Fülle schon in sein wartendes Gefäß gegossen hätten, und das Gefäß war nicht voll, der Geist war nicht begnügt, die Seele war nicht ruhig, das Herz nicht gestillt.

Hermann Hesse: Siddhartha. Eine indische Dichtung. Frankfurt/M: Suhrkamp, 2001, S. 10–11

Auf seinen vier Ausfahrten begegnet Siddharta Alter, Krankheit, Tod und einem Asketen.

Der Buddha predigt erstmals seine Lehre. Die fünf Asketen werden seine ersten Jünger.

Die Zeit des Buddha auf Erden ist abgelaufen. Auf der Seite liegend geht er endgültig ins Nirvana ein.

## 2/ Stichpunkte zum Leben des Buddha

- Der Buddhismus wurde von Siddhartha Gautama im 5. Jh. v. u. Z. in Indien gegründet.
- Buddha ist ein Ehrentitel: „der Erleuchtete".
- Siddhartha wuchs behütet auf, sein Vater (ein adeliger Provinzgouverneur) wollte ihn von allem weltlichen Kummer fernhalten.
- Der Legende nach unternahm Siddhartha vier Ausfahrten. Dabei sah er einen Greis, einen Schwerkranken und einen Leichnam. Sein Wagenlenker erklärte ihm, dass niemand vor Alter, Krankheit und Tod fliehen kann.
- Siddhartha erkannte: Das Leben ist „Leiden" (Dukkha).
- Auf der 4. Ausfahrt traf Siddhartha einen Asketen, der ihn tief beeindruckte. Er verließ seine Familie und lebte jahrelang in strengster Askese. Er hoffte, durch Erleuchtung einen Weg aus dem „Leiden" zu finden – zunächst ohne Erfolg!
- Dann erkannte er, dass Erleuchtung nicht im Extremen, sondern nur auf dem „mittleren Weg" möglich ist. Er nahm wieder Nahrung zu sich und trat unter Menschen.
- Nach langer Meditation unter einem Feigenbaum erlangte er „Erleuchtung" (Bodhi) und wurde zum Buddha. Er erkannte die Ursache des Leidens und fand einen Heilsweg heraus.
- Danach hielt er seine erste Predigt und setzte damit das „Rad der Lehre" in Bewegung.
- In den nächsten 40 Jahren zog er wandernd und predigend umher, gründete seine Gemeinde von Mönchen (später auch Nonnen) und Laien.
- Im Alter von 80 Jahren starb der Buddha und ging ins Nirvana ein.

Das „Rad der Lehre“ – ein Symbol des Buddhismus

### 3/ Der Achtfache Pfad – Wegweiser ins Nirvana

Das „Rad der Lehre“ ist ein Symbol des Buddhismus. Die acht Speichen stehen für den Achtfachen Pfad, der den Gläubigen den Weg zur Befreiung aus dem leidvollen Kreislauf der Wiedergeburten weist: 1. richtige Erkenntnis, 2. richtiges Denken, 3. richtige Rede, 4. richtiges Handeln, 5. richtige Lebensführung, 6. richtiges Streben, 7. richtige Achtsamkeit, 8. richtige Meditation. Wie Hindus sind auch Buddhisten davon überzeugt, dass der Geburtenkreislauf durch das Karma (die Taten des Menschen) in Gang gehalten wird. Sie glauben, dass nur durch das richtige Verhalten die Erleuchtung und das Nirvana erreicht werden können. Das „Verlöschen“ im Nirvana (wörtlich: „nicht wehen“) ist das Heilsziel aller Buddhisten. Es wird unter anderem als Zustand beschrieben, in dem es kein Leiden mehr gibt.

### 4/ Die vier edlen Wahrheiten – die Kernlehren des Buddha

1. Das Leben ist Leiden. Geburt, Alter, Krankheit, Tod, mit Unlieben vereint zu sein, von Lieben getrennt zu sein, nicht erlangen, was man begehrt – das alles ist Leiden.
2. Die Ursache des Leidens ist das Begehren, der Durst nach Sinneslust, Besitz, Macht und Erfolg. Dieser Durst wird nie gestillt, die Enttäuschung ist immer größer als die Befriedigung, das Glück ist vergänglich, das Leid ist anhaltend.
3. Das Leiden kann durch die restlose Aufhebung des Begehrens beendet werden.
4. Um das Leiden zu beenden, muss man dem Achtfachen Pfad folgen.

Es ist ungeboren, es entsteht nicht, es wird nicht geschaffen, es ist unveränderlich, unsterblich, frei von Krankheit sowie von Trauer und Unreinheiten.
Majjhima-nikaya

Wie eine Flamme einer Öllampe durch den Wind ausgeblasen wird und es nicht mehr möglich ist, die Flamme, die eben da war, ausfindig zu machen, so verschwindet ein Erleuchteter, der sich von jeglicher Gestaltung befreit hat, ohne eine Spur zu hinterlassen.
Sutta-nipata

1. Warum befällt Siddhartha diese innere Unruhe 1/? Hesse schildert in seiner fiktiven Buddha-Biografie die Selbstbefreiung des jungen Siddhartha aus familiärer und gesellschaftlicher Fremdbestimmung zu einem eigenständigen Leben. Hesse meint, dass Erkenntnis nicht durch Lehren zu vermitteln, sondern nur durch eigene Erfahrung zu erwerben ist. Findet Beispiele für beide Wege zur Erkenntnis.

2. Beschreibt euch gegenseitig die Bilder 1/. Welche Szenen aus dem Leben des Buddha sind hier dargestellt. Warum wurden gerade diese Szenen ausgewählt?

3. Wie ist der Begriff „Erleuchtung“ (Bodhi) zu verstehen 2/? Im Gegensatz zu Lehrern oder Propheten anderer Religionen (z. B. Mose, Mohammed) hat der Buddha keine Offenbarungen von einem Gott erhalten, sondern aus eigenem Antrieb gehandelt. Erläutert die Unterschiede.

4. Teilt euch in Gruppen auf. Was bedeutet es, wenn der Buddha das Leben als Leiden begreift 4/? Diskutiert diese Frage anhand verschiedener psychischer und physischer Phänomene z. B. Eifersucht, Trauer, Suche nach Anerkennung. Tragt dann eure Ergebnisse zusammen.

5. Häufig wird Nirvana mit „Nichts“ oder „Vernichtung“ übersetzt. Buddhisten halten diese Übersetzungen für unzutreffend. Warum und wie könnte man den Begriff genauer fassen 3/? Versucht, anhand von eigenen Beispielen Nirvana zu beschreiben. Schreibt diese auf eine Karte und diskutiert anschließend darüber.

6. Nirvana ist das Heilsziel aller Buddhisten. Welche Heilsziele haben andere euch bekannte Religionen?

# Das „Kleine Fahrzeug" und das „Große Fahrzeug"

### 1/ Hauptrichtungen im Buddhismus

Wie es nicht *das* Christentum, *den* Islam und auch nicht *den* Hinduismus gibt, haben sich auch im Buddhismus im Laufe der Zeit verschiedene Traditionen und Schulrichtungen herausgebildet. Schon kurz nach dem Tod des Buddha kam es zu Streitigkeiten unter seinen Mönchen. Dabei ging es um die Auslegung der Lehre, welche Heilswege zur Erleuchtung führen, welche heiligen Schriften zu studieren seien und wie die Mönche zu leben hätten. Es entstanden zwei große Richtungen:

**buddhistische Urgemeinde**

**Theravada-Buddhismus**

- ist die „Lehre der Ordensältesten".
- ist vor allem in Sri Lanka, Laos, Thailand, Burma und Kambodscha verbreitet (südlicher Buddhismus).
- wird auch abschätzig „Kleines Fahrzeug" genannt, weil diese Richtung nur wenigen Menschen Platz bietet.
- lehrt, dass nur wenige Menschen Erleuchtung erlangen und ins Nirvana eingehen können.
- Jeder muss sich mit Hilfe von Buddhas Lehre seine persönliche Erlösung erarbeiten.
- Ziel ist es, ein erlöster Mensch (Arhat) zu werden.
- Der historische Buddha wird als großer Lehrer verehrt.

**Mahayana-Buddhismus**

- ist vor allem in Nepal, China, Korea, Tibet, Japan und der Mongolei verbreitet (nördlicher Buddhismus).
- wird auch „Großes Fahrzeug" genannt, weil diese Richtung allen Menschen Platz bietet.
- lehrt, dass alle Menschen Erleuchtung erlangen und ins Nirvana eingehen können.
- Hilfe erhalten die Menschen durch die vielen Bodhisattvas („Erleuchtungswesen").
- Ziel ist es, ein Bodhisattva und dann ein Buddha zu werden.
- Der historische Buddha wird als eine Verkörperung des Absoluten angesehen und als Gottheit verehrt.

Sonderformen des Mahayana-Buddhismus:

- Tibetischer Buddhismus
- Zen-Buddhismus
- Amida-Buddhismus

### 2/ Shunyata – die Leerheit

Shunyata ist einer der wichtigsten Begriffe des Mahayana-Buddhismus. Obwohl Shunyata wörtlich „Leerheit" heißt, bedeutet es keineswegs „Nichts". Es meint etwas Absolutes, ein „Ding an sich" hinter den ingen, die höchste Wirklichkeit, die schwer zu beschreiben ist. Dieses Absolute ist aber nicht irgendwo, sondern haftet allen Lebewesen an, ist in allem vorhanden, wohnt allen inne. Demnach sind alle Lebewesen „Leerheit" und miteinander identisch. Du bist damit Leerheit, ich bin Leerheit, das Huhn ist Leerheit. Du bist das Absolute, ich bin das Absolute, das Huhn ist das Absolute. Ich bin das Huhn, du bist das Huhn – wir sind gleich, da alles Leerheit ist.

3/ Der Kreis ist im Buddhismus ein Symbol für die Leerheit und die Vollendung.

Form ist Leerheit, Leerheit ist Form.
Leerheit ist nicht verschieden von Form,
noch ist Form verschieden von Leerheit.
Alle Dinge in der Welt sind leer,
so auch Gefühl, Wahrnehmung,
Willensregung und Bewusstsein.

Alle Dinge sind wie die Leerheit,
frei von Entstehen und Vergehen,
sie sind weder rein und unrein,
weder vollkommen noch unvollkommen.

4/ Herzenssutra/Hannya Shin-gyö
www.zenkreis-bremen.de (12.11.07), Bremen: Zen-Kreis Bremen

## 5/ Der Stein

Meister Hogen hörte zwei Mönche über Subjektivität und Objektivität diskutieren. Er trat zu ihnen und sagte: „Dort liegt ein großer Stein. Meint ihr, dass er innerhalb oder außerhalb eures Geistes ist?" Einer der Mönche antwortete: „Vom buddhistischen Standpunkt aus ist alles eine Objektivierung des Geistes, also würde ich sagen, dass der Stein innerhalb meines Geistes ist." – „Dein Kopf muss sich sehr schwer anfühlen", bemerkte Hogen, „wenn du einen Stein wie den da in deinem Geist herumschleppst." Da sagte der andere Mönch zu seinem Freund: „Lass dich nicht hereinlegen! Der Geist, der Buddha, die Lebewesen und alle Dinge existieren letztlich gar nicht. Großer Stein – kleiner Stein, das macht keinen Unterschied. Die wahre Natur der Erscheinungen ist Leere. Es gibt keine Verwirklichung, keine Täuschungen, keine Weisheit, keine Mittelmäßigkeit. Es gibt kein Geben, nichts wird empfangen. Nichts existiert! Nicht einmal der kleinste Stein!" Da bückte sich Meister Hogen, hob einen kleinen Stein auf und warf ihn dem Mönch an den Kopf.

nach Marco Aldinger: BewusstseinserHeiterungen. Freiburg i. B.: Herder, 1998, S. 41

**Subjektivität:** philosophische Anschauung, nach der alle Erkenntnisse Schöpfungen des subjektiven (d.h. von sich ausgehend, interpretierend) Bewusstseins sind. Kurz: Alles ist nur eine Erfindung des Geistes. Objektivität ist das Gegenteil. Kurz: Alles existiert wirklich.

1. Was ist damit gemeint, wenn der Text 1/ sagt, dass es nicht **das** Christentum, **den** Islam und **den** Hinduismus gibt? Benennt verschiedene Richtungen innerhalb von Religionen, die ihr kennt.

2. Schaut im Atlas nach, wo die Länder liegen, in welchen die beiden buddhistischen Richtungen beheimatet sind. Worin bestehen die Unterschiede der beiden Richtungen 1/?

3. Partnerarbeit: Schaut euch zunächst das Bild 3/ an und lest den danebenstehenden Spruch 4/. Versucht, euch dann gegenseitig das Bild und den Spruch zu erklären. Lest danach den erklärenden Text über die „Leerheit" 2/. Diskutiert anschließend gemeinsam offene Fragen.

4. Versucht, mit einem Partner die Geschichte 5/ zu interpretieren. Was wird hier über „Leerheit" ausgesagt?

# Buddhanatur, Buddhas und Bodhisattvas

**potentiell:** denkbar, möglich, den (Erb-)Anlagen nach

### 1/ Der Buddha in mir – oder „Hat ein Hund Buddha-Natur"? Antwort: „Wu" (Leerheit)!

Mahayana-Buddhisten glauben, dass jedes Lebewesen mit dem Absoluten identisch ist und daher alle so etwas wie eine ewige Buddha-Natur in sich tragen. Weil alle eine Buddha-Natur besitzen, sind alle dem Buddha gleich und damit potentiell erleuchtet. Alle Wesen sind daher von Anfang an erlöst, sie müssen sich nur daran erinnern. Nur die eigene Unwissenheit lässt die Lebewesen glauben, das Heil im Nirvana sei ein fernes Ziel. Die Erleuchtung besteht aber eigentlich „nur" darin, die Buddha-Natur in sich selbst zu entdecken.

### 2/ Amida-Buddha und das „Reine Land"

„Ich komme oft zu der Statue des Amida-Buddha und spreche die Gebetsformel: ‚*Namu Amida Butsu*' (Gelobt sei Amida-Buddha)", erzählt Frau Ono. Sie glaubt fest an die erlösende Gnade des Amida und daran, dass er ihr nach ihrem Tod entgegenkommt und sie im „Reinen Land" – im Land der Glückseligkeit – wiedergeboren wird. Amida-Buddhisten behaupten, dass sogar der böseste Mensch nach seinem Tod von Amida erwartet wird, wenn er sich in seinen letzten Minuten vertrauensvoll Amida zuwendet. Dann werden ihm die „Sünden" seiner schlechten Taten vergeben und er wird im „Reinen Land" ein glückliches Leben führen. Denn in diesem angeblich westlich von unserer Welt gelegenen Universum gibt es weder Schlechtes noch Leidvolles. Dort hören alle Lebewesen beständig die Lehre des Buddha und gelangen mit seinem Beistand endgültig ins Nirvana. Dazu sind weder Studium noch Meditation notwendig. Obwohl Amida keinen Einfluss auf die Taten der Menschen nimmt, führt der Glaube an ihn zu Selbstlosigkeit, Mitleid und Demut.

Mahayana-Buddhisten glauben, dass es neben dem historischen Buddha noch viele andere Buddhas gibt. Hier beten Gläubige vor der großen Bronzestatue des meditierenden Amida-Buddha („Buddha des Grenzenlosen Lichtes") im japanischen Kamakura. Amida gilt als Verkörperung der Liebe.

### 3/ Bodhisattvas – Helfer in der Not

Ist es nicht selbstsüchtig, nur die eigene Befreiung verwirklichen zu wollen und die anderen Lebewesen im leidvollen Geburtenkreislauf zurückzulassen? Als Antwort auf diese Frage hat der Mahayana-Buddhismus das Ideal des Bodhisattva entwickelt. Ein Bodhisattva hat bereits die Erleuchtung erlangt, doch verzögert er die eigene Befreiung, um anderen den Weg zu weisen. Er hat gelobt, so lange in der Welt zu wirken und auf den Eintritt ins Nirvana zu verzichten, bis alle Wesen befreit sind. Um ein Bodhisattva zu werden, muss man einen mehrstufigen Weg beschreiten, der sich über viele Wiedergeburten erstrecken kann. Dabei entwickelt man unendliches Mitleid mit allen Lebewesen, sammelt Tugenden und Weisheit. Fortgeschrittene Bodhisattvas werden nicht mehr wiedergeboren. Da sie praktische Erlösungshilfe leisten, sind sie bei den Gläubigen sehr beliebt. Sie werden, ähnlich den Heiligen in der katholischen Kirche, als Nothelfer angerufen und in den Tempeln verehrt. Einer der bekanntesten Bodhisattvas in Japan ist Kannon.

Kannon ist der Bodhisattva der Barmherzigkeit. Er wird weiblich und mit vielen Armen als Zeichen seiner unendlichen Barmherzigkeit dargestellt. In Japan gilt Kannon u. a. als Beschützerin der Kinder, toten Seelen und schwangeren Frauen. Sie schenkt jedem, der sie anruft, grenzenloses Mitleid.

### 4/ Das Gelübde des Bodhisattva

Ich nehme die Last des Leidens auf mich, ich bin entschlossen, ich ertrage es. Und warum? –: Unbedingt muss ich allen Wesen die (Leidens-)Last abnehmen. (Ich tue das) nicht, weil ich Lustgewinn daran hätte. (Vielmehr) habe ich das Gelübde zur Rettung aller Wesen getan. Alle Wesen muss ich zur Erlösung führen, die ganze Welt muss ich retten. Aus dem Dschungel der Geburt, des Alterns, der Krankheit, des Todes, des Sterbens und der Wiedergeburt – aus all diesen Dschungeln muss ich alle Wesen zur Erlösung führen. … Ich bin nicht nur um Erlösung meiner Selbst bemüht. Ich nehme die Leidenslast aller Wesen auf mich. … Es ist ja fürwahr besser, dass ich (allein) mit Leiden (beschwert) sei, als dass alle diese Wesen in Elendswelten gerieten.

nach Hans Wolfgang Schumann: Mahayana-Buddhismus. Das große Fahrzeug über den Ozean des Leidens. München: Diederichs, 1995, S. 189

1. Hat ein Hund Buddha-Natur? Lest den Text 1/ und versucht dann, die Frage zu beantworten.

2. Viele Buddhisten, vor allem Mönche, ernähren sich vegetarisch. Ahimsa („Nicht-verletzten“) ist eine wichtige Tugend.
a) Inwieweit könnten Vegetarismus und die Buddha-Natur im Zusammenhang stehen? Bist du oder kennst du Vegetarier? Welche Gründe sind für dich oder sie ausschlaggebend?
b) Finde mindestens 10 Handlungen zu „Ahimsa“.

3. Der Amida-Buddhismus 2/ zeigt einen anderen Heilsweg auf als frühere Formen des Buddhismus. Worin bestehen die größten Unterschiede? Häufig wird Amida mit dem christlichen Gott verglichen. Als die ersten katholischen Missionare nach Japan kamen und dort mit Amida-Buddhisten sprachen, glaubten sie zunächst, die Protestanten seien ihnen zuvorgekommen. Warum wohl?

4. Beschreibt mit eigenen Worten, was ein Bodhisattva ist und welche Funktion er hat 3/ und 4/. Was tut ein Bodhisattva? Wie wird man zu einem Bodhisattva? Was für Gründe kann es geben, dass Menschen sich entschließen, ein Bodhisattva werden zu wollen?

# Zen-Buddhismus in Japan

Zen-Mönche in der Meditation. Diese Meditation im Sitzen wird Zazen genannt. Wichtig ist die richtige Sitzposition, das bewusste Atmen und völliges Schweigen. Durch die Beruhigung des Geistes soll Erleuchtung erlangt werden. Um nicht einzuschlafen, werden die Mönche ab und zu mit einem Stock geschlagen.

Zen in der Kunst des Bogenschießens

### 1/ „Wenn unser Geist die Ruhe findet, verschwindet er von selbst"

Zen bedeutet Meditation. Zen ist keine Lehre oder Philosophie, sondern es geht um eine geistige Erfahrung. Konzentrationsübungen und eine damit verbundene Beruhigung des Geistes sollen Einsicht in das Wesen der Welt vermitteln und zur Erleuchtung führen. Weil man selbst nichts tut, geschieht etwas! Neben der klassischen Meditation im Sitzen gehören zu den „Übungen der Achtsamkeit" auch Bogenschießen, Schwertkampf und Malen/Kalligrafie sowie mit Sorgfalt ausgeführte Alltagsrituale wie die Teezeremonie, das Blumenstecken oder die Pflege von Zen-Gärten.

**paradox:** merkwürdig, absurd, eigenartig

Einst gingen der Zen-Meister Mazu und sein Schüler Baizhang spazieren, als ein Schwarm Wildgänse über sie hinwegflog. Mazu fragte: „Was ist das?" Baizhang sagte: „Wildgänse." Mazu fragte: „Wohin sind sie geflogen?" Baizhang sagte: „Sie sind weggeflogen." Daraufhin packte Mazu Baizhang an der Nase und drehte sie kräftig um. Baizhang schrie auf vor Schmerz. Der Zen-Meister sagte: „Wo können sie denn hingeflogen sein!" Bei diesen Worten kam Baizhang zu einer Einsicht.
nach Stephan Schumacher: Das Lexikon des Zen. Michael S. Diener (Hrsg.), München: Hugendubel, 2001, S. 61

### 2/ Koans – Fragen als psychologische Nussknacker

Da nach Auffassung von Zen-Anhängern wahres Wissen nicht gelernt werden kann, hat das Studium der buddhistischen Schriften wenig Bedeutung. Zen-Meister zielen mittels paradoxer Fragen oder Aussagen (Koans) unmittelbar auf den Geist des Schülers: „Welche Hand verursacht beim Klatschen das Geräusch?" oder „Welchen Gesichtsausdruck hattest du vor deiner Geburt?" Diese Fragen, die vom Verstand nicht erschlossen werden können, sollen das gewohnte Denken des Schülers erschüttern und ihn dazu befähigen, sein eigenes Wesen, seine eigene Buddha-Natur, zu erfassen. Als Antwort erfolgt oft eine plötzliche Erleuchtung. Diese Erfahrung kann ein Zen-Schüler zu jeder Zeit, an jedem Ort und bei jeder Handlung erfahren.

Meister Caoshan fragte einmal einen Mönch, was er da gerade tue. Der Mönch antwortete: „Ich fege den Boden." Der Meister fragte weiter: „Fegst du vor dem Buddha oder hinter dem Buddha?" Der Mönch antwortete: „Ich fege beide Stellen zugleich." Darauf sagte Caoshan: „Bring mir meine Pantoffel her."
ebenda, S. 84

### 3/ Briefe aus einem buddhistischen Zen-Kloster

Seit gestern bin ich im Kloster als „Laienmönch". … Nachmittags musste ich gleich die erste Meditationsübung machen. Meine Muskeln und Knochen sind aber nicht geschmeidig genug, um die richtige Fuß-Stellung fertigzubringen (den rechten Fuß auf den linken Oberschenken) … Alles Übrige an der Meditationsübung war nicht schwer: „Das Undenkbare denken und so zum Nicht-Denken kommen." In der Tat geht eine sehr starke Beruhigung (körperlich und seelisch) von dieser Meditation aus. … Das Essen ist rein vegetarisch, wobei Reis die Hauptsache ist. Als Getränk gibt es immer nur den grünen japanischen Tee. … Im Ganzen ist die Ähnlichkeit zu unseren abendländischen Klöstern außerordentlich stark. Ein großer Unterschied besteht freilich – die Mönche hier sind zum großen Teil verheiratet, … man sieht dauernd Frauen durch die Klosterräume gehen.

Ich besuche natürlich alle Gottesdienste, die sehr feierlich sind und in ihren Zeremonien immer wieder an die katholischen Gottesdienste erinnern. … Die Mönche rezitieren im Chor Sutren (buddhistische Lehrtexte); es klingt genau so, wie die Rezitation der Psalmen in den katholischen Klöstern. Teilweise ziehen die Mönche in Prozessionen umher. Gestern und heute nahm auch eine Anzahl von Laien an den Gottesdiensten teil. … Sie ziehen dann vor den Altar, um Weihrauch vor der Buddhastatue zu streuen und sich vor ihm zu verneigen.

Um ½ 5 Uhr musste ich wieder in der Meditationshalle meditieren, was zunächst ganz gut anging, dann aber wegen der Muskelschmerzen qualvoll wurde. Heute findet zwischen dem Abt und den Mönchen ein Zwiegespräch statt. Die Mönche treten vor und richten laut schreiend an ihn Fragen, z. B. 1) Was ist Buddha? 2) Was ist Zen? Und der Abt spricht dann zu ihnen in paradoxen Redensarten: 1) „Die alten Bäume im Garten". 2) „Unten am Fluss". … Nach der Antwort auf die Frage des Mönchs schlägt der Abt einen jeden mit dem Stock kräftig auf die Schulter – und zwar zur Aufmunterung. Es sind merkwürdige Sitten, aber das gehört zur Eigenart des Zen.

Friedrich Heiler: Rundbriefe der Ostasien- und Indienreise. Udo Tworuschka (Hrsg.), Frankfurt/M: Lembeck, 2004, S. 30–34

**Kurzreferat**

Kurzreferate sind 5- bis 10-minütige Vorträge, die einen Überblick über ein bestimmtes Thema geben. Kurzreferate sollten die Zuhörer über die wichtigsten Punkte genau informieren, jedoch nicht zu sehr in die Tiefe gehen. Um die eigenen Aussagen zu untermauern, können z. B. Folien und Bilder gezeigt oder kurze Musikstücke und Filmausschnitte eingespielt werden.

1. Haltet ein Kurzreferat (mit Bildmaterial) über jeweils eine der Zen-Übungen 1/. Das Referat sollte wie folgt aufgebaut sein: 1. Um welche Übung handelt es sich? 2. Wie läuft sie ab? 3. Was soll damit erreicht werden? 4. Eure Meinung zu der Übung? Um das Referat so anschaulich wie möglich zu halten, solltet ihr zudem mit Bildern, Folien, Interviews, eventuell sogar mit Musik oder einem kurzen Filmausschnitt arbeiten.

2. Was sind Koans 2/? Versuche, diese mit eigenen Worten zu beschreiben.

3. a) Was hast du in den Briefen Heilers 3/ über das Leben in einem Zen-Kloster erfahren? Heiler zieht häufig den Vergleich mit dem katholischen Klosterwesen, um seine Leser/innen zu informieren.
b) Beobachte dich selbst. Wann und warum ziehst du Vergleiche?
c) Bewertet Heiler in deinen Augen den Zen-Buddhismus? Diskutiert zunächst in Partnerarbeit darüber.

# Konfuzius – Ordnung braucht der Mensch

Konfuzius als Comicfigur

**Konfuzius:** lateinische Form des chinesischen Namens K'ung-fu-tzu („Meister Kung")

### 1/ Der „Edle"

Mit den Worten *„Lerne, als hättest du's nicht erreicht, und dennoch fürchtend, es zu verlieren"* entließ Meister Kung seine Schüler. Er hatte ihnen zu erklären versucht, warum nur beständiges Lernen die Voraussetzung sei, um die eigenen Tugenden zu schulen und Wissen zu erlangen. Er wollte sie zu „edlen Menschen" erziehen, die Wert auf moralische Vervollkommnung legen und aufgrund ihres richtigen Verhaltens in Harmonie mit der Weltordnung leben können. Ob es ihm je gelingen würde?

### 2/ Das Leben und Wirken des Konfuzius

Konfuzius, 551 v. u. Z. in der chinesischen Provinz Shandong geboren, wuchs in einer Zeit großer politischer Wirren auf: Der Kaiser hatte seine Macht fast völlig an die untereinander zerstrittenen Fürsten verloren und blutige Kämpfe waren an der Tagesordnung. Konfuzius bemühte sich erfolglos um ein Ministeramt, um sich für Ordnung und gegen den Sittenverfall einzusetzen. Er forderte strenge Regeln für alle – auch für die Herrschenden! Seine Ideen fanden nicht nur Zustimmung und er wurde zeitweilig aus seiner Heimat verbannt. Jahrelang zog er als wandernder Gelehrter umher, sammelte Anhänger um sich und verbreitete seine Ideen. In seinen letzten Lebensjahren widmete sich Konfuzius nur noch dem Lehren. Er starb 479 v. u. Z. im Kreis seiner Schüler, die seine Lehren niedergeschrieben haben und zu einer Philosophie weiterentwickelten, die in China jahrhundertelang maßgebend für die Sittenordnung, das Familienleben und das Staatswesen war: den Konfuzianismus.

**Metakonfuzianismus**

**Nach Oskar Weggel die Bezeichnung für den Konfuzianismus des kleinen Mannes, der dem Durchschnittschinesen die Beurteilungsmaßstäbe dafür liefert, was als „normal" zu gelten hat.**

### 3/ „Was du nicht willst, das man dir tu, das füge anderen nicht zu"

Wirklich neu waren die Vorstellungen des Konfuzius nicht: Er forderte eine Rückkehr zu den Traditionen, was sich vor allem in der Ausübung von rituellen Handlungen wiederspiegeln sollte. Da sich seiner Meinung nach in den Riten die menschlichen Tugenden ausdrücken, würde durch ihre Erneuerung gleichzeitig die allgemeine Sittlichkeit gefördert. Die „Kardinaltugenden": Mitmenschlichkeit, Rechtschaffenheit, Liebe, Ehrfurcht und Treue sollten das Handeln des Einzelnen leiten und für ein ethisches Miteinander sorgen. Auf die Frage eines Schülers, ob es ein Wort gebe, nach dem man sein ganzes Leben lang handeln könne, antwortete Konfuzius: *„Die Nächstenliebe. Was Du selbst nicht wünschest, das man dir tu, das tu nicht an andern."* Wichtig erscheint ihm zudem ein klarer Aufbau der Gesellschaft, in der jeder seinen Platz und seine sozialen Pflichten genau kennt. Anhand von „fünf Beziehungen" wollte er die kosmische Ordnung in der menschlichen Gemeinschaft verwirklicht sehen: Das Volk müsse dem Herrscher, der Sohn dem Vater, die Frau dem Mann, der jüngere dem älteren Bruder, der jüngere dem älteren Freund gehorchen.

### 4/ Ordnung und Harmonie als Grundbedürfnis

Ordnung ist in China ein elementares Grundbedürfnis, das vor dem Hintergrund eines 500-jährigen Krieges entstanden ist und als solches durch den warnenden Hinweis auf **dongluan** („Unordnung und Chaos") auch heute noch wachgehalten wird. Ordnung läuft auf Berechenbarkeit hinaus und wird um ihrer selbst willen erwartet, da Stabilität die Grundvoraussetzung für ein „harmonisches" Zusammenleben ist. Zur Harmonie gibt es in der konfuzianischen Gesellschaft keine Alternative.

Oskar Weggel: China. München: Beck 2002, S. 35

### 5/ „Erst die Gemeinschaft, dann das Individuum"

Der Metakonfuzianismus betont nicht das ICH, sondern das WIR, nicht die Rechte, sondern die Pflichten, nicht das Eigeninteresse, sondern die Wechselseitigkeit, nicht Schuld-, sondern Schamgefühl, nicht Konflikt-, sondern Harmonie-Bereitschaft. Während die Einzelperson nach westlicher Auffassung die Krone der göttlichen Schöpfung und im Besitz einer individuellen, von Gott verliehenen Seele, Trägerin persönlicher Würde und der Brennpunkt freier Persönlichkeitsentfaltung ist, darf ihr nach konfuzianischer Auffassung unter keinen Umständen Autonomie eingeräumt werden. „Stell dein Selbst zugunsten des Ganzen zurück", so etwa lässt sich die konfuzianische Grundmaxime **keji fuli** sinngemäß wiedergeben – statt Individualität sind es Konformität und Rücksichtnahmen, die in der chinesischen Gesellschaft obersten Rang einnehmen. Individualismus ist ein Störfaktor!

nach ebenda S. 32

### 6/ Texte aus dem Lun-Yü („Gespräche des Konfuzius")

Erst handeln und dann mit seinen Worten sich danach richten. 2,13

Lernen und nicht denken ist nichtig. Denken und nicht lernen ist ermüdend. 2,15

Wenn man durch Erlasse leitet und durch Strafen ordnet, so weicht das Volk aus und hat kein Gewissen. Wenn man durch Kraft des Wesens leitet und durch Sitte ordnet, so hat das Volk Gewissen und erreicht (das Gute). 2,3

Andern Geistern als den eigenen (Ahnen) zu dienen, ist Schmeichelei. 2,24

Wenn der Wille auf die Sittlichkeit gerichtet ist, so gibt es kein Böses. 4,4

Den Eltern dienend darf man ihnen in zarter Weise Vorstellungen machen. Wenn man aber sieht, dass sie nicht gewillt sind, darauf zu hören, so soll man fortfahren, ehrerbietig sich zu fügen, und auch die schwersten Anstrengungen ohne Murren tragen. 4,18

Wer sich selbst regiert, was sollte der (für Schwierigkeiten) haben, bei der Regierung tätig zu sein? Wer sich selbst nicht regieren kann, was geht den das Regieren von andern an? 13,13

Lun-Yü. Gespräche, übertr. von Richard Wilhelm, München: C.H.Beck, 2005

Online-Link: 695220-0191

1. Welches ideale Menschenbild vertritt Konfuzius und wie soll sich dieser Mensch seiner Meinung nach verhalten 1/ und 3/? Kennt ihr Menschen, die sich so oder ähnlich verhalten? Begründet eure Antwort anhand von Beispielen.

2. Vergleiche den chinesischen Glauben mit dem christlichen: Meinen Konfuzius und Jesus Christus mit „Nächstenliebe" das Gleiche?

3. Vor welchem historischen Hintergrund entwickelte Konfuzius seine philosophischen Ideen 2/ und 4/? Warum sind Ordnung und Harmonie für ihn ein Grundbedürfnis? Welche anderen historischen Persönlichkeiten kennt ihr, die ihre religiösen, philosophischen oder politischen Ideen erst vor einem bestimmten Hintergrund entwickelten? Findet Beispiele.

4. Beschreibt die Stellung des einzelnen Menschen in der chinesischen Gesellschaft 4/ und 5/. Wie unterscheidet sich das Menschenbild westlicher Gesellschaften davon?

5. a) Lest mit einem Partner die Sprüche aus dem Lun-Yü 6/ und versucht, diese zunächst mit eigenen Worten wiederzugeben und dann zu interpretieren.
b) Bildet Oberbegriffe zu 6/. Versucht dann, die Sprüche zuzuordnen.
c) Sprecht anschließend in der Klasse darüber und überlegt gemeinsam, warum die Sprüche bis heute aktuell sind. Forscht nach, ob es bei uns ähnliche Sinnsprüche gibt.

# Daoismus – Handeln durch Nichthandeln

### 1/ Laotse – Der „alte Meister“ des Daoismus

Regeln, Selbstdisziplin, Bildung? „Alles Unfug“, befand Laotze, der ein Zeitgenosse des Konfuzius gewesen sein soll und vermutlich 604–517 v.u.Z. im nördlichen China lebte. Auch er war von den blutigen Kämpfen und dem Sittenverfall seiner Zeit angewidert, und wie Konfuzius machte er sich Gedanken über die Welt und die Rolle des Einzelnen in der Gesellschaft. Allerdings kam er zu einem völlig anderen Schluss: Der Mensch muss dem Dao (wörtlich: „Weg“) folgen, dann lösen sich alle Daseinsprobleme und der Einzelne kann in Harmonie mit dem Kosmos leben. Laotze ist der große Lehrer, der „alte Meister“ des Daoismus. Er ist allerdings nicht dessen Stifter, denn der Begriff des Dao und eine damit verbundene Weltsicht sind viele Jahrhunderte älter.

Laotse wird der Tradition nach auf einem Wasserbüffel reitend dargestellt. Der Legende nach verließ er China in Richtung Westen reitend. Zurück ließ er das Dao-Te-King „Das Buch von Weg und Tugend“.

### 2/ Das unbeschreibbare Dao

Für Laotse ist das Dao das Zentrum aller Dinge. Da das Dao größer und umfassender als der Mensch ist, kann es nicht wirklich beschrieben werden. Am ehesten ließe es sich mit „Sinn“, „Urkraft des Kosmos“ oder „Urgrund allen Seins“ übersetzten. Daher ist auch Laotses einzige Schrift, das Dao-Te-King, eher eine Beschreibung dessen, was das Dao nicht ist:

> Das Dao, das man ersinnen kann,
> ist nicht das wahre Dao.
> Der Name, den man nennen kann,
> ist nicht der wahre Name.
> Jenseits des Nennbaren liegt der Anfang der Welt.
> Diesseits des Nennbaren liegt die Geburt der Geschöpfe.
> Dao-Te-King: das heilige Buch vom Weg und von der Tugend/Laotse., Stuttgart: Reclam 1978 (Übers., Einl. u. Anm. Günther Debon), 1. Strophe

> Die Welt erobern wollen durch Handeln:
> Ich habe erlebt, dass das misslingt.
> Die Welt ist ein geistiges Ding,
> das man nicht behandeln darf.
> Wer handelt, verdirbt sie.
> Wer festhält, verliert sie.
> ebenda, 29. Strophe

Um in Harmonie mit dem Kosmos zu leben, soll der Mensch dem Dao durch absichtsvolles Nichtstun keinen Widerstand entgegensetzen. Nur das völlige Loslassen führt ihn zu einem harmonischen Leben. „Wu wei“, empfahl Laotse seinen Anhängern – „Nicht handeln“.

### 3/ Texte aus dem Dao Te King („Das Buch von Weg und Tugend")

Wer auf den Zehen steht,
steht nicht fest.
Wer mit gespreizten Beinen geht,
kommt nicht voran.
Wer selber scheinen will,
wird nicht erleuchtet.
Wer selber etwas sein will,
wird nicht herrlich.
Wer selber sich rühmt,
vollbringt nicht Werke.
Wer selber sich hervortut,
wird nicht erhoben.
Er ist für den SINN wie Küchenabfall.

ebenda, 24. Strophe

Stille: Das ist Rückkehr zur Bestimmung.
Rückkehr zur Bestimmung: Das ist Ewigkeit.
Die Ewigkeit erkennen: Das ist Weisheit.
Erkenntnis der Ewigkeit bringet Duldsamkeit.
Duldsamkeit bringet Edelsinn.
Edelsinn bringet Herrschaft.
Herrschaft bringet himmlisches Wesen.
Himmlisches Wesen bringet den SINN.
Der SINN bringet Dauer.
Ist das Ich nicht mehr, so gibt es keine Gefahren.

ebenda, 16. Spruch

### 4/ Wu wei – „Nicht handeln"

Wer je in seinem Leben eine Krise durchgemacht hat, erinnert sich vielleicht: die Wende zum Besseren trat genau in jener Phase ein, da man aufgehört hatte, zu kämpfen. Aufhören mit sinnlosen Kämpfen, leben im Augenblick, sich nach dem Fluß des Lebens richten – das ist Wu wei.

Theo Fischer: Wu-wei. Die Lebenskraft des Tao. Hamburg: Rowohlt, 1992/2000, S. 1

Ohne aus der Tür zu gehen,
kann man die Welt erkennen.
Ohne aus dem Fenster zu blicken,
kann man des Himmels SINN erschauen.
Je weiter einer hinausgeht,
desto weniger wird sein Erkennen.

ebenda, 47. Strophe

Online-Link:
695220-0193

### 5/ Konfuzianismus und Daoismus

Früher standen Konfuzianismus und [Daoismus] sich feindlich gegenüber. Aktivismus hier, Passivität dort. Chinas religiöse Normalverbraucher haben diesen Gegensatz aufgehoben. Sie picken sich aus beiden Lehren die Elemente heraus, die ihnen zur Bewältigung ihrer Probleme am besten geeignet scheinen. Da weder Dogmen noch Glaubenswächter diese Vermischung verhinderten, ist der „chinesische Universismus" heute eine bunt schillernde Volksreligion in tausend Varianten.

Mit leisem Spott sagt man in China, der Konfuzianismus sei mehr der Leitfaden für die Jugend: Partnerschaft, Kindererziehung, Karriereplanung, der [Daoismus] hingegen Stab und Stütze des Alters, wenn der Lebensfaden kürzer wird und die Frage nach dem Warum drängender.

Teja Fiedler/Peter Sandmeyer in: Thomas Osterkorn/Andreas Petzold (Hrsg.): Die sechs Weltreligionen. Berlin: stern/Ullstein, 2005, S. 159

1. Versuche, die Begriffe „Dao" und „Wu wei" mit eigenen Worten zu erklären 1/ und 2/.

2. Hast du schon einmal eine Krise durch Nichtstun bewältigt 4/? Berichte davon. Glaubt ihr, dass durch „Wu wei" wirklich Probleme und Krisen gelöst werden können? Denke dabei an deine eigenen Erfahrungen und an die von anderen Menschen. Diskutiert darüber.

3. Lies mit einem Partner die Sprüche des Laotse und versucht, diese zu interpretieren 2/ und 3/. Welche sprechen euch besonders an und warum?

4. Viele Chinesen sind Konfuzianer im Handeln und Daoisten im Geist. Was ist damit gemeint? Lies dazu Text 5/. Stelle heraus, was die Unterschiede und Gemeinsamkeiten von Konfuzianismus und Taoismus sind.

5. Wo der Konfuzianer sich abrackern muss, um den Kosmos im Gleichgewicht zu halten, lässt er sich als Daoist im Fluss der Unendlichkeit treiben. Welche Position vertrittst du? Veranstaltet in der Klasse eine Pro- und Kontra-Diskussion. Die eine Hälfte der Klasse vertritt den Konfuzianismus, die andere den Daoismus. Stellt dazu eine konkrete Frage, in der es um eine Entscheidung geht.

# Ahnenkult und Geisterglaube

### 1/ Jenseitsvorstellungen

Auf dem Friedhof herrschte Hochbetrieb. Wie immer zum Fest des klaren Lichtes kamen die Angehörigen zu den Gräbern, um sie zu reinigen und ihrer Toten zu gedenken. Unter ihnen der junge Herr Chen mit seiner Mutter. Sie „putzten" das Grab des Vaters, dann schmückten sie es mit zwei prächtigen Blumengebinden. Zum Abschluss steckte sich Herr Chen zwei Zigaretten an. Die eine rauchte er selbst, die andere legte er seinem Vater vor den Grabstein. Sein Vater war ein starker Raucher gewesen, und häufig hatten die beiden zusammengesessen und geraucht. So sollte es auch jetzt sein. Der Vater würde die Zigarette im Jenseits genießen. Davon war sein Sohn überzeugt, und so stand er rauchend vor dem Grab und wartete, bis die Zigarette des Vaters bis zum Filter heruntergebrannt war.

Yu-Chien Kuan, Petra Häring-Kuan: Der China-Knigge. Eine Gebrauchsanweisung für das Reich der Mitte. Frankfurt/M: S. Fischer-Verlag, 2006, S. 155

### 2/ Auf Nummer sicher

„Man muss sich mit den Göttern gut stellen, egal ob man an sie glaubt oder nicht", sagt Yu-Chiens Cousine. Sie geht in dieser Beziehung auf Nummer sicher und opfert überall eine Kleinigkeit, egal ob es sich um buddhistische, konfuzianistische oder daoistische Tempelanlagen oder christliche Kirchen handelt. Eine Spende könne niemals schaden.

ebenda S. 74

Ein Mann verbrennt im Tempel Räucherstäbchen, bevor er das Gespräch mit den Ahnen oder Göttern beginnt.

### 3/ Schlechte Geschäfte, weil die Großmutter nicht angemessen beerdigt wurde

Die Großmutter war während der Kulturrevolution gestorben. Es hatte kein angemessenes Begräbnis gegeben, auch ihre Asche war längst verloren gegangen. Als der Geschäftsmann wissen wollte, warum er trotz bester Voraussetzungen so glücklos war, befragte er einen Wahrsager, der schnell herausfand, dass einer der Ahnen keine Ruhe gefunden hatte und deshalb den Weg zu Erfolg und Reichtum störte. Nach gründlicher Recherche stand für den Geschäftsmann fest, dass es sich nur um jene Großmutter handeln konnte. Daraufhin kaufte er einen Platz in der Urnenhalle, legte zwei Schmuckstücke, die ihr gehört hatten, hinein, und ehrte sie mit Gebeten und dem Verbrennen von Räucherwerk. Es dauerte nicht lange, da liefen die Geschäfte. Wer wagt zu bezweifeln, woran das gelegen hat?

ebenda S. 79

### 4/ Zwiesprache mit den Ahnen

Großmutter spricht sich aus mit der Verwandtschaft. Sie redet über die guten Schulnoten der Enkelkinder, die Bauchoperation des Sohnes und das neue Auto, das sich die Familie geleistet hat. Dann macht sie eine Pause, hebt die helle Greisinnen-Stimme noch um eine schrille Terz an, denn jetzt kommt der Knüller des Jahres: „Unsere Mei Li hat endlich einen Freund!" Mei Li, die schräg hinter ihr steht, errötete, und platzt dann heraus: „Oma, das hättest du aber nun wirklich nicht erzählen müssen!" Kein Kommentar von der Verwandtschaft. Die lieben Angehörigen sind längst unter der Erde. Liegen friedlich unter den Tonfliesen, die die Grabstätte der Familie Wang bedecken. Das hindert Großmutter Wang nicht, ihnen die Familienchronik des vergangenen Jahres detailliert aufzublättern. Als ältestes noch lebendes Mitglied der Sippe ist sie sogar verpflichtet, mit den Ahnen in Verbindung zu treten.

Teja Fiedler/Peter Sandmeyer in: Thomas Osterkorn/Andreas Petzold (Hrsg.): Die sechs Weltreligionen. Berlin: stern/Ullstein, 2005, S. 153

## 5/ Ein Besuch im Tempel

Der Dongyue-Tempel ist ein traditioneller Ort, um Segen und Schutz der unzähligen Götter, Geister und Heiligen des daoistischen Pantheons für den Alltag zu erflehen. Die Gläubigen kommen vor Examensprüfungen ebenso wie bei Zahnschmerzen. So wie die 64-jährige Li Yuan oder die 45-jährige Liu Xiao. Die eine hängt ein beschriebenes Holzschild an einen Baum, die andere entzündet Räucherstäbchen. Das hätten schon ihre Mütter so gemacht. Als ich sie später anspreche, erzählen sie mir, warum sie zum Tempel kommen. Li Yuan arbeitete früher als Ärztin für Frauenkrankheiten. In der Kulturrevolution wurde sie 1967 in einen Pekinger Vorort geschickt. Die Bauern sollten nur noch ein Kind haben dürfen. Die Geburtenkontrolle wurde für nicht angemeldete und nicht in den Geburtenplan aufgenommene Kinder durch Zwangsabtreibung durchgesetzt. „Ich habe an manchen Tagen 17 Abtreibungen hintereinander vorgenommen", erinnert sie sich. „Damals dachten wir Ärzte uns nichts dabei." Viele der Frauen waren bereits im siebten oder achten Monat. Heute im Ruhestand holt sie die Vergangenheit ein. „Ich träume nachts davon." Sie habe Angst vor der Rache der getöteten Seelen der vielen Babys. Sie gehe immer wieder zum Tempel, bete für die Kinder. Liu Xiao dagegen kommt zum Dongyue-Tempel, um Schutz für ihre Tochter, die im Ausland studiert, zu erflehen. Sie betet auch für die Gesundheit ihrer gebrechlich werdenden Eltern, sie wünscht, dass ihr Mann wieder Arbeit findet, und sie erhofft für sich selbst die Heilung ihrer Magenschmerzen. Für Schutz, Glück und Segen in diesen Fällen findet sich jeweils ein entsprechender Schutzheiliger im Dongyue-Tempel. „Wenn ich in der Innenstadt zu tun habe, brenne ich hier immer meine Räucherstäbchen ab".

nach Johnny Erling: China – der große Sprung ins Ungewisse. Freiburg i. B.: Herder, 2002, S. 104

**Pantheon:** Tempel für alle Götter

Der Rauch der Räucherstäbchen trägt die Wünsche und Bitten der Gläubigen in den Himmel. Auch die Ahnen erfreuen sich daran.

Gläubige verbrennen bündelweise Totengeld (Papiergeld), damit auch die Ahnen im Jenseits ihre Rechnungen bezahlen können.

1. Warum sind die Geschäfte nach Auskunft des Wahrsagers schlecht verlaufen und was hat der Geschäftsmann getan, damit seine Geschäfte wieder florieren 3/? Welche Vorstellung ist damit verbunden? Informiert euch über den Ahnenkult.

2. Welche Jenseitsvorstellungen lassen sich aus den Texten 1/ und 4/ ableiten? Worin bestehen die Unterschiede zwischen der in den Texten beschriebenen Ahnenverehrung und den Vorstellungen im Westen? Diskutiert gemeinsam darüber.

3. Versuche, die in Text 2/ beschriebene religiöse Situation einem Partner zu erläutern. Informiert euch im Internet, in Büchern und Zeitungen über die gegenwärtige politische, wirtschaftliche und religiöse Situation in China. Warum wenden sich viele Chinesen nach der Lockerung des kommunistischen Systems wieder der Religion zu?

4. Erklärt mit eigenen Worten, warum die beiden Frauen den Tempel besuchen und welche Rituale sie vollziehen 5/. Was erhoffen sie sich von dem Besuch? Wie unterscheidet sich ein Besuch in einem daoistischen Tempel von einem Besuch in anderen Gotteshäusern? Findet Beispiele.

**Online-Link:** 695220-0195

# Das Ziel ist Harmonie

## 1/ Sich in der Betrachtung der Natur verlieren

In chinesischen Restaurants finden sich häufig die Wände schmückenden Rollbilder, auf denen nebelverhangene (Berg-)landschaften zu sehen sind. Manchmal entdeckt man auf den Bildern kleine Häuser oder einsame Wanderer, aber sie sind immer der Natur untergeordnet. Viele Chinesen, so ist über diese weit verbreiteten Bildmotive zu lesen, erleben beim Anblick der unbewegten Felsen und der dahinziehenden Nebelschwaden das ewige Wechselspiel von Yin und Yang. Yin stehe für die „Erde“, für die passive, weiche, „weibliche“ Kraft, für den Mond, das Dunkle und die Feuchtigkeit. Yang stehe für den „Himmel“, für die aktive, harte, „männliche“ Kraft, für die Sonne, Helligkeit und Wärme.

Vor Landschaftsbildern üben Chinesen die Versenkung in die Natur.

## 2/ Im Spannungsfeld von Yin und Yang

Das Yin und Yang-Symbol steht für das Wechselspiel zwischen dem männlichen und dem weiblichen Prinzip.

Yin und Yang sind die seit dem Ursprung der Welt wirkenden kosmischen Prinzipien. Sie bestimmen die Dynamik des Lebens. Sie stehen zueinander im Gegensatz und doch bedingen sie einander, sie sind miteinander verbunden und sie ergänzen sich. Nichts ist entweder Yin oder Yang, alles ist Yin und Yang! Die dadurch bewirkte Spannung hat zur Folge, dass sich die beiden Seiten ständig anziehen, austauschen, sich zur „Harmonie“ vereinen, sich wieder trennen, sich wieder anziehen. Beide Seiten sind auch im Menschen vorhanden. Befinden sich beide Kräfte im Gleichgewicht, lebt der Mensch harmonisch. Zwar darf und kann sich der Zustand in bestimmten Situationen zugunsten einer Kraft verschieben, sie sollten sich aber bald wieder ausgleichen.

Ältere Menschen bei ihren täglichen Thai-Chi-Übungen. In Asien wird Thai-Chi als ganzheitliche Gesundheitsförderung sehr geschätzt. Thai-Chi lehrt den Menschen, seine innere Energie zu stärken und diese Energie zur Heilung und Steigerung der Lebensqualität zu nutzen. Thai-Chi zugrunde liegt das Prinzip von Yin und Yang. Bei den Übungen verbinden sich Körper, Geist und Atem zu einer harmonischen Einheit.

### 3/ Interview mit einem Feng-Shui-Berater

Chen Yuhang, ein weithin bekannter Feng-Shui-Meister, nordet zu Demonstrationszwecken für uns sein Gerät auf ein Haus ein, in dem eine bekannt zerrüttete Familie wohnt. Kein Wunder, lächelt er wissend nach langer Konsultation der Scheibe, „Schauen Sie sich die Streben an, die unverputzt am Haus nach unten führen. Sie zerschneidet die Familie wie ein Messer." Fort mit den Streben, Ende des Familienkrachs.

Teja Fiedler/Peter Sandmeyer in: Thomas Osterkorn/Andreas Petzold (Hrsg.): Die sechs Weltreligionen. Berlin: stern/Ullstein, 2005, S. 165

Mit diesem Kompass spürt der Feng-Shui-Meister Disharmonien an oder in Gebäuden auf. Bau- und Raumgestaltungen erfolgen nach bestimmten Regeln, die sicherstellen sollen, dass sich „verstockte" Energien nicht in den Räumen festsetzen können und das Qi (Lebensenergie) frei fließen kann. Feng-Shui spielt vor allem bei der Errichtung von Ahnengräbern eine wichtige Rolle.

### 4/ Feng-Shui-Beratung

Seit dem Einzug in ihre neue Wohnung liefen die Geschäfte der Lins nicht mehr gut, dabei war das Arbeitszimmer noch schöner als in ihren vorherigen Räumlichkeiten. Unsere Freunde machten sich Sorgen und zogen einen Hongkonger „Wind-Wasser-Herrn" (Feng-Shui-Meister) zu Rate. Nach eingehender Prüfung fand er die Lösung. Uns war die Raumaufteilung eigentlich sehr praktisch vorgekommen. Gegenüber der Küche lag das Esszimmer, aber genau das missfiel dem Herrn. „An dieser Stelle", meinte er und deutet auf das Esszimmer, „darf nur das Arbeitszimmer liegen." Einen ganzen Tag lang wurde unter seiner Anleitung umgeräumt. Das Arbeitszimmer wanderte ins Esszimmer, das Esszimmer ins Wohnzimmer, das Wohnzimmer ins ehemalige Arbeitszimmer. Bilder wurden als Blickfang umgehängt, Topfpflanzen aufgestellt. Das Ergebnis war verblüffend. Alles wirkte viel gefälliger als früher. Man betrat die Wohnung und fühlte sich sofort umschlossen von einer harmonischen Atmosphäre, und merkwürdigerweise liefen daraufhin auch die Geschäfte wieder normal.

Yu-Chien Kuan, Petra Häring-Kuan: Der China-Knigge. Eine Gebrauchsanweisung für das Reich der Mitte. Frankfurt/M: S. Fischer-Verlag, 2006, S. 182

1. Brainstorming – Bestimmt habt ihr schon einmal über Yin und Yang gehört. Sammelt zunächst eure Aussagen und sprecht anschließend darüber.

2. Beschreibe zunächst das Landschaftsbild und mache dir einige Notizen dazu. Lies dann Text 1/ und vergleiche deine Aufzeichnungen damit. Finde weitere Zuschreibungen für das Gegensatzpaar Yin und Yang.

3. Beschreibt mit eigenen Worten, was nach den Texten 3/ und 4/ Feng-Shui ist und bewirken kann.

4. Denke darüber nach, was du über den Daoismus und Konfuzianismus gelernt hast. Was hat Feng-Shui damit zu tun?

# Fantasiereise

Insbesondere in asiatischen Religionen sind meditative Übungen ein fester Bestandteil beim Praktizieren des Glaubens. Die Kunst des „In-sich-hinein-Horchens", des Nachsinnens sollen der/dem Meditierenden helfen, einen veränderten Bewusstseinszustand zu erlangen und an einen inneren Ort tiefster Entspannung und Selbsterfahrung zu gelangen. Die Fantasiereise ist eine Möglichkeit, in einer anderen Welt gedanklich Fragen zu klären, Entspannungs- und Glückszustände zu erreichen, aber auch seine Konzentration zu erhöhen. Fantasiereisen leiten dazu an, aus Alltagserfahrungen und Gewohntem auszubrechen und Visionen zu entwickeln.

1. Vorbereitung: Bringt euch Unterlagen (Isomatten und/oder Decken) mit. Verdunkelt den Raum und verteilt euch liegend im Klassenzimmer. Organisiert einen CD-Player. Einigt euch auf eine ruhige (meditative) Hintergrundmusik, die jemand auf CD hat und mitbringt.
2. Euer Lehrer/eure Lehrerin wird die Reiseanleitung auf der folgenden Doppelseite nach den untenstehenden Vorgaben vorlesen. Weitere Fantasiereisen findet ihr im Anhang am Ende des Buches.
3. Wenn du von deiner Reise zurückgekehrt bist, schreibe das, was du erlebt hast, in Kurzform (die wichtigsten Stichpunkte) auf und/oder male ein Bild.
4. Stelle dir nun folgende Fragen:
   - Wie hat dir die Fantasiereise gefallen?
   - Was hast du gesehen und erlebt?
   - Was hast du dabei gefühlt und gedacht?
   - Was war für dich wichtig, angenehm oder weniger gut?
   - Was hast du beim Zeichnen (Malen, Formen, …) erlebt?
   - Erinnert dich etwas an dein wirkliches Leben?
   - Was lernst du aus dieser Erfahrung?
5. Tauscht euch in der Klasse über eure Erfahrungen aus.

**Anleitung zum Fantasiereise sprechen:**

*(Hintergrundmusik leise, kann aber auch ohne Hintergrundmusik gesprochen werden)*

Lass dir viel Zeit und achte darauf, dass es im Raum nicht zu kalt ist, denn bei der Entspannung sinkt die Körpertemperatur.
Die Worte **tiefer** – **hinunter** – **weit** spreche gedehnt und langsam, im Tonfall auch tiefer.

Ob eine Entspannung erreicht ist während der Fantasiereise, erkennst du an folgenden Zeichen:
gleichmäßige, ruhige Atmung
blassere Hautfarbe
Kinn wird locker, hängt leicht runter
Körpertemperatur sinkt
manchmal Zucken der Muskulatur
Bewegungen hinter den Augenlidern

Wichtig ist, dass du am **Ende** der Fantasiereise mit **bestimmter** und **lauter** Stimme sprichst.
Keine langen Pausen machen. Das Wort „**wach**" ist immer stark zu betonen.

Achtsam mit den „Fantasiereisenden" sein!
Sätze in Klammern (…) sind nicht vorzulesen.
Pünktchen bedeuten: kurze Pause machen, ca. 5 Sekunden

Falls dennoch ein Eingeschlafener nicht aufwachen sollte, ihn nie (!) berühren (dann erschrickt er zu sehr), sondern ihn gezielt mit Namen ansprechen und über die Atmung mit ihm sprechen:
z. B. „Johanna, bitte noch einmal tief einatmen und mit dem Ausatmen bist du wieder ganz **wach** …" oder „Ich zähle jetzt bis drei und bei drei, Johanna, bist du wieder ganz **wach: 1** einatmen, **2** ausatmen und **3** Johanna wieder **wach** werden"

Nach: Fantasiereisen – Traumreisen zum Vorlesen. Berlin: Pro BUSINESS Verlag, 2005, S. 3

Marc Chagall, Der Jongleur von Paris

## Ausgeglichenheit

Wenn du bereit bist für eine Reise, dann mache es dir hier und jetzt ganz bequem …
schließe deine Augen und spüre, wie du auf deiner Unterlage liegst …
spüre deine Fersen, wie sie die Unterlage berühren …
spüre deine beiden Waden, wie sie weich neben einander liegen …
spüre deine Hüften und dein Gesäß, wie es sich anschmiegt, gehalten von dem Boden auf dem du liegst …
spüre deinen Rücken, wie er mit seiner ganzen Länge aufliegt, mal mehr mal weniger …
spüre deine Schultern, wie sie sich entspannen auf der Unterlage …
spüre deinen Nacken, deinen Kopf, wie er liegt, sicher auf dieser Unterlage …
spüre in dein Gesicht hinein, wie sich die Muskeln entspannen, deine Stirn weich wird …
lass alles einfach geschehen und nimm deine Alltagsgedanken und verschließe sie für diesen Moment in einer Schachtel …
du kannst sie später wieder, wenn du magst, daraus hervorholen …
nichts spielt eine Rolle …
nur du bist wichtig und genieße, dass du sein darfst …
hier im Raum, nur du und meine Stimme …
alles, was du hörst – ob es Geräusche sind oder meine Stimme …
hat seine Bedeutung und stört dich nicht …
dein Atem kommt und geht …
und kommt und geht …
kraftvolle Ruhe – ruhevolle Kraft umgibt dich …
du bist ganz durchströmt von deinem ruhigen Ein- und Ausatmen tiefer und tiefer …
alles, was dich nicht stört in dieser Stille, atme aus …
bis nichts mehr da ist, außer Kraft, Ruhe und Stille …
und dann, wenn du bereit bist, kannst du hinüber gehen, in eine andere, in eine Traumwelt, die es auch noch gibt …
du tauchst in diese Welt und betrittst eine wunderschöne Landschaft mit sanften Hügeln und grünen Wiesen …
du siehst die vielen bunten Farben, das satte Grün, und atmest die würzige, duftende Luft ein …
und du spürst, wie die Sonne angenehm warm ist und ein zarter Windhauch deine Haut streichelt …
und während du ein paar Schritte gehst, siehst du vor dir auf einer Anhöhe einen großen alten Laubbaum, der dir sehr vertraut vorkommt …
du gehst langsam, ohne Eile auf ihn zu und spürst eine intensive Anziehung und wunderbare Vertrautheit zwischen dir und diesem Baum …
und so begrüßt du diesen Baum, wie einen alten Freund und spürst, wie gut dir seine Nähe tut …
und während du da so sitzt, an diesem Baum, der dir Kraft gibt …
du spürst die raue Rinde an deinem Rücken …
und legst deine Hände an die Rinde, spürst die pulsierende Energie durch die Rinde hindurch …
du atmest den harzigen Duft ein …
hörst das Rascheln der Blätter der Baumkrone …
taucht mitten im tiefen Blau des Sommerhimmels eine durchsichtige, schillernde Kugel auf …
wie eine riesige Seifenblase …
die langsam auf dich zu schwebt und direkt in deinen, nun geöffneten Händen landet …
zu deiner Überraschung platzt sie nicht wie eine Seifenblase, sondern fühlt sich wunderbar glatt und weich an …
und während du ihr schillerndes Farbenspiel beobachtest …
beginnst du dich zu erinnern an eine Situation, in der du ganz intensive Freude erlebt hast …
wo du erfüllt warst von überschäumender Freude …
und du siehst noch einmal alles vor dir, hörst was da für Töne waren, hörst die Stimmen oder die Stimme, die sprach …
und vielleicht verbindet dich mit dieser Situation auch ein intensiver Geruch, den du wieder riechen kannst …
je intensiver du dich erinnerst, desto stärker hast du in dir dieses Gefühl der übergroßen Freude und sie strömt durch deinen ganzen Körper …
und je mehr Freude du spürst, desto mehr Freude fließt über deine Hände in die Kugel, die du immer noch in deinen Händen hältst …
du spürst, wie die Freude und dein übergroßes Glück von der Kugel zurück in deine Hände fließt …
wie ein Geben und Nehmen …
und du bist ganz erfüllt von dem Gefühl des Glücks …
du weißt, dass du ein Recht dazu hast, glücklich zu sein …
die Kugel in deinen Händen ist aufgeladen wie eine Batterie mit deinen Empfindungen …
mit der Intensität deiner eigenen Gefühle …
und so spürst du in Verbindung mit dieser Kugel noch einmal ganz intensiv die Gefühle von Glück, Freude, Geborgenheit, Liebe …
und du spürst das Wechselspiel zwischen dir und der Kugel …
wie einmal deine Gefühle in der Kugel sind – und dann wieder von der Kugel die Gefühle zu dir hinüber strömen und dein ganzes Ich erfüllen …
und während du dieses wunderbare Wechselspiel weiterhin genießt, beginnst du diese Kugel, die so hell und transparent ist, langsam in deinen Körper hinein zu legen …

genau an die Stelle, von der du spürst, dass du dort die Energie der Kugel am intensivsten aufnehmen kannst …
und dann lass deine Hände für eine Weile auf dieser Körperstelle liegen …
und du spürst, wie dich die Kugel innerlich mit ihrer Kraft und ihrem Licht erfüllt …
und wie du all die Gefühle – die Freude – die Liebe – die Dankbarkeit – die Geborgenheit – die Begeisterung noch intensiver erlebst und spürst …
und du erkennst, dass diese Kugel eine Batterie für dich ist …
immer wenn du Kraft, Freude, Liebe und Geborgenheit erlebst, so wird deine Kugel von Neuem aufgeladen …
und du weißt, dass diese Kugel immer für dich da ist, immer dann, wenn du sie brauchst …
du brauchst nur deine Hände auf die Stelle legen, an die Stelle, deren Platz du selbst bestimmt hast …
und wann immer du Lust hast, kannst du auch wieder hierher kommen, zu diesem Baum, um die Kugel aufs neue in deine Hände zu legen, um mit ihr wieder all deine Gefühle zu erleben, ganz geschützt unter deinem persönlichen Baum …

(*Pause von ca. 1 Minute*)

und wenn es dann gut ist für dich, verabschiede dich von deinem Baum …
geh den Weg zurück …
und komm wieder ganz hierher zurück in diese Welt …
in deinen Körper – zu deinen Armen – zu deinem Bauch – zu deinen Beinen …
spüre, wie sie immer noch von der Unterlage getragen werden …
lege ganz bewusst deine Hände an die Stelle, an der du mit der Kugel in Kontakt trittst …
und jetzt atme noch einmal ganz tief durch …
strecke dich – dehne dich – und öffne deine Augen – ganz bewusst für diese Welt mit all den Geschenken, die sie für dich bereit hält.

ebenda, S. 39

**Dali, Die Blumenschlacht, 1970**

# 7-tägige Studienreise zu den heiligen Orten des Hinduismus, Buddhismus und den chinesischen Religionen

wunderreisen

Startseite | Erlebnisreisen | Kurzreisen | Studienreisen | Sprachreisen | Forum | Newsletter

Startseite » Studienreisen » Religionen

**7-tägige Studienreise zu den Heiligen Orten des Hinduismus, Buddhismus und der chinesischen Religionen**

Hindus, Buddhisten und die Anhänger der chinesischen Religionen kennen bestimmte Orte, die für sie von zentraler religiöser Bedeutung sind: Dabei kann es sich um Gebäude handeln, aber auch um Berge oder Flüsse. Diesen Orten kommt eine besondere Verehrung entgegen, weil sie mit wichtigen Ereignissen in der Geschichte der Religion verbunden sind: Sie können Orte der Geburt, des Wirkens oder auch des Todes des Religionsgründers sein. Es kann sich um Stätten handeln, an denen Reliquien von Heiligen aufbewahrt werden. Auch die Götter können sich an diesen Orten offenbart haben oder die Menschen haben dort Heiligtümer zum Ruhme der Götter oder zur Feier von Gottesdiensten erbaut. Viele Gläubige pilgern zu diesen heiligen Orten, weil ein Besuch als besonders förderlich für das eigene Heil gilt oder sogar ein Teil der religiösen Vorschriften ist.

Schnellsuche

Abflughafen: beliebig

Land/Region: beliebig

Reiseziel: beliebig

Reisedauer: beliebig

Erweiterte Suche

Impressum | Kontakt | Hilfe | FAQ | Partner | Datenschutz

1. Bildet mehrere Gruppen von bis zu 5 Personen. Informiert euch zunächst über heilige Orte im Allgemeinen und dann über die heiligen Orte des Hinduismus, Buddhismus und der chinesischen Religionen im Besonderen.
2. Fragt im Reisebüro nach Katalogen von Reiseveranstaltern, die Kultur- und Studienreisen anbieten. Schaut in diesen Katalogen und in Internetportalen zum Thema „Kultur- und Studienreisen“ nach, wie Veranstalter ihre Reisen planen, wie und über was sie ihre Kunden informieren und mit welchen Mitteln (Sprachstil, Bildauswahl, …) sie diese Reisen bewerben.
3. Entwerft eine eigene 7-tägige Studienreise zu mindestes fünf heiligen Orten des Hinduismus, Buddhismus und der chinesischen Religionen.
4. Welche Stätten sollen eure Kunden auf ihrer Reise besuchen? Warum sollen eure Kunden gerade diese heiligen Orte aufsuchen? Gebt zu jedem der Orte einen kurzen (kunst-)historischen Überblick und informiert eure Kunden über dessen religiöse Bedeutung.
5. Gestaltet eine eigene Katalogseite, mit der ihr Kunden für eure Reise begeistern wollt. Achtet dabei besonders auf die Auswahl der Texte und des Bildmaterials. Was sind die Highlights eurer Reise? Stellt diese besonders heraus.
6. Präsentiert euer Ergebnis vor der Klasse.
7. Diskutiert gemeinsam, welcher der präsentierten Entwürfe der gelungenste ist und warum.

# 8 Mythen, Religionen in der Gegenwart, Utopien

# Schöpfungsmythen

**Mythos:** griech. „Wort", „Rede", „Erzählung".

1/ Nach der biblischen Schöpfungsgeschichte erschuf Gott den Menschen nach seinem Bild. Auf einem Deckenfresko der Sixtinischen Kapelle in Rom sieht man, wie sich der italienische Künstler Michelangelo (1475–1564) die Erschaffung Adams, des ersten Menschen, vorgestellt hat.

2/ Nach dem Schöpfungsmythos Popol Vuh der Qiuché-Maya in Mittelamerika schufen die Götter Tepëu und Cucumátz die ersten Menschen aus Maismehl. In dem Gemälde „Die Erschaffung des Menschen" des mexikanischen Künstlers Diego Rivera (1886–1957) werden sie allerdings aus Schlamm erschaffen. Das darf nicht verwundern, denn häufig liegen Schöpfungsmythen in unterschiedlichen Fassungen vor.

### 3/ Schöpfungsmythen

Mythen sind Erzählungen eines Volkes, die von Göttern, Helden und anderen Gestalten aus vorgeschichtlicher Zeit berichten. Glaubt man den Mythen, traten in dieser Vorzeit bedeutende Ereignisse ein, die noch das gegenwärtige Leben bestimmen. Eine wichtige Rolle spielen die so genannten Schöpfungsmythen. Dabei handelt es sich um Geschichten, die von der Entstehung der Welt und der Erschaffung des Menschen erzählen. Schöpfungsmythen sind deshalb so besonders, weil ihr zentrales Thema die Frage nach dem Ursprung, dem Sein und dem Sinn des Lebens ist. Der Mensch hat seit dem Beginn seiner Existenz nach Erklärungen für die ihn umgebenden Erscheinungen gesucht und sich Fragen nach der Entstehung des Lebens gestellt. Ein Schöpfungsmythos will die Entstehung der Welt jedoch nicht wissenschaftlich erklären, sondern ihren Ursprung religiös deuten. Ein Mythos verwendet Bilder, so wie sich die Menschen in ihrer jeweiligen Zeit die Entstehung der Welt vorgestellt haben. Darunter finden sich ganz unterschiedliche Vorstellungen, wie die Schöpfung stattgefunden hat: durch das Formen einer Materie, durch einen Gott, durch Zerteilung eines Urwesens, durch Zeugung, durch das Wort oder durch Tanz. Unterschiedlich ist auch die Vorstellung, woraus die Schöpfung geschaffen wurde: aus dem Nichts, aus dem Chaos, aus einer Gottheit oder aus einer Materie (z.B. aus dem Ei).

Alle Texte in diesem Kapitel stammen von Pia Zumbrink, sofern die Quellen nicht anders ausgewiesen sind.

## 4/ Schöpfungsmythen

### a) Genesis: Die Erschaffung der Welt nach der Bibel

Im Anfang schuf Gott Himmel und Erde; die Erde aber war wüst und leer, Finsternis lag über der Urluft, und Gottes Geist schwebet über dem Wasser. ... Gott sprach: Es werde Licht. Und es wurde Licht. Gott sah, dass das Licht gut war. Gott schied das Licht von der Finsternis, und Gott nannte das Licht Tag, und die Finsternis nannte er Nacht. Es wurde Abend, und es wurde Morgen: erster Tag. (Gen, 1,1–1,5)

### b) Theogonie: Der griechische Weltentstehungsmythos des Hesiod (um 700 v. u. Z.)

Zuallererst war Chaos da. Es war der leere Raum. Und dann war da Gaia, die Urmutter Erde. Und dann war da Tartaros, der Abgrund. Und dann war da Eros, die Kraft der Liebe. Eros wirkt auf ewig. Und aus dem Chaos ging Dunkel hervor. Und dann erschien das Licht. Und Gaia erzeugte Himmel und Erde.

Dietrich Steinwede, Dietmar Först (Hrsg.): Die Schöpfungsmythen der Menschheit. Düsseldorf: Patmos-Verlag, 2004, S. 59

### c) Die Weltschöpfung nach den Upanishaden (Indien, 800–400 v. u. Z.)

Im Anfang war die Welt nichtseiend. Sie wurde seiend. Sie entstand. Da entwickelte sich das Ei. Es lag ein Jahr lang da. Es sprang entzwei. Die beiden Teile der Eierschale waren ein silberner und ein goldener. Der silberne ist die Erde, der goldene ist der Himmel. Die äußere Eihaut sind die Berge, die innere Eihaut Wolken und Nebel. Die Äderchen sind die Flüsse, das Fruchtwasser der Ozean.

ebenda, S. 41

### d) Die Erschaffung des Menschen im Schöpfungsmythos der Hopi-Indianer (USA)

Die Spinnenfrau sammelte wieder Erde – diesmal von verschiedener Farbe – gelb, rot, weiß und schwarz. Sie vermischte die Häufchen Erde mit ihrem Speichel und knetete sie zu Formen, die sie mit ihrem Gewand aus weißem Stoff bedeckte. Dann sang sie wiederum das Schöpfungslied, und als sie ihr Gewand zurückschlug, waren Menschen aus der Erde geworden, männlichen Geschlechts, nach Sótukangs Ebenbild. Nachdem dies getan war, schuf die Spinnenfrau vier andere Geschöpfe, ihrem eigenen Geschlecht gleich, die sie den ersten vier als Gefährtinnen zugesellte.

ebenda, S. 129

### e) Enuma Elisch: Der babylonische Schöpfungsmythos (entstanden ca. 19.–17. Jhd. v. u. Z.)

Marduk löschte Tiamats Leben aus. Tiamat ist nicht mehr. Er hat sie mit der Keule zerschmettert. Wie einen Fisch zerteilt er sie. Er hebt die eine Hälfte auf und befestigst sie am Himmel. Aus der anderen erschafft er die Erde, die Länder und die Gebirge. ... Aus Tiamats Speichel macht er Wolken, den Hauch der Nebel aus ihrem Gift. ... Dann ruht der Held von seinem Kampf, von seinem Schöpfungswerk. Und danach spricht er: „Gebein will ich bilden und ein Gewebe aus Fleisch und Blut. Ein neues Wesen soll entstehen: Mensch soll der Name sein. Es soll uns dienen, uns, den Göttern." Aus Xingus Blut erschafft Marduk den Menschen.

ebenda, S. 20

1. a) Mythen schaffen Wissen durch Erzählung im Gegensatz zur wissenschaftlichen Erklärung. Wie ist dieser Satz zu verstehen? Fasst noch einmal in eigenen Worten zusammen, was in Text 3/ über den Mythos gesagt wird?
b) Welche Mythen kennt ihr? Erstellt eine Liste von spontanen Einfällen.

2. Beschreibt euch gegenseitig die Bilder 1/ und 2/. Vergleicht sie miteinander. Wie wird jeweils der göttliche Schöpfungsakt dargestellt?

3. Vergleicht die Texte unter 4/ miteinander. Welche Unterschiede und Gemeinsamkeiten fallen euch auf?

4. Sucht in der Bibliothek und/oder im Internet nach weiteren (Schöpfungs-)Mythen. Analysiert zu zweit einen von euch selbst ausgesuchten Mythos und stellt ihn dann kurz in der Klasse vor.

Online-Link: 695220-0205

# Vergleichend deuten – mythische und wissenschaftliche Erklärungen (1)

Etwas zu verstehen gelingt häufig besser, wenn man vergleicht. So wird die Bedeutung mythischer Erklärungen deutlicher, wenn man sie mit logischen Erklärungen vergleicht, und umgekehrt. Und die Bedeutung neuer Mythen wird klar, wenn man sie mit alten Mythen vergleicht. Mit solchen Vergleichen befassen sich die Aufgaben.

**Kausalität:** Zusammenhang von Ursache und Wirkung

### 1/ Das Schlangenritual der Pueblo-Indianer in Nordamerika

Die Schlange hat in ihrer Form eine Ähnlichkeit mit dem Blitz, und mit Blitz und Donner kommt der Regen. So dient der magische Tanz, bei dem Masken zur Verwandlung der Tänzer in Schlangen verwendet werden, bei manchen Stämmen auch mit echten Klapperschlangen, dem Zweck, mit deren Hilfe Regen zu erzwingen. Die Schlange genießt als Urheber des wasserspendenden Regens und als dessen „lebendigstes Symbol kultische Verehrung". Im rituellen Tanz macht sich der Tänzer dem verehrten Wesen gleich. „Denn hier bilden Tänzer und das lebende Tier noch eine magische Einheit … Die Schlangen werden in einem halbstündigen Tanz sogar in den Mund genommen und dann zurückgeschickt in die Ebene, wo sie verschwinden. Sie werden „also nicht geopfert, sondern nur durch Weihen und beeinflussende Tanzmimik zum Botschafter umgewandelt und ausgesandt, um zurückgekehrt zu den Seelen der Verstorbenen, dann in Blitzgestalt das Gewitter am Himmel zu erzeugen." „… ihre Maskentänze [sind] keine Spielerei, sondern" der Versuch, „die große quälende Frage nach dem Warum der Dinge" zu beantworten: „Der Unfassbarkeit der Vorgänge in der Natur stellt der Indianer dadurch seinen Willen zur Erfassung entgegen, dass er sich in eine solche Ursache der Dinge persönlich verwandelt. Der Maskentanz ist getanzte Kausalität."

Aby Moritz Warburg: Das Schlangenritual. Ein Reisebericht. Berlin: Klaus Wagenbach, 1995, S. 16, 37, 42, 51 f.

### 2/ Die Schlange (Ttzitz Chu'i) und das Weltall mit dem Wettermacherfetisch

1. Aitschin, Haus des Jaja- (oder iarikh) fetisch
2. Kashtiarts, der Regenbogen
3. Yärrik, der fetisch oder yaya
4. Nematje, das weiße Gewölk
5. Neäsh, das Regengewölk
6. Kaasch, Regen
7. purtunschtschj, Blitz
10. Ttzitz-chui, „die Wasserschlange"
11. Die 4 Ringel meinen, dass jeder, der sich der Schlange nähert und nicht die Wahrheit spricht, tot umfällt, ehe man bis 4 zählen kann.

Cleo Jurino, Kosmologische Darstellung, Santa Fe 1896, mit Anmerkungen von Warburg

### 3/ Eine Erklärung des Regens vor über 2000 Jahren

Lass mich jetzt auch erklären, wie droben in Wolken des Regens / Nässe sich sammelt und dann sich zum Guss auf die Erde hernieder / Senkt. Und zuerst will ich zeigen, dass Wasseratome in Mengen / Mit dem Gewölke zugleich aus sämtlichen Dingen sich heben, / Und dass beide sich dort gleichmäßig vermehren, die Wolken / Ebenso wohl wie das Wasser, das in dem Gewölk ist enthalten … Sobald sich die Wasseratome / Viel und vielfach vereinen, von überallher sich vermehrend, / Dann entladen die Wolken, die voll sind von Wasser, den Regen / Um die Wette aus doppeltem Grund: Teils presst sie der Winddruck, Teils drückt eigene Fülle der Wolken, sobald sich die Massen / Stärker geballt, auch von oben und bringt so den Regen zum Ausfluss.

Lukrez: De rerum natura (Über die Natur). in: Ders.: Von der Natur/Lukrez. Darmstadt: Wissenschaftliche Buchgesellschaft, 1993, (Übers. Hermann Diels) (Originalausgabe München: Artemis und Winkler, 1993), S. 563 ff.

### 4/ Eine Erklärung des Regens heute

Regen ist Niederschlag in flüssiger Form, der dadurch entsteht, dass kleine, schwebende Wolkentröpfchen durch verschiedene Prozesse zu größeren Tropfen anwachsen, die von der Luftströmung nicht mehr getragen werden, ausfallen und den Erdboden erreichen.
Wasserkreislauf: Erwärmte Luft nimmt bis zu einem gewissen Grad durch Verdunstung entstandenen Wasserdampf auf. Bei Abkühlung gibt die Luft Wasser ab, das unter Wolkenbildung kondensiert (d.h. hier sich verflüssigt) oder sublimiert (d.h. hier vom gasförmigen in den festen Zustand übergeht). Weitere Abkühlung führt zum Niederschlag.

Meyers Großes Taschenbuchlexikon in 24 Bänden (Bd. 17 u. 23), herausgegeben und bearbeitet von Meyers Lexikonredaktion, Leipzig, Mannheim: Bibliographisches Institut & F.A. Brockhaus AG, 10. Aufl., 2006, S. 6237, 8376

Wasserkreislauf/Niederschlag im heutigen Verständnis
Zeichnung: Sandy Schygulla

1. a) Beschreibe, was die Indianer im Ritual 1/ machen.
b) Das Wort Ritual stammt aus der altindischen Sprache Sanskrit und bedeutet „Wahrheit", „göttliche Ordnung", „Recht". Wie versuchen die Indianer durch ihr Ritual, Ordnung und Zusammenhang in die unübersichtliche Welt zu bringen?
c) Wie versuchen sie, den Lauf der Dinge zu beeinflussen?
d) Der Urheber dessen, was Leben spendet, wird verehrt. Wie und warum?

2. a) Der Forscher Warburg deutet das Geschehen 1/, das er selbst erlebt hat. Gib seine Deutung in eigenen Worten wieder.
b) Was bedeutet der Satz: „Der Maskentanz ist getanzte Kausalität"? Erläutere den Begriff Kausalität.
c) Wofür steht die Schlange als Symbol außerdem 2/? (Du kannst dich auch im Internet informieren.)

3. a) Vergleiche die Erklärungen für Regen bei den Indianern 1/ und 2/, bei Lukrez 3/ und im Lexikon 4/. Wo liegen die wichtigsten Unterschiede, worauf wird der Schwerpunkt jeweils gelegt?
b) Welche Beispiele kennst du dafür, ein Geschehen beeinflussen oder selbst in Gang bringen zu wollen? Wo und wie geht das, und wo geht es nicht? Wo geht es um Magie (Beispiel Horoskop), wo um Technik (Beispiel Fahrradschaltung)?

Online-Link:
695220-0207

# Vergleichend deuten – mythische und wissenschaftliche Erklärungen (2)

**Rebbe:** Rabbi, jüdischer Gelehrter

## 5/ Ein Witz darüber, wie der Regen entsteht:

„Rebbe, wie entsteht eigentlich der Regen?" „Weißt du, die Wolken sind eine Art von riesigen nassen Schwämmen. Wenn sie nun bei Wind aneinanderstoßen, dann ist es, wie wenn Schwämme ausgepresst werden, und dann kommt das Wasser heraus." „Was habt Ihr für einen Beweis, Rebbe, dass es so ist?" „Na – du siehst doch: Es regnet!"

Hans-Ludwig Freese: Gedankenreisen. Reinbek: Rowohlt, 1970, S. 70

Zeichnung: Katja Wehner

## 6/ Logos

Im alten griechischen Denken, so bei dem Philosophen Heraklit (um 550–480 v. Chr.), ist „Logos" eine die Welt durchwirkende Gesetzmäßigkeit, ein inneres Prinzip des kosmischen Werdens, die Weltvernunft. Dies gilt auch für das jüdisch-christliche Denken. Die Schöpfungsgeschichte in der Bibel zeigt, dass mit dem Logos (dem Wort) Ordnung geschaffen und ein geordneter Kosmos ins Werk gesetzt wird. Deutlich zeigt es sich sowohl im „Alten Testament", (1. Mose 1) („Und Gott sprach …") als auch im „Neuen Testament", im Johannes-Evangelium (Joh. 1,1 und 14), wo es heißt: „Im Anfang war das Wort …, und das Wort war bei Gott, und Gott war das Wort." „Und das Wort ward Fleisch …" Das bedeutet: Der Logos wirkt durch Gott bzw. Gott wirkt als Logos und wird zum (moralischen) Ordnungsprinzip, indem er in Gestalt von Jesus in die Welt kommt. Für den Menschen bildet sich diese Weltordnung in der Sprache ab, und so bedeutet Logos auch „Wort, Rede, Erklärung, Urteil, Sinn" und bezieht sich auf alle durch die Sprache dargestellten Äußerungen der menschlichen Vernunft. Der Begriff wird zum Schlüsselbegriff der griechischen Philosophie. In Abgrenzung zum Mythos bezeichnet Logos dann das rationale, das heißt „nachrechnende", vernunftgemäße Vermögen des Menschen. Der Logos erhebt den Anspruch auf Nachprüfbarkeit und Wissenschaftlichkeit.

7/

Göttin Kali

Indischer Schamane

Robbie Williams mit rausgestreckter Zunge

### 8/ Gesten werden nachgeahmt

Die indische Göttin Kali stellt die Verkörperung des Zornes, der Zerstörung und des Todes dar. Sie steht aber auch für den Prozess der Erneuerung; das Neue tritt an die Stelle des zerstörten Alten. Leben und Tod bilden eine Einheit. Die vielen Symbole, mit denen sie sich umgibt, sollen Angst einjagen; die herausgestreckte Zunge zeigt ihre Verachtung alter Konventionen, die sie verflucht, auch ihr Selbstbewusstsein und ihre Macht. Zugleich aber ist die erhobene rechte Hand segnend und Trost spendend und sagt: „Fürchtet euch nicht!" – es wird alles gut. Wer sich im Zeichen Kalis versteht wie der von ihr besessene Magier (Schamane), ahmt sie nach und macht sich ihr gleich, um an ihrer Macht teilzuhaben und das Böse, indem man es zeigt, zugleich zu bannen, in den Griff zu bekommen. Das „Zungezeigen" als Hinweis auf die eigene Stärke scheint ein Grund dafür zu sein, dass diese Geste übernommen wird.

**Schamane:** in vielen Kulturen eine Art Medizinmann, Zauberer, Geisterseher

4. a) Welcher Fehler wird in 5/ gemacht? Was ist an diesem Beweis logisch, was nicht?
b) Welche Möglichkeiten kennst du, diesen Fehler zu vermeiden?
c) Erfinde ähnliche Fragen und Geschichten, in denen dieser Fehler eine Rolle spielt. Beispiel: Wie entsteht der Unterschied zwischen Tag und Nacht? Wie kommt es, dass die Laubbäume im Herbst bunt werden und dann ihre Blätter verlieren? Formuliere auch die „richtigen" Antworten. Welche eurer Antworten sind mythisch, welche logisch, welche witzig?

5. a) Wie bringt der Logos (die Vernunft, die Wissenschaft) Ordnung in das Durcheinander (das Chaos) der Welt? Vergleiche dazu die Erläuterung zum Logos 6/.
b) Der Mythos geht aus einem Ritual hervor, Ritual kommt von dem Wort für Ordnung und Gesetzmäßigkeit, ganz ähnlich bedeutet Logos auch Weltordnung. Worin liegt der Unterschied?

6. a) In den Abbildungen 7/ erkennt man jeweils das gleiche Muster. Beschreibe es.
b) Der Sänger Robbie Williams weiß vielleicht nichts von der blutrünstigen indischen Göttin Kali und ähnelt ihr dennoch. Wie lässt sich das begründen?
c) Finde und zeige weitere Gesten, die etwas Bestimmtes bedeuten, und begründe, warum man selbst einige der Gesten nachmacht, „lernt", sich angewöhnt.

7. a) Im Ritual und im Mythos spielen Angleichung und Nachahmung eine große Rolle. Beschreibe den Vorgang anhand des geschilderten Schlangenrituals (S. 206, 1/).
b) Das mythische Wesen (z. B. die Schlange) oder der mythische Held (z. B. Herakles bzw. Herkules) werden zum heiligen (sakralen) Vorbild und Muster, das man nachahmt. Welche Wesen und Helden dieser Art kennst du, z. B. aus der griechischen, germanischen, außereuropäischen Mythologie?
c) Welche Gründe konnte es für die Menschen früher gegeben haben, solche Muster nachzuahmen 8/?

# Moderne Mythen

## 1/ Marilyn Monroe – ein moderner Mythos

Die berühmteste Blondine der Welt als beliebtes Vorbild. Etliche Stars, so auch Madonna oder Christina Aguilera, imitieren Marilyn Monroe.

Bis heute gilt sie als einer der größten Hollywood-Stars und als die berühmteste Blondine der Welt. Vor 45 Jahren starb Marilyn Monroe – von ihrer Faszination hat sie bis heute nichts eingebüßt. Die Pilgerstätte für Amerikas Sexgöttin ist ein Friedhof. Seit Marilyn Monroe im Memorial Park in Los Angeles beigesetzt wurde, ist kaum ein Tag vergangen, an dem nicht Verehrer aus aller Welt an ihrer Grabplatte vorbeizogen. Seit 45 Jahren hält der Totenkult um die berühmteste Blondine der Welt an. Weltweit mehr als 220 Autoren, schreibende Spekulanten wie preisgekrönte Schriftsteller, hat „Amerikas Aphrodite" bislang in ihren Bann gezogen. Nur wenige wollen gelten lassen, was die Monroe selbst einmal sarkastisch als die Quintessenz ihrer Hollywood-Laufbahn in sechs Worten zusammenfasste: „Große Titten, großer Arsch, großer Rummel."

Nach ein paar Achtungserfolgen waren die Produzenten überzeugt, dass sich aus der Kombination von Monroes Kurven eine neue Diva formen lassen würde. Die Haut musste sie glatt rasieren, die Haare platinblond färben, den Schmollmund runder machen und so lange üben, bis der Augenaufschlag noch verführerischer wirkte. Der organisierte Durchbruch zum Weltruhm kam 1952 – mit „Blondinen bevorzugt".

… Die Dreharbeiten zu ihrem letzten Film „Something's Got To Give" werden abgebrochen, nachdem die von Depressionen zerrüttete Marilyn wegen häufigem Nicht-Erscheinen gefeuert wird. Die Schicksalsschläge haben sie verletzt, haben ihr sensibles Naturell zutiefst erschüttert. Sie erleidet mehrere Fehlgeburten, persönliche Bindungen gehen zu Bruch, gute Freunde sterben. Am schmerzlichsten für den erfolgreichen Star ist die Nichtachtung und Missachtung der Presse, der Kritik, der Studiobosse. Sie lehnt es ab, immer das „Sexdummchen" zu sein. Marilyn, die in ihrer Freizeit Rilke, Tolstoj und psychoanalytische Literatur liest, will als Schauspielerin, nicht als Pin-Up-Girl ernst genommen werden. Ihr häufig vorgetragener Wunsch: „starke, dramatische Rollen zu spielen wie die Gruschenka". Doch Hollywood lacht. Dieses fatale Wechselspiel zwischen Anspruch und Wirklichkeit treibt Marilyn in einen Strudel von Selbstzweifel und schizophrenem Zwiespalt. Wie allen Kultfiguren haftet Marilyn der Ruch des Tragischen, Traurigen an. An Marilyns Willen, freiwillig aus dem Leben zu gehen, besteht kein Zweifel, zu hoch ist dafür die Dosis Schlaftabletten, die sie schluckt.

Was war Marilyn Monroe? Ein amerikanischer Traum, die Inkarnation einer märchenhaften Traumfrau, die Tragödie eines Menschen, der vieles erreichen will und über von anderen errichtete Grenzen nicht hinaus kam? Was den Mythos Monroe wirklich ausmacht, bleibt im Dunkel menschlicher Irrationalität. … Der Gedanke an Marilyn umschließt so gut wie alle Sensoren emotionalen Empfindens, den des Wunsches nach Erfüllung und Schönheit ebenso wie tiefe Trauer um einen irgendwie seelenverwandten Menschen, der in seiner Zeit einsam und verlassen war. Das vielleicht bringt Marilyn Monroe uns heute so nahe. Mit den Worten der amerikanischen Autorin Diana Trilling: „Wir wären glücklich gewesen, wenn wir ihr hätten helfen können. Aber wir waren nicht da."

nach Stern-Online, Thomas Burmeister/DPA: Ikone der Traumfabrik. www.stern.de/unterhaltung/film/:Marilyn-Monroe-Ikone-Traumfabrik/ 71306.html (5.08.2007), Hamburg: stern.de GmbH 2007
Prisma-Online: Marilyn Monroe (Norma J. Baker). www.prisma-online.de/tv/person.html?pid=marilyn_monroe (5.08.2007), Köln: Prisma-Verlag 2007

### 2/ Das Geisterschiff oder: Mythos Titanic

Ob die Titanic je gesunken ist? Sicher, es gibt die Passagierlisten, es gibt die Zeitungsmeldungen von 1912, es gibt Fotos und Filmaufnahmen (echte, dokumentarische!) von dem Wunderwerk der Technik, von seinem Auslaufen. Es gibt Überlebende, auch Zeitzeugen von den Schiffen, die zu Hilfe kamen. Es gibt sogar ein Wrack. Aber vor allem gibt es Geschichten, Gedichte, Gemälde, Theaterstücke, Opern, ein Musical, Songs, Hörspiele, Spielfilme, Fernsehproduktionen – Fantasien über die Titanic. Wie ein Geisterschiff durchpflügt die Titanic alle Medien. Fakten und Fiktionen sind längst zu einer Einheit verschmolzen. Der Untergang des Ozeanriesen ist ein Mythos geworden, eine große, immer wieder erneuerte Erzählung, die viele Menschen zu faszinieren vermag, an der unentwegt gearbeitet wird. Die Titanic ist ein Modellfall für das, was dem Menschen an Unbegreiflichem widerfährt. Um dennoch zu begreifen, erfindet er Mythen.

Herbert Heinzelmann: Das Geisterschiff oder Mythos Titanic. (12.12.2006) in: www.kinofenster.de/filmeundthemen/ausgaben/kf9801/das_geisterschiff_oder_mythos_titanic/ (5.08.2007), Berlin 2006

Noch schneller, als sie gesunken ist, setzt die Mythenbildung ein um die Titanic, die 1912 versank, als ein Eisberg sie rammte. Und gerade dieser Fakt machte sie unsterblich.

### 3/ Moderne Mythen – „Jeder Scheißhaufen ein Mythos" (Günter Grass)

Da Erzählungen und Bilder nicht *als*, sondern *zu* Mythen gemacht werden, entstehen auch heute noch Mythen, die so genannten „modernen" Mythen. Diese werden aber nicht mehr (wie die ursprünglichen Mythen) von einem ganzen Volk getragen, sondern zumeist von Einzelnen oder kleinen Gruppen. Diese Mythen sind in der Regel auch nicht mehr religiös legitimiert, sondern beruhen auf nicht mehr ganz nachvollziehbaren und nachprüfbaren Erinnerungen. Im übertragenen Sinne spricht man bei faszinierenden Personen (z.B. Marilyn Monroe), Sachen (z.B. Harley Davidson), Ereignissen (z.B. Untergang der Titanic) oder auch bei Ideen (z.B. über die Entstehung der Welt) von einem Mythos. Häufig ist die Faszination nicht rational zu begründen, da an sie bestimmte kollektive, also von einer Gemeinschaft getragene, verklärende Erinnerungen geknüpft sind. Die Definition von Mythen ist nicht unumstritten, denn gerade in heutiger Zeit wird schnell „… jeder Scheißhaufen ein Mythos genannt", wie der Nobelpreisträger Günter Grass in einer Rede kritisierte.

**legitimieren:** beglaubigen, anerkennen, beauftragen mit etwas

**Online-Link:** 695220-0211

1. a) Arbeitet zu zweit mythische Verehrungs- und Imitationsmuster heraus, die bei bekannten Persönlichkeiten (z.B. bei Musikern, Politikern oder Sportlern) praktiziert werden 1/.
b) Wer wird heute zu einem mythischen Helden oder zu einer Heldin gemacht? Schau dir die Fotos an und suche Gründe für diesen Vorgang in Text 1/.
c) Manchmal kann die Nachahmung bis zur völligen Angleichung gehen, z.B. im Fußballstadion oder bei anderen Massenauftritten. Wie kommt es dazu, und inwiefern ist das gefährlich?

2. Was macht die Titanic zu einem (Unglücks-)Mythos 2/? Informiert euch auch im Internet über das Ereignis und den heutigen Umgang damit.

3. a) Erstellt in Gruppen eine Liste moderner Mythen. Teilt sie ein: Geht es um eine Person, eine Sache, ein Ereignis? Ordnet zu: Handelt es sich um Faszination, Verehrung, Nachahmung, Angleichung? Stellt eure Ergebnisse vor.
b) Warum kritisiert Grass den heutigen Umgang mit dem Mythos 3/? Welche Kritik kann an den Mythen geübt werden, die ihr gefunden habt?

# Die Religionskritik in alter Zeit

## 1/ Xenophanes

Xenophanes (um 570–um 475 v. Chr.) ist einer der Vorsokratiker, also jener Denker, die vor Sokrates gelebt und versucht haben, das Wesen der Erscheinungen in der Natur zu ergründen.

Fragment 29: „Wenn aber die Rinder und Pferde und Löwen Hände hätten / und mit diesen Händen malen könnten und Bildwerke schaffen wie Menschen, / so würden die Pferde die Götter abbilden und malen in der Gestalt von Pferden, / die Rinder in der von Rindern, und sie würden solche Statuen meißeln, / ihrer eigenen Körpergestalt entsprechend."

Die Vorsokratiker I. Auswahl. Jaap Mansfeld (Übers. u. Hrsg.), Stuttgart: Reclam, 1988, S. 223, 225

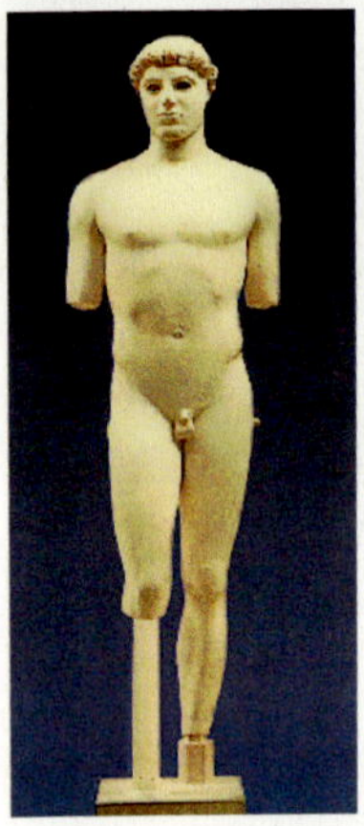

## 2/ Kritias

Kritias (ca. 455–403 v. Chr.) zählt zu den Sophisten, was so viel heißt wie „die Kundigen"; der Sophist ist jemand, der Weisheit und Klugheit besitzt und vollkommen ist in seiner Kunst, der Kunst der Rede und der Fähigkeit, Bildung zu vermitteln.

„... da die Gesetze die Menschen / zwar mit Gewalt hinderten, offenbar Unrecht zu tun, / taten sie es im Verborgenen; zu diesem Zeitpunkt scheint mir / zuerst ein verständiger und weiser Mann / die Furcht der Menschen vor den Göttern erfunden zu haben, damit / die Schlechten Furcht hätten, auch wenn sie etwas heimlich täten / oder sprächen oder dächten. ... wenn du aber im Stillen etwas Übles planst, / wird das nicht vor den Göttern verborgen bleiben. / ... Er behauptete ..., / dass die Götter dort wohnen / von wo ... den Menschen die Furcht erwüchse ..., wo er die Blitze sah, / furchtbare Donnerschläge, die sternenfunkelnde Gestalt des Himmels, / ... / wo die strahlende Masse des Sonnensterns ihre Bahn zieht / und der feuchte Regen herabkommt."

Kritias, aus dem Satyrspiel „Sisyphos". in: Die Sophisten. Ausgewählte Texte. Thomas Schirren u. Thomas Zinsmeier (Hrsg. u. Übers.), Stuttgart: Reclam, 2003, S. 281

## 3/ Lukrez

Lukrez (99–55 v. Chr.): De rerum naturum (Lehrgedicht über die Natur):

„Um jene Schrecken und das ganze religiöse Dunkel zu vertreiben, brauchen wir nicht die Strahlen der Sonne noch das Licht des Tages, sondern nur den Blick auf die Natur und das Gesetz."

Lukrez: De rerum natura (Über die Natur). in: Ders.: Von der Natur/Lukrez. Darmstadt: Wissenschaftliche Buchgesellschaft, 1993, (Übers. Hermann Diels) (Originalausgabe München: Artemis und Winkler, 1993), S. 282

„Nichts kann je aus dem Nichts entstehn durch göttliche Schöpfung. / Denn nur darum beherrschet die Furcht die Sterblichen alle, / Weil sie am Himmel und hier auf Erden gar vieles geschehen sehen, / von dem sie den Grund durchaus nicht zu fassen vermögen. / Darum schreiben sie solches Geschehn wohl der göttlichen Macht zu."

ebenda, S. 19 ff.

**Ärger-Freude-Säulen**

Ärgerliche und freudvolle Erfahrungen zu einem bestimmten Thema werden auf Kärtchen verschiedener Farben geschrieben, nach Gemeinsamkeiten sortiert und an die Wandtafel gehängt: Thematische Schwerpunkte werden deutlich. Auch andere Aspekte als Ärger und Freude können gewählt werden. – Fragen zum Ärger: Was stößt dich ab, was lehnst du ab, was ärgert dich, wenn du an Religion(en) denkst? Fragen zur Freude: Was zieht dich an, was freut dich, was akzeptierst du gerne, wenn du an Religion(en) denkst? Diskutiert über den Inhalt der beiden Säulen.

## 4/ Zwei Propheten Israels

**Amos** 3, 2 und 21–24: „Der äußerliche Gottesdienst tut's nicht. … Ich bin euren Feiertagen gram und verachte sie und mag eure Versammlungen nicht riechen. Und wenn ihr mir auch Brandopfer und Speiseopfer opfert, so habe ich kein Gefallen daran und mag auch eure fetten Dankopfer nicht ansehen. Tu weg von mir das Geplärr deiner Lieder; denn ich mag dein Harfenspiel nicht hören! Es ströme aber das Recht wie Wasser und die Gerechtigkeit wie ein nie versiegender Bach."

**Hosea** 6, 4–6: „… eure Liebe ist wie eine Wolke am Morgen und wie der Tau, der frühmorgens vergeht. Darum schlage ich drein durch die Propheten und töte sie durch die Worte meines Mundes, dass mein Recht wie das Licht hervorkomme. Denn ich habe Lust an der Liebe und nicht am Opfer, an der Erkenntnis Gottes und nicht am Brandopfer."

Hier wird das Verfahren des Vergleichs fortgeführt, und zwar in historischer Hinsicht. Kennt man das Vergangene, versteht man das Neue und die eigene Zeit besser. Dieser historische Vergleich wird auf der nächsten Doppelseite weitergeführt.

1. Fertigt eine Ärger-Freude-Säule zum Thema Religion(en) an.

**2. Einzelarbeit:**
a) Wie schildern Xenophanes 1/, Kritias 2/ und Lukrez 3/ das Entstehen der Götter und damit der Religion?
b) Welche Rolle spielen Blitz, Donner und Regen bei Kritias 2/? (Vergleiche mit den Methoden-Seiten zu Mythos und Logos.)
c) Die Propheten 4/ gelten als das Sprachrohr des Herrn, d.h. Gottes. Worüber wird hier geschimpft? Womit lässt sich das heute vergleichen?

3. Bearbeitet folgende Aufgaben zunächst in Partnerarbeit und diskutiert anschließend in der Klasse darüber:
a) Was sind die wichtigsten Motive bei der Entstehung der Religion nach 1/–3/?
b) Was sind die Motive der Kritik an der Religion nach 1/–4/?
c) Ordnet die Motive in zwei Teile: Bei welchen geht es um die (naturwissenschaftliche) Erkenntnis der Wahrheit, bei welchen um die Ethik, d.h. um das Verhalten des Menschen selbst? Wie hängen beide Motive möglicherweise zusammen?
d) Schaut noch einmal eure Ärger-Freude-Säulen an: Auf welche Texte 1/–4/ lassen sich die hier besprochenen Äußerungen beziehen?

# Die Religionskritik in neuerer Zeit

**1/ Edward Munch: Friedrich Nietzsche, 1906 –** Oslo: Munch-Museum. Der deutsche Philosoph Friedrich Nietzsche (1844–1900) verstand sich als Verkünder eines neuen Lebensgefühls.

**Sozietät:** die Gemeinschaft, das Zusammenleben und Miteinander von Menschen

**Aroma:** Beigeschmack

**Opium:** aus Schlafmohn gewonnenes Rauschmittel, das wegen seiner schmerzstillenden und beruhigenden Wirkung als Medikament verschrieben wird

**Karl Marx:** deutscher Philosoph und Wirtschaftswissenschaftler (1818–1883)

**Ludwig Feuerbach:** deutscher Philosoph (1804–1872)

## 3/ Karl Marx

„*Der Mensch macht die Religion,* die Religion macht nicht den Menschen. … Aber *der Mensch,* das ist kein abstraktes, außer der Welt hockendes Wesen. Der Mensch, das ist *die Welt des Menschen,* Staat, Sozietät. Dieser Staat, diese Sozietät produzieren die Religion, ein *verkehrtes Weltbewusstsein,* weil sie eine *verkehrte Welt* sind. … Der Kampf gegen die Religion ist also mittelbar der Kampf gegen *jene Welt,* deren geistiges Aroma die Religion ist.
… Die Religion ist der Seufzer der bedrängten Kreatur, das Gemüt einer herzlosen Welt … Sie ist das *Opium* des Volks. Die Aufhebung der Religion als des *illusorischen* Glücks des Volkes ist die Forderung eines wirklichen Glücks. Die Forderung, die Illusionen über seinen Zustand aufzugeben, ist die *Forderung, einen Zustand aufzugeben, der der Illusion bedarf.*"

Karl Marx: Zur Kritik der Hegelschen Rechtsphilosophie (1844). in: Karl Marx, Frühe Schriften, Bd. 1. Hans-Joachim Lieber/Peter Furth (Hrsg.), Darmstadt: Wissenschaftliche Buchgesellschaft 1962, S. 488–489

## 2/ Friedrich Nietzsche

Das Christentum ist für Nietzsche eine Religion der Schwachen und Sklaven, dessen „Sklavenmoral" die Welt zu einem einzigen Jammertal erklärt und alle menschlichen Sehnsüchte in ein unerreichbares Jenseits verlagert. Religion ist für ihn daher Lebensverneinung. Das menschliche Leben selbst aber ist der höchste Wert, und in diesem Sinne fordert er eine „Umwertung aller Werte". Alle alten, christlich geprägten Werte, die unglaubwürdig geworden sind, sollen beseitigt werden, um Platz für Neues zu schaffen. Nietzsches vielzitierter Satz „Gott ist tot. Wir haben ihn getötet." ist zugleich (An-)Klage und Aufruf an den Menschen, Herr seiner selbst zu werden. – „Gott ist tot! Gott bleibt tot! Und wir haben ihn getötet! Wie trösten wir uns, die Mörder aller Mörder? Das Heiligste und Mächtigste, was die Welt bisher besaß, es ist unter unsern Messern verblutet – wer wischt dies Blut von uns ab? Mit welchem Wasser können wir uns reinigen? Welche Sühnefeiern, welche heiligen Speisen werden wir erfinden müssen? Ist nicht die Größe dieser Tat zu groß für uns? Müssen wir nicht selbst zu Göttern werden, um nur ihrer würdig zu erscheinen?"

Friedrich Nietzsche: Die fröhliche Wissenschaft. Artikel 125, Leipzig: Reclam-Verlag, 1990, S. 130–131

## 4/ Ludwig Feuerbach

„Das göttliche Wesen ist nichts anderes als das menschliche Wesen … – alle Bestimmungen des göttlichen Wesens sind darum Bestimmungen des menschlichen Wesens." „Der Wunsch ist der Ursprung, ist das Wesen selbst der Religion – Das Wesen der Götter nichts anderes, als das Wesen des Wunsches. Die Götter sind übermenschliche und übernatürliche Wesen; aber sind nicht auch die Wünsche übermenschliche und übernatürliche Wesen? „Nein! Wer keine Wünsche hat, der hat auch keine Götter."

Ludwig Feuerbach: Das Wesen der Religion (1845). Ausgewählte Texte zur Religionsphilosophie. Heidelberg: Verlag Lambert Schneider 1983, S. 97–98, S. 242

## 5/ Fragen an die Religion

A. „Meine Großtante lebt in ständiger Angst, von Gott für ihre Sünden bestraft zu werden und nicht in den Himmel zu kommen. Jeden Tag geht sie in die Kirche und beichtet die kleinsten Vergehen. Ich finde, sie lebt völlig an ihrem Leben vorbei, weil sie sich so von den Vorschriften ihrer Religion bestimmen und einengen lässt. Was kann doch nicht richtig sein?“

B. „Wir lernen die Texte unserer heiligen Schrift eigentlich nur auswendig, ohne über deren Inhalte zu sprechen. Wie kann ich meine Religion wirklich verstehen, wenn ich mich nicht auch mal kritisch mit ihren wichtigsten Texten auseinandersetzen darf? Das macht doch keinen Sinn!“

C. „Ich habe gelesen, dass Menschen immer wieder im Namen ihrer Religion andere Menschen verletzten oder umbringen, weil sie glauben oder von jemandem gesagt bekommen haben, dass nur ihre Religion die einzig wahre und richtige sei. Dabei geht es doch oft gar nicht um Religion, sondern um Machterhalt und Politik. Warum durchschaut das niemand?“

**Atheismus**

(griechisch: „ohne Gott“) Gottesleugnung, Verneinung der Existenz Gottes oder seiner Erkennbarkeit. Als Atheisten bezeichnet man Menschen, die davon überzeugt sind, dass es keinen Gott gibt.

## 6/

*„Wer, sagten Sie, sei der Herr der Welt?“*

Zeichnung: Werner Küstenmacher

Bearbeitet folgende Aufgaben zunächst in Einzel- oder Partnerarbeit mit Notizen. Diskutiert eure Ergebnisse dann im Plenum.

1. a) Was sind die wichtigsten Motive bei der Entstehung der Religion nach 2/–4/?
b) Was sind die Motive der Kritik an der Religion in 2/–4/?
c) Welche Werte des christlichen Denkens lehnte Nietzsche 2/ ab und welche wollte er erneuern? Inwiefern müssen die Menschen dann zu Göttern werden?

2. a) Vergleiche die Motive bei Xenophanes, Kritias und Lukrez (S. 212, 1/–3/) mit den Absichten, die Feuerbach, Marx und Nietzsche verfolgen. Worum geht es ihnen jeweils? Worin unterscheiden sie sich, worin gleichen sie sich? Wer gleicht wem und warum?
b) Wie soll der Mensch sein nach der neueren Religionskritik? Was soll er tun? Welche moralischen Regeln und Prinzipien muss er entwickeln?

3. a) Was sind die Gründe für die Anfragen A, B, C an die Religion 5/? Was wird kritisiert oder abgelehnt?
b) Vergleicht den Inhalt dieser Fragen mit der Religionskritik, die in alter Zeit geübt wurde. Was ist ähnlich, was anders? Welche Gedanken aus alter Zeit könnten die Fragen beantworten?

4. Beschreibt euch gegenseitig die Karikatur 6/. Wie ist der Spruch darunter zu verstehen?

# Zweifeln und Suchen

## 1/ Sigmund Freud

Diese [die christlichen Lehren], die sich als Lehrsätze ausgeben, sind ... Illusionen, Erfüllungen der ältesten, stärksten, dringendsten Wünsche der Menschheit; ... der schreckende Eindruck der kindlichen Hilflosigkeit hat das Bedürfnis nach Schutz – Schutz durch Liebe – erweckt, dem der Vater abgeholfen hat, die Erkenntnis von der Fortdauer dieser Hilflosigkeit durch das ganze Leben hat das Festhalten an der Existenz eines – aber nun mächtigeren Vaters – verursacht. Durch das gütige Walten der göttlichen Vorsehung wird die Angst vor den Gefahren des Lebens beschwichtigt, ... die Verlängerung der irdischen Existenz durch ein zukünftiges Leben stellt den örtlichen und zeitlichen Rahmen bei, in dem sich diese Wunscherfüllung vollziehen sollte. ... Wenn ich sage, das alles sind Illusionen, muss ich die Bedeutung des Wortes abgrenzen. Eine Illusion ist nicht dasselbe wie ein Irrtum, sie ist auch nicht notwendig ein Irrtum.

Sigmund Freud: Die Zukunft einer Illusion (1927). in: Sigmund Freud. Gesammelte Werke, Bd. 14. Anna Freud u.a. (Hrsg.), Frankfurt/M: S. Fischer-Verlag, 7. Aufl., 1991, S. 352–353

Der österreichische Arzt und Psychologe Sigmund Freud (1856–1939) ist der Begründer der Psychoanalyse (Verfahren zur Behandlung seelischer Krankheiten, deren Wurzeln im Unbewussten liegen). Er stellte auffällige Ähnlichkeiten zwischen religiösen Erscheinungsformen und unbewussten psychischen Vorgängen fest.

## 2/ Bertolt Brecht: Gibt es einen Gott?

Einer fragte Herrn K., ob es einen Gott gäbe. Herr K. sagte: „Ich rate dir, nachzudenken, ob dein Verhalten je nach Art der Antwort auf diese Frage sich ändern würde. Würde es sich nicht ändern, dann können wir die Frage fallenlassen. Würde es sich ändern, dann kann ich dir wenigstens noch so weit behilflich sein, dass ich dir sage, du hast dich schon entschieden: Du brauchst einen Gott."

Bertolt Brecht, in: Gespräch mit dem Atheismus, Theologisches Forum. Werner Trutwin (Hrsg.), Düsseldorf: Patmos-Verlag, 1990, S. 9

**Rabbi:** jüdischer Lehrer, Gelehrter

## 3/ Das Versteckspiel

Rabbi Baruchs Enkel, der Knabe Jechiel, spielte einst mit einem anderen Knaben Verstecken. Er verbarg sich gut und wartete, dass ihn sein Gefährte suchte. Als er lange gewartet hatte, kam er aus dem Versteck; aber der andere war nirgends zu sehen. Nun merkte Jechiel, dass jener andere ihn von Anfang an nicht gesucht hatte. Darüber musste er weinen, kam weinend in die Stube seines Großvaters gelaufen und beklagte sich über den bösen Spielgenossen. Da flossen Rabbi Baruch die Augen über, und er sagte: „So spricht Gott auch: ‚Ich verberge mich, aber keiner will mich suchen.'"

Martin Buber, in: Zweifle dich durch! Lust auf Religion. Ein Lesebuch. Georg Schwikart (Hrsg.), München: Kösel-Verlag, 1994, S. 164

## 4/ Hat die Religionskritik recht?

Auch Gottgläubige sollten zugeben: Die Religionskritik der Atheisten Feuerbach – Marx – Freud war weithin berechtigt!

- Ludwig Feuerbach hatte durchaus recht: Zweifellos enthält Religion wie alles menschliche Glauben, Hoffen und Lieben ein Moment der **Projektion**. Aber hatte Feuerbach damit bewiesen, dass Religion **nur** Projektion ist? Nein, sie kann ja auch Beziehung zu einer ganz anderen Wirklichkeit sein.
- Auch Karl Marx hatte durchaus recht: Religion kann Opium, ein Mittel sozialer Beschwichtigung und Vertröstung … sein und ist es oft. Sie kann es sein, muss aber nicht. Sie kann auch Mittel umfassender Aufklärung und sozialer Befreiung sein.
- Auch Sigmund Freud hatte durchaus recht: Religion kann Illusion, Ausdruck einer psychischen Unreife oder gar Neurose … sein und ist es oft. Aber wiederum: Sie muss es nicht sein. Sie kann vielmehr Ausdruck personaler Identität und psychischer Reife sein. …

Feuerbachs Projektionstheorie, Marx' Opiumtheorie, Freuds Illusionstheorie vermochten nicht zu beweisen, dass Gott **nur** eine Projektion des Menschen oder **nur** eine interessenbedingte Vertröstung oder **nur** eine infantile Illusion sei. „Nur-Sätze" oder „Nichts-als-Sätzen" ist darum (natürlich auch bei Theologen!) mit Misstrauen zu begegnen. Denn: … Dem Wunsch nach Gott kann durchaus ein wirklicher Gott entsprechen. Und warum soll ich nicht wünschen dürfen, dass mit dem Tod nicht alles aus ist? Dass es einen tieferen Sinn in meinem Leben, in der Menschheitsgeschichte gibt, kurz, dass Gott existiert?

nach Hans Küng: Am Anfang aller Dinge. in: Denkanstöße 2007. Ein Lesebuch aus Philosophie, Kultur und Wissenschaft. Lilo Göttermann (Hrsg.), München: Piper-Verlag, 2006, S. 127–128

Marc Chagall: Das Paradies, 1961

Bildet vier Gruppen, die sich jeweils mit 1/, 2/, 3/ und 4/ beschäftigen. Danach werden die Gruppenergebnisse in der Klasse vorgestellt und besprochen.

Gruppe 1: Lest den Text von Freud 1/. Stellt fest, welche Motive der Entstehung von Religion hier vorkommen. Formuliert Freuds Kritik an der Religion in eigenen Worten. Überlegt dann, inwiefern er diese Kritik etwas einschränkt. Findet auch dafür eine eigene Formulierung.

Gruppe 2: Lest den Text von Brecht 2/. Versucht, eine mögliche Antwort des Einen zu finden sowie eine Entgegnung K.'s und führt den Dialog möglichst weiter. Was kommt dabei heraus? Welche Inhalte werden angesprochen? Gibt es Streit? Setzt euren Dialog in eine gespielte Szene um.

Gruppe 3: Lest den Text von Buber 3/. Deutet ihn gemeinsam und schreibt eure Interpretation auf. Überlegt dabei: Warum weint der Rabbi? Versetzt euch in seine Rolle, die Rolle eines Gläubigen, der sich folgende Fragen stellt: Wo und wie könnte sich Gott verbergen? Wie müsste sich die Suche nach ihm gestalten? Was müsste geschehen, um ihn zu finden? Woran könnte man das feststellen? Macht eure Überlegungen den anderen in der Klasse verständlich.

Gruppe 4: Lest den Text von Küng 4/. Worin gibt er Feuerbach, Marx und Freud recht? Und inwiefern könnte er Nietzsche recht geben? Schreibt einen kurzen, prägnanten Bericht (wie für eine Zeitung), den ihr der Klasse präsentieren könnt. Fügt dem Bericht eure eigene Auffassung hinzu.

Abschlussgespräch: Kann die kleine Geschichte vom Versteckspiel 3/ als Antwort auf die Religionskritik gesehen werden? Begründet eure Meinung.

# Religion(en) in der Gegenwart – zwischen Supermarkt und Fußballplatz?

**Esoterik:** bezeichnet ursprünglich Geheimlehren, die nur einem bestimmten Kreis von Personen („Eingeweihten") zugänglich sein sollten. Heute ist Esoterik ein Sammelbegriff für weltanschauliche Strömungen, die sich z. B. mit Okkultismus oder Astrologie beschäftigen.

## 1/ Im Supermarkt der Religionen – Patchwork-Religiosität

Die religiöse Landschaft hat sich in den letzten Jahrzehnten verändert: Neben den großen christlichen Kirchen …, neben den Synagogengemeinden des Judentums und den Moscheen des Islam, haben sich hinduistische Bewegungen und buddhistisch ausgerichtete Gruppen … ausgebreitet. Aber auch zahlreiche neue religiöse Bewegungen werben um Mitglieder. Es hat sich eine freie religiöse Szene entwickelt: die Esoterik in ihren vielfältigen Erscheinungsformen und mit breit gefächerten Angeboten … Veränderungen gibt es auch im religiösen Verhalten der Menschen, besonders bei jüngeren. Viele übernehmen nicht mehr die religiösen Vorstellungen und Praktiken ihrer Eltern, sondern wählen auf dem Markt der Möglichkeiten aus. So wie ich mir meine Schuhe oder meinen Jogurt unter vielen Angeboten aussuche, halte ich es auch mit der Religion: Ich fahre mit meinem Einkaufswagen am Regal der religiösen Angebote vorbei und lade ein, was mich anspricht und was ich im Augenblick brauche: etwas fernöstliche Meditation, eine Besinnung aus den Naturreligionen, einen Edelstein gegen Krankheit, ein Wochenende bei einem Schamanen und zu Weihnachten eine Christmette bei den Katholiken. Es gibt genügend Sinn im Angebot. Viele Menschen sehen es als einen Vorteil an, Religiöses wählen zu können; sie brauchen sich langfristig nicht zu binden, suchen sich ihre Religion bei Bedarf und mischen aus mehreren Angeboten ihren Mix zusammen. … Aber es gibt auch Einwände und Bedenken gegen ein solches Verhalten im Umgang mit Sinnfindung und Religiosität. Religion bedeutet ursprünglich Bindung, Verankerung und fordert eine personale Beziehung, die nicht nach Belieben gewechselt werden kann. Alle großen Religionen der Welt lehren, dass ohne eine feste Verankerung der geistige und spirituelle Reichtum der jeweiligen Religion nicht ausgeschöpft werden kann.

Georg Bienemann/Werner Höbsch: Im Supermarkt der Religionen. Ein Jugendlexikon. Düsseldorf: Patmos-Verlag, 2001, S. 93–94

Im Supermarkt der Religionen kann sich jeder seine eigene Religion zusammenstellen.

**Patchwork-Religiosität**

Patchwork ist eine Technik zur Herstellung von Kleiderstoffen oder Decken, bei der Stoffflicken in den verschiedensten Formen, Farben und Mustern harmonisch zusammengesetzt werden. Der Begriff wird aber auch im Zusammenhang mit Religionen (Patchwork-Religiosität) oder Gesellschaft (Patchwork-Familie) benutzt.

## 2/ Religion und Religionsersatz: Wir wissen mehr über Religion als wir denken

Religion und religiöse Bezüge begleiten uns ständig, auch wenn sich heute viele Menschen dessen nicht mehr bewusst sind und Religion sogar ausdrücklich ablehnen. Häufig sind es aber unbewusste Gedankenverknüpfungen, die uns mit unserem religiösen Erbe verbinden. Häufig finden sich religiöse Bezüge (bewusst oder unbewusst eingesetzt) in alltäglichen Situationen, z.B. in der Umgangsprache, in den Medien, in der Musik, in der Werbung oder im Sport.

### Poster/Plakat erstellen

**Man erstellt großformatige Poster bzw. Plakate, um für alle sichtbar wichtige Informationen zu präsentieren. Dabei können sowohl Bilder, Überschriften, als auch kurz und knapp gehaltene Sätze verwendet werden.**

## 3/ „Kopfball, Flanke, Tor!" – Fußball: eine Ersatzreligion?

Fußballfans feiern ausgelassen den Sieg ihrer Mannschaft.

„Götter und Helden spielen nicht nur in antiken Mythen eine Rolle. Sie stehen auch auf der Besetzungsliste des modernen Fußballdramas. Im Zusammenspiel von Sportlern, Fans und Reportern wird das Fußballspiel zur quasireligiösen Inszenierung, der Sport zur Religion", sagt Professorin Johanna Haberer. Jedes Wochenende pilgern unzählige von Fußballfans in die Stadien, um die Spiele ihrer Lieblingsmannschaften zu sehen: es wird gejubelt, gebetet und geweint. Der Spieler wird zum „Fußballgott", die Spielfläche zum „heiligen Rasen" und das Stadion zum „Fußballtempel". Für manche Fans ist ihr Verein wichtigster Lebensinhalt. „Ich finde, es gibt noch mehr Dinge, an denen man merkt, dass Fußball für manche eine Art neuzeitliche Religion ist. Es gibt bestimmte Rituale, die zu einem Spiel gehören. Es wird voller Leidenschaft gesungen und es ist für alle klar, wer die Guten (die eigene Mannschaft) und wer die Bösen (natürlich die anderen) sind. Wenn es gelingt, ein Trikot des Lieblingsspielers zu ergattern, wird das wie ein Heiligtum verehrt", sagt Uwe Wiegand, Leiter einer evangelischen Gemeinde.

**Online-Link:**
695220-0219

1. Nach Meinung der Autoren leben wir in einem Supermarkt der Religionen 1/. Aus den zahlreichen Sinnangeboten kann sich heute jeder etwas aussuchen und seine Wunschreligion zusammenstellen.
a) Welche Bedenken haben die Autoren dabei? Was meinst du dazu? Begründe.
b) Bildet mehrere Gruppen und geht gedanklich im Supermarkt der Religionen einkaufen. Was würdet ihr kaufen und warum? Erstellt ein Poster, um eure Ergebnisse der Klasse zu präsentieren.

2. a) Überlegt in Partnerarbeit, in welchen Zusammenhängen euch religiöse Motive im Alltag begegnen 2/.
b) Sucht in Zeitungen und Zeitschriften nach religiösen Begriffen/Motiven/Symbolen.
c) Wann und warum werden eurer Meinung nach religiöse Motive eingesetzt? Welche Aussagen und Wirkungen sollen damit erreicht werden?

3. a) Überlegt gemeinsam, was ein Fußballspiel ausmacht und was daran quasireligiös ist 3/.
b) Nennt Gründe dafür, dass Fußball eine Art neuzeitlicher Religion ist.

# Religion(en) in der Gegenwart – Glaube in Deutschland

### 1/ Säkularisierung auf weit vorgeschrittenem Niveau

Nach einer Studie von 2006 interessieren sich 21 % der 16- bis 29-Jährigen „sehr" oder „ziemlich" für religiöse Fragen. 1994 waren das erst 14 %. „Gar nicht" interessierten sich vor 12 Jahren noch 47 %, 2006 nur noch 38 % für religiöse Fragen. … Die längerfristige Analyse legt nahe, dass die Säkularisierung in der Mitte der 1990er-Jahre auf weit fortgeschrittenem Niveau zum Stillstand gekommen zu sein scheint, „so als sei der Kreis religiös gebundener Menschen auf einen stabilen Kern abgeschmolzen".

**Niveau:** Wert, Stufe, Rang, Stand

nach Thomas Gensicke: Jugend und Religiosität. 15. Shell-Jugendstudie. Jugend 2006. hrsg. v. Shell Deutschland Holding, Eine pragmatische Generation unter Druck. Frankfurt/M: Fischer-Verlag, 2006, S. 203

### 2/ Religion und Politik

Zwar werden in Deutschland die Kirchen immer leerer, dennoch hat sich Religion in den letzten Jahren wieder in die öffentliche Wahrnehmung geschoben. Zweifellos ist Religion verstärkt auf die politische Bühne zurückgekehrt. Und dies nicht nur wegen der weltweit unter dem Deckmantel der Religion verübten Gewalt, sei es im Nahen Osten oder beim internationalen Terrorismus, sondern auch in Deutschland erlebt Religion in politischen Zusammenhängen einen Aufschwung. Die Themenliste reicht von der Auseinandersetzung um Kruzifixe im Schulzimmer, über das Kopftuch muslimischer Lehrerinnen bis hin zum Streit um den staatlichen Werteunterricht.

Leicht geändert nach: Thomas Meyer: Braucht Deutschland Religion? Einführung, in: Policy. Politische Akademie, Nr. 8. hrsg. v. der Friedrich-Ebert-Stiftung, Berlin, 2006

**Säkularisierung**

(Verweltlichung) Mit Säkularisierung wird ein Entwicklungsprozess bezeichnet, der auf die Loslösung des Einzelnen, gesellschaftlicher Gruppen und des Staates aus den Bindungen und Abhängigkeiten von der Religion, der Theologie und der/den Kirche(n) zielt.

### 3/ Konfessionszugehörigkeit nach verschiedenen Gruppen

Jugendliche im Alter von 12 bis 25 Jahren (in %)

| Kriterien | katholisch | evangelisch | orthodoxe und andere Christen | islamisch | andere Religionen | keine Konfession |
|---|---|---|---|---|---|---|
| **Region** | | | | | | |
| Gesamt | 31 | 35 | 3 | 5 | 1 | 25 |
| West | 37 | 39 | 4 | 6 | 2 | 12 |
| Ost | 4,5 | 15 | 0,5 | 0,5 | 0,5 | 79 |
| **Geschlecht** | | | | | | |
| Männlich | 30 | 34 | 3 | 5 | 2 | 26 |
| Weiblich | 31 | 35 | 3 | 4 | 2 | 25 |
| **Migrations-Status** | | | | | | |
| Deutsche (in der BRD geboren) | 31,5 | 38 | 2 | 1 | 0,5 | 27 |
| Deutsche (nicht in der BRD geboren) | 32 | 28 | 4 | 6 | 13 | 17 |
| Ausländer | 21 | 5 | 14 | 42 | 6 | 12 |

Shell Jugendstudie 2006, ebenda; TNS Infratest Sozialforschung Berlin

## 4/ Einstellung zur Religiosität bei Jugendlichen

Jugendliche im Alter von 12 bis 25 Jahren (in %)

| | |
|---|---|
| Es gibt einen persönlichen Gott. | 30 % |
| Ich glaube nicht, dass es einen persönlichen Gott oder eine überirdische Macht gibt. | 28 % |
| Ich weiß nicht richtig, was ich glauben soll. | 23 % |
| Es gibt eine überirdische Macht. | 19 % |

Shell Jugendstudie 2006, ebenda; TNS Infratest Sozialforschung Berlin

## 5/ Interviews zum Thema „Glaube und Religiosität"

1 Ich leite den Jugendkreis in unserer Gemeinde. Es macht mir Spaß, dort mit anderen über Gott zu sprechen und in der Bibel zu lesen. Nach den Treffen fühle ich mich immer sehr in meinem Glauben bestärkt. Zudem bin ich Drummer in unserer Band, wir spielen christliche Rockmusik.
Schüler, 17 Jahre

2 Glaube ist mir relativ wichtig. Damit meine ich nicht Religiosität, sondern den Glauben an bestimmte Werte, an bestimmte Ideale und dass man die erreichen kann.
Student, 19 Jahre

3 Nee, ich habe mit Religion oder Glauben nichts am Hut. Ich bin Atheist. Ich glaube an mich, an meine Eltern und an meine Freunde. Die sind immer für mich da, wenn ich Probleme habe oder Hilfe brauche.
Auszubildender, 16 Jahre

4 Ich gehe gerne in die Moschee. Dort beten wir alle gemeinsam zu Allah und das gibt mir echt Ruhe und Kraft. Ich treffe dort viele Freunde, manchmal unterhalten wir uns über Politik und Religion, aber meistens plaudern wir über Sport, Musik, Computer.
Schüler, 14 Jahre

5 Als ich klein war, hat mich meine Mutter jeden Sonntag mit in die Messe geschleppt, das war immer total öde. Ich glaube schon, dass es etwas Größeres gibt, das mich leitet, aber dafür brauche ich nicht in die Kirche zu gehen.
Schüler, 14 Jahre

6 Religion war bei uns nie ein Thema. Aber seit meine Oma gestorben ist, frage ich mich, ob es ein „Leben nach dem Tod" gibt. Ich will einfach daran glauben, dass nach dem Tod nicht alles vorbei ist. Christen meinen ja, dass sie in den Himmel kommen, Hindus hoffen auf eine bessere Wiedergeburt. Ich bin unsicher, an was ich glauben soll.
Studentin, 19 Jahre

7 Ich bin zwar getauft, aber ich bin mir nicht sicher, ob es so etwas wie einen allmächtigen Gott gibt. Bei dem ganzen Elend auf der Welt – Kriege, Hungersnöte, Krankheiten, die schlimmen Umweltkatastrophen. Wo soll denn dieser Gott sein und warum hilft er nicht?
Schülerin, 16 Jahre

8 Ich bin vor einem Jahr aus der Kirche ausgetreten. Ich habe diese Entscheidung sehr bewusst getroffen, nicht um mich vor der Kirchensteuer zu drücken – ich spende regelmäßig Geld für Tierschutzprojekte und habe ein Patenkind in Afrika – aber Religion spielt in meinem Leben keine Rolle mehr. Ich komme auch gut ohne den „lieben Gott" zurecht.
Angestellter, 20 Jahre

1. Lies dir nacheinander die Texte 1/ und 2/ durch. Was lässt sich aus den Texten für die gegenwärtige religiöse Situation in Deutschland schließen?

2. a) Erschließt euch in Partnerarbeit die Tabelle 3/. Achtet darauf, welche Konfessionen genannt werden und nach welchen Kriterien gefragt wurde. Welche Zahlen stechen dabei besonders heraus? Wie viele Jugendliche bekannten sich insgesamt als konfessionsgebunden?
b) Könnt ihr euch diese Zahlen erklären?
c) Formuliert eure wichtigsten Ergebnisse schriftlich.

3. a) Lies die Interviews 5/ und versuche, die Aussagen dem Diagramm 4/ zuzuordnen.
b) Schreibe in 1–2 Sätzen deine eigene Meinung zum Thema „Glaube und Religion" auf einen Zettel. Sammelt die Zettel und wertet sie gemeinsam aus: Wie viele Schüler/innen in eurer Klasse glauben an Gott, an eine höhere Macht, sind sich unsicher oder glauben nicht an Gott/eine höhere Macht? Erstellt dazu eure eigene Tabelle.

# Wechselwirkung von Religion, Kirche und Gesellschaft

## 1/ Gesprächsrunde zum Thema Papst und Kirche

Papst ja, Kirche jein – eine Diskussion mit jungen Katholiken zeigt, dass ihre Bereitschaft zum Glauben mit ihrer Lebenswirklichkeit nur wenig zu tun hat.

**Focus:** *Sie sind die Spießer von morgen: kein Sex vor der Ehe, keine Verhütungsmittel, keine homosexuellen Partnerschaften?*

**Berweiler:** Ja und nein. Es ist ja nun mal so, dass der Papst eine Weltkirche zu führen hat. Dabei geht es nicht immer nur um persönliche Interessen … Dass wir die päpstliche Messlatte schon mal reißen, muss nicht bedeuten, dass seine konservative Haltung in diesen Fragen falsch ist. Es muss eine Instanz geben, die auch mal sagt: So nicht! Auch wenn das nicht überall Spiegelbild der Gesellschaft ist.

**Heger:** Außerdem leben wir im Zeitalter von Aids. Deshalb kann es eigentlich nicht sein, dass der Papst Kondome verbietet. Aber er sieht Sex ja immer noch nur als Mittel, um die Familie zu erhalten und Kinder in die Welt zu setzten. Er denkt dabei nicht an das Vergnügen des Menschen. Klar ist er damit jenseits jeder Realität.

**Müller:** … Es kommt immer auf die Handhabung an, sprich, ob ich morgen in die eine Kiste steige und übermorgen in die andere. Der Papst will schon, dass Ehepaare Spaß am Sex haben, aber eben miteinander.

**Berweiler:** Das ist eine Frage der Glaubwürdigkeit. Wenn der Papst sagen würde: „Ja, okay, macht einfach wie ihr wollt – wartet nicht, bis der Ring am Finger steckt“, dann bräche ein Riesengerüst an moralischem Anspruch zusammen. Deshalb muss ich für mich als junger Christ ganz alleine klären, wie ich mit meiner Verantwortung umgehe. …

**Focus:** *Frauen bleiben auch unter Benedikt XVI. Katholiken zweiter Klasse, oder?*

**Heger:** Keine Frage – das Frauenbild des Vatikan ist überholt. Schon heute sind 50 bis 60 Prozent aller Messdiener Mädchen. Das Interesse junger Frauen, Gott nahe zu sein, ist groß. Warum Frauen dann nicht Gott auch als Priesterinnen dienen dürfen, verstehe ich nicht.

**Müller:** Zugegeben, immer weniger Männer wollen [wegen dem Zölibat] Priester werden. Schon jetzt gibt es einen Mangel. …

**Focus:** *Werden Schwule und Lesben vom Vatikan ausgegrenzt?*

**Hannak:** Ich kann verstehen, dass die Kirche da Vorbehalte hat, denn sie ist dem Schutz der Familie verpflichtet. Und es ist nun mal so, dass Schwule und Lesben keine Kinder in die Welt setzen. … Kindererziehung ist nicht die Sache von Homosexuellen. Deshalb finde ich es auch grenzwertig, wenn schwule Paare Kinder adoptieren.

**Martin:** Jeder sollte doch seinen eigenen Weg gehen dürfen. Die Vorgaben der Kirche sind auch in diesem Punkt nicht akzeptabel. …

**Hannak:** Es bleibt dabei – ob Sex vor der Ehe oder homosexuell: Die Kirche setzt moralische Richtlinien, aber jeder muss für sich selbst entscheiden, ob und wie er sie befolgt.

**Focus:** *Das klingt aber alles so, als wäre Ihnen Papst Benedikt XVI. zu konservativ?*

**Berweiler:** Zugegeben, in der Kirche gibt es allerhand Reformbedarf. …

gekürzt: Focus 33/2005, München: Tomorrow Focus 2005, S. 46–48

Der Papst als Popstar? Papst Benedikt XVI. in XXL! Mega-Poster in der Jugendzeitschrift „Bravo“ zum Besuch des Papstes auf dem Katholischen Weltjugendtag in Köln 2006.

## 2/ Die praktische Umsetzung der Nächstenliebe – das soziale Engagement der Kirchen

*„Du sollst deinen Nächsten lieben wie dich selbst“* (Mk 12,31), lautet ein wichtiges christliches Gebot. Die Kirchen in Deutschland versuchen, das Gebot in vielfältiger Weise praktisch umzusetzen: Sie helfen Menschen in Not und in ungerechten Lebensverhältnissen. Die Kirchen hoffen, die Ursachen dieser Notlagen durch zahlreiche Initiativen und Projekte beheben zu können. Verschiedene Organisationen – auf evangelischer Seite das „Diakonische Werk“ oder „Brot für die Welt“, auf katholischer Seite die „Caritas“ oder „Misereor“ – leisten mit ihren sozialen Einrichtungen (u.a. Kindergärten, Beratungsstellen, Krankenhäusern) und Hilfsaktionen eine wirksame und unverzichtbare Hilfe für die Gesellschaft. Auch Armen- und Altenpflege, Suchtberatung, Jugend- und Seniorenarbeit, Gefängnis- und Telefonseelsorge, die Leitung von Behindertenwerkstätten oder die Integration von Arbeitslosen sind Teil des sozialen Engagements. Um diese Aufgaben zu erfüllen, benötigen und erhalten die Kirchen staatliche Unterstützung, teilweise finanzieren sie sich über Spenden.

Die Junge Gemeinde trifft sich am Samstag um 10.00 Uhr zur Demo gegen rechte Gewalt! Nazis raus!

**Aufruf an die Gemeinde**
Wir brauchen noch Decken, Kleidung und Kinderschuhe für die Familie Komboua, die in unserer Kirche Asyl gefunden hat.

**Seniorentreff**
dienstags ab 15.00 im Gemeindehaus zu Kaffe und Kuchen
Alle sind herzlich eingeladen, daran teilzunehmen.

**Soziales Engagement**

ist ein unterschiedlich motiviertes soziales Handeln, das meist auf den Prinzipien der Ehrenamtlichkeit und Freiwilligkeit beruht. Das bedeutet, man investiert Zeit und/oder Geld in ein Projekt, das einem guten Zweck dient.

1. Welche Meinung vertreten die katholischen Jugendlichen zu den in dem Interview 1/ angesprochenen Themen: Papst, Sexualität, Rolle der Frau, Homosexualität?

2. Welche Meinung vertretet ihr zu den in dem Interview 1/ angesprochenen Themen? Bildet dazu kleine Gruppen und sprecht darüber. Gibt es Themen, die euch an der Kirche stören?

3. Nicht nur Christen, sondern auch Gläubige anderer Religionen und Atheisten sollten eine Meinung zur Kirche (evangelische Kirche, katholische Kirche) und ihrer Rolle in der Gesellschaft haben. Denn: Bis heute haben die Kirchen Einfluss auf die Politik und Bildung und fordern ein Mitspracherecht bei moralisch-ethischen Fragen und Problemen (z. B. Abtreibung, Kirchenasyl). Welche Meinung vertretet ihr in Bezug auf die Kirche?

4. a) Lest Text 2/. Wie setzen die Kirchen das Gebot der Nächstenliebe praktisch um? Welche sozialen Aufgaben übernimmt die Kirche?
b) Informiert euch über die soziale Arbeit der Kirchen und anderer religiöser Einrichtungen in eurer Stadt.

# Utopien – Wunschträume und Zukunftsvisionen

## 1/ Utopien – Annäherung an einen Begriff

„Hi Papa" sagt Lena und wirft wütend ihre Schultasche in die Ecke.

„Hattest du einen schlechten Tag?", fragt ihr Vater und deckt weiter den Esstisch.

„Das kannst du laut sagen! Erst diese blöde Bioarbeit, dann ist Nicole sauer, weil ich mit Ali im Kino war, und gerade die Redaktionssitzung der Schülerzeitung. Keiner wollte den Artikel zu ‚Utopien' übernehmen, also hat der Chefredakteur mir den Text aufgebrummt. Dabei habe ich null Ahnung von dem Thema – ‚Utopie', was ist das überhaupt?"

**Manipulation:** gezielte (und verdeckte) Einflussnahme

„Schau doch mal im Duden nach, da wird das Wort bestimmt erklärt."

Lena geht ans Regal, zieht das Fremdwörterbuch heraus und schlägt den Begriff nach.

„Lies mal laut vor!", ruft der Vater aus der Küche.

„**Utopie:** als unausführbar geltender Plan; Idee ohne reale Grundlage. **utopisch:** nur in der Vorstellung möglich, mit der Wirklichkeit [noch] nicht vereinbar; fantastisch."

„Toll, das hilft mir ja richtig weiter", brummelt Lena und zieht ein dickes Lexikon hervor. „**Utopie:** griechisch: ‚Nicht-Ort'; Traumland. Schilderung eines erdachten (erhofften oder befürchteten) Gesellschaftszustands."

„Lass uns doch mal im Internet suchen", schlägt der Vater vor und fährt den Computer hoch.

„Hier steht: ‚Während die klassische Utopie einen positiven Staat beschreibt, finden sich immer mehr Gesellschaftsutopien, die durch Misstrauen und Ablehnung gekennzeichnet sind. Sie beschreiben einen möglichen schlechten Staat. Diese negativen Utopien werden auch ‚Anti-Utopien' genannt.'"

„Lena, sieh mal hier: ‚Neben den gesellschaftlichen Utopien, bei denen oft die gerechte Verteilung von Gütern, die Abschaffung des Geldes oder die Selbstverwirklichung des Einzelnen im Vordergrund steht, gibt es religiöse und wissenschaftlich-technische Utopien. Vorstellungen vom Paradies sind utopischer Natur, auch wenn die Gläubigen hier nicht von Utopie sprechen. Für sie ist das Paradies ein Ort in der Zukunft, der durch Gottes Gnade und ihr Mitwirken erreicht werden kann. In den wissenschaftlich-technischen Utopien werden dank technischen Fortschritts nicht nur die Lebensbedingungen, sondern auch die Menschen selbst manipulierbar. Krankheit, Hunger und Tod sollen durch technische Mittel besiegt und das Wesen des Menschen gezielt verändert werden.'"

„Oh, das klingt beängstigend. Papa, stell dir mal vor, wenn diese negativen Utopien wahr werden würden."

„Daran will ich gar nicht denken. Aber manche dieser Visionen sind ja bereits eingetroffen, denk nur an die bemannte Raumfahrt, die Gentechnik oder die aktuelle Diskussion um den Überwachungsstaat. Wie die Menschen wohl in 50 oder 100 Jahren leben werden?"

„Puh, so viele Informationen", sagt Lena und nimmt einen Stapel ausgedruckter Seiten vom Tisch. „Langsam macht mir das Thema Spaß. Aber jetzt habe ich Hunger!"

**Michael Mathias Prechtl: Das Utopische Paar, 1985** – Das utopische Prinzip Hoffnung wird erst wahr, wenn sich Wolf und Schaf in Liebe umarmen.

## 2/ „Das Schlaueraffenland" (1530) von Hans Sachs

Eine Gegend heißt Schlaueraffenland.
Den faulen Leuten wohlbekannt,
Das liegt drei Meilen hinter Weihnachten.
Und welcher darein wölle trachten,
Der muss sich großer Ding vermessen
Und durch einen Berg von Hirsbrei essen,
Der ist wohl dreier Meilen dick. …
Auch fliegen um (müget ihr glauben)
Gebraten Hühner, Gäns und Tauben.
Wer sie nicht faht und ist so faul,
Dem fliegen sie selbs in das Maul.
Die Säu all Jahr gar wohl geraten,
Laufen im Land um, sind gebraten.
Jede ein Messer hat im Rück,
Darmit ein jeder schneidt ein Stück
Und steckt das Messer wieder drein,
Die Kreuzkäs wachsen wie die Stein. …

Hans Sachs: Werke in zwei Bänden, 1. Bd., Spruchgedichte und Lieder, Prosadialoge. hrsg. von Stiftung Weimarer Klassik. Berlin/Weimar: Aufbau-Verlag, 1992, S. 77–80

## 3/ Die ideale Stadt – Stadtutopien

Stadtutopien bewegen die Menschen, seit sie Städte planen und bauen. Seit der Antike finden sich Vorstellungen, in Form von idealen Städten – Idealstädten – den Rahmen für ein besseres gesellschaftliches Zusammenleben zu schaffen. Die Vorstellungen reichen dabei von gedanklichen Konstruktionen über fantastische Entwürfe bis hin zu tatsächlich realisierten Bauprojekten. Die Idealstadt ist nicht wie andere Orte über einen langen Zeitraum „gewachsen", sondern sie wird unter einheitlichen gesellschaftlichen, wirtschaftlichen und politischen Gesichtspunkten am Reißbrett entworfen. Häufig verbinden sich mit diesen Planungen sozialreformerische Ideen und künstlerische Architekturprogramme. Wichtige Themen sind dabei: Mensch und Arbeit, Mensch und Natur, Mensch und Gesundheit, Mensch und Kultur, Mensch und Konsum, Mensch und Verkehr.

Der Architekt Le Corbusier (1887–1965) entwarf mit „Ville Contemporaine" (1922) das Bild einer Zukunftsstadt mit über 3 Millionen Einwohnern, in der alle Bedürfnisse des Menschen aufs Genaueste durchdacht und geregelt sind.

1. Was habt ihr bisher in Text 1/ über Utopien erfahren? Was ist euch unklar, welche Fragen haben sich für euch ergeben? Sammelt diese und recherchiert dann in Büchern und im Internet nach möglichen Antworten.

Online-Link: 695220-0225

2. Lies dir den Text 2/ durch.
a) Wie würdest du den Text bildnerisch umsetzen? Fertige eine Zeichnung an. Was ist darauf zu sehen (Personen, Szenen, Hintergrund, Vordergrund)?
b) Was haben der Text und euer Bild mit dem Thema Utopie zu tun?

3. Partnerarbeit: Wie sieht für euch die ideale Stadt 3/ aus? Informiert euch im Internet weiter über Idealstädte und Stadtutopien. Entwerft dann eure eigene Idealstadt in Form mehrerer Zeichnungen, z. B. Vogelperspektive, Seitenansicht, Details. Was ist dabei für euch besonders wichtig, worauf könntet ihr verzichten?

# Utopische Literatur – vom Traum zum Albtraum

### 1/ Der (Alb-)Traum aller (Alb-)Träume – Lenas Artikel für die Schülerzeitung

Utopia, Schlaraffenland, Paradies: Das alles sind Symbole für die Sehnsucht des Menschen nach einem besseren Leben. Philosophen und Literaten haben immer wieder ihren Traum von einer gerechteren Gesellschaft in Worte gefasst, in der Hoffnung, diesen Zustand irgendwann in der Zukunft zu erreichen. Ob sie sich nun den idealen Staat ausdachten oder die freie Entfaltung des Einzelnen in den Vordergrund rückten, sie alle hielten ihre eigenen Daseinsbedingungen für unbefriedigend und veränderungsbedürftig. Häufig kleideten sie ihre utopischen Gesellschaftsentwürfe in literarische Gewänder, in denen Zeitkritisches und Fantastisches miteinander verschmolzen. Dabei nahmen ihre Wunschvorstellungen gegenüber ihrer politischen und gesellschaftlichen Wirklichkeit so etwas wie eine Vorbildfunktion ein. Seit dem Ende des 19. Jahrhunderts gibt es in der utopischen Literatur kaum noch hoffnungsfrohe Ausblicke in die Zukunft: Der so lange gehegte Traum von einem besseren Leben wird zum Albtraum. Die Schriftsteller der Gegenwart malen das düstere Bild einer Zukunft, die unglaublich erscheint, ja geradezu Angst macht: Die Menschen werden von Maschinen und totalitären Regierungen unterdrückt und ausgebeutet. Ihr Dasein wird von mächtigen Bürokratieapparaten kontrolliert und verwaltet. Die Beziehungen der Menschen sind leer und unmenschlich. Liebe und Freundschaft sind Fremdwörter, stattdessen herrschen Einsamkeit und Misstrauen. Die Umwelt ist zerstört, Naturkatastrophen sind an der Tagesordnung und Vogelgezwitscher muss über Lautsprecher eingespielt werden. Im Gegensatz zu den positiven Utopien dienen diese Anti-Utopien der Abschreckung. Ihr Ziel ist es, die Leser wachzurütteln und vor möglichen politischen, technischen oder gesellschaftlichen Fehlentwicklungen (z.B. Gentechnik, Überwachungsstaat) zu warnen. Meiner Meinung nach wird letztendlich auch in diesen Texten ein Funke Hoffnung genährt, denn ihre Verfasser hoffen ebenfalls auf Veränderungen.

Lena Hellenbrecht, 9 A

**totalitär, Totalitarismus:** Herrschaftssystem, das uneingeschränkt und oft mit brutalen Methoden seine Macht ausübt, jegliche Demokratie unterdrückt und das gesamte politische gesellschaftliche und kulturelle Leben „total" kontrolliert

M. C. Escher, Hand mit spiegelnder Kugel

Hier noch eine kleine Auswahl an utopischer Literatur. Viel Spaß beim Lesen!
- Platon: „Politeia"/Der Staat (374 v. Chr.)
- Thomas Morus: „Utopia" (1515)
- Tommaso Campanella: „Der Sonnenstaat" (1602)
- Jonathan Swift: „Gullivers Reisen" (1726)
- H. G. Wells: „Die Zeitmaschine" (1895)
- Aldous Huxley: „Schöne neue Welt" (1932)
- George Orwell: „1984" (1948)
- Ray Bradbury: „Fahrenheit 451" (1951)
- Stanislav Lem: „Der futurolische Kongreß" (1972)

**Gedankenexperiment**

Es wird gedanklich eine Situation konstruiert, die in Wirklichkeit so nicht oder nur sehr schwer herzustellen ist. Sodann malt man sich im Geiste aus, welche Folgen sich aus dieser Situation ergeben. Gewissermaßen wird also ein Experiment in Gedanken gemacht.

## 2/ Trugbild

Seit Tagen kreisten wir auf der Umlaufbahn des Mondes. Zu beiden Seiten der Luke nahmen wir nur den unendlichen, tiefblauen Weltraum wahr. Wir fühlten weder Hitze noch Kälte. Wir verspürten weder Hunger noch Durst. Wir litten an keinen Beschwerden, an keiner Krankheit. Wir hatten weder Haarausfall noch Zahnweh. Es gab weder Dunkelheit noch Licht. Wir warfen keinen Schatten. Wenn wir schliefen, träumten wir nicht. Dort brach nie die Nacht herein, nie graute der Morgen. Ein fortwährender Vollmond. Es gab weder Uhren noch Fotografien. Wir brauchten uns nicht hinzulegen, nicht aufzustehen. Wir konnten schlafen oder wachen. Niemand kleidete sich an oder kleidete sich aus.

Nach zehn Tagen bat Silvio mich inständig, ihm irgendeine Geschichte zu erzählen. Aber ich hatte mein Gedächtnis verloren. „Erfinde was!“, flehte er. Jedoch konnte ich in der Sterilität des Raums, bei dem unaufhörlichen Kreisen um den Mond, nichts empfinden. „Sprich mit mir!“, sagte er dann. Ich suchte ein Wort, das an irgendeiner Stelle des Raumschiffs geschrieben stünde und das ich hätte aussprechen können. Vergeblich: Die Maschinen brauchten keine Anweisungen mehr, sie funktionierten von allein. Nirgends stand auch nur irgendetwas geschrieben, so dass ich es hätte lesen können. Zu beiden Seiten der Luke nur der blaue, alles umspannende Raum. Wir fühlten weder Hunger noch Durst. Wir litten an keinen Beschwerden, an keiner Krankheit. Es gab weder Dunkelheit noch Schatten. Die Geräusche waren leise, schwach, gedämpft. Endlich konnte ich unter größten Anstrengungen ein Wort aussprechen. „Erbarmen!“, sagte ich.

Cristina Peri Rossi: Trugbild. in: Willkommen im Affenhaus. Schlussreden, Alpträume und Zukunftsgeschichten. Horst Heidtmann (Hrsg.), Weinheim: Beltz und Geldbeg, 1984, S. 184

**Online-Link:**
695220-0227

## 3/ „Star-Trek“ – Science-Fiction und Zukunftsvisionen

„Der Weltraum. Unendliche Welten. Wir schreiben das Jahr 2200. Dies sind die Abenteuer des Raumschiff ‚Enterprise‘, das mit einer 400 Mann starken Besatzung fünf Jahre lang unterwegs ist, um neue Welten zu erforschen, neues Leben und neue Zivilisationen. Viele Lichtjahre von der Erde entfernt, dringt die „Enterprise“ in Galaxien vor, die nie ein Mensch zuvor gesehen hat.“ Mit diesen Worten beginnt jede Folge der bekannten Science-Fiction-Serie „Star-Trek“. Im Gegensatz zu vielen anderen Science-Fiction-Serien bzw. Filmen und Zukunftsvisionen, die häufig einen Krieg zwischen Menschen, Außerirdischen und Maschinen zeigen, wird in „Stark-Trek“ die Zusammenarbeit zwischen den Völkern thematisiert und aufgezeigt, dass Fortschritt in Wissenschaft und Technik zu einer besseren Welt führen kann.

nach Michael Reufsteck, Stefan Niggemeier: Das Fernsehlexikon. München: Goldmann, 2005, S. 971–972

Captain Kirk, der Schiffsarzt „Pille“ und Mr. Spock (von links nach rechts). Szene aus „Star-Trek“ (1966–1969, deutsch: „Raumschiff Enterprise“).

1. a) Was hast du aus Lenas Artikel 1/ über das Thema „Utopische Literatur“ erfahren? Beschreibe die Unterschiede zwischen positiven und negativen Gesellschaftsentwürfen. Wie stehen sich „Traum“ und „Albtraum“ hier gegenüber?
b) Teilst du Lenas Meinung, dass sich auch hinter Anti-Utopien Hoffnung auf Veränderung verbirgt?

2. a) Verschaffe dir mit Hilfe der Recherche im Internet und in Bibliotheken einen Überblick über Texte der Gattung Utopie.
b) Suche einen Text heraus, der dich ganz besonders interessiert. Informiere dich über den Text. Lies ihn ganz oder in Auszügen. Informiere dich über den Autor/die Autorin und in welcher Zeit/unter welchen Bedingungen der Text geschrieben wurde.

3. Notiere dir in Stichpunkten den Inhalt der Kurzgeschichte 2/. Diskutiert anschließend gemeinsam die Fragen:
– Rahmenhandlung: Was wird geschildert? – Zeit: An welchem Ort und in welcher Zeit spielt die Geschichte? – Alltag und Kommunikation: Wie wird der Alltag (Ernährung, Kleidung, Medien, …) geschildert? – Technik: Welche Rolle spielt hier die Technik? – Moral: Wie ist das Verhältnis der Menschen zueinander? – Wie ist das Wort „Erbarmen“ zu verstehen?

4. Gedankenexperiment: Was ist wichtig im Jahr 2050? Was beschäftigt die Menschen? Welche Ereignisse und technischen Entwicklungen bestimmen ihr Leben? Wie entwickelt sich die Technik? Entwerft in der Gruppe euer eigenes utopisches Konzept.

# Befragungen vorbereiten und durchführen

Die Befragung ist eine Methode, um Informationen über Meinungen und Einstellungen von Menschen gewinnen zu können. Mittels einer Liste von Fragen werden Antworten und Daten zu einem bestimmten Thema erhoben, um dieses besser beschreiben und einordnen zu können.

Jugendliche befragen Passantin in einer Fußgängerzone

Befragt 15–20 Jugendliche und/oder Erwachsene aus eurer Schule und/oder aus eurer Stadt zu einem der folgenden Themen:
a) Religionskritik
b) Religion(en) in der Gegenwart
c) Utopien und Zukunftsvorstellungen

**1. Schritt: Vorbereitung**
- Bildet mehrere Gruppen (3–5 Personen) und sucht euch ein Thema aus der Liste aus. Um euch auf das Thema vorzubereiten, lest noch einmal den dazugehörenden Abschnitt in diesem Kapitel.
- Was wollt ihr von den Passanten zu dem Thema erfragen/erfahren?
- Überlegt euch 10 Fragen, die ihr stellen wollt. Achtet darauf, dass die Fragen kurz und eindeutig formuliert sind. Die Fragen sollten mit einem ja/nein oder vielleicht/bin unsicher beantwortet werden können.
- Erstellt auch ein Profil der zu Befragenden und fragt nach Merkmalen wie: Alter, Geschlecht, Konfession, Geburtsort, Staatsangehörigkeit. Bei anonymen Fragebogenaktionen spielt der Name keine Rolle.
- Schreibt eure Fragen auf und kopiert sie mehrmals.

**2. Schritt: Befragung durchführen/Interviews führen**
- Wichtig! Nur einer von euch sollte jeweils einen Passanten befragen (höflich und ohne diesen zu drängen).
- Ein anderer füllt den Fragebogen aus.
- Lasst dem Passanten Zeit, um die Fragen zu beantworten.

**3. Schritt: Auswertung**
- Einigt euch in der Gruppe auf die Merkmale, nach denen ihr die Fragebögen auswertet: z. B. insgesamt, Geschlecht, Altersgruppen.
- Wertet nun eure Fragebögen aus:
  a) Wie viele Fragebögen wurden insgesamt beantwortet?
  b) Wie viele wurden von Frauen/Mädchen, Männern/Jungen beantwortet?
  c) Wie viele der Befragten haben Frage 1, 2 … 10 mit ja/nein, vielleicht/bin unsicher beantwortet ?
- Versucht, eure Ergebnisse in Form einer Tabelle darzustellen. Präsentiert sie dann der Klasse und vergleicht sie anschließend untereinander.

zu Kapitel 5, Seite 137
## 3/ rätselhafte Schwestern

### Lösung 1

**Frage: Welchen Weg würde deine Schwester mir weisen, wenn ich sie nach dem Weg zum Meer fragte?**

Der Weg, auf den beide Schwestern nicht gezeigt haben, ist der richtige Weg.

**Erklärung:** Beide Schwestern würden den falschen Weg zeigen: die Wahrheits-Schwester, weil sie weiß, dass die Schwester lügt und deren Antwort nennt (den falschen Weg) und die Lügen-Schwester, weil sie weiß, dass ihre Schwester den richtigen Weg zeigt, sie aber nie die Wahrheit sagt (und deshalb den falschen Weg zeigt).

### Lösung 2

**Frage: Würde deine Schwester sagen, dass das der richtige Weg ist? (Wanderer zeigt oder benennt den Weg)**

Wenn die Schwester mit „nein" antwortet, dann ist es der richtige Weg, wenn sie mit „ja" antwortet, der falsche.

**Erklärung:** Die Wahrheits-Schwester antwortet wahrheitsgemäß, beim richtigen Weg würde ihre Schwester „nein" sagen und beim falschen „ja". Die Lügen-Schwester antwortet das Gegenteil, beim richtigen Weg lügt sie, dass die Schwester mit „nein" antworten würde und beim falschen Weg lügt sie ebenfalls und behauptet, die Schwester würde mit „ja" antworten.

### Lösung 3

**Frage: Wenn ich dich fragte, ob dieser Weg zum Meer führte, würdest du mit „ja" antworten? (Wanderer zeigt oder benennt den Weg)**

Wenn die Schwester mit „ja" antwortet, ist es der richtige Weg.

**Erklärung:** 1) Wahrheits-Schwester antwortet:
- a) bei richtigem Weg: „ja"
- b) bei falschem Weg: „nein"

2) Lügen-Schwester antwortet:
- a) bei richtigem Weg: „ja"
- b) bei falschem Weg: „nein"

zu 2a)
Würde der Wanderer auf den richtigen Weg zeigen und fragen: „Führt dieser Weg zum Meer?", so wäre die Antwort der Lügenschwester „nein". Stellte man der Lügenschwester die oben genannte Frage, würde sie abermals lügen und mit „ja" antworten.

zu 2b)
Würde der Wanderer auf den falschen Weg zeigen und fragen: „Führt dieser Weg zum Meer?", so wäre die Antwort der Lügenschwester „ja". Stellte man der Lügenschwester die oben genannte Frage, würde sie abermals lügen und mit „nein" antworten.

# Zum Entspannen bei Stress

*(mit leiser, sanfter und „wiegender" Stimme sprechen.)*

Und dann mach es dir hier erst einmal ganz bequem und spür, wie dein Körper ganz genau weiß, was für ihn am Besten ist …
Vielleicht ist es eine besondere Körperhaltung, die dir zeigt, dass es jetzt eine Zeit für dich ist, in der du ganz entspannen kannst …
die Augen schließt und ganz nach innen horchst …
du bist ganz ruhig und gelassen und das Einzige, was jetzt wirklich zählt, bist du – hier in diesem Augenblick …
Wie immer das auch für dich ist, wenn du in einen entspannten Zustand gehen kannst, du spürst, wie du immer mehr und mehr loslassen kannst …
mit jedem Atemzug ein bisschen mehr …
bei jedem Einatmen tiefe Stille und Ruhe …
bei jedem Ausatmen mehr und mehr und tiefer verwurzelt in dir …
mit jedem Ausatmen fließt noch ein bisschen mehr Anspannung aus deinem Körper …
Und mit jedem Ein– und Ausatmen vertieft sich dieses Gefühl noch mehr…
tiefer und tiefer entspannen …
mehr und mehr loslassen …
und mehr und mehr kommst du ganz zu dir selbst – wie in einen Mantel eingehüllt, der dich wärmt und schützt und alles abhält, was da noch von draußen auf dich einwirken will …
du bist ganz bei dir … in deinem Inneren …
und wenn da noch Gedanken sind, die an dir hängen und dich nicht loslassen wollen, dann nimm eine Truhe …
öffne sie und lege diese Gedanken dorthinein. Und du versprichst ihnen, dass du sie nicht vergessen wirst, sondern sie dort drinnen gut geschützt aufbewahren wirst, bis du wieder Zeit hast, dich ihnen ganz zu widmen …
und noch ein bisschen loslassen und ankommen hier … ganz bei dir …
Und während diese innere Ruhe und Harmonie schon zu spüren ist, siehst du vor dir eine Tür in eine andere Welt …
die dir vielleicht ganz neu ist, vielleicht aber auch schon ganz vertraut …
und vielleicht freust du dich schon darauf und bist neugierig, was es diesmal für dich Neues zu entdecken gibt …
vielleicht bist du auch noch ganz vorsichtig, was dich dort wohl erwartet …
und dann, wenn du bereit bist …
öffnest du diese Tür und sie führt dich in einen großen Garten …
du schaust auf den Boden zu deinen Füßen …
stehst still und horchst …
und nimmst wahr …
atmest die herrliche Luft der Natur ein …
den Duft der Blumen … Rosen …
vielleicht spürst du auch einen warmen Windhauch, wie er über dein Gesicht streicht …
du hörst das Zwitschern der Vögel …
und während du das alles ganz intensiv genießt …
wirst du ganz still …
und schaust dich weiter um …
siehst ein großes altes Haus …
welche Farbe hat das Haus? …
und wie intensiv nimmst du die Farbe wahr? …
ist es eine grelle Farbe oder eine eher zarte Farbe? …
eine weit ausladende Treppe führt zur Eingangstür …
die Haustür steht offen …
Wie selbstverständlich gehst du auf dieses Haus zu …

die Treppe hinauf …
durch die Haustür … sie quietscht leise beim Öffnen …
du siehst das Innere des Hauses mit deinen eigenen Augen …
der Fußboden knarzt unter deinen Schritten …
während du den Eingangsbereich durchläufst …
du gehst auf eine weiße Tür zu …
drückst die Türklinke nach unten …
freust dich auf das, was dich hinter der Tür erwartet …
du siehst in den Raum, erkennst die Möbel …
den Stuhl, auf dem du so gerne saßest …
die Tischdecke, die immer auf dem Esstisch lag …
tick … tack … du hörst die Wanduhr …
ein beruhigendes Gefühl durchströmt dich …
warm im Bauch …
du riechst die dir bekannten Gerüche und …
du hast deutlich den Geschmack deines Lieblingsessens im Mund …
und je mehr du erkennst …
desto klarer wird dein Blick …
und du siehst hinten in der Ecke auf dem Sessel eine alte Frau sitzen …
du kennst sie …
du gehst zu ihr hin …
kniest dich vor sie …
nimmst ihre warme Hand in deine Hand …
und erzählst ihr all deine Gedanken, die dich im Moment bedrücken …

*Pause (ca. 2 Minuten Stille)*
*(mit kräftiger, lauter Stimme weitersprechen)*

Nachdem du nun die Antwort weißt, spürst du noch, wie belebend und erfrischend dieses neue Empfinden für dich ist …
mit diesem neuen Wissen verabschiedest du dich von ihr …
und machst dich auf den Weg zurück zur Zimmertür – …
durch den Eingangsbereich hindurch – …
gehst durch den Garten – …
auf deine Tür zu …
und vielleicht wird dir dabei bewusst, wie viel farbiger, lebendiger und klarer du jetzt alles um dich herum wahrnimmst …
und du spürst, wie diese neue Wachheit der Sinne auch jetzt bei dir bleibt, wo du durch die Tür hindurch gehst – …
und wieder hierher zurück kommst – …
in diese Wirklichkeit – …
zu diesem Platz, wo du es dir bequem gemacht hast.
Und während du ganz bewusst wieder deinen Körper spürst und dich streckst und dehnst, erlebst du, dass du all die Wachheit und Intensität deiner Wahrnehmungen mit hierher gebracht hast und sie auch hier nutzen kannst.
Mit einem tiefen Atemzug und Ausatmen bist du wieder ganz hier – und machst deine Augen wieder auf.

nach: Fantasiereisen – Traumreisen zum Vorlesen. Berlin: Pro BUSINESS Verlag 2005, S. 47ff.

* siehe Methodenseite Fantasiereise 198f.

# Sinnfrage – Kraftquelle

Lege dich hin und mache es dir so bequem, wie es dir möglich ist …
lass dich beschenken, von meinen Worten …
Atme tief ein und aus …
und bei jedem Atemzug, den du einatmest, denke an die Ruhe, die du einatmest
die du so dringend brauchst …
und bei jedem Ausatmen, denke daran, dass du ausatmest, was dir trübe Gedanken macht …
einatmen und Ruhe …
ausatmen und vergessen …
mit jedem Atemzug tiefer nach innen fallen …
tiefer und tiefer zu dir selbst …
alles um dich herum ist egal …
Geräusche, die du noch wahrnimmst stören nicht …
du hörst nur auf meine Stimme …
einatmen und schaukeln, fast so wie ein Baby, das geschaukelt wird …
einatmen und leicht heben …
ausatmen und tief in dein Inneres fallen …
und noch ein bisschen tiefer …
wie der Atem auch von ganz allein in die Stellen in deinen Körper fließt, wo noch Spannung ist …
Du kannst dir vorstellen wie du in einem Boot liegst, das fest verankert am Ufer ist …
in dem du liegst und es dir ganz bequem gemacht hast und dich schaukeln lässt …
wie dich die Sonne erwärmt, wie der Wind dich streichelt, so dass es dir angenehm ist …
das helle Licht der Sonne und die Wärme dringen durch jede deiner Hautporen …
es wärmt dich und erhellt dich …
während du die Wärme in dich aufnimmst, es geschehen lässt …
kannst du vielleicht das Plätschern hören, wie das Wasser an das Boot schlägt …
du schaust zu, wie die Wolken über dir vorbeiziehen …
und beginnst zu träumen …
lass dich mitnehmen in eine andere Welt, die du auch kennst …
du kannst dir vorstellen, dass es ist, als ob das Boot mit dir in die Tiefe geht …
in sicheren kreisförmigen Bewegungen, wie eine Spirale – tiefer und tiefer …
oder wie ein Blatt, das in die Tiefe fällt vom hohen Baum …
tiefer und tiefer bis zum Boden – und du kannst ruhig und geschützt weiter atmen …
es ist so das Natürlichste, wie dies geschieht …
und noch ein bisschen mehr aufgeben und loslassen …
tiefer und tiefer …
und dort unten am Grund machst du dein Boot fest und befindest dich an einer großen verschlossenen Tür …
diese Tür ist dein Tor in eine andere Welt und du allein weißt, wo der Schlüssel ist …
du holst ihn und schließt auf und hinter der Türe ist ein langer Gang …
und ganz am Ende, in weiter Ferne siehst du Licht …
zu diesem Licht zieht es dich hin …
du gehst langsam und gemütlich durch den Gang auf das Licht zu …
während links und rechts von dir im Gang viele Situationen für dich da sind, in denen es dir ganz schlecht ging …
und immer im richtigen Moment war Hilfe für dich da …
oft dann, als du gerade ganz aufgegeben hattest, war plötzlich Hilfe da …
und während du gehst, erinnerst du dich noch einmal an alle diese Situationen …
Und mit jedem Schritt hast du mehr und mehr das Gefühl, dass du geführt wirst und Hilfe da ist …
und trotz allem – entscheidest du und gibst die Richtung an – hin zum Licht …
näher und näher …
zum Licht am Ende des Ganges – zu deinem Raum …
dein Raum, in dem alles da ist, was du benötigst, wo es dir gut geht …
wo du in Harmonie mit dir selbst bist, mit allem was du bist, mit all dem, was dich umgibt …
dein Raum – schau dich um – horche und spüre …
und lass diesen Raum auf dich wirken …
vielleicht bist du alleine in diesem Raum …
vielleicht sind deine Helfer hier …
vielleicht auch Helfer, die ganz anders sind, als du sie dir vorgestellt hast …
und jede Frage, die du hast, kann jetzt beantwortet werden …
und lass diesen Raum auf dich wirken – und die Antworten …
und dann bemerkst du, dass noch eine Türe da ist – in deinem Raum …
und du weißt, dass diese Tür zu deiner Kraftquelle führt …
deiner inneren Stärke, du hast sie nicht verloren, sie ist da – hinter dieser Tür …
eine Sehnsucht ist in dir, dort zu sein, durch diese Tür zu gehen und zu schauen, wie es dort ist …
und wenn du dich für die Sehnsucht entscheidest, hinter diese Tür zu schauen …
weißt du, bist sicher – was immer auch da ist, hat eine besondere Wirkung auf dich …
durch besondere Farben, Töne und Helligkeit …
oder besondere Gerüche …
das alles nimmst du wahr, es kommt zu dir, hüllt dich ein …
hier bist du getragen und geborgen, angenommen, so wie du bist …

hier ist es egal, ob du etwas tust oder nicht tust. Du bist wichtig und wertvoll …
und lass es geschehen, was jetzt da ist für dich …
diese deine besondere Kraftquelle umgibt dich mit Licht und Tönen und gibt dir all die Kraft, die du brauchst, immer wieder – wieder und wieder …
du kannst dich darauf verlassen …
dein Raum ist überflutet von wunderbarem Licht und den Farben deiner Kraftquelle …
und während vor deinem inneren Auge dies alles von alleine geschieht …
spürst du, was alles notwendig ist, um deinen inneren Raum zu haben …
dies ist der Schutz für dich, den du brauchst im täglichen Leben …
dieser Lichtschutz hüllt dich ein, ist nur für dich da, ist deine Kraftquelle …
erinnere dich an diesen Schutz, wenn etwas Zerstörerisches an dich herantreten will …
dieses Licht schützt dich vor Verletzungen von außen …
erinnere dich immer daran – an deinen inneren Raum, deine Kraft …
und du bist nicht nur geschützt, sondern hier darfst du auch Kraft und Ruhe auftanken …
dir Freude und Lebendigkeit holen …
wann immer du sie brauchst, deine innere Kraft …
so gehe in Gedanken in diesen Raum, in deinen inneren Raum …
und wenn du diesen inneren Zustand hast, der dir fehlt, ob das jetzt Liebe ist …
oder Geborgenheit – Sicherheit oder Vertrauen –
Freude oder Leichtigkeit – Spielen und Spass …
dann lass deine Kraftquelle fließen und die Farben hinströmen in diese Situation …
und du bekommst, was du brauchst – vertraue darauf …
du hast immer mehrere Möglichkeiten, suche dir die beste für dich aus …
und so fließt mehr und mehr von all dem wunderbaren Licht aus deiner Quelle hinaus in diese Situation …
bis alles so ist, wie du es möchtest …
und wenn du merkst, wie mehr und mehr von der Quelle da ist, kann die Situation, die du verändern möchtest, näher und näher kommen …
bis du ganz dran bist – ganz da – und das Neue spürst …
und dann gehe noch einmal in den Raum zurück, in deinen Schutz …
du spürst ihn ganz stark, deine innere Kraftquelle …
deinen Schutzmantel, der dich begleitet, wo immer du hingehst …
bedanke dich in dem Raum für alles und geh zurück in den Tunnel mit diesem Schutz …
und bei jeder Bewegung spürst du ihn, wie er dich begleitet …
und er wird dir helfen, auch in schwierigen Situationen liebevoll mit dir selbst zu sein …
du gehst den Gang zurück und siehst all die Situationen rechts und links, die dich verletzt haben hinter einer dicken Sicherheitsglaswand – sie können dich nicht mehr verletzen …
deine innere Kraftquelle, symbolisiert durch das dicke Glas, schützt dich …
schau es dir genau an …
du läufst weiter mit der Gewissheit, ganz viel Kraft in dir zu haben …
und am Ende des Ganges verschließt du wieder die Tür, gibst den Schlüssel an seinen Platz …
findest dein Boot, das dich nach oben bringt, in den gleichen ruhigen, friedlichen und liebevollen Bewegungen …
und je mehr du nach oben kommst, desto mehr beginnst du in dir die Freude zu spüren …
dass du lebst, – dass Alles seinen Sinn hat, – dass du einen Körper hast, der lebendig ist und gesund und dass du selbst mithelfen kannst in deinem Leben …
alles ist in dir …
und während dir langsam diese Freude mehr und mehr bewusst wird, spürst du, wie auch hier dieser Schutz mit dir ist …

*(mit festerer Stimme – Rhythmus)*

du atmest ein und streckst und dehnst dich und bist neugierig, wie er sich anfühlt – dieser Schutz …
wenn du jetzt wach bist und wieder ganz im Hier und Jetzt …
du atmest noch einmal tief ein –
streckst dich –
dehnst dich –
und kommst wieder ganz hierher – jetzt. *(betonen)*

*(leise Musik im Hintergrund, Teilnehmer noch etwas nachspüren lassen …)*

nach: Fantasiereisen – Traumreisen zum Vorlesen. Berlin: Pro BUSINESS Verlag 2005, S. 47ff.

* siehe Methodenseite Fantasiereise 198f.

## Begriffe

### Atheismus, S. 215
(griechisch: „ohne Gott") Gottesleugnung, Verneinung der Existenz Gottes oder seiner Erkennbarkeit. Als Atheisten bezeichnet man Menschen, die davon überzeugt sind, dass es keinen Gott gibt.

### Euthanasie, S. 83
Euthanasie kommt aus dem Griechischen und heißt „der gute, schöne Tod". Heutzutage bedeutet es, das Sterben eines Menschen einzuleiten oder zu beschleunigen. Die Nationalsozialisten missbrauchten den Begriff zur Ermordung behinderter und schwerkranker Menschen.

### Existenz und Wesen (Essenz), S. 21
Wenn das Verb „sein" im Sinne von „existieren", d. h. „da-sein" verwendet wird, sprechen wir von **Existenz**. Wenn wir einem Gegenstand oder einem Lebewesen grundlegende Eigenschaften zusprechen, z. B. „ein Tier *ist* empfindsam", „ein Stein *ist* hart" oder „Menschen *sind* intelligent", sprechen wir vom „So-sein", „der Natur" oder dem **Wesen** (Essenz) dieser Gegenstände oder Lebewesen.

### Heilswege und Heilsziele, S. 178
Viele Religionen gehen davon aus, dass der Mensch in einer Unheilssituation lebt und daraus erlöst werden möchte. Religionen bieten Erlösung und Heil an. Das Heil kann an einem Ort sein, einen Zustand beschreiben oder die Einheit mit dem Göttlichen meinen. In den Religionen gibt es unterschiedliche Wege, zum Heil zu gelangen: Opfer, gute Taten, Wissen, Meditation, göttliche Gnade.

### Hippokratischer Eid, S. 85
*„Nie werde ich irgendjemandem, auch auf Verlangen nicht, ein tödliches Mittel verabreichen oder auch nur einen Rat dazu erteilen."* Diese ärztliche Selbstverpflichtung geht auf den griechischen Arzt und Schriftsteller Hippokrates zurück, etwa 400 v. Chr.

### Klischee, S. 173
„Klischee" kommt aus dem Französischen und bedeutet wörtlich „billige Nachahmung". Ein Klischee ist eine festgefahrene überkommene Vorstellung. Häufig wird das Wort in abwertender Weise gebraucht.

### Klonen, S. 140
Man bezeichnet in der Reproduktionsmedizin und Zellbiologie als Klonen die künstliche Erzeugung eines vollständigen Organismus oder wesentlicher Teile davon, ausgehend von genetischer Information (DNA), die einem bereits existierenden Organismus entnommen wurde. Dies führt zu einer genetisch identischen Kopie des Organismus, die als „Klon" bezeichnet wird.

### Kultur, S. 148
Der Begriff Kultur kommt ursprünglich aus dem Lateinischen von „cultura" – Ackerbau. Als Erster sprach Gottfried Herder von der Kultur eines Volkes und meinte damit etwas, was die Menschen gemeinsam hervorbringen, was sie verbindet und was sich im Laufe der Zeit auch verändern kann. Menschen haben immer Kultur, sie sind nie reine Naturwesen. Der Mensch verschafft sich symbolisch Ausdruck, insbesondere sprachlich. Kultur ist wie ein Gewebe, in das der Mensch sein ganzes Leben lang verstrickt ist.

### Menschenrechte, S. 168
Die Menschenrechte betonen, was die Menschen verbindet, nicht, was sie trennt. Sie gehen von der Gleichheit der Menschen und der Würde aller Menschen aus, nicht von den Unterschieden zwischen den Menschen. Die Menschenrechte sind eine Richtschnur für alle Menschen. Insofern sie in rechtswirksame internationale Vereinbarungen eingegangen sind, sind sie einklagbar.

### Metakonfuzianismus, S. 190
Nach Oskar Weggel die Bezeichnung für den Konfuzianismus des kleinen Mannes, der dem Durchschnittschinesen die Beurteilungsmaßstäbe dafür liefert, was als „normal" zu gelten hat.

### Nichtregierungsorganisationen, S. 132
Nichtregierungsorganisationen (engl.: Non Governmental Organisations = NGO's) sind nicht-staatliche Organisationen, die nicht auf Gewinn gerichtet und von staatlichen Stellen weder organisiert noch abhängig sind. Häufig verfolgen sie auf ihren Gebieten andere Ziele als die staatliche Regierung oder Verwaltung.

### Patchwork-Religiosität, S. 218
Patchwork ist eine Technik zur Herstellung von Kleiderstoffen oder Decken, bei der Stoffflicken in den verschiedensten Formen, Farben und Mustern zusammengesetzt werden. Der Begriff wird auch im Zusammenhang mit Religionen (Patchwork-Religiosität) oder Gesellschaft (Patchwork-Familie) benutzt.

### Säkularisierung, S. 220
(Verweltlichung) Mit Säkularisierung wird ein Entwicklungsprozess bezeichnet, der auf die Loslösung des Einzelnen, gesellschaftlicher Gruppen und des Staates aus den Bindungen und Abhängigkeiten von der Religion, der Theologie und der/den Kirche(n) zielt.

### Soziales Engagement, S. 223
ist ein unterschiedlich motiviertes soziales Handeln, das meist auf den Prinzipien der Ehrenamtlichkeit und Freiwilligkeit beruht. Das bedeutet, man investiert Zeit und/oder Geld in ein Projekt, das einem guten Zweck dient.

### Sozialisation und Lebenschancen, S. 12
Sozialisation beschreibt den Prozess des Hineinwachsens eines Kindes und Jugendlichen in die Gesellschaft. Durch die Übernahme von bestimmten Werten und Rollen gewinnt der Einzelne seine Identität(en). Seine Entwicklung und zukünftigen Lebenschancen werden dabei nachhaltig von den Bedingungen und Faktoren der frühkindlichen Umwelt, wie Familie, kulturell-religiöse Bindungen, Schule, Medien, Peergroups, … beeinflusst.

### Toleranz, S. 162
Toleranz bedeutet weder Gleichgültigkeit noch Bejahung. Zur Toleranz gehört, dass man etwas, was jemand tut, akzeptiert, obwohl man es für falsch hält. Es gibt also Grenzen dafür, was Menschen, Gruppen, Institutionen oder Staaten tolerieren oder tolerieren wollen. Die Grenzen müssen immer wieder neu bestimmt werden. Toleranz kann man nicht erzwingen. Sie ist eine Haltung oder eine Praxis, z. B. von Staaten, wenn sie Minderheiten gestatten, gemäß ihrer Religion zu leben.

## Arbeitstechniken

### Ad-busting, S. 32
(= Verfremdung von Werbung, engl. *advertising*), vorhandene Plakate werden durch Überkleben oder eigene Zusätze in ihrer Gestaltung und in ihrem Sinn so verändert, dass eine völlig neue Aussage entsteht.

### Ärger-Freude-Säulen, S. 212
Ärgerliche und freudvolle Erfahrungen zu einem bestimmten Thema werden auf Kärtchen verschiedener Farben geschrieben, nach Gemeinsamkeiten sortiert und an die Wandtafel gehängt: Thematische Schwerpunkte werden deutlich. Auch andere Aspekte als Ärger und Freude können gewählt werden.

### Bedeutungen differenzieren, S. 62
Manchmal benutzt man dasselbe Wort für verschiedene Dinge. Hier muss genau unterschieden werden, um die Sache selbst zu verstehen.

**Begriffspyramide, S. 165**
Malt eine Pyramide auf und unterteilt sie in 3–4 Ebenen. Oben in der Spitze steht der Begriff Integration, auf den darunterliegenden Ebenen die Begriffe, die mit Integration zu tun haben, aber nicht genau dasselbe sind. Vielleicht könnte auf der Ebene darunter Zugehörigkeit auf der einen Seite der Pyramide stehen – und auf der anderen? Mit jeder tieferen Ebene wird die Überschneidung mit dem Begriff Integration geringer. Ihr solltet also zunächst verwandte Begriffe sammeln, dann gemeinsam überlegen, was der Integration am nächsten kommt, und die Begriffe dann entsprechend verorten.

**Begriffs-Schaubild, S. 125**
Ein Schaubild kann – je nach Bedarf – sehr verschieden aussehen. In ihm können Begriffe und Worte so angeordnet werden, wie ihr Verhältnis in einem Text gemeint ist;
z. B.: schlechte Tat ➔ ungute Gefühle ➔ schlechtes Gewissen.
Seele ➔ Gewissen ➔ Empfindung ➔ Bewertung.

**Bewerten in einem Fließdiagramm, S. 109**
Hier kreuzt man die eigenen Einschätzungen an und vergleicht sie mit den Einschätzungen einer ganzen Gruppe.

**Brainstorming, S. 172**
„Brainstorming" kommt aus dem Englischen und kann mit „Geistesblitz" übersetzt werden. Dabei werden zunächst alle spontanen Einfälle zu einem Thema gesammelt. Anschließend werden die Stichpunkte sortiert und diskutiert.

**Das Tempo-Duett, S. 161**
Ihr setzt euch in zwei Reihen einander gegenüber. Jede Reihe beschäftigt sich mit einem der beiden Texte 2/ bzw. 3/, jede/r für sich alleine. Beantwortet die Fragen zu den Texten. Wer fertig ist und sich Stichpunkte gemacht hat, gibt ein Zeichen und wartet auf jemanden aus der anderen Reihe. Jeder arbeitet in seinem Tempo. Es bilden sich immer Paare, die ungefähr zur selben Zeit fertig sind. Erklärt euch gegenseitig den jeweiligen Text.

**Die Sinne ausprobieren, S. 35**
Was man täglich immer schon tut, muss man sich bewusst machen, um verstehen zu können, was den Menschen ausmacht. Wir benutzen die Sinne als Werkzeuge und schaffen uns damit eine Welt. Probiert die Übungen aus, um festzustellen, was die Sinne können.

**Eine Fotoserie oder einen Videofilm produzieren, S. 59**
Die kreative Arbeit an einem Thema schafft neue Einsichten, sowohl hinsichtlich der Sache, um die es geht, als auch über sich selbst: Wie zeige ich die Sache? Welche Mittel setze ich dazu ein? Welche Darsteller brauche ich? Welche Ideen bringe ich ein? Wie arbeite ich mit anderen zusammen?

**Einen Kommentar schreiben, S. 43**
Liest man einen Text, denkt man sich immer etwas dabei. Das kann man schriftlich niederlegen, um das Verständnis zu sichern und Zustimmung oder Ablehnung zu begründen.

**Einen Spruch finden, S. 46**
Ein Spruch dient dazu, einen Sachverhalt zugespitzt auf den Punkt zu bringen. Dabei soll das Wesentliche sichtbar werden.

**Ein Statement schreiben, S. 86**
Gebt die eigene Auffassung klar und prägnant wieder und begründet sie, indem ihr euch mit Meinungen anderer Personen auseinandersetzt.

**Gedankenexperiment, S. 226**
Es wird gedanklich eine Situation konstruiert, die in Wirklichkeit so nicht oder nur sehr schwer herzustellen ist. Sodann malt man sich im Geiste aus, welche Folgen sich aus dieser Situation ergeben. Gewissermaßen wird also ein Experiment in Gedanken gemacht.

**Kugellager, S. 149**
Bildet zwei Kreise, einen Innen- und einen Außenkreis. Die Personen der beiden Kreise wenden sich einander zu. Es sprechen immer jeweils zwei für kurze Zeit miteinander, danach drehen sich die beiden Kreise in unterschiedliche Richtungen, so dass ihr euch jetzt mit jemand anderem über dieselbe Frage austauscht. Ihr könnt bei den Drehbewegungen auch Personen überspringen. Beim Kugellager sollte die/der Lehrer/in oder jemand von euch Regie führen, um die Gesprächszeit zu bestimmen und um wie viel ihr euch weiterdreht.

**Kurzreferat, S. 189**
Kurzreferate sind 5- bis 10-minütige Vorträge, die einen Überblick über ein bestimmtes Thema geben. Kurzreferate sollten die Zuhörer über die wichtigsten Punkte genau informieren, jedoch nicht zu sehr in die Tiefe gehen. Um die eigenen Aussagen zu untermauern, können z. B. Folien und Bilder gezeigt oder kurze Musikstücke und Filmausschnitte eingespielt werden.

**Metaphernübung, S. 51**
Sprachliche Bilder für einen Begriff, einen Gedanken finden. Wir denken und sprechen häufig in Bildern oder übertragen abstrakte Begriffe und Sachverhalte in Bilder (Metapher = Übertragung). Solche Übungen klären das Denken und präzisieren den Sachverhalt.

**Mit einem Fragebogen arbeiten, S. 49**
Stellt konkrete und genaue Fragen. Ein Fragebogen, den man beantwortet oder selber entwickelt, hilft dabei, sich der eigenen Zielsetzungen, Bedürfnisse, Interessen und Einstellungen bewusst zu werden, um konsequent an ihrer Umsetzung zu arbeiten.

**Mit Hilfe von Beispielen veranschaulichen, S. 178**
Eine Lehre/Theorie wird dadurch verständlicher, dass man Beispiele für ihre Anwendung findet. Dabei sucht man möglichst alltägliche Beispiele, die jeder nachvollziehen kann.

**Mit Karikaturen, Comics und Zeichnungen arbeiten, S. 53**
Das kann dabei helfen, Erkenntnisse und Einsichten zu gewinnen, die man beim Lesen von Texten vielleicht gar nicht hat. Denn solche Zeichnungen machen auf einen Schlag sichtbar, was in dieser Kürze und Zuspitzung sprachlich kaum oder nur in vielen Worten ausgedrückt werden kann.

**Poster/Plakat erstellen, S. 219**
Man erstellt großformatige Poster bzw. Plakate, um für alle sichtbar wichtige Informationen zu präsentieren. Dabei können sowohl Bilder, Überschriften, als auch kurz und knapp gehaltene Sätze verwendet werden.

**Symbole deuten, S. 41**
Man kann das Wort Symbol mit „Sinnbild" übersetzen: ein Bild, das einen Sinn, eine Bedeutung hat und zeigt. So deuten wir immer schon, was leiblich ausgedrückt wird. Das könnt ihr mit Wörtern oder mit mimischen und gestischen Zeichen ausprobieren.

**Symbolisch darstellen, S. 65**
Man versucht, eine Idee in Gegenständen darzustellen: Der Gegenstand steht für die Idee. Damit werden dunkle Vorstellungen, die man von einem Begriff und einem Sachverhalt hat, ans Licht gebracht.

**Wertklärungsmethoden, S. 105**
Solche Methoden machen das Werten bewusst, das wir im Alltag in Entscheidungen und dem Vorziehen oder Nachsetzen von etwas gegenüber etwas anderem immer schon vollziehen.

# Methoden

**„Wenn ich ein Junge wär ...“ – Gedankenexperiment und Gender-Analyse, S. 18/19**
Soziale Phänomene und Konflikte aus verschiedenen interessenspezifischen Perspektiven betrachten und beurteilen

**„Vier Seiten einer Nachricht“ – Gespräche verstehen, S. 24/25**
Verschiedene Kommunikationsebenen und -bestandteile unterscheiden und in ihrer Bedeutung für zwischenmenschliche Beziehungen betrachten

**Leiberfahrung und Selbstwahrnehmung – der Körper als Medium, S. 36–39**
Bedeutung der Sinne und des Leibes erfahren und in ihrem Zusammenhang erkennen

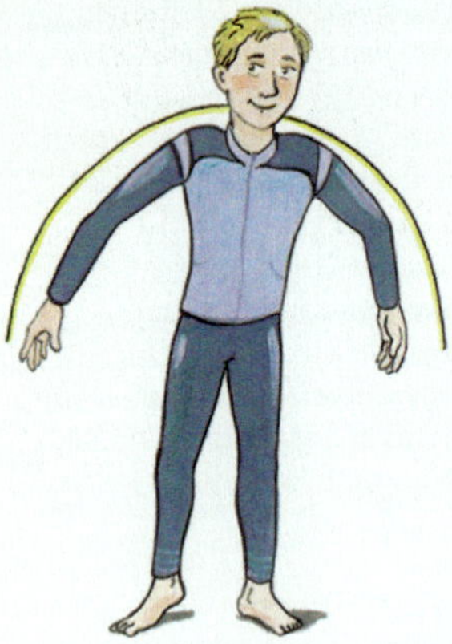

**Kreative Differenzierung – ein Beispiel für Arbeitsteilung im Unterricht, S. 44/45**
Wissen effizient und kreativ aufbereiten durch Arbeitsteilung in Gruppenarbeit

**Interaktionsspiele durchführen, S. 50/51**
Beschäftigung mit einer Fragestellung über bloßes Reden hinausgehend, indem sie in eine Aufgabe umgewandelt wird, bei der die Teilnehmer/innen interagieren (sich mit ihren Handlungen, Ergebnissen und Lösungen aufeinander beziehen)

**Interkulturelle und interreligiöse Analyse – Vorstellungen vom Tod in den großen Religionen, S. 74–77**
Kulturelle und religiöse Vorstellungen im Vergleich betrachten und verstehen; Perspektivenwechsel in seiner Bedeutung verstehen

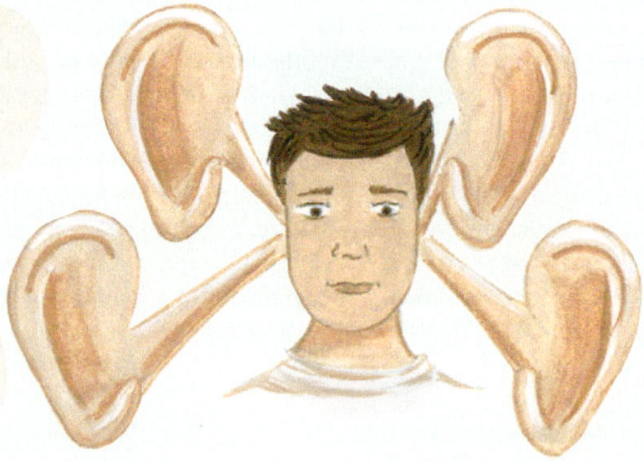

**Ethisches Argumentieren – moralische Regeln und Prinzipien, S. 102/103**
Anhand verschiedener Beispiele moralische Regeln und Prinzipien erfassen, um sich Maßstäbe und Strukturen für das Ethische Argumentieren zu erarbeiten

**Moralisches Urteilen – Dilemmageschichten, S. 106/107**
Moralische Urteilsfähigkeit entwicklungspsychologisch nachvollziehen; eigene moralische Regeln und Prinzipien erkennen und anhand von Dilemmageschichten gegeneinander abwägen; ethische Überzeugungen erlangen

**Mit Bildern und Symbolen arbeiten, S. 118/119**
Symbole erkennen, interpretieren und in ihrer kontextuellen Bedeutung verstehen

**Meinungen gemeinsam bilden, S. 134/135**
Im Gespräch mit anderen Begründungen abwägen, überzeugend argumentieren und gemeinsamen Standpunkt finden lernen

**Das Gruppenpuzzle, S. 156/157**
Verschiedene Informationen zusammenfassen und auswerten mittels einer speziellen Gruppeneinteilung und -bearbeitung in drei Phasen

**Fantasiereise, S. 198–201**
Meditative Übung zur Erlangung eines anderen Bewusstseinszustandes, Entspannung und Selbsterfahrung

**Vergleichend deuten – mythische und wissenschaftliche Erklärungen, S. 206–209**
Unterschiede und Gemeinsamkeiten finden, durch Kontraste das Wesentliche erkennen und Bedeutungen verstehen

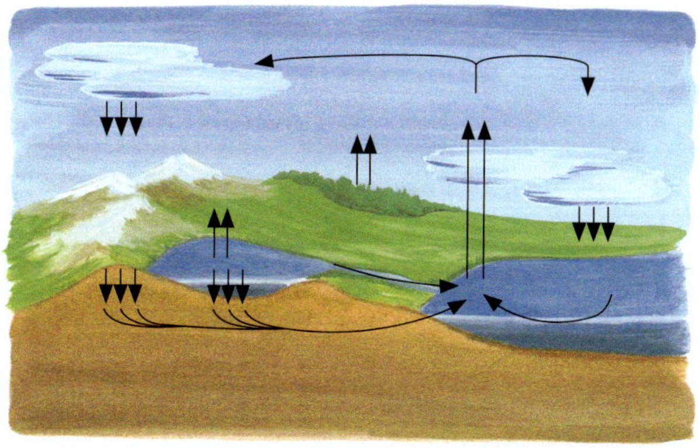

**Umschlag:**
**Labyrinth:** iStockphoto (Eliza Snow), Calgary, Alberta; **Fingerabdruck:** Mauritius (SuperStock), Mittenwald; **Pokal:** Mauritius (Artur Cupak), Mittenwald; **Buddha:** Getty Images (Anthony Cassidy), München; **Junge mit Blume:** Getty Images (Jim Cummins), München; **Wegweiser:** shutterstock (Seleznev Anton Aleks), New York, NY; **vier Jugendliche:** Avenue Images GmbH (Corbis/ MM Productions), Hamburg

**S. 9:** shutterstock (Seleznev A. Aleksandrovich), New York, NY
**S. 11 1, 4, 6:** Michael Tewes, Berlin; **2:** Sigrid Reinichs, München; **3:** Majid Moussavi, Köln; **5:** Felix Broede, Berlin; **7, 8, 9:** Harald Hoffmann, Mülheim
**S. 12:** aus: Ethik und Unterricht, Friedrich Verlag, 4/2002
**S. 13:** IMAGO (INSADCO), Berlin
**S. 14 oben:** Getty Images (D. Silverman), München; **unten:** Siegfried Kuttig, Lüneburg
**S. 17:** Picture-Alliance (ZB, J. Büttner), Frankfurt/M
**S.18 links:** face to face (People-Stockphotos), Hamburg; **rechts:** imago sportfotodienst (Christoph Papsch), Berlin
**S. 20:** Isabel Klett, Stuttgart
**S. 22 links:** Süddeutscher Verlag (Rue des Archives), München; **rechts:** Artothek, Weilheim, (c) VG Bild-Kunst, Bonn 2007
**S. 26:** (c) Ralf König, erschienen in der FAZ
**S. 28:** CCC, www.c5.net (Mayr), Pfaffenhofen a.d. Ilm
**S. 29 beide:** Ostkreuz (Dawin Meckel), Berlin
**S. 30:** Diakonisches Werk, Hessen und Nassau, Frankfurt/M
**S. 31 links:** Getty Images (Zigy Kaluzny), München; **rechts:** Bildmaschine (Michaela Begste), Berlin
**S. 32:** Picture-Alliance (dpa/dpaweb/epa/Ansa), Frankfurt/M
**S. 33:** Mauritius (SuperStock), Mittenwald
**S. 34:** Klett-Archiv (Sandy Schygulla), Stuttgart
**S. 40 oben:** Avenue Images GmbH (Corbis), Hamburg; **unten li.:** laif (Hartz), Köln; **unten re.:** Picture-Alliance (dpa/ Achim Scheidemann), Frankfurt/M
**S. 42 oben li.:** vario images, Bonn; **oben Mi.:** Picture-Alliance (ZB, M. Schutt), Frankfurt/M; **oben re.:** sinopictures (CNS), Berlin; **unten li.:** Bildagentur-online, Burgkunstadt; **unten re.:** Bildagentur Schapowalow (Brand X), Hamburg
**S. 44:** Punch Library, London
**S. 47:** aus: Menschengeschichten. 3. Jahrbuch der Kinderliteratur, Hrsg. Hans-Joachim Gelberg, Zeichnung von Helga Gebert, Beltz und Gelberg in der Verlagsgruppe Beltz, Weinheim und Basel
**S. 48:** aus: Ein und Alles. Text von Christine Nöstlinger, Bilder von Jutta Bauer, Beltz und Gelberg in der Verlagsgruppe Beltz, Weinheim und Basel
**S. 51:** aus: Ein und Alles. Text von Christine Nöstlinger, Bilder von Jutta Bauer, Beltz und Gelberg in der Verlagsgruppe Beltz, Weinheim und Basel
**S. 52:** Marie Marcks, Heidelberg
**S. 53 links:** ErnstVolland; **rechts:** CCC, (Brecheis) www.c5.net, Pfaffenhofen a.d. Ilm
**S. 54 oben re.:** Buchverlag der Basler Mediengruppe, Basel; **unten:** BPK, Berlin
**S. 55 oben li., oben re.:** Klaus Kallabis, Hamburg; **unten li.:** AKG, Berlin; **unten Mi.:** IMAGO (Steinach), Berlin
**S. 56:** Bulls Press, Frankfurt/
**S. 57: Filmstreifen:** shutterstock (Judy Ben Joud), New York, NY
**S. 57: Filmklappe:** JupiterImages (photos.com), Tucson, AZ
**S. 57 oben li.:** „Le fabuleux destin d'Amélie Poulain" by Jean-Pierre Jeunet, Produced by UGC Images; **oben re.:** Interfoto, München; **unten li.:** defd, Hamburg; **unten re.:** ullstein bild, Berlin S.58: Gerd Bauer, Nürnberg
**S. 59:** Picture-Alliance (epa/AFP), Frankfurt/M
**S. 61:** Getty Images (Jim Cummins), München
**S. 62 links:** Getty Images, München; **Mitte:** Corbis (zefaa/Christa Renee), Düsseldorf; **rechts:** ullstein bild (Müller-Schneck), Berlin
**S. 63 links:** Super Stock (Las Vegas Stock), München; **Mitte:** Freelens Media GmbH (Martin Langer), Hamburg; **rechts:** Picture-Alliance (dpa/PA Martin Rickett), Frankfurt/M
**S. 64:** AKG, Berlin
**S. 65:** BPK (RMN), Berlin
**S. 66:** CCC, www.c5.net (Plassmann), Pfaffenhofen a.d. Ilm
**S. 67 beide:** AKG (Erich Lessing), Berlin
**S. 69:** aus: Sempé's St. Tropez Copyright (c) 1970 Diogenes Verlag AG Zürich
**S. 70 oben:** BIOS (Aut), Berlin; **unten:** Action Press (Georg Hilgemann), Hamburg
**S. 71 oben:** Helga Lade, Frankfurt/M; **unten:** laif (Heidorn), Köln
**S. 72 oben:** aus: Sempé's So ein Zufall Copyright (c) 1982 Diogenes Verlag AG Zürich; **unten:** Ullstein Bild GmbH (KPA/HIP/The British Library), Berlin
**S. 73:** Eisele Photos, Augsburg
**S. 74:** Picture-Alliance (ZB, S. Stache), Frankfurt/M
**S. 75 oben:** Jean Williamson and Mick Sharp, Gwynedd; **unten:** Picture-Alliance (dpa/epa/Gouliamaki), Frankfurt/M
**S. 76:** Joker (Walter G. Allgöwer), Bonn
**S. 77 oben:** Still Pictures (Thomas Kelly), Berlin; **unten:** Sally & Richard Greenhill, London
**S. 78 alle:** Bridgeman Art Library, Berlin
**S. 79 oben li.:** Picture-Alliance (Jörg Schmitt/

dpa), Frankfurt/M; **oben re.:** Picture-Alliance (dpa/epa/apa/Aktivnews), Frankfurt/M; **unten li.:** Picture-Alliance (dpa/AFP), Frankfurt/M; **unten re.:** Corbis (Sygma/William Campbell), Düsseldorf
**S. 80 links:** BPK (Otto Heichert), Berlin; **rechts:** Picture-Alliance (dpa/Wolfgang Weihs), Frankfurt/M
**S. 82:** BPK, Berlin
**S. 83:** Teamwork GmbH (Claudia Thoelen), Essen
**S. 84:** laif (Hollandse Hoogte, Charlotte Bogaert), Köln
**S. 86:** CCC, www.c5.net (Stuttmann), Pfaffenhofen a.d. Ilm
**S. 87:** Mit freundlicher Genehmigung von der Bundeszentrale für gesundheitliche Aufklärung
**S. 88:** AKG (Erich Lessing), Berlin
**S. 89:** iStockphoto (Eliza Snow), Calgary, Alberta
**S. 90 1:** Corbis (Brad Simmons/Beateworks), Düsseldorf; **2:** Corbis (Elliott Kaufman/Beateworks), Düsseldorf; **3:** Picture-Alliance (Bildagentur Huber/R. Schmid), Frankfurt/M; **4:** CCC, www.c5.net (Butschkkow), Pfaffenhofen a.d. Ilm; **5:** IMAGO (Zentrixx), Berlin; **6:** Mauritius, Mittenwald; **7 alle:** URW, Hamburg
**S. 91 oben li.:** Mauritius (Pöhlmann), Mittenwald; **oben re.:** laif (St. Bungert), Köln; **unten:** aus: Waechter Copyright (c) 2002 Diogenes Verlag AG Zürich
**S. 92:** CCC, www.c5.net (Bauer), Pfaffenhofen a.d. Ilm
**S. 93 oben li.:** Artothek, Weilheim; **oben re.:** Mauritius (Ligges), Mittenwald; **unten:** CCC, www.c5.net (Hack), Pfaffenhofen a.d. Ilm
**S. 94:** AKG, Berlin
**S. 95:** Marie Marcks, Heidelberg
**S. 96:** AKG, Berlin, (c) VG Bild-Kunst, Bonn 2007
**S. 97:** Heidrun Petridis Firtz sagt aus: H.J. Gelberg (Hrsg.) Geh und spiel mit dem Riesen. Beltz und Gelberg in der Verlagsgruppe Beltz, Weinheim & Basel
**S. 98 oben beide:** aus: Loriot Der gute Geschmack Copyright (c) 2005 Diogenes Verlag AG Zürich; **unten:** AKG, Berlin
**S. 100 oben li:** Picture-Alliance (Siemoneit/AdMedia Photo via Newscom Pic.), Frankfurt/M; **oben re.:** Mauritius, Mittenwald; **unten li.:** MEV, Augsburg; **unten re.:** Ulrich Nusko, Bern, VG Bild-Kunst, Bonn 2007
**S. 103:** IMAGO ( imago/imagebroker/Begsteiger), Berlin
**S. 107:** Visum (Bernd Euler), Hamburg
**S. 108:** Zeichnung von Klaus Vonderwerth
**S. 110:** CCC, www.c5.net (Bauer), Pfaffenhofen a.d. Ilm
**S. 112:** Illustration Bernd Hennig, S. 284 f, aus: H.J. Gelberg (Hrsg.) Überall und neben dir, Beltz & Gelberg in der Verlagsgruppe Beltz, Weinheim & Basel
**S. 114:** AKG, Berlin
**S. 115:** AP, Frankfurt/M
**S. 116:** Hans Traxler, Frankfurt/M
**S. 117:** AKG, Berlin
**S. 119:** BPK (RMN/Jacques Quecq d'Henry), Berlin
**S. 120:** shutterstock (MaleWitch), New York, NY
**S. 121:** Getty Images (Peter Dazeley), München
**S. 122 links:** Motor-Presse International (Uli Jooss), Stuttgart; **rechts:** Picture-Alliance (dpa/dpaweb/ Robert Ghement), Frankfurt/M
**S. 123 rechts:** STUDIO X, Limours; **links:** Thening, www.bilderbox.com
**S. 125:** Picture Press (Illustration Source/Jim Frazier), Hamburg
**S. 127:** CCC, www.c5.net (Stuttmann), Pfaffenhofen a.d. Ilm
**S. 130 links:** Mauritius, Mittenwald; **rechts:** Picture-Alliance (ZB, P. Pleul), Frankfurt/M
**S. 131:** Picture-Alliance (dpa/epa/afp/Abbonizio), Frankfurt/M
**S. 132 oben:** Picture-Alliance (Horst Galuschka, dpa), Frankfurt/M; **unten:** Getty Images (Andreas Rentz), München
**S. 133:** CCC, www.c5.net (Wössner), Pfaffenhofen a.d. Ilm
**S. 135:** vario images (Marija Kasalo), Bonn
**S. 137:** Bulls Press, Frankfurt/M
**S. 138:** Fotosearch RF, Waukesha, WI
**S. 139:** Roger Schmidt, Karikatur-Cartoon, Brunsbüttel
**S. 140 oben:** Helga Lade, Frankfurt/M; **unten:** Aktion Mensch, Bonn
**S. 141:** Charlotte Kerner, Blueprint, Beltz und Gelberg in der Verlagsgruppe Beltz, Weinheim und Basel
**S. 142:** laif (Eyedea Presse), Köln
**S. 143:** Dietmar Gust, Berlin
**S. 145:** Avenue Images GmbH (Corbis/ MM Productions), Hamburg
**S. 146 1:** IMAGO (Sven Lambert), Berlin; **2:** IMAGO (Müller-Stauffenberg), Berlin; **3:** archivberlin (J. Stadler), Berlin; **4:** IMAGO (Waldemar Boegel), Berlin
**S. 147:** Picture-Alliance (dpa/Pilick), Frankfurt/M
**S. 149:** Jo Diener, Hamburg
**S. 150:** ARD, München
**S. 151 beide:** ARD (Richard Hübner), München
**S. 152 beide:** ARD (Hardy Spitz), München
**S. 153 beide:** ARD (Hardy Spitz), München
**S. 154:** ARD (Hardy Spitz), München
**S. 157:** Picture-Alliance (Johannes Eisele), Frankfurt/M
**S. 158:** Der Beauftragte des Senats von Berlin für Integration und Migration, www.integrationsbeauftragter-berlin.de
**S. 160:** Picture-Alliance (dpa, Ursula Düren), Frankfurt/M
**S. 161:** CCC, www.c5.net (Rauschenbach), Pfaffenhofen a.d. Ilm
**S. 162 Mitte li.:** Corbis (C. Lyttle/zefa), Düsseldorf; **oben:** Corbis (Peter Adams/Zefa),

Düsseldorf; **rechts:** Voller Ernst (Rosseforp), Berlin; **unten li.:** shutterstock (Lucian Coman), New York, NY
**S. 163:** Architekturbüro Paul Böhm, Köln
**S. 164:** Der Beauftragte des Senats von Berlin für Integration und Migration, www.integrationsbeauftragter-berlin.de
**S. 166 oben:** ullstein bild (AKG Pressebild), Berlin; **unten:** Getty Images (Hans Neleman), München
**S. 167:** Getty Images, München
**S. 169:** ullstein bild (AP), Berlin
**S. 170:** Solomon Wija, Leipzig
**S. 171:** Getty Images (Anthony Cassidy), München
**S. 173 oben li.:** shutterstock (RF/Galina Barskaya), New York, NY; **oben Mi.:** shutterstock (RF/oksanaperkins), New York, NY; **oben re.:** shutterstock (RF/Marcus Brown), New York, NY; **unten li.:** shutterstock (RF/Gautier Willaume), New York, NY; **unten re.:** shutterstock (RF/TAOLMOR), New York, NY
**S. 175:** Corbis (Bettmann), Düsseldorf
**S. 177:** Corbis, Düsseldorf
**S. 179:** Corbis (Brooklyn Museum), Düsseldorf
**S. 180:** IMAGO (Sepp Spiegl), Berlin
**S. 181 links:** shutterstock (RF/Dana Ward), New York, NY; **rechts:** Corbis (Jayanta Shaw/Reuters), Düsseldorf
**S. 182 Mitte li.:** Klett-Archiv, Stuttgart; **rechts:** AKG (Jean-Louis Nou), Berlin
**S. 183:** Corbis (Keren Su), Düsseldorf
**S. 185:** shutterstock (Douglas R Hess), New York, NY
**S. 186:** shutterstock (RF/Weiyee), New York, NY
**S. 187:** Corbis (Sakamoto Photo Research Laboratory), Düsseldorf
**S. 188 links:** Bildagentur Schapowalow (Robert Harding), Hamburg; **rechts:** shutterstock (RF/Salamanderman), New York, NY
**S. 192:** Bridgeman Art Library (National Palace Museum Taipe), Berlin
**S. 194:** Klett-Archiv (Pia Zumbrinck), Stuttgart
**S. 195 beide:** Klett-Archiv (Pia Zumbrinck), Stuttgart
**S. 196 oben:** BPK (Jürgen Liepe), Berlin; **unten:** Corbis (Peter Turnley), Düsseldorf
**S. 197:** Picture-Alliance (ZB, J. Kalaene), Frankfurt/M
**S. 199:** BPK, Scala, Berlin, (c) VG Bild-Kunst, Bonn 2007
**S. 201:** AKG, Berlin, (c) Salvador Dali, Fundacio Gala-Salvador Dali, VG Bild-Kunst, Bonn 2007
**S. 202 links:** Mauritius (Wojtek Buss), Mittenwald; **Mitte:** Picture-Alliancce (dpa/Lughofer), Frankfurt/M; **rechts:** shutterstock (Hu Xiao Fang), New York, NY
**S. 203:** Mauritius (Artur Cupak), Mittenwald
**S. 204 oben:** BPK (The Gallery Collection), Berlin; **unten:** (c) Banco de Mexico Diego Rivera & Frida Kahlo Museums Trust/VGBild-Kunst, Bonn 2007
**S. 206:** aus: Schlangenritual – Ein Reisebericht, von Aby Warburg, Wagenbach Verlag, S. 17
**S. 209 links:** aus: Ethik & Unterricht 3/02, Breun, Die Macht des Numinosen. Zu einer Didaktik der Religionen im EU; **Mitte:** aus: Ethik & Unterricht 3/02, Breun, Die Macht des Numinosen. Zu einer Didaktik der Religionen im EU; **rechts:** Getty Images (Victor Chavez), München
**S. 210 links:** Süddeutscher Verlag (Rue des Archives), München; **Mitte:** Action Press (Susanne Flöther), Hamburg; **rechts:** Action Press (Rex Features), Hamburg
**S. 211:** Picture-Alliance (maxppp), Frankfurt/M
**S. 212 oben:** Bridgeman Art Library, Berlin; **unten:** ullstein bild, Berlin
**S. 213 links:** AKG (Joseph Martin), Berlin; **rechts:** BPK (Scala), Berlin
**S. 214 oben:** AKG, Berlin, (c) The Munch Museum/The Munch Ellingsen Group/VG Bild-Kunst, Bonn 2007; **unten:** Corbis (Bettmann), Düsseldorf
**S. 215:** aus: Werner „Tiki" Küstenmacher, Geistliche Höhenflüge, Claudius Verlag, München
**S. 216:** Corbis ((c) Andy Warhol Foundation), Düsseldorf
**S. 217:** BPK, Berlin/VG Bild-Kunst, Bonn 2007
**S. 219:** shutterstock (RF/Eoghan McNally), New York, NY
**S. 222:** Heinrich Bauer Verlag, Bravo Chefredaktion, München; Corbis, Düsseldorf
**S. 223:** Brot für die Welt, Stuttgart
**S. 224:** Michael Mathias Prechtl, Frydl Prechtl-Zuleeg, Nürnberg
**S. 225:** (c) FLC, VG Bild-Kunst, Bonn 2007
**S. 226:** (c) 2008 The M.C. Escher Company-Holland. All rights reserved. www.mcescher.com
**S. 227:** Interfoto, München
**S. 228:** Christian Günther Fotodesign, Leipzig

Nicht in allen Fällen war es uns möglich, den Rechteinhaber der Abbildungen ausfindig zu machen. Berechtigte Ansprüche werden selbstverständlich im Rahmen der üblichen Vereinbarungen abgegolten.